主 编｜刘 宇
副主编｜肖敬亮｜邓祥征｜巴德里·纳拉亚南（Badri Narayanan）

全球贸易分析模型

理论与实践

（第2版）

GLOBAL TRADE ANALYSIS MODELING: THEORY AND PRACTICE

(Second Edition)

社会科学文献出版社
SOCIAL SCIENCES ACADEMIC PRESS (CHINA)

编 委 会

前　言

可计算一般均衡（CGE）模型是国际上广泛应用的政策模拟工具，主要被用于定量模拟分析政策变化或其他外生冲击对经济带来的系统性影响，为政策制定者提供决策参考。例如在国际贸易中，各国就普遍利用 CGE 模型对不同贸易措施带来的经济和社会影响进行模拟，以帮助其制定对本国有利的贸易政策。同时，CGE 模型也是学术研究中的重要量化工具之一，一直都被广泛用于众多经济问题的模拟和分析。

自 19 世纪 60 年代第一个 CGE 模型被提出，CGE 模型开始得到发展和应用，而由美国普渡大学开发的 GTAP 模型正是其中的代表之一。GTAP 模型适用于全球贸易分析，通过构建单个国家或地区的生产、消费、政府支出等行为作为子模型，然后通过国际间商品贸易之间的关系，将各子模型连接成一个多国多部门的一般均衡模型。通过几十年的不断改进与发展，GTAP 模型已被用于众多研究领域并取得重要研究成果，是世界贸易组织、世界银行、国际货币基金组织等国际经济组织的重要分析工具之一。随着中国与世界各国国际贸易往来的日益密切，深入了解 GTAP 模型，将其与中国的经济贸易政策相结合，从而推动中国经贸政策定量化分析同样具有重要意义。如今 GTAP 模型已被引入国内关税、非关税壁垒、服务贸易、交通基础设施投资、国家风险等方面的研究中。

本书以 GTAP 模型为主要内容，详细全面地介绍了 GTAP 模型的研究特点，为读者呈现了一个完整的研究框架。作者从 GTAP 模型的动态、静态两个特点切入，在介绍 GTAP 数据库及其构建、模型整体逻辑框架的基础上，深入分析各经济主体间的行为关系以及方程构建思路，在此基础上设定平衡条件，确定模型闭合的设定。在此基础上对 GTAP 模型中涉及的重要方程以及基本 GEMPACK 语言进行解释，并向读者介绍 GTAP 模型的运行软件 RunDynam 的使用方法。最后给出关于 GTAP 模型的基准情景和实际运用文章，通过理论与运用的结合，加深读者对 GTAP 模型的理解。总体而言，本书为广大读者提供了一套丰富易懂的 GTAP 模型应用手册，从而方便读者更加深入地理解 GTAP 模型的特点并加以运用。

如今正值 CGE 模型在中国快速发展之际，希望本书不仅能够对我国在相关领域的研究起到推进作用，也能为有志于学习和应用 GTAP 模型的政策制定者和专家学者提供方法库和知识源。

刘　宇

2018 年 3 月 19 日

目　录

第1章　静态GTAP理论

1.1　前言

本章的目的是介绍全球贸易分析模型GTAP的基本概念、方程和直观理解。构建GTAP基本模型的计算机程序为GTAP. TAB，其电子资源可以在GTAP网站上下载。它提供了模型的完整理论，通过GEMPACK软件组（Harrison and Pearson，1996）将其转换为可执行文件后，就可以得到本书第3章介绍的可执行的GTAP模型。

本章的结构如下。首先是GTAP模型的概述。然后，我们在数据和模型的基础上建立基本的会计核算关系。其中包括通过全球数据库，跟踪从生产和销售到中间商和最终需求的价值流（Value Flows），特别关注了不同价值流的不同价格水平，以及市场的扭曲因素（关税及补贴），并将这些会计核算关系与均衡条件相联系。由于GEMPACK语言是通过不断地更新和再线性化（Re-linearization）求解非线性化的均衡问题，因此GEMPACK语言中的方程大都是以线性形式给出的。本章接下来将介绍这些关系的线性表达。

本章第六节关注的是模型中的行为方程。我们将介绍生产、消费、全球储蓄和投资部分。在GTAP模型中还有一个关于宏观经济“闭合”（Closure）的特别讨论，这部分材料将在本章的最后一节通过一个三个区域、三种商品的例子进行介绍。

1.2　模型概览

1.2.1　无税封闭经济

图1-1是简化形式的GTAP模型的经济行为概览，更多全面的、图表化的概述请参见Brockmeier（2001）的相关研究。

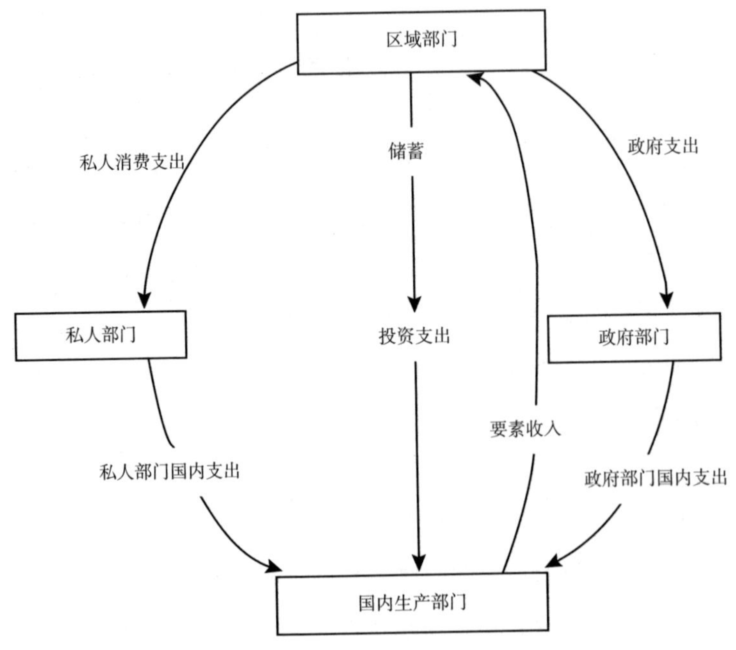

图1-1　无政府干预的单区域封闭经济

图1-1中只有一个区域，因此不存在国际贸易。除此之外，也没有折旧、关税和补贴。最上方是区域部门（Regional Household）账户，其支出由一个总效用函数分配，有三个去向：私人消费支出、政府支出和储蓄。模型使用者可以自己决定在三类最终需求上的支出分配。在标准封闭模型中，区域账户的Cobb-Douglas效用函数（CD函数）确保每类支出有固定的份

额。然而，实际上，政府购买和储蓄可被当作外生变量（固定不变，或作为外生冲击），在这种情况下，私人消费就会根据区域家庭预算约束进行相应调整。

区域消费的公式化有一些明显的优势，也有一些缺点。最重要的缺点可能就是未能将政府支出和税收收入联系起来。在 GTAP 模型中，税收减免绝不意味着政府支出的下降。事实上，在一定程度上，这些税收的减少将减轻超额负担，增加区域实际收入，因此实际政府支出也很可能会上升。这种财政完整性的缺失源于 GTAP 数据库未能完全覆盖所有税收环节，模型不能准确地预测总税收收入的变化。因此，研究政府支出的使用者需要在此基础上再做一些外部的假设。

图 1－1 展示的这种区域支出配置的最大优势在于，区域效用函数为衡量福利水平提供了一个确定指标。比如，在某个模拟中，储蓄和政府购买的相对价格较低，而私人消费价格更高，实际家庭消费下降，同时储蓄和政府消费上升，那么，这对整个区域而言是好事吗？如果没有区域的效用函数，我们就无法回答这个问题。

还可以通过固定实际储蓄和政府购买水平，然后单独研究私人消费并以此作为福利指标的方法，解决福利测定问题。然而，私人消费在一些区域只是略微高于最终需求的 50%。强行将所有区域经济的最终需求调整成私人消费似乎相当极端。我们认为从实证上来说，CD 函数中的固定支出份额的假设更容易被接受。也就是说，收入的提高意味着储蓄和政府支出以及私人消费的提高。

由于图 1－1 假设没有税收，因此区域账户居民收入的唯一来源是向厂商出售要素禀赋。*VOA* 代表收入流，指要素禀赋以经济主体面临的价格衡量的产品价值（GTAP 的完整符号表在本书的最后呈现）。厂商把这些要素禀赋和中间商品（*VDFA* = 厂商以经济主体面临的价格衡量的国内购买的价值）结合，为了满足最终需求而生产商品。其中包括私人消费（*VDPA* = 个人消费以经济主体面临的价格衡量的国内购买的价值）、政府消费（*VDGA* = 政府消费以经济主体面临的价格衡量的国内购买价值）和为满足区域账户的储蓄需求而销售的投资商品区域账户（*REGINV*）。这样就完成了在无税收的封闭经济中的收入、支出和生产的圆形流。

1.2.2 无税开放经济

图1－2（Brockmeier，2001）展示了在图1－1的底部新加入世界其他地区（Rest of World，ROW）之后的国际贸易情况。这个区域在组成上和国内经济相同，但是细节部分在图1－2中被省略了。它是区域经济的进口来源地，也是出口目的地（*VXMD*是按目的地划分的以市场价格衡量的出口价值）。值得注意的是，在国内经济中，进口被追溯到具体的出口商，这就导致了私人消费（*VIPA*）、政府消费（*VIGA*）和厂商（*VIFA*）对于进口的不同支付。这个创新之处是从SALTER模型（Jomini et al.，1991）中摘取出来的，它使得本模型与大部分全球贸易模型不同，当同一商品被用于不同用途，进口需求差别极大时，这对于区域贸易政策分析就尤为重要。

从封闭经济到开放经济，我们也会介绍两个全球机构，第一个在图1－2的中间部分显示出来了，即世界银行，它在全球储蓄和区域投资之间充当中间商。它聚集一系列区域投资产品组合，然后销售组合中的部分产品给区域账户居民以满足他们的储蓄需求，这些内容在本书后续部分有详细介绍。

第二个全球机构主要负责国际贸易和运输活动。它聚集区域出口贸易、交通运输和保险服务，也生产复合产品以促进区域间的商品贸易。这些服务的价值抵销了全球出口离岸价和全球进口到岸价的差价。

1.3 绝对量之间的核算关系

1.3.1 区域市场的销售分配

数据库或模型中最基本的相关关系，从一个流程图的上下关系中最容易看出来。

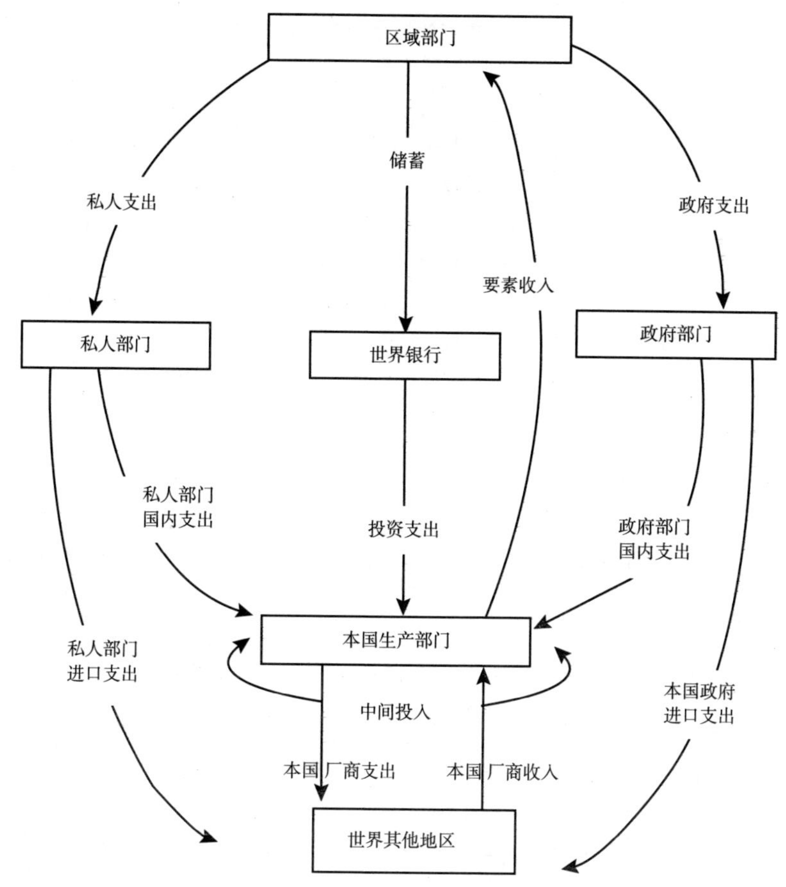

图 1－2　无政府干预下的多区域开放经济

例如，表 1－1 描绘出在全球数据库基础上机构收入的来源（在资料和模型中所有的部门只生产一种产品，所以生产部门和商品之间是一对一的关系）。在表的上部，*VOA*（*i*，*r*）指的是以经济主体面临的价格衡量的产品价值（这个符号的一般性解释如下：价值/交易类型/价格类型。详见本书附录中模型使用到的全部变量的列表和解释）。*VOA*（*i*，*r*）代表区域 *r* 的厂商 *i* 得到的支付。我们知道，在零利润的假设下，这些支付会恰好覆盖成本。在 *VOA* 右边的 *PS*（*i*，*r*）和 *QO*（*i*，*r*）代表组成 *VOA* 的价格指数和数量指数。相关详细介绍见本书后续部分。

表 1－1　区域市场的销售分配（$i \in TRAD$）

区域 r 国内市场		$VOA(i,r)$	$:PS(i,r) \times QO(i,r)$
		$+PTAX(i,r)$	
		$=VOM(i,r)$	$:PM(i,r) \times QO(i,r)$
世界市场		$VDM(i,r)$	$VST(i,r)$
		$VXMD(i,r,s)$	$:PM(i,r) \times QXS(i,r,s)$
		$+XTAX(i,r,s)$	
		$=VXWD(i,r,s)$	$:PFOB(i,r,s) \times QXS(i,r,s)$
		$+VTWR(i,r,s)$	
		$=VIWS(i,r,s)$	$:PCIF(i,r,s) \times QXS(i,r,s)$
		$+MTAX(i,r,s)$	
		$=VIMS(i,r,s)$	$:PMS(i,r,s) \times QXS(i,r,s)$
		$VIMV(i,s)$	$:PIM(i,s) \times QIM(i,s)$
区域 s 国内市场	进口商品用途	$=\ VIPM(i,s)$	$:PIM(i,s) \times QPM(i,s)$
		$+\ VIGM(i,s)$	$:PIM(i,s) \times QGM(i,s)$
		$+\ \Sigma VIFM(i,j,s)$	$:PIM(i,s) \times QFM(i,j,s)$
	$VDM(i,r)$	$=\ VDPM(i,r)$	$:PM(i,r) \times QPD(i,r)$
		$+\ VDGM(i,r)$	$:PM(i,r) \times QGD(i,r)$
		$+\ \Sigma VDFM(i,j,r)$	$:PM(i,r) \times QFD(i,j,r)$

如果加回用 $PTAX$（i，r）表示的生产税（或者扣除补贴），我们就能得到以市场价格衡量的产品价值 VOM（i，r）。这可以被看作以市场价格衡量的国内销售价值 VDM（i，r）和到所有目的地的出口的总和。其中用 $VXMD$（i，r，s）代表用国内价格衡量的由位于区域 r 的企业 i 出口至区域 s 的出口额。除此之外，我们必须考虑对于国际运输部门的可能销售额，以 VST（i，r）代表，这部分销售额将覆盖国际运输利润。它们是以市场价格评估的，而且没有更多的关税。相似的，由于国内销售不经过边境，因此也没有关税。

为了把出口额转化为离岸价值，我们有必要加入以 $XTAX$（i，r，s）代表的出口关税。注意，这些关税是按照特定目的地分别记录下来的。数据库显示目的地/特殊要素贸易政策是在分散的区域和商品（随着政策介入的类型而变化）水平上衡量的，一旦数据库聚集在商品或者区域上，双边税率就会因为组成的不同而随之变化。因此，保持这些双边的细节在模型构架中是很重要的。一旦加入出口税，我们就得到了按目的地划分的以世界价格衡量的出口价值 *VXWD*（i，r，s）。它和以到岸价为基础的按来源地划分的以世界价格衡量的进口价值 *VIWS*（i，r，s）之间的区别是国际运输利润 *VTWR*（i，r，s），它指的是按路程计价的、以世界价格衡量的、将商品 i 从区域 r 海运至区域 s 的运输价值。

至此，我们已经把商品 i 从位于区域 r 的产地部门运输至位于区域 s 的出口目的地。为了估计该项交易以区域 s 的内部价格衡量的销售额，我们有必要加入进口关税 *MTAX*（i，r，s），以得到 *VIMS*（i，r，s）——按来源地划分的以市场价格衡量的进口价值。来自所有其他区域的对于商品 i 的进口可以被合并到一个单独的组合里，*VIM*（i，s）表示以市场价格衡量的进口商品 i 到区域 s 的价值。在 r 市场的销售额要分配至各个目的地区域。同理，区域 s 对于商品 i 的进口额在 s 市场上也必须分配至不同经济部门和居民。可能的进口商品用途有：*VIPM*（i，s）——以市场价格估计的私人消费的进口价值；*VIGM*（i，s）——以市场价格估计的政府的进口价值；*VIFM*（i，j，s）——以市场价格估计的行业 j 的厂商的进口价值。类似地，国内销售额 *VDM*（i，r）必须分配至私人消费、政府和厂商使用，如表1－1下部所示。

1.3.2　居民消费的来源

前文讨论了在充分考虑税收和运输利润的情况下，在不同的市场进行销售分配的情况，这一部分将讨论居民和厂商在这些单独市场的购买行为。表1－2介绍了可贸易商品的居民购买的分配。表1－2的上半部分介绍了私人消费购买，以 *VPA*（i，s）表示，代表以经济主体面临的价格衡量的私人消费的购买价值。它代表国内生产的商品的消费——*VDPA*（i，s）和以经济主体面临的价格估计的进口组合——*VIPA*（i，s）之和。一旦私人消费商品税——*IPTAX*（i，s）被扣除，我们就得到以市场价格衡量的私人消费的进口价值——*VIPM*（i，s），

表 1 – 2　居民购买的来源（$i \in$ TRAD）

私人家庭			
$VPA(i,s)$			$: PP(i,s) \times QP(i,s)$
$VDPA(i,s)$ $- DPTAX(i,s)$ $= VDPM(i,s)$	$: PPD(i,s) \times QPD(i,s)$ $: PM(i,s) \times QPD(i,s)$	$VIPA(i,s)$ $- IPTAX(i,s)$ $= VIPM(i,s)$	$: PPM(i,s) \times QPM(i,s)$ $: PIM(i,s) \times QPM(i,s)$
政府			
$VGA(i,s)$			$: PG(i,s) \times QG(i,s)$
$VDGA$ $- DGTAX(i,s)$ $= VDGM(i,s)$	$: PGD(i,s) \times QGD(i,s)$ $: PM(i,s) \times QGD(i,s)$	$VIGA(i,s)$ $- IGTAX(i,s)$ $= VIGM(i,s)$	$: PGM(i,s) \times QGM(i,s)$ $: PIM(i,s) \times QGM(i,s)$

从 *VDPA*（*i*，*s*）中扣除国内商品税 *DPTAX*（*i*，*s*）可得 *VDPM*（*i*，*s*），即用市场价格衡量的私人消费的国内购买价值。因此我们就建立起了以经济主体面临的价格衡量的行业销售额（见表 1 – 1 的顶端）和以经济主体面临的价格衡量的私人消费购买价值（见表 1 – 2 的顶端）之间的联系。表 1 – 2 下半部分与上半部分类似，只不过将政府购买由 P 换成了 G。

1.3.3　厂商购买来源和居民要素收入

接下来，我们将讨论厂商对于中间和原始生产要素的购买行为。表1 – 3 的顶端主要讨论中间要素投入，从以经济主体面临的价格衡量的由经济部门 *j* 购买的商品 *i* 的价值——*VFA*（*i*，*j*，*s*）开始。

表 1 – 3　厂商购买的来源（$j \in$ PROD）

$i \in TRAD$；中间投入			
$VFA(i,j,s)$			$: PF(i,j,s) \times QF(i,j,s)$
$VDFA(i,j,s)$ $- DFTAX(i,j,s)$	$: PFD(i,j,s) \times QFD(i,j,s)$	$VIFA$ $- IFTAX(i,j,s)$	$: PFM(i,j,s) \times QFM(i,j,s)$
$= VDFM(i,j,s)$	$: PM(i,s) \times QFD(i,j,s)$	$= VIFM(i,j,s)$	$: PIM(i,s) \times QFM(i,j,s)$
$i \in ENDW$；初级要素			
		$VFA(i,j,s)$	$: PFE(i,j,s) \times QFE(i,j,s)$

续表

	$-ETAX(i,j,s)$	
	$=VFM(i,j,s)$	$:PM(i,s)\times QFE(i,j,s)$
零利润条件		
$VOA(j,s)=\sum_{i\in TRAD}VFA(i,j,s)+\sum_{i\in ENDW}VFA(i,j,s)$		

这可以分解为国内来源和进口来源两部分。扣除中间投入税 *DFTAX*（*i*，*j*，*s*）和 *IFTAX*（*i*，*j*，*s*），按照市场价格扣除这部分价值 *VDFM*（*i*，*j*，*s*）和 *VIFM*（*i*，*j*，*s*），就得到表1－1底部显示值。

厂商也购买非贸易品等，在这个模型中我们称其为要素禀赋（Endowments），在目前的数据库中，要素禀赋包括农业土地、劳动力和资本。表1－3接下来的部分展示了一条从应用这些生产要素的厂商到提供这些要素的居民的价值流。通过扣除在行业 *j* 的禀赋品 *i* 上征收的税 *ETAX*（*i*，*j*，*s*），我们可以从以经济主体面临的价格衡量的厂商购买价值 *VFA*（*i*，*j*，*s*）得到以市场价格衡量的厂商购买价值 *VFM*（*i*，*j*，*s*）。表1－3的最后部分建立了表1－1中得出的厂商收入［例如 *VOA*（*j*，*s*）］和表1－3显示的厂商消费［例如 *VFA*（*i*，*j*，*s*）］之间的联系。一旦考虑到所有的可贸易投入（中间要素）和生产的要素禀赋（例如初级要素），纯粹的零经济利润就意味着收入必须完全分配在消费上。

表1－4详细地说明了居民收入要素的来源。在这里，我们很有必要区分能完全流动的、可以赚取同样的市场回报的流动要素禀赋（*ENDWM_COMM*），和那些难以调整的、在均衡中承受不同回报的固定要素禀赋（*ENDOWS_COMM*）。对于前者，由于市场价格是相同的，我们可以简单地把要素使用量加总。在此扣除对区域 *s* 的居民提供原始要素 *i* 所被征收的税收 *HTAX*（*i*，*s*）后，我们就可以获得以经济主体面临的价格衡量的禀赋产品的价值（*VOA*）。后者则是由提供要素的私人消费者实际要素收入来衡量。

对于固定要素禀赋（如土地），对模型的冲击会导致经济部门的异质性价格变化。这反映在行业指数 *j* 和 *VFM*（*i*，*j*，*s*）的价格部分中。

这些异质价格通过一个单位收入函数合成为固定要素禀赋的（以市场价格衡量的）复合收入，即以市场价格衡量的要素产出价值 *VOM*（*i*，*s*）。经过与流动要素禀赋一样的方式处理，扣除居民收入税即可得 *VOA*（*i*，*s*）。

表1-4　居民要素服务收入的来源

$i \in ENDWM$；流动要素	
$\Sigma VFM(i,j,s) = VOM(i,s)$	$: PM(i,s) \times QO(i,s)$
$- HTAX(i,s)$	
$= VOA(i,s)$	$: PS(i,s) \times QO(i,s)$
$i \in ENDWS$；固定要素	
$VFM(i,j,s)$	$: PMES(i,j,s) \times QOES(i,j,s)$
$VOM(i,s)$	$: PM(i,s) \times QO(i,s)$
$- HTAX(i,s)$	
$= VOA(i,s)$	$: PS(i,s) \times QO(i,s)$

1.3.4　分配和区域收入来源

当存在税收时，图1-1和图1-2中区域账户可支配收入的计算就会变得更加复杂。在表1-5中，我们已知一个条件，即私人消费、政府购买和储蓄必须完全准确覆盖区域的收入。接下来讲解按来源分配的收入。我们从总要素禀赋收入开始（复习图1-1和图1-2）。注意一个区域赚取的所有的这些收入是这个区域的居民收入的总和。由此，我们必须扣除折旧费用 *VDEP*（*r*），然后加上所有的净税收。

这里我们采取的方式是对比以经济主体、市场或世界价格衡量的给定交易的价值，而不是跟踪模型中个人所得税或补贴现金流。若居民的提供劳动力所得和以市场价格衡量的劳动力价值之间存在一定差异，则此差异必定等于 *HTAX*（*i*，*r*），如表1-4所示。另外，这项税收收入对应的从价税率为 *t*（*i*，*r*），居民的供给要素禀赋 *i* 的价格为：

$$PS(i,r) = [1 - t(i,r)]PM(i,r) = TO(i,r)PM(i,r)$$

其中，*TO*（*i*，*r*）是从价税的税收力度。

$$VOM(i,r) - VOA(i,r) = [1 - TO(i,r)]PM(i,r)QO(i,r) = t(i,r)PM(i,r)QO(i,r)$$

因此，所有税收（补贴）的财政影响可以通过比较给定交易的以经济主体面临的价格衡量的价值与以市场价格衡量的价值差异来体现。我们假设区域 *r* 所征税收总是属于区域 *r* 的居民收入。

表 1－5 所给出的收入表达式中的其他项为每一个区域经济发展中所有其他可能来源的税收收入或者补贴支出提供了解释。其中包括：对企业征收的原始要素税、对居民征收的商品税、居民和企业购买的可交易商品及贸易税。

表 1－5　分配和区域收入来源

$EXPENDITURE(r)$	$=\Sigma$	$\{[VPA(i,r) + VGA(i,r)] + SAVE(i,r)\}$
=		
$INCOME(r)$	$=\Sigma$	$[VOA(i,r) - VDEP(i,r)]$
	$+\Sigma$	$[VOM(i,r)\text{-}VOA(i,r)]$
	$+\Sigma\Sigma$	$[VFA(i,j,r) - VFM(i,j,r)]$
	$+\Sigma$	$[VIPA(i,r) - VIPM(i,r)]$
	$+\Sigma$	$[VDPA(i,r) - VDPM(i,r)]$
	$+\Sigma$	$[VIGA(i,r) - VIGM(i,r)]$
	$+\Sigma$	$[VDGA(i,r) - VDGM(i,r)]$
	$+\Sigma\Sigma$	$[VIFA(i,j,r) - VIFM(i,j,r)]$
	$+\Sigma\Sigma$	$[VDFA(i,j,r) - VDFM(i,j,r)]$
	$+\Sigma\Sigma$	$[VXWD(i,r,s) - VXMD(i,r,s)]$
	$+\Sigma\Sigma$	$[VIMS(i,s,r) - VIWS(i,s,r)]$

图 1－3 和图 1－4 来自 Brockmeier（2001），其对 GTAP 模型框架下的边境干预措施做出了简要演示。图 1－3 中两个图为出口干预的情况（因为有许多出口目的地，我们可以将供给曲线解释为主体性供应，不考虑国内销售和其他出口市场的供给部分）。在第一个图中，国内价格高于世界价格，即 *PM*（*i*，*r*）＞*PFOB*（*i*，*r*，*s*），表明存在补贴，所以 *XTAX*（*i*，*r*，*s*）＝*VXWD*（*i*，*r*，*s*）－*VXMD*（*i*，*r*，*s*）＜0。

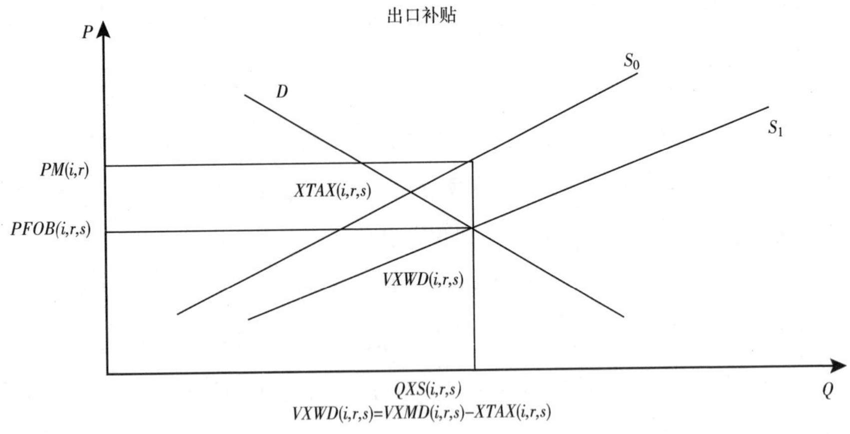

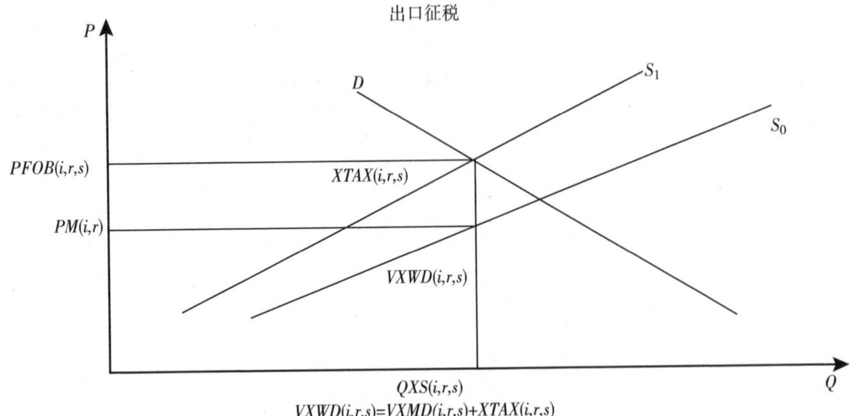

图 1－3　区域 *r* 对向区域 *s* 销售的产品的出口补贴或征税

注：*PM*——区域 *r* 的国内商品价格；

PFOB——从区域 *r* 出口到区域 *s* 的商品 *i* 的 FOB 价格；

QXS——从区域 *r* 出口到区域 *s* 的商品 *i* 的数量；

VXWD——从区域 *r* 出口到区域 *s* 的商品 *i* 的数量，以出口国国内价格计；

VXMD——从区域 *r* 出口到区域 *s* 的商品 *i* 的数量，以 FOB 价格计；

XTAX——税收收入/税收补贴支出；

D——从区域 *r* 出口到区域 *s* 的商品 *i* 的进口需求；

S_0——从区域 *r* 供给到区域 *s* 的商品 *i* 的税前净供给量；

S_1——从区域 *r* 供给到区域 *s* 的商品 *i* 的税后净供给量；

其中，$QXS(i,r,s)=QO(i,r)-\sum_{k\neq s}QXS(i,r,k)-VST(i,r)$ = 商品 *i* 从区域 *r* 到区域 *s* 的净供给。

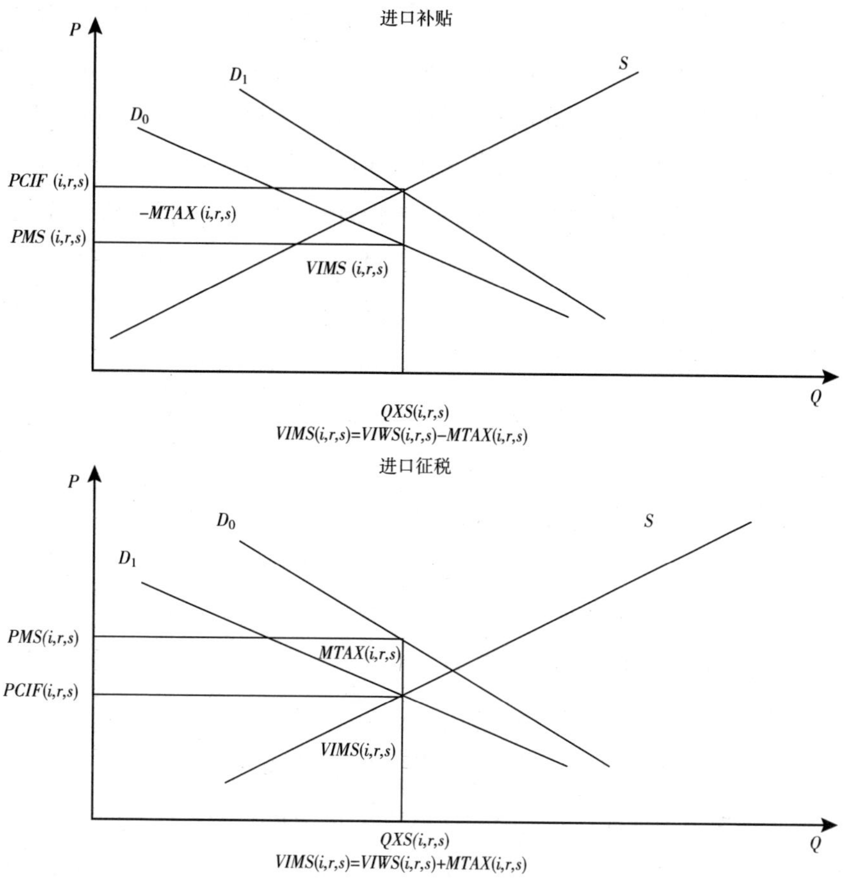

图1-4 区域 *s* 对从区域 *r* 购买的产品的进口补贴或征税

注：*PMS*——从区域 *r* 出口到区域 *s* 的商品 *i* 的进口国国内价格；

PCIF——从区域 *r* 出口到区域 *s* 的商品 *i* 的CIF价格；

QXS——从区域 *r* 出口到区域 *s* 的商品 *i* 的数量；

VIMS——从区域 *r* 到区域 *s* 的进口商品 *i* 的价值，以进口国国内价格计；

VIWS——从区域 *r* 到区域 *s* 的进口商品 *i* 的价值，以CIF价格计 ；

MTAX——税收收入/税收补贴；

D_0——从区域 *r* 到区域 *s* 的差异化进口商品 *i* 的税前需求；

D_1——从区域 *r* 到区域 *s* 的差异化进口商品 *i* 的税后需求；

S——从区域 *r* 到区域 *s* 的商品 *i* 净供给；

其中，$QXS(i,r,s)\ QO(i,r)-\sum_{k\neq s}QXS(i,r,k)-VST(i,r)$ = 从区域 *r* 到区域 *s* 商品 *i* 的净供给。

第二个图则情况相反。此时，世界价格高于市场价格，其差异对于提高区域收入有积极作用。无论 *VXWD* 和 *VXMD* 差异产生的原因是什么，情况都将如此。例如，如果这种差异的产生是由于出口限制，而不是税收，那么由此获得的收入流是来自配额租金（Quota Rents）。不管怎样，此收入仍流向区域 r。

图 1－4 是指进口干预对收入的影响。由于 GTAP 分析方法采用的是 Armington 方法引入进口需求，按照来源地区分产品，也没有对进口商品的国内供应。因此，图中的需求曲线是根据区域 s 对商品 i 的总需求，以及区域 s 商品 i 的进口价格和本地市场价格画出来的。从区域 r 进口商品 i 到区域 s 的超额供应依赖于区域 r 的供应以及区域 s 对该商品的需求。

当市场价格高于世界价格，即 $PMS(i, r, s) > PCIF(i, r, s)$ 时，则有 $MTAX(i, r, s) > 0$，这能够积极促进区域收入增长。这种情况可能出现的原因是存在进口关税，也可能是进口配额。对从区域 r 到区域 s 进口商品 i 存在约束性进口限额的情况下，

$$\begin{aligned} & VIMS(i,r,s) - VIWS(i,r,s) \\ = & [TMS(i,r,s) - 1]PCIF(i,r,s)QXS(i,r,s) > 0 \end{aligned}$$

此式代表相关的配额租金。在这种情况下，闭合必须进行修改，以保证 $QXS(i, r, s)$ 是外生的且 $TMS(i, r, s)$ 是内生的。同样，这些配额租金流向了执行配额的所在区域。

1.3.5 全球部门

为了使模型完整，我们有必要引入两个全球部门，即全球运输部门和世界银行。

全球运输部门提供的服务，随具体沿运路线为特定商品离岸价格和到岸价格之间的差额提供了一个合理解释：$VTWR(i, r, s) = VIWS(i, r, s) - VXWD(i, r, s)$。总结所有路径和商品即可得国际运输服务总需求，如表 1－6 所示。这些服务是由各区域经济体供应的，它们将商品出口至全球运输部门 $VST(i, r)$。我们没有足够的资料将区域运输服务与特定商品和路

径联系起来。因此，所有的需求从相同的服务集中得到满足，其价格融合了所有出口运输服务的价格。

表1-6　全球运输部门

VT					:	PT × QT
=	Σ TRADE	Σ REG	Σ REG	VTWR(i,r,s)	:	PT × QS(i,r,s)
=	Σ TRADE	Σ REG		VST(i,r)	:	PM(i,r) × QST(i,r)

另一必需的全球部门是世界银行。它在全球储蓄和投资的中间建立起了联系，如表1-7所示。它创造了一个以净区域投资（总投资减去折旧）的投资组合为基础的复合投资商品（*GLOBINV*），并将其提供给区域家庭以满足它们的储蓄需求。因此，就这种储蓄商品而言，所有的储户面对的是一个相同的价格（*PSAVE*）。对核算关系的一致性检查涉及单独计算复合投资商品的供应和对总储蓄的需求。如果①所有其他市场处于平衡状态，②所有企业（包括全球运输部门）获得零利润，及③所有居民都在他们的预算约束边界上消费，那么根据瓦尔拉斯定律，全球投资必须等于全球储蓄。

最后，初期资本存量的价值*VKB*（*r*）加上区域投资*REGINV*（*r*），减去折旧*VDEP*（*r*）就得到了末期资本存量的价值*VKE*（*r*）。这种关系如表1-7的底部所示。

表1-7　对区域投资商品的需求

Σ[REGINV(r)	:	PCGDS(r) × QCGDS(r)
- VDEP(r)]	:	PCGDS(r) × KB(r)
= GLOBINV	:	PSAVE × GLOBALCGDS
= ΣSAVE(r)	:	PSAVE × QSAVE(r)
VKB(r)	:	PCGDS(r) × KB(r)
+ REGINV(r)	:	PCGDS(r) × QCGDS(r)
- VDEP(r)	:	PCGDS(r) × DEPR(r) × KB(r)
= VKE(r)		

1.4 平衡条件和局部均衡闭合

到目前为止，我们并未提及企业和居民的行为。要得到完整的一般性均衡闭合，并不需要满足新古典主义对于这些行为的约束。事实上，上文详尽的核算关系保证了我们模型中一般均衡的存在。如果其中任何一项得不到满足，瓦尔拉斯定律将不成立。由于大多数经济学家更习惯以数量来表达均衡条件，而不是价值，我们有必要指出上文的核算关系确实体现了经济学家习惯的一般均衡的关系。例如，思考如下情况——可贸易品供应的市场出清条件：

$$VOM(i,r) = VDM(i,r) + VST(i,r) + \sum_{s \in REG} VXMD(i,r,s) \tag{1-1}$$

我们可以用区域 r 商品 i 的数量和共同的本地市场价格来重写以上条件：

$$PM(i,r) \times QO(i,r) = PM(i,r) \times [QDS(i,r) + QST(i,r) + \sum_{s \in REG} QXS(i,r,s)] \tag{1-2}$$

通过在方程两边同时除以 PM（i，r），我们得到常见的可贸易品市场出清条件：

$$QO(i,r) = QDS(i,r) + QST(i,r) + \sum_{s \in REG} QXS(i,r,s) \tag{1-3}$$

通过类似的处理我们可以得到非贸易品的市场出清条件。总的来说，任何市场出清条件通过乘以一般价格，就可以转换为价值项。这样处理之后，我们得以避免将价值流分解为价格和数量（$V = P \times Q$）。这极大地简化了模型校准的问题，这一点我们可以从下文中慢慢体会到。

前文确认了核算关系能够体现所有必要的一般均衡条件，接下来我们讨论在舍弃其中某些条件的情况下，如何建立特殊闭合的问题。问题在于确定哪些变量与其中哪些平衡条件相联系。这类似于确定与一般均衡模型相关的互补松弛条件。

也许最明显的互补性在于价格和市场出清条件之间。很明显，如果后者成立，价格必须可自由调整，以解决任何存在于供给与需求间的不平衡问题。因此，如果我们固定一个可贸易品的价格，就必须去除相关的市场出清条件，见公式（1－3）。一个针对农业和粮食问题分析的常见局部均衡闭合就需要固定所有非食品商品的价格。为了实现模型中的这种闭合，所有非食品商品市场的出清条件必须被舍弃（通过内生化方程中的自由变量，即可去掉相关的条件。如果要求模型提供唯一的均衡解，我们必须保持内生变量数目和条件方程式数目相等）。

在局部均衡分析中常见的假设是，非特殊生产要素的机会成本是外生变量。以农业为例，某些研究可能会假设劳动工资和资本的租金率是固定的。如果做出了这个假设，那么与这些非贸易生产要素相关的区域市场出清条件必须被舍弃。同样，只要收入的计算公式被去除，收入也可以被假设是固定的。

但数量又如何呢？它们能被固定吗？例如在非食物商品价格固定的条件下，允许其供应成为内生变量几乎没有任何意义。任何一个正在经历成本上升的行业在这种情形下都将共同被迫出局。基于这个原因，固定非食物商品的生产水平并去掉相关零利润条件是有道理的。以食品政策冲击为例，局部均衡假设可归纳如下：

· 非食品商品的生产水平和价格是外生的；

· 收入是外生的；

· 非特殊性初级生产要素的价格是外生的。

1.5　核算方程的线性化表示

虽然为了方便起见，在图 1－1、图 1－2 和表 1－1～表 1－5 中详细列出的核算关系大多都是通过数值的形式表达的，但通过价格和数量的数值变化百分比来表达该模型的行为内容是有很大吸引力的。事实上，我们通常最感兴趣的是这些百分比的变化，而不是它们的水平值。以数值变化百分比的形式来表达非线性模型并没有解决这些真正的非线性问题。线性化非线性

AGE模型的解法（Pearson，1991）通过以下公式来不断更新斜率系数：

$$dV/V = d(PQ)/PQ = p + q$$

其中p和q表示价格和数量的变动百分率。

图1－5展现了非线性模型解法的线性表达形式。为简单起见，假设整个模型是由一个方程式g（X，Y）$=0$给出的，其中X为外生，Y为内生。初始均衡由（X_0，Y_0）点表示。与事实相反的实验包括对外生变量施加冲击使其值由X_0变化至X_1，并计算内生性变量相应变化所得的值Y_1。如果我们只是评估了模型在均衡点（X_0，Y_0）的线性表示，模型将预测出B_J＝（X_1，Y_J）的结果。这就是Johansson的做法，它显然是错误的，因为$Y_J > Y_1$。这种类型的错误，导致了对单独使用线性可计算一般均衡模型的批判。

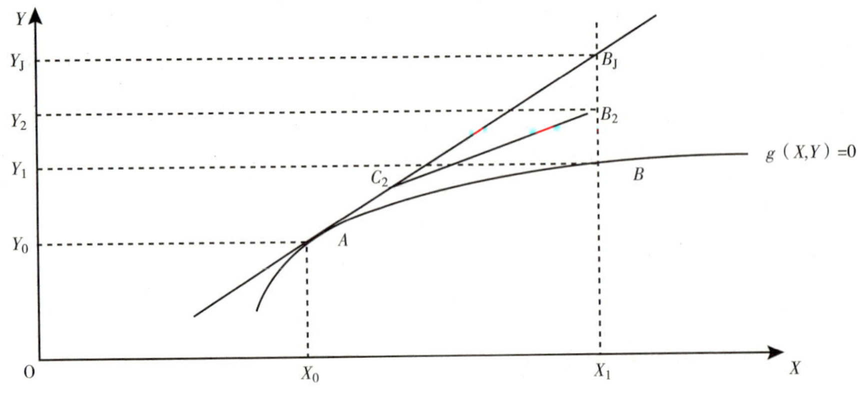

图1－5　通过模型的线性化表示来求解非线性模型

但是，通过把对X的冲击分为两部分并在第一次冲击之后对模型进行更新，该线性模型的精确度就可以大大增强。这种方法使我们从A点前进到C_2再到B_2，它被称为线性表示的欧拉解法。通过增加一些步骤，我们可得到解非线性模型越来越精确的方法。

有了欧拉的贡献后，这种重新线性化的模型方法得到大大改进，可更为迅速地收敛至点（X_1，Y_1）（Harrison and Pearson，1996）。用于解决

GTAP 模型默认的方法是 Gragg 的方法，应用的是外推法（Extrapolation）。在这种情况下，模型会被求解多次，每次都会得到比之前更为精细的区间。基于这些结果，最终就可以得到一个外推的解。正如 Harrison 和 Pearson（1996）阐述的那样，较先前的解法，这种方法能提供一个更优的结果。

核算方程的线性化涉及全微分，所以它们看上去像是价格和数量变化的加权线性组合。

例如，可贸易品的市场出清条件公式（1－3），可以表示为：

$$QO(i,r) \times qo(i,r) = QDS(i,r) \times qds(i,r) + QST(i,r) \times qst(i,r) + \sum_{s \in REG} \mathrm{QXS}(i,r,s)qxs(i,r,s) \tag{1-4}$$

其中小写变量表示变量的百分比变化。在方程两边同乘以共同价格 $PM(i, r)$ 可得表 1－8 中的方程（1）。现在这里的系数是以价值计算的［通过选定变量的初始值，如给定 $PM(i, r)=1$，我们可以很容易地运用这种方法算出价格和数量的数值水平（P 和 Q），尽管计算出这些变量的数值水平是完全不必要的］。此外还应注意，在表 1－8 中，此方程中还引入了一个自由变量。此自由变量的维度是所有地区和所有可贸易商品。通过将该自由变量的选定部分内生化（此自由变量只存在于这个方程），我们可以选择性地去除某些产品的市场出清条件方程。

表 1－8　模型中的核算关系

序号	方程	
(1)	$VOM(i,r) \times qo(i,r) = VDM(i,r) \times qds(i,r) + VST(i,r) \times qst(i,r) + \sum_{s \in REG} VXMD(i,r,s) \times qxs(i,r,s) + VOM(i,r) \times tradslack(i,r)$	$\forall i \in TRAD$ $\forall r \in REG$
(2)	$VIM(i,r) \times qim(i,r) = \sum_{j \in PROD} VIFM(i,j,r) \times qfm(i,j,r) + VIPM(i,r) \times qpm(i,r) + VIGM(i,r) \times qgm(i,r)$	$\forall i \in TRAD$ $\forall r \in REG$

续表

序号	方程	
(3)	$VDM(i,r)\times qds(i,r)=\sum_{j\in PROD}VDFM(i,j,r)\times qfd(i,j,r)+VDPM(i,r)\times qpd(i,r)+VDGM(i,r)\times qgd(i,r)$	$\forall i\in TRAD$ $\forall r\in REG$
(4)	$VOM(i,r)\times qo(i,r)=\sum_{j\in PROD}VFM(i,j,r)\times qfe(i,j,r)+VOM(i,r)\times endwslack(i,r)$	$\forall i\in ENDWM$ $\forall r\in REG$
(5)	$qoes(i,j,r)=qfe(i,j,r)$	$\forall i\in ENDWS$ $\forall j\in PROD$ $\forall r\in REG$
(6)	$VOA(j,r)\times ps(j,r)=\sum_{i\in ENDW}VFA(i,j,r)\times pfe(i,j,r)+\sum_{i\in TRAD}VFA(i,j,r)\times pf(i,j,r)+VOA(j,r)\times profitslack(j,r)$	$\forall j\in PROD$ $\forall r\in REG$
(7)	$VT\times pt=\sum_{i\in TRAD\_COMM}\sum_{r\in REG}VST(i,r)\times pm(i,r)$	
(8)	$PRIVEXP(r)\times yp(r)=$ $INCOME(r)\times y(r)-SAVE(r)\times[psave+qsave(r)]-\sum_{i\in TRAD}VGA(i,r)\times[pg(i,r)+qg(i,r)]$	$\forall r\in REG$
(9)	$INCOME(r)\times y(r)=$ $\sum_{i\in ENDW}VOA(i,r)\times[ps(i,r)+qo(i,r)]-VDEP(r)\times[pcgds(r)+kb(r)]$ $+\sum_{i\in NSAVW}VOM(i,r)\times[pm(i,r)+qo(i,r)]-VOA(i,r)\times[ps(i,r)+qo(i,r)]^{*}$ $+\sum_{i\in ENDWM}\sum_{j\in PROD}VFA(i,j,r)\times[pfe(i,j,r)+qfe(i,j,r)]-VFM(i,j,r)\times[pm(i,r)+qfe(i,j,r)]$ $+\sum_{j\in ENDWS}\sum_{i\in PROD}VFA(i,j,r)\times[pfe(i,j,r)+qfe(i,j,r)]-VFM(i,j,r)\times[pmes(i,r)+qfe(i,j,r)]$ $+\sum_{j\in PROD}\sum_{i\in TRAD}VIFA(i,j,r)\times[pfm(i,j,r)+qfm(i,j,r)]-VIFM(i,j,r)\times[pim(i,r)+qfm(i,j,r)]$ $+\sum_{j\in PROD}\sum_{i\in TRAD}VDFA(i,j,r)\times[pfd(i,j,r)+qfd(i,j,r)]-VDFM(i,j,r)\times[pm(i,r)+qfd(i,j,r)]$	$\forall r\in REG$

续表

序号	方程	
(9)	$+\sum_{i\in TRAD} VIPA(i,r)\times[ppm(i,r)+qpm(i,r)]-VIPM(i,r)\times[pim(i,r)+qpm(i,r)]$ $+\sum_{i\in TRAD} VDPA(i,r)\times[ppd(i,r)+qpd(i,r)]-VDPM(i,r)\times[pm(i,r)+qpd(i,r)]$ $+\sum_{i\in TRAD} VIGA(i,r)\times[pgm(i,r)+qgm(i,r)]-VIGM(i,r)\times[pim(i,r)+qgm(i,r)]$ $+\sum_{i\in TRAD} VDGA(i,r)\times[pgd(i,r)+qgd(i,r)]-VDGM(i,r)\times[pm(i,r)+qgd(i,r)]$ $+\sum_{i\in TRAD}\sum_{s\in REG} VXWD(i,r,s)\times[pfod(i,r,s)+qxs(i,r,s)]-VXMD(i,r,s)\times[pm(i,r)+qxs(i,r,s)]$ $+\sum_{i\in TRAD}\sum_{s\in REG} VIMS(i,s,r)\times[pms(i,s,r)+qxs(i,s,r)]-VIWS(i,s,r)\times[pcif(i,s,r)+qxs(i,s,r)]$ $+INCOME(r)\times incomeslack(r)$	$\forall r\in REG$
(10)	$ke(r)=INVKERATIO(r)\times qcgds(r)+[1-INVKERATIO(r)]\times kb(r)$	$\forall r\in REG$
(11)	$globalcgds=\sum_{r\in REG}[REGINV(r)/GLOBINV]\times qcgds(r)-[VDEP(r)/GLOBINV(r)]\times kb(r)$	
(12)	$walras\_sup=globalcgds$	
(13)	$GLOBINV\times walras\_dem=\sum_{r\in REG} SAVE(r)\times qsave(r)$	
(14)	$walras\_sup=walras\_dem+walraslack$	

在相关的可贸易品价格外生给定 $pm(i,r)=0$ 的情况下，贸易自由变量 $tradeslack(i,r)$ 的内生变化解释了在新的平衡条件（以初始平衡产出的百分比的形式）下的供过于求问题。

表 1－8 中接下来的两个方程展示了本地贸易品市场的均衡条件，这些可贸易品或是如方程（2）是从区域 r 进口而来，或者是如方程（3）为本土生产的。因此，本土市场价格又一次成为共同价格。我们将自由变量

(Slack Variables) 排除在这些方程之外，因为这些方程和方程（1）指的是同一商品。为了实现局部均衡闭合，在一处方程固定产品价格就足够了。

表1-8中的方程（4）及方程（5）指非贸易品或者要素禀赋的市场出清条件。如上所述，该模型将完全自由跨部门流动的初级要素和黏性（难以自由流动的）要素区分开来。后一类的要素禀赋根据其不同用途，会表现出不同的均衡价格。而对可自由流动的要素禀赋而言，在方程（4）中，一个共同市场的均衡价格的存在，使得均衡关系可以以本地市场价格的形式表现出来。引入一个自由变量是为了保证我们能够选择性地消除市场出清方程并固定有关要素禀赋的价格。对于黏性要素而言，则不存在这种共同价格，并且部门需求等于部门供给。后者是由常弹性转换收入函数得出的，这种收入函数能够将禀赋的一种使用转到另一种。

表1-8的方程（6）是零利润条件。由于假设企业是利润最大化的，当表1-3底部的表达式在最优点区间进行全微分时，数量的改变项为0 (Varian, 1978)。这样我们就得到了联系投入价格与产出价格的一个方程，其中的价格变化百分比是按照经济主体面临的价格衡量的数值加权的。为计算方便，我们使用不同的变量来代表企业的中间投入价格（*PF*）和要素禀赋价格（*PFE*）。*profitslack*（*j*，*r*）的存在使我们得以固定产出和消除在任意区域*r*的任意部门*j*的零盈利条件。类似的，方程（7）代表国际运输部门的零盈利条件。如表1-6描述的一样，此处，运输服务的总价值（*VT*）必须等于出口至全球运输部门的所有服务的总价值（*VST*）。

表1-8的方程（8）保证了区域收入的完全分配（详见表1-5）。首先从可支配区域收入中扣除储蓄和政府支出（在某些闭合里，其中任意一个可能是外生给定的），随即将剩余部分分配给私人消费支出*PRIVEXP*（*r*）。接下来是方程（9），它给出了每个区域的可得收入，这是模型中最复杂的方程式，它考虑了区域禀赋价值的改变，以及由从价税或补贴引起的净财政收入的变化。即使这些税率不发生变化，由于市场价格和数量的变化，收入也将会改变。因此，在微分形式下，每个值必须右乘以价值流量的价格和数量变化的百分比。

请注意，表1-8的数量的变化对于方程（9）的每项交易税来说是很常见的。例如，在对企业使用初级要素征税的情况下，企业派生需求的百分比变化 *qfe*（*i*，*j*，*r*）出现在了两项中。这反映了税收是一种数量的交易。与之相反，企业所面临的价格，一方面，可能不同于市场价格；另一方面，当税率改变时，不同价格自由浮动。这反映在如下事实中：*VFA*（*i*，*j*，*r*）右乘以 *pfe*（*i*，*j*，*r*），而 *VFM*（*i*，*j*，*r*）随着 *pm*（*i*，*r*）变动而变动。

在更详细地研究表1－8的方程（9）之前，明确地思考与每一项价差紧密相连的税收是十分有用的。这些都在表1－9给出的方程中得到了揭示，例如，方程（15）将收入/生产的税额作为 *VOM*（*i*，*r*）和 *VOA*（*i*，*r*）之间的差异。*TO*（*i*，*r*）＝*VOA*（*i*，*r*）/*VOM*（*i*，*r*）则给出了从价税的税权。因此，当 *TO*（*i*，*r*）>1时，企业/居民实际上得到了日常商品的补贴。同样，如果 d*TO*（*i*，*r*）/*TO*（*i*，*r*）＝*to*（*i*，*r*）>0，补贴将会增加。这种符号的选择可能看上去很奇怪，但它构成了税收工具的一个有用的规律。特别的，我们所采用的规则为税率被定义为经济主体面临的价格和市场价格的比例（边境税则是市场价格和世界价格的比例）。

下一个价格联动方程是表1－9中的方程（16），我们注意到 *tf*（*i*，*j*，*r*）增加，即 *tf*（*i*，*j*，*r*）>0时，会导致税收增加。那是因为在这种情况下，位于区域 *r* 部门 *j* 的企业在采购可流动要素禀赋 *i* 时，将会被迫接受比市场价格更高的价格，即 *pfe*（*i*，*j*，*r*）>*pm*（*i*，*r*）。鉴于企业在购买黏性要素禀赋时没有唯一的市场价格，所以在这种情况下我们需要一个分开的价格联动方程，即方程（17）。

表1－9　价格联动方程

序号	方程	
(15)	$ps(i,r) = to(i,r) + pm(i,r)$	$\forall i \in NSAVE$ $\forall r \in REG$
(16)	$pfe(i,j,r) = tf(i,j,r) + pm(i,r)$	$\forall i \in ENDWM$ $\forall j \in PROD$ $\forall r \in REG$
(17)	$pfe(i,j,r) = tf(i,j,r) + pmes(i,j,r)$	$\forall i \in ENDWS$ $\forall j \in PROD$ $\forall r \in REG$

续表

序号	方程	
(18)	$ppd(i,r)=tpd(i,r)+pm(i,r)$	$\forall i\in TRAD$ $\forall r\in REG$
(19)	$pgd(i,r)=tgd(i,r)+pm(i,r)$	$\forall i\in TRAD$ $\forall r\in REG$
(20)	$pfd(i,j,r)=tfd(i,j,r)+pm(i,j,r)$	$\forall i\in TRAD$ $\forall j\in PROD$ $\forall r\in REG$
(21)	$ppm(i,r)=tpm(i,r)+pim(i,r)$	$\forall i\in TRAD$ $\forall r\in REG$
(22)	$pgm(i,r)=tgm(i,r)+pim(i,r)$	$\forall i\in TRAD$ $\forall r\in REG$
(23)	$pfm(i,j,r)=tfm(i,j,r)+pim(i,r)$	$\forall i\in TRAD$ $\forall j\in PROD$ $\forall r\in REG$
(24)	$pms(i,r,s)=tm(i,s)+tms(i,r,s)+pcif(i,r,s)$	$\forall i\in TRAD$ $\forall r\in REG$ $\forall s\in REG$
(25)	$pr(i,s)=pm(i,s)-pim(i,s)$	$\forall i\in TRAD$ $\forall r\in REG$
(26)	$pcif(i,r,s)=FOBSHR(i,r,s)\times pfob(i,r,s)+TRNSHR(i,r,s)\times pt$	$\forall i\in TRAD$ $\forall r\in REG$ $\forall s\in REG$
(27)	$pfob(i,r,s)=pm(i,r)-tx(i,r)-txs(i,r,s)$	$\forall i\in TRAD$ $\forall r\in REG$ $\forall s\in REG$

方程（18）~（20）描述了本地市场价格和经济主体购买国内生产的可贸易品价格之间的联系。这些商品交易税不仅在不同商品和区域之间，在同地域不同企业和居民之间也有可能不同。同样，方程(21)~（23）描述了区域 s 不同经济主体从区域 r 进口商品 i 的价格和市场价格之间的联系。

方程（24）在产品边境价格变动——*pcif*（*i*，*r*，*s*）和两种边境干预措施的基础上，建立了区域 *s* 中的可贸易品 *i* 的本地市场价格的百分比变化。两者都是从价进口关税。*tms*（*i*，*r*，*s*）是双边的，*tm*（*i*，*s*）是来源国单边的。后者可以把国内经济从世界价格变动中分离出来。这是通过将 *tm*（*i*，*s*）内生化和确立一些国内价格目标实现的。在该方程中，我们选择固定商品 *i* 的国内市场价格和复合进口产品价格的比值。下一个价格联动方程（25）给出了其简单定义。在正常的闭合中，*tm*（*i*，*s*）是外生的而 *pr*（*i*，*s*）是内生的。然而，我们通过允许 *tm*（*i*，*s*）变化而固定 *pr*（*i*，*s*）来模仿欧盟在食品上的浮动进口税。在这种情况下，国内消费者没有动力去用进口食品替代国内食品。

方程（26）将 *pcif*（*i*，*r*，*s*）和 *pfob*（*i*，*r*，*s*）联系起来。它建立在税收收入必须覆盖所有路径和商品费用的假设上。因此这种到岸价格变化是离岸价格变动和一般运输成本指数变动的加权组合，其权数是占到岸成本的离岸成本份额 *FOBSHR*（*i*，*r*，*s*）和运输成本份额 *TRNSHR*（*i*，*r*，*s*）。考虑到企业参与的交叉补贴程度不同和不同路线的运输成本的差异，这个方程可能会不准确。同样重要的是，要明确方程（26）表达的价格通过市场传递的含义。给定路径运输成本份额越大［*TRNSHR*（*i*，*r*，*s*）越大］，在出口市场 *r* 中 *i* 的价格变动和相应的进口市场 *s* 中 *i* 的价格变动间的联动越弱。

方程（27）通过连接 *pfob*（*i*，*r*，*s*）和国内市场价格 *pm*（*i*，*r*）完成了表1-9中的价格联动关系。跟进口方一样，出口税也会有两种类型。*txs*（*i*，*r*，*s*）适用于特定出口目的地，*tx*（*i*，*r*）则适用于所有出口目的地。后者可能会与部门产出之正常内生变化相交换，为的是将国内生产者从特殊的世界市场中分离开来。例如，这种出口税/补贴已经被用于模拟欧盟建立公共农业政策。要注意的是，这种出口税指的是国内市场价格与国际价格的比率，所以 *TXS*（*i*，*r*，*s*）上升会导致财政外流，即出口补贴。

建立了此方程中的价格联系，我们回到表1-8中方程（9）。考虑到省略了这些复杂方程的某些部分，如收入所得税，这对贸易政策改革的福利分析有什么影响呢？假设原始均衡数据中存在所得税，*VOM*（*i*，*r*）> *VOA*（*i*，*r*），如果实验没有改变所得税的税率，那么：

$$to(i,r) = 0$$
$$\alpha = ps(i,r) = pm(i,r); i \in ENDW$$

这就意味着方程（9）中＊处括号中的两项以同样的速率变化。如果这种变化是正向的，忽略收入所得税将会导致低估所得税税款，进而在新均衡中导致对可支配收入和居民福利的低估。总之，即使税率没有被政策所影响，为了有精确的福利分析，承认它们在经济中的存在也是十分重要的。

表1-8中的最后一组核算方程涉及全球储蓄和投资。因为这是一个比较静态模型，当期的投资并不增加企业的生产资本存量。后者受外生给定的初始资本存量所约束，因此投资在模型中的作用是有限的。投资（和储蓄）被外生给定时，将会促进期末资本存量的积累［见方程（10）］。当投资是内生时，它将会随着全球储蓄需求而调整（更多的关于宏观经济闭合的讨论将在下文给出）。方程（11）将区域总投资纳入全球净投资。方程（13）加总了区域储蓄，方程（12）和方程（14）允许我们或者力证二者完全相同（当 *walraslack* 是外生时），或者证实瓦尔拉斯定理（当 *walraslack* 是内生时，且解等于零）。

1.6 行为方程

1.6.1 生产者行为

图1-6展示了模型中各行业各企业的生产技术。这种生产树形图能简化表示规模报酬不变条件下的可分离技术。在这个倒立树形图的底部是企业对生产投入的需求，例如，主要的生产要素有土地、劳动力和资本。它们的数量用 *qfe*（*i*，*j*，*s*）表示，或者用变动百分比的形式表示，即 *qfe*

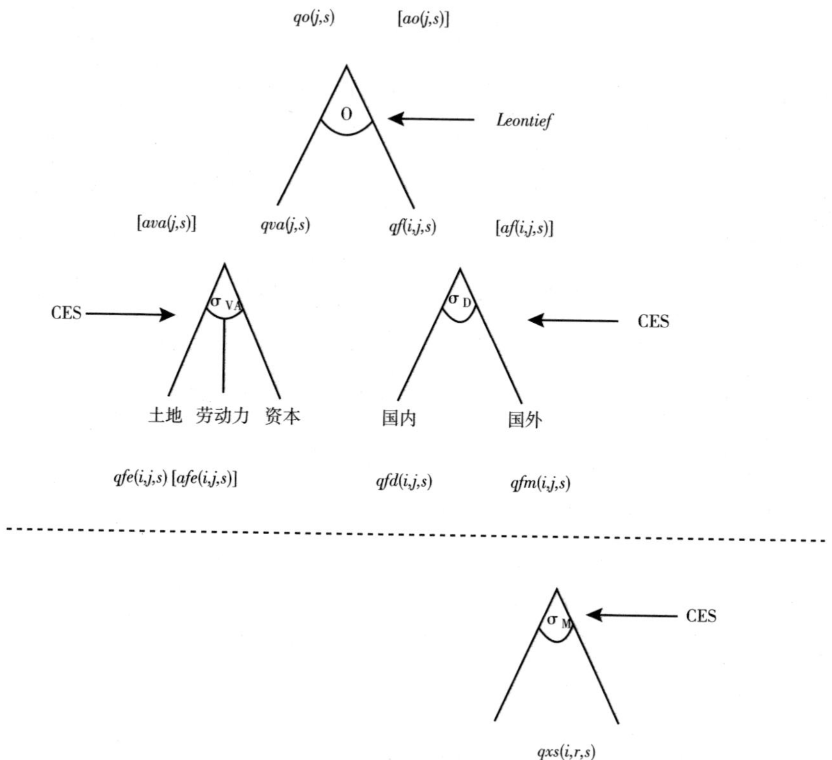

图1-6　模型中的生产结构

(i，j，s)。为简化模型，暂且忽略图1-6“[　]”中的项，它们表示技术的变革速率，我们暂时假设技术不变。企业也进行中间投入，包括国内产品 *qfd*（i，j，s）和进口产品 *qfm*（i，j，s）。在进口时，中间投入必须按照特定来源区域分开，因此有 *qxs*（i，r，s）。由图1-1可得，来源地划分发生在边界，鉴于按部门划分的进口商品组成信息是难以获得的，因此在企业产品树形图和固定替代弹性（CES）嵌套之间的虚线交织成双向进口。

企业将生产投入与产出联系起来的方式 *qo*（i，s）很大程度上取决于我们关于生产的可分离性的假设。例如，我们假设企业对生产要素的最优选择与中间投入的价格无关。因为产出水平同样与此无关，基于我们规模报酬不变的假设，企业的要素需求仅为土地、劳动力和资本相对价格的函数。基于可分离性的假设，我们进而假设生产要素之间的替代弹性和中间投入间的替代弹性是相等的。我们所画的生产树也反映了这一点，生产要素和中间投入倒立树的分叉点对应的替代弹性是相同的。这也减少了为运行此模型所要提供的参数数量。

在生产树形图的主要分支中，替代可能同样受制于一个参数。图中行业的 CES 假设比较宽泛，只考虑两种生产要素——资本和劳动力。然而在农业中，第三种生产要素即土地被引入生产函数，我们就必须假设每两种要素之间的替代弹性是相等的。这肯定是不现实的，但我们目前没有足够的信息去建立一个更切实的模型。

一般来说，研究者可以自行指定树形图中每层的行为参数大小。然而，当我们转向下面的企业行为方程的具体形式时，我们假设复合中间投入和生产要素之间不可替代。事实上将这种应用于一般均衡模型（AGE）中的常见形式应用在全球贸易分析模型（GTAP）中并不恰当。确实有证据表明一些中间投入和生产要素之间存在重要的可替代性，例如在 20 世纪 70 年代的能源危机中，企业通过购买新的高效设备来节约能源。同样的，农民也在化肥价格相对土地价格变化时相应调整化学肥料使用率。然而，这些生产要素之间的可替代性并不是所有中间投入的特点，所以我们需要有一个比图 1-6 描述得更恰当、更灵活的生产函数。

接下来我们考虑图 1-6 中生产树形图中间投入的部分，容易看出可分离性是对称的，这就是说最优的中间投入也独立于生产要素的价格。而且进口的中间投入也被假定与本地生产的中间投入相分离。这就是说，企业首先选定进口来源，然后以进口组合价格为基础，来决定进口和本地购买的最佳组合。这种理论最早由 Armington 在 1969 年提出，所以被称为“Armington 方法”，并被用于建立进口需求模型。然而，它在学术文献中也广受批评。例如，Winters（1984）和Alston等（1990）等人认为其函数形式局限性太大，采用非位似（Nonhomothetic）的AIDS形式可能是更好的选择。虽然我们承认更灵活的函数形式是更好的，但这种批评对本模型中任意其他的行为关系都是适用的。问题在于，在离散的全球贸易模型中，这是否能够被估计或校准。虽然在单一区域模型下已经取得了一定成果（Robinson et al.，1993），但就目前来说，答案是否定的。

对于Armington方法，更根本的批评来自产业组织、不完全竞争和贸易的相关文献。在这里，产品差异化是内生的并且与企业自己开拓细分市场有关。Spence（1976）、Dixit和Stiglitz（1979）取得了这些方向研究的早期成果。这是把不完全竞争融入AGE模型的首选方法（例如Brown和Stern，1989），而且对贸易政策自由化有重大意义。同样地，Feenstra（1994）阐明进口需求非位似性在一定程度上是由产品差异内生化造成的。收入上升导致新的出口商进入，进而引起进口产品种类的增加。即使价格不变，这也会引起进口产品市场份额的上升。

总之，虽然我们对Armington方法不是十分满意，但我们确实可以用其来解释相似商品的双边运输并追踪双边贸易流量。我们相信在许多部门中，不完全竞争或内生产品差异化的方法将会更合适。这些模型需要有关行业集中程度（企业数量）和规模经济（或固定成本）的更多信息，而在全球背景下这是不容易得到的，显然是未来工作的重要方向。另外，已有许多学者使用加总版的GTAP数据库来模拟不完全竞争模型，如Harrison、Rutherford和Tarr（1997）。

1.6.2　行为方程

表1－10和表1－11给出了图1－6中描述企业行为的方程。每个方程组引用上述技术树形图中的一个节点或分支。每个节点有两个类型的方程。

表 1-10　组合进口节点方程

序号	方程	
(28)	$pim(i,s) = \sum_{k \in REG} MSHRS(i,k,s) \times pms(i,k,s)$	$\forall i \in TRAD$ $\forall s \in REG$
(29)	$qxs(i,r,s) = qim(i,s) - \sigma_M(i) \times [pms(i,r,s) - pim(i,s)]$	$\forall i \in TRAD$ $\forall r \in REG$ $\forall s \in REG$

表 1-11　生产者的行为方程

序号	方程	
复合中间品嵌套		
(30)	$pf(i,j,r) = FMSHR(i,j,r) \times pfm(i,j,r) + [1 - FMSHR(i,j,r)] \times pfd(i,j,r)$	$\forall i \in TRAD$ $\forall j \in PROD$ $\forall r \in REG$
(31)	$qfm(i,j,s) = qf(i,j,s) - \sigma_D(i) \times [pfm(i,j,s) - pf(i,j,s)]$	$\forall i \in TRAD$ $\forall j \in PROD$ $\forall s \in REG$
(32)	$qfd(i,j,s) = qf(i,j,s) - \sigma_D(i) \times [pfd(i,j,s) - pf(i,j,s)]$	$\forall i \in TRAD$ $\forall j \in PROD$ $\forall s \in REG$
增加值嵌套		
(33)	$pva(j,r) = \sum_{i \in ENDW} SVA(i,j,r) \times [pfe(i,j,r) - afe(i,j,r)]$	$\forall j \in PROD$ $\forall r \in REG$
(34)	$qfe(i,j,r) + afe(i,j,r) = qva(j,r) - \sigma_{VA}(j) \times [pfe(i,j,r) - afe(i,j,r) - pva(j,r)]$	$\forall i \in TRAD$ $\forall j \in PROD$ $\forall r \in REG$
总产出嵌套		
(35)	$qva(j,r) + ava(j,r) = qo(j,r) - ao(j,r)$	$\forall j \in PROD$ $\forall r \in REG$
(36)	$qf(i,j,r) + af(i,j,r) = qo(j,r) - ao(j,r)$	$\forall i \in TRAD$ $\forall j \in PROD$ $\forall r \in REG$
零利润（改进的）		
(6′)	$VOA(j,r) \times [ps(j,r) + ao(j,r)] = \sum_{i \in ENDW\_COMM} VFA(i,j,r) \times [pfe(i,j,r) - afe(i,j,r) - ava(i,j,r)] + \sum_{i \in TRAD\_COMM} VFA(i,j,r) \times [pf(i,j,r) - af(i,j,r)] + VOA(j,r) \times profitslack(j,r)$	$\forall j \in PROD$ $\forall r \in REG$

第一种方程类型描述了节点内各种投入之间的替代性，替代形式为 CES 的生产函数（细节将在本节稍后说明）。第二种方程类型是复合价格方程，用以决定各分支中复合产品的单位成本（例如复合进口产品，它和表 1－8 中所给出的行业零收益条件形式一样）。复合价格进而进入更高一层的嵌套来决定对复合产品的需求。

有许多方法可以获得 CES 形式的需求方程。在这里我们使用一种始于替代弹性定义的直观阐述，这也是 CES 方程形式一开始被创造的方式（Arrow et al.，1961）。假设只有两种投入，其中替代效应被定义为两种成本最小化的投入需求的比率的百分比变动，当其价格比率的变动百分比为 1% 时：

$$\sigma \equiv (Q_1 \hat{/} Q_2)/(P_2 \hat{/} P_1) \quad (1-5)$$

（在这里，上标^表示变动百分比）常见的模型便是 CD 函数，其中 σ 等于 1。在这种情况下要素投入份额不随价格变化。取 σ 的较大值，数量比率的变动率超过价格比率的变动率，并且变得更为昂贵的投入要素占总成本的份额实际上会有所下降。用变动百分比形式（小写字母）表达公式（1－5），我们得到：

$$q_1 - q_2 = \sigma(p_2 - p_1) \quad (1-6)$$

为了获得表 1－10 中需求方程的形式，一些替换是必要的。对生产函数进行全微分，加之企业对要素的支付等于其边际产品价值，得出投入和产出（也就是复合产品）之间的关系如下：

$$q = \theta_1 q_1 + (1 - \theta_1)q_2 \quad (1-7)$$

其中 θ_1 是投入 1 占总成本的份额，$(1 - \theta_1)$ 是投入 2 占总成本的份额。可得 q_2 形式如下：

$$q_2 = (q - \theta_1 q_1)/(1 - \theta_1) \quad (1-8)$$

将上式代入公式（1－6）可得：

$$q_1 = \sigma(p_2 - p_1) + (q - \theta_1 q_1)/(1 - \theta_1) \tag{1-9}$$

简化可得投入 1 的派生需求公式：

$$q_1 = (1 - \theta_1)\sigma(p_2 - p_1) + q \tag{1-10}$$

注意此条件需求公式是关于价格零次齐次的，补偿性需求交叉价格弹性等于：

$$(1 - \theta_1) \times \sigma$$

最后一个替换是复合价格的百分比变动形式：

$$p = \theta_1 p_1 + (1 - \theta_1) p_2 \tag{1-11}$$

这与表 1－8 中零利润条件（6）相同，只是此处我们在方程两边同除以以经济主体面临的价格衡量的产出价值。因为收入全部用于成本支出，投入价格权重系数是各自的投入占总成本份额。由此，与上述方式类似，先将 p_2 以 p_1 和 p 组成的公式的形式表示，然后代入公式（1－10）可得：

$$q_1 = (1 - \theta_1)\sigma[(p - \theta_1 p_1)/(1 - \theta_1) - p_1] + q \tag{1-12}$$

简化可得这组 CES 复合投入的投入 1 的派生需求公式的最终形式：

$$q_1 = \sigma(p - p_1) + q \tag{1-13}$$

投入要素的数量超过 2 时公式（1－13）形式也是不变的。此方程将企业的派生需求变动 q_1 分解为两部分。一部分为替代效应。这是（不变）替代弹性和复合价格相对投入 1 价格的百分比变动的乘积。另一部分为扩张效应。由于规模报酬不变，这表述了投入和产出间的等比例的关系。

我们现在重新回到表 1－10 和表 1－11。如上所述，图 1－6 中的每一个 CES 节点都包括两种类型的方程：一个复合价格方程和多个条件需求方程。例如，表 1－10 顶部的方程（28）阐释了进口商品复合价格 pim（i，s）的变动百分比。不同于表 1－8 中的部门价格方程（6），此处我们应用

了成本份额 *MSHRS*（i，k，s），即区域 s 从区域 k 进口的商品 i 占其复合进口商品 i 的比重。另一个方程根据市场价格 *pms*（i，r，s）相对于进口的复合价格 *pim*（i，s）来确定进口的来源。表 1－11 中第一组方程描述了复合中间投入的嵌套。这是针对具体部门而言的。此处，*FMSHR*（i，j，r）指的是在区域 r 的部门 j 中企业对复合可贸易品 i 的使用中进口部分所占的份额。注意我们选择符号时需要将进口商品的条件需求方程和本土生产商品的条件需求方程［方程（32）］区分开来。否则，这些需求方程可以遵循一般格式。

表 1－11 中的方程（33）和方程（34）描述的是生产者对生产要素投入的技术树嵌套。它们具体解释了复合要素（*pva*）的价格变化和每个部门的企业对于要素禀赋的条件需求的变化。在此，系数 *SVA*（i，j，r）指的是在区域 r 的部门 j 中，所使用要素禀赋商品 i 占总投入成本的比例。除价格变量 *pfe*（i，j，r）之外，方程中还包括代表要素投入扩张的技术革新率的变量 *afe*（i，j，r）。注意，*afe*（i，j，r）为变量 *AFE*（i，j，r）的变化率，*AFE*（i，j，r）×*QFE*（i，j，r）等于区域 r 部门 j 中对原始要素 i 的有效投入。因此，*afe*（i，j，r）>0 会导致要素 i 的有效价格下降。正是由于以上原因，方程中 *pfe*（i，j，r）需要扣减 *afe*（i，j，r）。这样处理将带来如下效果：

①通过方程（34）的右半部分促使生产要素 i 替代其他要素；

②通过方程（34）的左半部分减少对生产要素 i 的需求（在有效价格恒定的情况下）；

③通过方程（33）降低复合要素的成本，进而促进企业扩展，增加对所有要素的需求。

我们最后来讨论顶级的嵌套，它展现了对于复合生产要素和中间投入要素的需求。由于我们之前假设了在中间投入要素和生产要素之间不存在替代，因此在这些条件需求之中，相对价格部分就被省略了，我们只需要考虑要素的扩张效应。在该嵌套中存在三种类型的技术革新。变量 *ava*（j，r）和 *af*（i，j，r）分别指的是复合要素和中间投入要素的扩张型技术革新。变量 *ao*（j，r）指的是希克斯（Hicks）中性技术革新，它统一减少了给定产出的情况下对于要素投入的限制。最后，我们重述了决定该部门中产出价格的零利润条件。这个修改后的方程反映了技术革新对于在区域 *r* 中生产的商品 *j* 的复合产出价格的影响。

1.6.3 关税改革的影响

要考虑贸易政策冲击的影响，一种有效的办法是借助表1-11中所示的生产者行为的线性化表示形式。例如，当从区域 *r* 进口商品 *i* 至区域 *s* 的双边关税 *tms*（*i*，*r*，*s*）下降时，通过表1-9的方程（24）中的价格连接，将会引起 *pms*（*i*，*r*，*s*）下降。由表1-10中的方程（29），本地消费者将立即用从区域 *r* 进口的商品 *i* 替代与之相竞争的其他进口来源国的进口商品 *i*。此外，由方程（28）和方程（23）可得，行业 *j* 的进口复合价格下降，根据方程（31），这将会引起进口总需求的上升。通过方程（30），更为廉价的进口将使中间投入品的复合价格下降，而通过方程（6）可知，这将会导致在目前价格下存在超额利润。这反过来促进了产出扩张，又通过方程（35）和方程（36），引起了扩张效应（当然，在局部均衡模型中，非食品部门行为水平是外生决定的，只有当 *j* 为食品部门时，才存在扩张效应）。

由方程（34）可知，扩张效应导致了对生产要素需求的增加。在局部均衡闭合中，对于非食品部门而言，土地和劳动力的供给可能会被假设为完全弹性，因此当 *i* = 土地或劳动力时，*pfe*（*i*，*j*，*r*）为恒定的。但是，在一般均衡模型中，这种扩张效应通过可流动要素禀赋市场出清条件方程（4）会产生一种过度需求，进而促使这些要素的价格上升，这种冲击会传导至贸易自由化区域的其他部门。

接下来我们考虑区域 *r*。在考虑给定区域 *s* 中经济主体对于关税冲击的反应时，方程（29）可用于分析关税对商品 *i* 从区域 *r* 出口至区域 *s* 的出口额的影响。方程（1）描述了关税对总产出 *qo*（*i*，*r*）的影响（除非在某个特殊的PE闭合中市场出清条件被舍掉了且 *pm*（*i*，*r*）是固定的）。在此，随着方程（35）和方程（36）将扩张效应传递给中间要素需求和区域 *r* 的生产要素市场，表1-11中的方程将再次发挥作用。

1.6.4 居民行为

1.6.4.1 理论

如图1－1和图1－2所示，区域部门的行为由一个总效用函数决定，包括复合的个人消费、复合的政府购买和储蓄。这个静态的效用函数之所以包括储蓄，是源于Howe在1975年的研究成果。他的研究发现，跨期的扩展线性支出系统（ELES）可以从等价的静态最大化问题中得出，其中效用函数包含储蓄。他从一个Stone－Geary效用函数开始分析，并且限制储蓄的日常预算份额（Subsistence Budget Share）为0。由此得出一系列当期消费的支出方程，这些当期消费方程与Lluch在1973年的"跨期最优化问题"研究中得到的方程等价。在GTAP模型中，我们采用了Stone-Geary效用函数的一个特例，即设定所有的日常预算份额都为0。因此，Howe把这个设定和一个跨期最优化问题相联系的结论，是可以应用的。

此效用函数还有一个特点，即我们使用了当期政府支出指数来替代政府为居民提供公共物品和服务带来的福利价值。Keller在1980年的研究论文的第八章证明了：如果①居民对公共物品和私人物品的消费偏好是可分离的，②同一个区域中的不同居民关于公共物品效用函数是完全相同的，那么我们就可以得到一个总体的效用函数。我们对私人效用的指数进行加总可以推断出区域福利函数，但我们还需要做进一步的假设，即在最初的均衡中公共物品的供给已是最优的。不想使用这个假设的研究者可以固定政府效用水平，因而让个人消费随收入而调整。

1.6.4.2 方程

模型中区域家庭的行为方程在表1－12中被列出。根据之前所提到的，区域效用函数为三种支出的柯布－道格拉斯（Cobb-Douglas，CD）形式。这三种支出形式为私人消费支出、政府支出和储蓄。在标准的闭合之中，每种支出占总收入的份额是恒定的。这一点可以从方程（38）和方程（39）中看出，它们展示了随着收入和价格的变化，储蓄支出和政府行为的变动。这些方程中还包含一些自由变量，若研究者想要外生固定储蓄量（*qsave*）和政府组合（*ug*），可以将自由变量与它们交换。为了保证这些闭合之中的区域收入被用尽，方程（38）把私人消费的改变作为余项。个人和政府的需求对象都是复合产品，我们需要对其进行更为详细的说明。我们先来看政府需求。

表 1-12　居民行为

序号	方程	
总效用		
（37）	$INCOME(r) \times u(r) = PRIVEXP(r) \times up(r) + GOVEXP(r) \times [ug(r) - pop(r)] + SAVE(r) \times [qsave(r) - pop(r)]$	$\forall r \in REG$
区域储蓄		
（38）	$qsave(r) = y(r) - psave(r) + saveslack(r)$	$\forall r \in REG$
政府购买		
（39）	$ug(r) = y(r) - pgov(r) + govslack(r)$	$\forall r \in REG$
复合产品需求		
（40）	$pgov(r) = \sum_{i \in TRAD\_COMM} (VGA(i,r)/GOVEXP(r)) \times pg(i,r)$	$\forall r \in REG$
（41）	$qg(i,r) = ug(r) - [pg(i,r) - pgov(r)]$	$\forall i \in TRAD$ $\forall r \in REG$
复合贸易品		
（42）	$pg(i,s) = GMSHR(i,s) \times pgm(i,s) + [1 - GMSHR(i,s)] \times pgd(i,s)$	$\forall i \in TRAD$ $\forall s \in REG$
（43）	$qgm(i,s) = qg(i,s) + \sigma_D(i) \times [pg(i,s) - pgm(i,s)]$	$\forall i \in TRAD$ $\forall s \in REG$
（44）	$qgd(i,s) = qg(i,s) + \sigma_D(i) \times [pg(i,s) - pgd(i,s)]$	$\forall i \in TRAD$ $\forall s \in REG$
私人家庭需求		
（45）	$yp(r) = \sum_{i \in TRAD} [CONSHR(i,r) \times pp(i,r)] + \sum_{i \in TRAD} [CONSHR(i,r) \times INCPAR(i,r)] \times up(r) + pop(r)$	$\forall r \in REG$
复合需求		
（46）	$qp(i,r) = \sum_{i \in TRAD} EP(i,k,r) \times pp(k,r) + EY(i,r) \times [yp(r) - pop(r)] + pop(r)$	$\forall i \in TRAD$ $\forall r \in REG$

续表

序号	方程	
复合贸易品		
(47)	$pp(i,s) = PMSHR(i,s) \times ppm(i,s) + [1 - PMSHR(i,s)] \times ppd(i,s)$	$\forall i \in TRAD$ $\forall s \in REG$
(48)	$qpd(i,s) = qp(i,s) + \sigma_D(i,s) \times [pp(i,s) - ppd(i,s)]$	$\forall i \in TRAD$ $\forall s \in REG$
(49)	$qpm(i,s) = qp(i,s) + \sigma_D(i,s) \times [pp(i,s) - ppm(i,s)]$	$\forall i \in TRAD$ $\forall s \in REG$

1.6.4.3　政府需求

当确定政府的实际支出的百分比变化量后，下一步就是把这些支出分配到各种复合商品上。在这里，CD 形式的关于不变预算份额的假设又一次得到了应用，见方程（40）和方程（41）。在第一个方程中，我们建立了政府购买的价格指数 *Pgov*（*r*），这为得到可贸易的复合商品的条件需求提供了依据。注意方程（41）与 CES 函数的生产嵌套的相似性。因为我们设定政府效用函数中复合商品间的替代弹性为 1，所以方程（41）中不存在替代弹性这个参数。

一旦建立起了对复合商品的总需求，政府"效用树"的剩余部分就与表 1－12 和图 1－6 中企业的部分类似了。首先，建立一个价格指数——方程（42）；然后，把复合商品的需求分为进口产品需求和本地产品需求；最后，根据表 1－10 中的方程，区分进口商品来源地是否边境。由于没有使用者特定的 Armington 替代参数，我们假设σ_D对所有的企业和居民来说是相等的。因此，区分企业和居民对进口的需求的唯一标准就是它们之间不同的进口份额。然而这并不是一个很重要的区别，一些部门或居民对于进口商品的使用更加集中。也就是说，进口关税的变化会对它们产生更直接的影响。这也就是人们努力构建进口商品在各个部门间分配的具体信息的原因。

1.6.4.4　私人需求

私人消费需求的非拟似性导致了其处理方式略有不同。对于私人消费的效用估算需要准确地考虑人口增长率，因此私人效用的变化百分比 *up*（*r*）是定义在人均的基础上的。一种计算个人消费变动百分比的特别的方法是利用已假设的私人消费偏好形式。由于与实际更吻合，我们选择使用固定弹性差异（Constant Difference of Elasticities，CDE）的方程形式，这种方法是在1975年被Hanoch提出的。CDE处于非拟似性CES和完全灵活形式的方程之间。对于我们而言，其主要价值体现在可以用现有收入和自身需求价格弹性的信息进行校准（在AGE模型中CDE方程形式的应用和对相关校准的处理，见1991年Hertel等的研究）。固定弹性差异（CDE）的隐形支出函数为：

$$\sum_{i \in TRAD} B(i,r) \times UP(r)^{\beta(i,r)\gamma(i,r)} \times \{PP(i,r)/E[PP(r),UP(r)]\}^{\beta(i,r)} \equiv 1 \tag{1-14}$$

其中，E［ ］函数代表在私人消费价格 *PP*（*r*）给定时，达到预设的私人消费效用水平 *UP*（*r*）的前提下的最小支出。此最小支出被用来标准化各商品价格。标准化的价格指数为 β（*i*，*r*），除非 β 对于给定区域内的所有商品来说是相同的，否则最小支出函数不能从公式左边分解出来，而且公式（1－14）是一个隐性的求和式支出方程。那么相关的校准问题包括选择 β 的值来得到预期的补偿需求和需求的自身价格弹性，然后选择 γ 的值来得到目标收入需求弹性（漂移项 *B*（*i*，*r*）代表在偏好线性化表达中预算份额 *CONSHR*（*i*，*r*）呈现的比例因子）。

对公式（1－14）进行全微分，然后通过Shephard定理，我们导出最小支出、效用和方程（45）给出的价格三者之间的关系（Hertel，Horridge and Pearson，1991）。方程（46）确定了可贸易复合商品的人均居民需求：*qp*（*i*，*r*）－*pop*（*r*）。如在拟似性的政府和储蓄需求的情况下一样，只要 *EY*（*i*，*r*）不等于1，*pop*（*r*）项就不能被抵消。最终，在表1－12里，我们得到一系列有关本地和进口的可贸易品消费的方程。

正如前文提到的，CDE方程的参数在最初就被选定（校准），以得到需求的自身价格弹性和收入需求弹性。然而，除了在一些CDE特例（如CD）的情况下，这些弹性并非常数，它们随着支出份额或相对价格的变化而变化（公式的推导和更加细致的讨论见Hertel等在1991年的研究）。因为这个原因，我们需要一些其他能够描述弹性是如何在非线性求解迭代中更新的方程。

非补偿价格和收入需求弹性的方程 *EP*（*i*，*k*，*r*）和 *EY*（*i*，*r*）见表 1－13（并未给这两个方程编号，因为它们只是用于计算那些代表模型的方程组里的参数值。因此，它们被加上了前缀 F）。*EP*（*i*，*k*，*r*）定义了一个参数 α，它等于1减去 CDE 的替代参数（这简化了一些其他的公式）。方程（F2）和方程（F3）计算了自身价格和交叉价格的消费替代弹性（后者是对称的）。这些只是关于 α 和消费份额的一些简单的方程。可以看出，当 β（*i*，*r*）$=\beta$ $\forall i$ 时，交叉价格的替代弹性都等于 $1-\beta=\alpha$，而且 CDE 简化成一个 CES 方程。此外，当 $\beta=1$ 时，消费中没有替代，当 $\beta=0$ 时，偏好则是 CD 型的。当方程（F3）左乘 *CONSHR*（*i*，*r*）时，可计算出对于商品 *i* 的补偿性自身价格需求弹性。当这些被给定时，可以通过方程（F1）解出线性方程组中校准的 α 和 β 的值（详细的校准过程讨论见第4章。）

方程（F4）解释了需求的收入弹性是如何由消费份额、收入扩大参数 γ 和 α 三者计算出来的。因此，需求的自身价格弹性的校准必须在需求的收入弹性的校准之前完成。最后，联合两者得到方程（F5）中非补偿需求的自身价格弹性。

表 1－13　存在 CDE 型偏好时的私人消费需求弹性方程

序号	方程	
（F1）	$\alpha(i,r)=1-\beta(i,r)$	$\forall i \in TRAD$ $\forall r \in REG$
（F2）	$APE(i,k,r)=\alpha(i,r)+\alpha(k,r)-\sum_{m \in TRAD}[CONSHR(m,r)\times\alpha(m,r)]$	$\forall i \times k \in TRAD$ $\forall r \in REG$
（F3）	$APE(i,i,r)=1\times\alpha(i,r)-\sum_{m \in TRAD}[CONSHR(m,r)\times\alpha(m,r)]-\alpha(i,r)/CONSHR(i,r)$	$\forall i \in TRAD$ $\forall r \in REG$
（F4）	$EY(i,r)=[\sum_{m \in TRAD}CONSHR(m,r)\times\gamma(m,r)]^{-1}\times\gamma(m,r)\times[1.0-\alpha(i,r)]+\sum_{m \in TRAD}CONSHR(m,r)\times\gamma(m,r)\times\alpha(m,r)+\{\alpha(i,r)-\sum_{m \in TRAD}[CONSHR(m,r)\times\alpha(m,r)]\}$	$\forall i \in TRAD$ $\forall r \in REG$
（F5）	$EP(i,k,r)=[APE(i,k,r)-EY(i,r)]\times CONSHR(k,r)$	$\forall i \in TRAD$ $\forall k \in TRAD$ $\forall r \in REG$

1.6.4.5 非完全流动性生产要素

表1-14中的方程（50）和方程（51）描述了这些非完全自由流动的生产要素对于要素价格变化的反应。我们用一个CET的收益函数来描述这些要素禀赋的流动性（Powell and Gruen，1968），除了收益函数是价格的凸函数这一点以外，这个函数与我们在之前使用的CES成本函数是类似的。因此转化弹性为非正数，即 $\sigma_T<0$。随着 σ_T 的绝对值变大，要素流动黏性水平降低，而且各部门要素使用价格趋于一致。基于之前对于CES嵌套的讨论，方程（50）引入了一个价格指数，接下来的方程（51）确定了转化关系。注意方程（51）也是我们引入自由变量的地方，这些变量是给那些想要固定黏性要素禀赋的市场价格的研究者使用的。

表1-14 黏性要素禀赋的供给

序号	方程	
（50）	$pm(i,r)=\sum_{k\in PROD\_COMM} REVSHR(i,k,r)\times pmes(i,k,r)$	$\forall i\in ENDWS$ $\forall r\in REG$
（51）	$qoes(i,j,r)=qo(i,r)-endwslack(i,r)+\sigma_T(i)\times[pm(i,r)-pmes(i,j,r)]$	$\forall i\in ENDWS$ $\forall j\in PROD$ $\forall r\in REG$

1.6.4.6 宏观经济闭合

既然我们已经描述了GTAP模型中最终需求的结构和要素市场的闭合，我们现在要讨论总投资的确定问题。像大多数比较静态AGE模型一样，GTAP并没有考虑宏观经济政策和货币环境，而这些正是通常用来解释总投资的因素。我们模拟的是刺激贸易政策的效果和与资源相关的冲击对于全球贸易和生产的中期影响。因为GTAP既不是一个跨期的模型（McKibbin and Sachs，1991），也没有通过按时间顺序排列来得到一系列暂时的均衡（Burniaux and Mensbrugghe，1991），所以在这个模型中，投资并不是连续的，不能直接影响这个区域或行业下一个时期的生产能力。然而，各区域的投资再分配可以通过它对于最终需求的影响来左右贸易和生产。所以对这一点加以关注非常重要。而且，为了完善全球经济系统并且确保核算关系一致性，正确处理储蓄－投资关系非常必要。

因为模型没有使用跨期机制来确定投资，我们遇到了一个叫作“宏观经济闭合”的问题（可以参见 Taylor 等，1979）。根据 Dewatripont 和 Michel（1987）的研究，对于在比较静态模型中投资的不确定性问题，有四种比较主流的解决方式。前三种都是利用非新古典主义的闭合，在这种闭合中投资被简单地固定，佐以另一种调整的机制。在第四种闭合中，投资是可以调整的，然而只是简单地吸收所有储蓄上的改变，并未拥有一个独立的投资关系。

除了采用投资的闭合规则以外，认真处理经常账户的潜在变化也非常有必要。很多多区域的贸易模型都是由一系列通过双边的商品贸易流而相互联系的单区域模型发展而来的（例如 SALTER 模型的早期版本，是从澳大利亚的 ORANI 模型发展而来，也可以参看 Robinson、Lewis 和 Wang 在 1995 年的研究）。这些模型中没有有关储蓄和投资的全球闭合，但在局部水平上利用了宏观经济闭合。在这里，通过固定经常账户的余额使国内储蓄和投资一起变动是很常见的。为了理解这一点，我们可以回顾一下如下的核算恒等式（Dornbusch，1980），公式两边为国家支出的来源和用途。

$$S - I \equiv X + R - M \tag{1-15}$$

该公式描述的是国家的储蓄 S 减去投资 I 恒等于经常项目盈余，其中 R 表示国际转移支付（在 GTAP 数据库中我们没有 R 的观测值，所以将其设定为 0，S 是残差，它反映了扣除未观察到的转移支付之后的净国家储蓄）。如果固定了公式（1－15）右边，那么一个国家的储蓄（包括政府储蓄）和投资之间的差异就固定了。这可以通过固定 GTAP 模型中的贸易余额［*DTBAL*（*r*）＝0，见表 1－18中方程（98）］而实现，国家储蓄［方程（38）中的内生变量 *saveslack*（*r*）］或者投资［方程（11*）中的内生变量 *cgdslack*（*r*）］将自由变化。

如果在初始均衡时全球储蓄等于全球投资，则公式（1－15）左边等于零，所有的经常项目余额的总和初始值必须为 0（假设到岸/离岸利润计入国民出口）。此外，通过固定公式（1－15）的右侧部分，每个区域在全球净储蓄中的份额是固定的。这样，尽管不存在世界银行在全球范围内调整储蓄和投资，在新的平衡中全球储蓄等于投资得到了保证。最后，因为投资是被迫与储蓄的区域变化同步调整的，因此这种做法显然属于“新古典主义”闭合（Dewatripont and Michel，1987）。

经常账户余额的外生性体现了这样一个概念，这种余额是宏观经济上的而不是微观经济上的现象：在很大的程度上，公式（1－15）的因果关系是从左侧到右侧。把所有对外部失衡的调整归于经常账户将简化分析。储蓄不进入各区域的效用函数（正如GTAP之外的大多数多区域AGE模型一样）是正确的福利分析方法。因为任意储蓄转变为目前消费和进口的增加，即使在效率或者区域贸易条件未得到改善的情况下，也能使得效用增加。

然而，对于某些类型的实验，建模者希望公式（1－15）左右两边的余额都内生化。例如，一些贸易政策的改革提高了资本的回报和/或者降低了进口资本商品的价格。在这样的情况下我们预期新增投资的回报率增加会导致区域投资的增加，同时，若其他条件不变，经常项目会恶化。在其他情况下，我们希望探索模型的拓展，例如会导致经常项目恶化的外国直接投资（FDI）外生增加的影响。一旦公式（1－15）的左边可以调整，就需要一种机制，以确保求解后的均衡中储蓄等于全球投资。这样做最简单的办法就是通过世界银行来聚集储蓄和分配投资。在此我们所采取的正是这种方法。

世界银行在GTAP模型中向区域家庭出售同质储蓄商品，以购买区域投资商品组合（以价格*PSAVE*）。这种组合的大小随全球储蓄的变化而相应调整。因此这个全球贸易闭合模型是新古典主义的。然而，在区域基础上，可以对投资组合进行一定调整，从而增加模型中确定投资的另一个维度。

1.6.4.7 固定资本形成和各区域投资分配

我们已经在模型中纳入了两种不同的投资假设，研究者可以根据个人的需要和正在进行的模拟进行选择。第一种投资假设使得各区域的投资回报率联系密切。这一部分的描述见公式（1－16）～公式（1－26）。它们参考了ORANI模型中（Dixon et al.，1982）投资在各部门分配的公式。第二种投资假设基于区域中资本存量的组成在模拟中保持不变，这部分在公式（1－

26）和公式（1-27）中有描述。在这一部分的最后，我们将这两种投资假设纳入一个单独的复合方程，同时解释研究者怎样确定使用哪一个。

我们开始假设资本的生产能力随着时间的推移而呈几何级数的下降趋势，其折旧率为 *DEPR*（*r*）。结果是期末资本存量 *KE*（*r*）等于期初资本存量 *KB*（*r*）乘以［1-*DEPR*（*r*）］，加上总投资 *QCGDS*（*r*）。这一关系如公式（1-16）所示：

$$KE(r) = KB(r) \times [1 - DEPR(R)] + QCGDS(r) \tag{1-16}$$

公式两边求全微分可得：

$$dKE(r) = [1 - DEPR(r)] \times dKB(r) + dQCGDS(r) \tag{1-17}$$

写成变化百分比的形式如下：

$$\begin{aligned} ke(r) &= [1 - DEPR(r)] \times [KB(r)/KE(r)] \times kb(r) \\ &+ [QCGDS(r)/KE(r)] \times qcgds(r) \end{aligned} \tag{1-18}$$

其中小写字母变量代表相应的大写字母变量的百分比变化。现在我们定义投资对期末资本存量价值的比率 *INVKERATIO*（*r*）：

$$\begin{aligned} INVKERATIO(r) &= PCGDS(r) \times [KB(r)/KE(r)] \times kb(r) \\ &= REGINV(r)/VKE(r) \end{aligned}$$

则有：

$$\begin{aligned} [1 - DEPR(r)] \times [KB(r)/KE(r)] &= \{VKB(r)[1 - DEPR(r)] \\ &\quad + REGINV(r) - REGINV(r)\}/VKE(r) \\ &= \{VKE(r) - REGINV(r)\}/VKE(r) \\ &= 1 - INVKERATIO(r) \end{aligned}$$

代入公式（1-18）得：

$$ke(r) = [1 - INVKERATIO(r)] \times kb(r) + INVKERATIO(r) \times qcgds(r) \tag{1-19}$$

即表1-8中的方程（10）。我们接下来将区域 *r* 内目前的固定资本净回报率 *RORC*（*r*）定义为，资本服务中的租金 *RENTAL*（*r*）除以资本品的购

买价格 *PCGDS*（*r*），再减去折旧率 *DEPR*（*r*）：

$$RORC(r) = RENTAL(r)/PCGDS(r) - DEPR(r) \tag{1-20}$$

写成变化百分比的形式，可得：

$$rorc(r) = \left[\frac{RENTAL(r)}{RORC(r) \times PCGDS(r)}\right] \times [rental(r) - pcgds(r)] \tag{1-21}$$

因为有：

$$RENTAL(r)/[RORC(r) \times PCGDS(r)] = [RORC(r) + DEPR(r)]/RORC(r) \tag{1-22}$$

可以定义总回报 *RORC*（*r*）+*DEPR*（*r*）和净回报之间的比率为：

$$GRNETRATIO(r) = [RORC(r) + DEPR(r)]/RORC(r) \tag{1-23}$$

我们把公式（1-22）和公式（1-23）代入公式（1-21），就可以得到表1-15中的方程（57）。

表1-15　投资方程

序号	方程	
符号便利的方程		
(52)	$ksvces(r) = \sum_{h \in ENDWC}[VOA(h,r)/\sum_{k \in ENDWC} VOA(k,r)] \times qo(h,r)$	$\forall r \in REG$
(53)	$rental(r) = \sum_{h \in ENDWC}\left[\frac{VOA(h,r)}{\sum_{k \in ENDWC} VOA(k,r)}\right] \times ps(h,r)$	$\forall r \in REG$
(54)	$qcgds(r) = \sum_{h \in CGDS}[VOA(h,r)/REGINV(r)] \times qo(h,r)$	$\forall r \in REG$
(55)	$pcgds(r) = \sum_{h \in CGDS}[VOA(h,r)/REGINV(r)] \times ps(h,r)$	$\forall r \in REG$
(56)	$kb(r) = ksvces(r)$	$\forall r \in REG$
回报率方程		
(57)	$rorc(r) = GRNETRATIO(r) \times [rental(r) - pcgds(r)]$	$\forall r \in REG$
(58)	$rore(r) = rorc(r) - RORFLEX(r) \times [ke(r) - kb(r)]$	$\forall r \in REG$
(11*)	$RORDELTA \times rore(r) + (1 - RORDELTA) \times \{[REGINV(r)/NETINV(r)] \times qcgds(r) - [VDEP(r)/NETINV(r)] \times kb(r)\} = RORDELTA \times rorg + (1 - RORDELTA) \times globalcgds + cgdslack(r)$	$\forall r \in REG$

续表

序号	方程
回报率方程	
(59)	$RORDELTA \times globalcgds + (1 - RORDELTA) \times rorg = RORDELTA \times \sum_{r \in REG} \{[REGINV(r)/GLOBINV] \times qcgds(r) - [VDEP(r)/GLOBINV] \times kb(r)\} + (1 - RORDELTA) \times \sum_{r \in REG} [NETINV(r)/GLOBINV] \times rore(r)$
储蓄价格方程	
(60)	$psave = \sum_{r \in REG} NETINV(r)/GLOBINV \times pcgds(r)$

对于第一种投资回报率一致的假设来说，我们假设在一个区域内投资者对投资净收益的影响的评价是谨慎的。在一个区域内，他们对区域内下一个时期的回报率的预期 *RORE*（*r*）是随着资本存量的增加而下降的，并且依据预期回报率进行投资决策。这个下降的速率是弹性参数 *RORFLEX*（*r*）>0 的一个函数：

$$RORE(r) = RORC(r)[KE(r)/KB(r)]^{-RORFLEX(r)} \tag{1-24}$$

因此，*RORE*（*r*）对 *KE*（*r*）的弹性等于负的 *RORFLEX*（*r*）。以百分比变化形式表示的公式（1-24）由方程（58）给出。我们假设投资者是基于各个区域的投资回报率变化相等这一均衡条件行动的：

$$rore(r) = rorg \tag{1-25}$$

公式中 *rorg* 是全球回报率的变化百分比。这样，该模型将按照所有区域内的预期回报率同比例变化的形式，在不同区域间分配全球储蓄。若 *RORFLEX*（*r*）是一个很小的值，例如 *RORFLEX*（*r*）=0.5 时，意味着 *KE*（*r*）每增加1个百分点会使得资本的回报率减少0.5个百分点（例如，当前的回报率是10%，*KE*（*r*）增加1个百分点后的净投资的预期回报率等于9.95%，也就是说，只有很小的变化），那么，新的投资商品的供给对期望的回报率是非常敏感的。为了保持 *RORE* 在区域内的变化相等，公式中的区域投资将产生很大的变化。

然而，如果给 *RORFLEX*（*r*）赋一个很大的值，例如当 *RORFLEX*（*r*）=50 时，就意味着 *KE*（*r*）每增加 1 个百分点会削减资本回报率的一半，新的资本品供给对期望回报率的变化就不是特别敏感。因此，不同区域 *RORE* 的变化相等可以适应区域投资的微小变化。换句话说，如果研究者认为实验不会对区域投资产生很大冲击（或者希望脱离这种影响），那么 *RORFLEX*（*r*）应该选择较大的值。

赋予 *RORFLEX*（*r*）较大的值也是被 Feldstein 和 Horioka（1980）所支持的。他们将国内投资总额占 GDP 的份额和国内储蓄总额占 GDP 的份额联系起来（Feldstein and Horioka，1980；Feldstein，1983）。他们发现了储蓄和投资间的密切联系，并总结得出即使在工业化国家之间，国际资本流动性也是受到限制的。

第二种投资假设采用了一种极端的方法，即假设资本存量的区域组成不会改变，而区域和全球的净投资一起变动：

$$globalcgds = [REGINV(r)/NETINV(r)] \times qcgds(r) - [VDEP(r)/NETINV(r)] \times kb(r) \quad (1-26)$$

其中 *globalcgds* 是新的资本品全球供给的变化百分比。在这种情形下，全球资本回报率变化百分比 *rorg* 是由区域变量的加权平均值计算出来的（后者现在完全无关）：

$$rorg = \sum_{r \in REG} [NETINV(r)/GLOBINV] \times rore(r)$$

其中：

$$NETINV(r) = REGINV(r) - VDEP(r) \quad (1-27)$$

总而言之，在第一种资本回报率不变的假设中，投资行为是由公式（1-25）和表 1-8 中方程（11）决定的。在第二种资本组成不变的假设中，投资行为是由公式（1-26）和公式（1-27）决定的。两个体系在表1-16 中得到总结。

通过运用参数 RORDELTA，我们把这两种体系在公式（1－28）和公式（1－29）中结合起来。这是一个值为0或1的二元参数。若 RORDELTA＝1，我们得到第一种资本回报率不变的假设，而若 RORDELTA＝0 我们得到第二种资本组成不变的假设。

$$
\begin{aligned}
& RORDELTA \times rore(r) + (1 - RORDELTA) \times [REGINV(r)/NETINV(r)] \\
& \times qcgds(r) - [VDEP(r)/NETINV(r)] \times kb(r) \\
& = RORDELTA \times rorg + (1 - RORDELTA) \times globalcgds
\end{aligned}
\tag{1-28}
$$

和：

$$
\begin{aligned}
& RORDELTA \times globalcgds + (1 - RORDELTA) \times rorg \\
& = RORDELTA \times \sum_{r \in REG} \{[REGINV(r)/GLOBINV] \\
& \times qcgds(r) - [VDEP(r)/GLOBINV] \times kb(r)\} + (1 - RORDELTA) \\
& \times \sum_{r \in REG} [NETINV(r)/GLOBINV] \times rore(r)
\end{aligned}
\tag{1-29}
$$

其中，公式（1－28）在表1－15中以方程（59）的形式给出，公式（1－29）在表1－15中由方程（11*）给出。它取代了表1－8中的方程（11）。

一旦每一个区域的投资活动水平被确定了，剩下的任务就是分别得出用于区域 r 内生产固定资本的国内和进口投入：*VDFA*（i，“*cgds*”，r）和 *VIFA*（i，“*cgds*”，s，r）。这与生产可贸易品的情况是类似的。实际上，同样的方程被用于产生这些派生需求。我们假设区域 r 内一单位用于投资的资本是由固定比例的复合中间产品投入产生的，见表1－11中的方程（36）。此复合中间产品投入是国内和国外进口要素［参见表1－10中的方程（29）和表1－11中的方程（31）、方程（32）］的一个 CES 组合。然而，与可贸易品的生产不同的是，资本的生产不需要生产要素的投入。这是因为它仅仅是在区域 r 内为固定投资聚集商品的虚拟活动。换句话说，资本的形成对土地、劳动力和资本的使用已经在投资部门对中间投入的使用中有所体现了。（两种不同投资闭合下的区域投资分配见表1－16。）

表 1-16　两种不同投资闭合下的区域投资分配

资本回报率一致
$rore(r) = rorg$ $globalcgds = \sum_{r \in REG} \{[REGINV(r)/GLOBINV] \times qcgds(r) - VDEP(r)/GLOBINV \times kb(r)\}$
资本组成不变
$globalcgds = [REGINV(r)/NETINV(r)] \times qcgds(r) - [VDEP(r)/NETINV] \times kb(r)$ $rorg = \sum_{r \in REG} [NETINV(r)/GLOBINV] \times rore(r)$

1.6.5　全球运输

除了世界银行之外，这个模型中还需要一项全球活动来连接对全球运输服务的供给和需求。这种服务是通过一个 CD 型生产函数给出的，其中，各区域的出口运输需求是投入要素。由于缺少与特定线路的运输出口服务相关的数据，我们仅仅是把这些服务融入一个单一复合的国际运输商品中，它的价值为 $VT = QT \times PT$。复合价格指数变化百分比方程由表 1-8 中的方程（7）给出。为了方便起见，表 1-17 中的方程（7′）中又将它重复了一遍。对于运输部门来说这类似于一个零利润条件。假设每一个区域的运输服务占全球运输行业的份额是一个常量，即 CD 生产技术，表 1-17 中的方程（61）推导出了运输行业对投入要素的条件需求。这个方程包含了一个扩张效应（qt）和替代效应。其中，替代弹性假设为 1。

表 1-17　全球运输部门

(7′)	$VT \times pt = \sum_{i \in TRAD\_COMM} \sum_{r \in REG} VST(i,r) \times pm(i,r)$	
(61)	$qst(i,r) = qt + [pt - pm(i,r)]$	$\forall i \in TRAD$ $\forall r \in REG$
(62)	$VT \times qt = \sum_{i \in TRAD} \sum_{r \in REG} \sum_{s \in REG} VTWR(i,r,s) \times [qxs(i,r,s) - atr(i,r,s)]$	
(26′)	$pcif(i,r,s) = FOBSHR(i,r,s) \times pfob(i,r,s) + TRNSHR(i,r,s) \times [pt - atr(i,r,s)]$	$\forall i \in TRAD$ $\forall r \in REG$ $\forall s \in REG$

表1－17中接下来的两个方程与使用复合的国际运输服务有关。我们假设这个复合服务是按特定路线运输的特定商品的数量 $QXS\ (i, r, s)$ 的固定比例计算的，换句话说就是 $ATR\ (i, r, s) \times QTS\ (i, r, s) = QXS\ (i, r, s)$。其中，$QTS\ (i, r, s)$ 是用于将商品 i 从区域 r 运输到 s 的同质商品 QT 的具体数量，$ATR\ (i, r, s)$ 是一个技术系数。全球运输服务市场均衡条件为：

$$\sum_{i \in TRAD} \sum_{r \in REG} \sum_{s \in REG} QTS(i,r,s) = QT \tag{1-30}$$

按比例微分方程可得：

$$\sum_{i \in TRAD} \sum_{r \in REG} \sum_{s \in REG} QTS(i,r,s) \times qts(i,r,s) = QT \times qt \tag{1-31}$$

方程两边同时乘以复合运输服务的共同价格并用［$qxs\ (i, r, s) - atr\ (i, r, s)$］替换 $qts\ (i, r, s)$，可得表1－17中的方程（62）。方程（62）中 $atr\ (i, r, s)$ 的存在让使用者得以将给定商品/路线情况下的技术革新引入全球运输服务。这也要求我们修正表1－9中的联系离岸/到岸价格的方程（26）。这反映了在给定路线和离岸价格的情况下，效率提升会降低到岸价格。修正版结果见表1－17中的方程（26′）。

1.6.6 概要指数

这一部分主要讨论GTAP模型中计算得出的概要指数。这些方程对于确定均衡解并没有实际用处。确实，所有这些指数都可以在事后计算出来。但是，将它们加入模型中后，其变化率会与其他结果一同显示出来，这样更为便利。表1－18列出了各个区域产品（包括储蓄和投资在内，它代表世界银行的交易行为）的卖价 $psw\ (r)$［见方程（64）］和买价 $pdw\ (r)$［见方程（65）］的总指数。$psw\ (r)$ 和 $pdw\ (r)$ 之间的差价衡量的是各个区域交易项的百分比变化 $tot\ (r)$［见方程（66）］。

GTAP模型也计算出了模拟中产生的区域等价变化（Equivalence Variance，EV）函数 *EV*（*r*）。*EV*（*r*）的值是按1992年每百万美元价值来衡量的，它的计算公式如下：

$$EV = u(r) \times INC(r)/100$$

由于 *u*（*r*）表示的是人均资本福利的百分比变化，表1－18中的方程（67）右边包含了人口变化率，这样 *EV* 就代表区域总福利。世界范围的等价变化 *WEV* 是由简单加总各区域 *EV* 值而得的，见方程（68）。接下来的方程计算的是在特定区域的消费者价格指数的百分比变化 *ppriv*（*r*）。

表1－18　概要指数

(64)	$VWLDSALES(r) \times psw(r) = \sum_{i \in TRAD} \sum_{s \in REG} VXWD(i,r,s) \times pfob(i,r,s) + VST(i,r) \times pm(i,r) + [REGINV(r) - VDEP(r)] \times pcgds(r)$	$\forall r \in REG$
(65)	$VWLDSALES(r) \times pdw(r) = \sum_{i \in TRAD} \sum_{k \in REG} VIWS(i,k,r) \times pcif(i,k,r) + SAVE(r) \times psave$	$\forall r \in REG$
(66)	$tot(r) = psw(r) - pdw(r)$	$\forall r \in REG$
(67)	$EV(r) - [INC(r)/100] \times [URATIO(r) \times POPRATIO(r)] \times [u(r) + pop(r)] = 0$	$\forall r \in REG$
(68)	$WEV - \sum_{r \in REG} EV(r) = 0$	$\forall r \in REG$
(69)	$PRIVEXP(r) \times ppriv(r) = \sum_{i \in TRAD} VPA(i,r) \times pp(i,r)$	$\forall r \in REG$
(70)	$GDP(r) \times vgdp(r) = \sum_{i \in TRAD} VGA(i,r) \times [pg(ir) + qg(i,r)] + \sum_{i \in TRAD} VPA(i,r) \times [pp(ir) + qp(i,r)] + REGINV(r) \times [pcgds(r) + qcgds(r)] + \sum_{i \in TRAD} \sum_{s \in REG} VXWD(i,r,s) \times [pfob(i,r,s) + qxs(i,r,s)] + \sum_{i \in TRAD} VST(i,r) \times [pm(i,r) + qst(i,r)] - \sum_{i \in TRAD} \sum_{r \in REG} VIWS(i,r,s) \times [pcif(i,r,s) + qxs(i,r,s])$	$\forall r \in REG$
(71)	$GDP(r) \times pgdp(r) = \sum_{i \in TRAD} VGA(i,r) \times pg(ir) + \sum_{i \in TRAD} VPA(i,r) \times pp(ir) + REGINV(r) \times pcgds(r) + \sum_{i \in TRAD} \sum_{s \in REG} VXWD(i,r,s) \times pfob(i,r,s) + \sum_{i \in TRAD} VST(i,r) \times pm(ir) - \sum_{i \in TRAD} \sum_{r \in REG} VIWS(i,r,s) \times pcif(i,r,s)$	$\forall r \in REG$

续表

(72)	$qgdp(r)=vgdp(r)-pgdp(r)$	$\forall r\in REG$
(73)	$VXW(i,r)\times vxwfob(i,r)=\sum_{s\in REG}VXWD(i,r,s)\times[qxs(i,r,s)+pfob(i,r,s)]+VST(i,r)\times[qst(i,r)+pm(i,r)]$	$\forall r\in REG$ $\forall i\in TRAD$
(74)	$VIW(i,s)\times viwcif(i,s)=\sum_{r\in REG}VIWS(i,r,s)\times[pcif(i,r,s)+qxs(i,r,s)]$	$\forall s\in REG$ $\forall i\in TRAD$
(75)	$VXWREGION(r)\times vxwreg(r)=\sum_{i\in TRAD}VXW(i,r)\times vxwfob(i,r)$	$\forall r\in REG$
(76)	$VIWREGION(s)\times viwreg(s)=\sum_{i\in TRAD}VIW(i,s)\times viwcif(i,s)$	$\forall s\in REG$
(77)	$VXWCOMMOD(i)\times vxwcom(i)=\sum_{r\in REG}VXW(i,r)\times vxwfob(i,r)$	$\forall i\in TRAD$
(78)	$VIWCOMMOD(i)\times viwcom(i)=\sum_{s\in REG}VIW(i,s)\times viwcif(i,s)$	$\forall i\in TRAD$
(79)	$VXWLD\times vxwwld=\sum_{r\in REG}VXWREGION(r)\times vxwreg(r)$	
(80)	$VWOW(i)\times valuew(i)=\sum_{r\in REG}VOW(i,r)\times[pxw(i,r)+qo(i,r)]$	$\forall i\in TRAD$
(81)	$VXW(i,r)\times pxw(i,r)=\sum_{s\in REG}VXWD(i,r,s)\times pfob(i,r,s)+VST(i,r)\times pm(i,r)$	$\forall r\in REG$ $\forall i\in TRAD$
(82)	$VIW(i,s)\times piw(i,s)=\sum_{r\in REG}VIWS(i,r,s)\times pcif(i,r,s)$	$\forall r\in REG$ $\forall i\in TRAD$
(83)	$VXWREGION(r)\times pxwreg(r)=\sum_{i\in TRAD}VXW(i,r)\times pxw(i,r)$	$\forall r\in REG$
(84)	$VIWREGION(s)\times piwreg(s)=\sum_{i\in TRAD}VIW(i,s)\times piw(i,s)$	$\forall s\in REG$
(85)	$VXWCOMMOD(i)\times pxwcom(i)=\sum_{r\in REG}VXW(i,r)\times pxw(i,r)$	$\forall i\in TRAD$
(86)	$VIWCOMMOD(i)\times piwcom(i)=\sum_{s\in REG}VIW(i,s)\times piw(i,s)$	$\forall i\in TRAD$
(87)	$VXWLD\times pxwwld=\sum_{r\in REG}VXWREGION(r)\times pxwreg(r)$	
(88)	$VWOW(i)\times pw(i)=\sum_{r\in REG}VOW(i,r)\times pxw(i,r)$	$\forall i\in TRAD$
(89)	$qxw(i,r)=vxwfob(i,r)-pxw(i,r)$	$\forall r\in REG$ $\forall i\in TRAD$
(90)	$qiw(i,s)=viwcif(i,s)-piw(i,s)$	$\forall s\in REG$ $\forall i\in TRAD$
(91)	$qxwreg(r)=vxwreg(r)-pxwreg(r)$	$\forall r\in REG$
(92)	$qiwreg(s)=viwreg(s)-piwreg(s)$	$\forall s\in REG$
(93)	$qxwcom(i)=vxwcom(i)-pxwcom(i)$	$\forall i\in TRAD$
(94)	$qiwcom(i)=viwcom(i)-piwcom(i)$	$\forall i\in TRAD$
(95)	$qxwwld=vxwwld-pxwwld$	

续表

(96)	$qow(i) = valuew(i) - pw(i)$	$\forall i \in TRAD$
(97)	$DTBAL(i,r) = [VXW(i,r)/100] \times vxwfob(i,r) - [VIW(i,r)/100] \times viwcif(i,r)$	$\forall i \in TRAD$ $\forall r \in REG$
(98)	$DTBAL(r) = [VXWREGION(r)/100] \times vxwreg(r) - [VIWREGION(r)/100] \times viwreg(r)$	$\forall r \in REG$

GTAP模型中其他有用的价格和数量指数还包括贸易、区域国内生产总值和收入等级。由于我们是在不同商品之间做加总，所以为得到数量指数，我们有必要先计算出相应的值和价格指数。例如，表1－18方程（72）中的变量 *qgdp*（*r*）是一个国内产品的数量指数。我们首先要计算出方程（70）中反映价格和数量变化的价值指数 *vgdp*（*r*）和方程（71）中只反映价格变化的价格指数 *pgdp*（*r*）。由此，数量指数 *qgdp*（*r*）可由 *vgdp*（*r*）和 *pgdp*（*r*）之间的差值计算得出。在模拟贸易政策或国内政策冲击时，*qgdp*（*r*）的均衡解一般都会比较小，因为它只反映改善固定基础资源分配引起的经济生产可能性前沿的移动。但对要素禀赋增加的模拟，*qgdp*（*r*）则可作为衡量区域增长情况的综合测度。

我们接下来借助一组方程来定义在贸易价值指数、价格指数和数量指数上的改变。方程（73）～（78）按以下三种方式计算了出口价值和进口价值的变化百分比：①按商品和区域划分；②对于所有可贸易品，按照区域划分；③对世界上所有区域，按照商品划分。方程（79）按商品划分计算了世界贸易总值的变化百分比，方程（80）按商品划分计算了世界产出值的变化百分比。接下来的8个方程（81）～（88）类似，它们计算了相关价格指数。此后我们便能够提取出贸易和产出总量的变化［见方程（89）～（96）］。

表1－18的最后两个方程用于计算按商品和区域划分的贸易余额值的变化。方程（98）中 *DTBAL*（*r*）反映了每个区域的经常项目的变化。

1.7　一个简单的量化示例

理解模型工作原理的最好方法也许就是进行一个简单的实验并考察其中内生变量的变化。为了简单化，我们将运用 3 部门/3 区域的加总数据库，将商品分成食品、工业和服务业三类。三个区域是美国、欧盟和世界其他国家。这个实例涉及欧盟对美国食品进口税率水平双边下降，其具体为 *tms*（*food*，*US*，*EU*）= -10%，这意味着从价关税降低 10%。这相当于在其他条件不变的情况下，美国出口到欧盟的食品的国内价格下降了 10%。而且，我们只用以上提到的模型多步求解方法的第一步。根据图 1-5，这意味着从（X_0，Y_0）变化到（X_1，Y_J），Y_J 是 Y_1（真实的解）的 Johansen 近似。这仅仅是一个便于我们讲解实例的教学方法，因为 Johansen 解会使表1-8～表 1-18 的模型线性形式完全成立。对于小的冲击值，这样的处理提供了合理的近似真实值。然而，对于评价福利变化来说，这个方法是非常不好的（Hertel，Horridge and Pearson，1991）。读者可以通过比较 Johansen 解与表 1-20、表 1-22、表 1-23 给出的 Gragg 解的结果来观察近似误差。

表 1-19 和表 1-20 显示了由双边税率降低引起的欧盟的变化。我们由表的顶部美国食品在美国的市场价格开始。这个价格由于需求的增加而上升了 0.140%。因为边境税没有变，由表 1-19 中的方程（27）可知，*pfob* 等量上升。美国的食品出口到欧盟的到岸价格也依赖于国际运输服务价格指数 *pt* 的变化。由于欧盟运输服务价格下降，*pt* 也会有轻微的下降［见表1-19 和表 1-8 中的方程（7）］。所以，*pcif* 上涨额度很小。

这个冲击实验的主题双边税率出现在表 1-19 中的方程（24）中。它的下降引起了欧盟从美国进口的食品国内市场价格下降 9.876%。价格下降有两个即时影响。首先，它使复合进口品价格下降了 1.631%［见表 1-19 中的方程（28）］，这个值近似等于 -9.876% 乘以欧盟进口食品总支出中美

表1-19　在固定投资比例（RORDELTA=0）、使用 Johansen 分析方法的标准 GE 闭合中，欧盟对美国进口食品的从价税税收力度下降10%对于欧盟食品部门的影响

变量	百分比变化	方程
pm(*food*, *usa*)	=0.140	—
pfob(*food*, *usa*, *eu*)	=0.140(*tx*, *txsexogenous*)	(27)
pcif(*food*, *usa*, *eu*)	=124=0.839×0.140+0.107×(-0.008)	(26)
pms(*food*, *usa*, *eu*)	=-9.876=0.124-10.0	(24)
pim(*food*, *eu*)	=-1.631=0.164×(-9.876)+0×(-0.121)+0.836×(-0.016)	(28)
qxs(*food*, *usa*, *eu*)	=41.433=3.18-(4.64)×[-9.876-(-1.631)]	(29)
pf(*food*, *food*, *eu*)	=-0.259=0.092×(-1.631)+0.908×(-0.121)	(30)
qfm(*food*, *food*, *eu*)	=3.002=-0.288-2.40×[-1.631-(-0.259)]	(31)
qfd(*food*, *food*, *eu*)	=-0.621=-0.288-2.40×[-0.121-(-0.259)]	(32)
ps(*food*, *eu*)	=-0.121	(1)

国进口品所占市场份额。其次，它促使欧盟的经济主体商改变对进口美国产品的偏好。这一转变的大小由不同进口来源国的食品之间的替代弹性 δ_m 决定，在加总数据库中它的值是4.64。用这个值乘以从美国进口食品成本相对于复合进口品成本的变动百分比，或者说乘以这两者百分比变化之差，所得值为38.26%。

如果进口的水平 *pim* 没有变化，整个工作就到此为止了。然而，因为成本更低的进口食品替代了国内食品，保护性双边税率下降的影响还在继续。由于进口复合中间投入品对各部门的重要性不同，进口关税下降对各部门的影响也不同。由于这些部门的替代结构非常相似，我们选择把重点放在欧盟的食品行业上。食品行业是进口食品的最大用户，总计占市场中食品进口的52.7%。在这个行业，总进口增加3.18%。因此欧盟食品行业对美国食品进口的总增长量达到41.4%。

表1-11中的方程（30）和（31）描述了生产树下一层的变化。它们能够解释食品部门3%的复合食品进口增加值。然而，由于 *qf*（*food*，*eu*）=*qo*（*food*，*eu*）<0，方程（31）说明了此例中扩张效应和替代效应起相反的作用。

这也就是说，食品部门紧缩且对中间产品（即食品）的需求下降。方程（32）表明对于国内生产的中间投入品的需求实际上是下降的。最后，由于对国内生产的食物总需求下降，欧盟生产的食物价格就会下降。

表 1 - 20 展现了双边关税下降后欧盟整体的一些价格和数量的变化。由于土地除了应用于在食品部门外没有其他用途，所以食品部门的产出下降后，耕地价格也会下降。随着劳动力和资本从食品部门中释放出来，非食物部门得以扩张。在一般均衡当中，由于价格下降，居民会增加他们的所有非储蓄品的消费。因为储蓄品的价格是由所有区域的资本品价格的加权组合所决定的，且相对于别的商品价格而言上升幅度更大，所以居民对储蓄的需求会下降。

表 1 - 20　在固定投资比例（RORDELTA = 0）、使用 Johansen 分析方法的标准 GE 闭合中，欧盟对美国进口食品的从价税税收力度下降 10% 对欧盟经济的影响

商品		变量（百分比变化）	
项目	$pm(i,eu)^{a}$	$qo(i,eu)$	$qp(i,eu)$
土地	-0.414 [-0.515][b]	0	Na
劳动	-0.029 [-0.041]	0	Na
资本	-0.028 [-0.041]	0	Na
食物	-0.121 [0.154]	-0.288	0.036
制造业	-0.030 [-0.041]	0.064	0.012
服务	-0.030 [-0.042]	0.012	0.011
投资品	-0.026 [-0.037]	-0.003	Na

注：[　] 内是非线性分析方法计算结果。

a. 所有价格变化相对于初始价格，即储蓄；

b. 非线性计算结果可通过运用 GRAGG 2 - 4 - 6 方法求得。

现在考虑关税下降对美国经济的影响，见表 1 - 21 和表 1 - 22。为估计美国食品部门的产出变化，表 1 - 21 的方程（1）将美国对欧盟出口的增长与在其他区域的销售额的变化相结合。括号中的第一组数字是各进口国的销售份额。由此可见，出口到欧盟的食品只占美国食品部门总产值的 1.3%（按国内市场价格计）。这在相当程度上缓和了销售额上升 41.4% 的冲击。

当然这对于某些分散的生产商的重要性可能更大，而且需要更为细分行业结构的数据库才能捕捉到这部分影响。

表 1－21　在固定投资比例（RORDELTA＝0）、使用 Johansen 分析方法的标准 GE 闭合中，欧盟对美国进口食品的从价税税收力度下降 10%对美国食品销售的影响

变量	百分比变化	方程
$qo(food,usa)=0.688$		（1）
$=SHRODM(food,usa)\times qds(food,usa)$	0.926×0.207	
$+SHROTM(food,usa)\times qst(food,usa)$	0×0	
$+\sum_{j} SHROXMD(food,usa,s)\times qxs(food,usa,s)$		
s＝usa	0×（－0.133）	
s＝eu	0.013×41.433	
s＝row	0.060×（－0.634）	
其中：		
qds（food，usa）＝0.207		（3）
$=\sum_{j} SHRDFM(food,j,usa)\times qfd(food,j,usa)$		
j＝food	0.334×0.662	
j＝mnfcs	0.010×（－0.143）	
j＝svcs	0.121×（－0.022）	
j＝egds	0×（－0.042）	
$+SHRDPM(food,usa)\times qpd(food,usa)$	0.517×（－0.019）	
$+SHRDGM(food,usa)\times qgd(food,usa)$	0.018×（－0.031）	

美国大部分（92.6%）食品销售进入国内市场并不奇怪。令人惊讶的是欧盟的关税削减导致美国国内的食品销售额上升。表 1－21 显示了美国食品在国内销售结构的变化，通过表 1－21 中的方程（3）的模拟结果，我们可以进行进一步分析。正如预期的那样，因为美国食品供应价格被欧盟需求抬高，美国食品在其他行业的销售额和最终需求下降。然而，这些下降被美国食品部门对食物的中间需求的增加抵消了。换句话说，为满足欧盟不断增长的食品需求，国内中间产品的销售必须增加。

表 1 – 22 描述了双边税率减少对美国整体经济的影响。这里，土地价格上升幅度比食物价格上升幅度更大，劳动力工资和资本报酬都有小幅度上升。由于食物部门资本相对于劳动力密集程度更高，资本报酬上升幅度略大于工资。

表 1 – 22　在固定投资比例（RORDELTA = 0）、使用 Johansen 分析方法的标准 GE 闭合中，欧盟对美国进口食品的从价税税收力度下降 10%对于美国经济的影响

商品		变量（百分比变化）	
项目	*pm*(*i*,*usa*)[a]	*qo*(*i*,*usa*)	*qp*(*i*,*usa*)
土地	1.066　[1.378][b]	0　[0]	Na　[na]
劳动	0.109　[0.141]	0　[0]	Na　[na]
劳动	0.109　[0.141]	0　[0]	Na　[na]
资本	0.125　[0.162]	0　[0]	Na　[na]
食物	0.140　[0.181]	0.688　[0.886]	-0.000　[-0.000]
制造业	0.100　[0.129]	-0.120　[-0.155]	0.037　[0.048]
服务	0.111　[0.144]	-0.001　[-0.001]	0.009　[0.011]
投资品	0.095　[0.123]	-0.001　[-0.002]	Na　[na]

注：[　] 内是非线性分析方法计算结果。

a. 所有价格变化相对于初始价格，即储蓄；

b. 非线性计算结果可通过运用 GRAGG 2 – 4 – 6 方法求得。

继续类比，我们可知美国由于食品部门扩张，制造业紧缩。最后，因为居民用进口品替代国内产品，非食品制成品和服务的消费量增加。

表 1 – 23 显示了欧盟的双边税率减少的宏观影响。相对于欧盟和其他国家产品供应价格，欧盟对美国产品的需求增加抬高了美国的产品价格。因为欧盟必须出口更多的产品来应对食品进口增加，在 *RORDELTA* = 0 和应用简单 Johansen 解的情况下，欧盟的出口增加了 0.233%。因此，相对于其他区域而言，欧盟的供给价格必须下降。这将导致欧盟贸易条件的恶化，如表 1 – 23 所示。由于美国出口商的替代作用，其他国家贸易条件稍微恶化。这可以理解成其他国家的福利减少。在欧盟，贸易条件恶化被国内优化的资源

分配所抵消，区域总福利增加了3.46亿美元。由于美国出口食品到欧盟的边境税减少，其贸易条件改善，美国增加了7.78亿美元的福利。

表1-23　在标准GE闭合中，欧盟对美国进口食品的从价税税收力度下降10%的宏观经济影响：固定投资（RORDELTA=0）与弹性投资（RORDELTA=1）以及Johansen方法和非线性求解方法的比较

变量	百分比变化		
	美国	欧盟	其他国家
qxwreg(*r*)	0.138 [0.178][b] (0.057)[a]	0.233 [0.317] (0.263)	-0.007 [-0.006] (0.007)
rorc(*v*)	0.045 [0.059] (0.051)	-0.003 [-0.006] (-0.005)	-0.003 [-0.003] (-0.004)
tot(*v*)	0.110 [0.142] (0.128)	-0.043 [-0.060] (-0.049)	-0.007 [-0.008] (-0.008)
up(*r*)	0.013 [0.017] (0.016)	0.015 [0.013] (0.014)	-0.003 [-0.004] (-0.004)
ug(*r*)	0.013 [0.016] (0.015)	-0.007 [-0.014] (-0.008)	-0.005 [-0.006] (-0.006)
qsave(*r*)	0.118 [0.153] (0.138)	-0.037 [-0.056] (-0.042)	-0.006 [-0.007] (-0.007)
u(*r*)	0.015 [0.019] (0.018)	0.006 [0.001] (0.004)	-0.004 [-0.004] (-0.005)
百万美元			
EV(*r*)	778 [1004] (941)	346 [62] (251)	-347 [-396] (-410)
DTBAL(*r*)	-8 [-9] (-663)	0 [-22] (297)	7 [31] (366)

注：[ ] 内非线性方法运用Gragg 2-4-6求得。

a. 弹性投资，RORDELTA=1，Johansen分析方法；

b. 固定投资，RORDELTA=0。

在*RORDELTA*=0的那些模拟中，值得注意的是贸易余额很难改变，*DTBAL*（*r*）约等于0。这是由公式（1-15）和模型对储蓄和投资的处理方式得出的一个稳健的结果。对储蓄的需求与收入直接相关，政策改革实验对此影响不大。由于区域的储蓄变化不大，全球储蓄以及全球投资都是不变的。因此，改变公式（1－15）的左边（$S-I$）还有贸易余额的唯一方法，就是改变区域的投资分配。当 *RORDELTA* =0 时，我们无法做到这一点。因此，公式（1－15）的右边中的（$X-M$）几乎没有变化。

然而，若 *RORDELTA* =1，世界银行的跨区域投资分配比较灵活，以上结果就不适用了。在表 1－23 中，我们可得当 *RORFLEX* =1（这个参数的默认值）时的 Johansen 模拟结果。现在投资回报率的变化开始起作用。表 1－23 中，由于资本租金率相对于资本品价格下降，我们看到 *rorc*（*eu*）＜0。因此，存在把投资转移到别的区域的动机。由公式（1－15）可知，给定 S 的情况下，若要 I 减少，$X-M$ 必须上升。通过稍大幅度提升欧盟的出口量（0.263% 和 0.233%），较小幅度增加欧盟进口量，即可得到如上结果。显然，与 *RORDELTA* =0 的情况相反，这将导致一个更大程度的贸易条件的恶化和较小程度的福利增加。

Johansen 结果与非线性结果的比较（在表 1－23 的方括号中）显示，Johansen 结果为欧盟真实福利影响的不恰当的近似值，即使冲击较小时情况也是一样。这是因为欧盟效用的变化为两个较大变化的差值，而这两大变化，一个是正值（效率增加），另一个是负值（贸易条件的影响）。可以看到，Johansen 解使欧盟贸易条件恶化的真实情况被低估了 1/3。另外，Johansen 解的过程倾向于高估消除市场扭曲所带来的收益。因此，欧盟福利增加超过 5 倍并不奇怪（3.46 亿美元，真实增加 0.62 亿美元）。区域福利恶化的现象并不常见。总而言之，为了分解价格和数量的细小变化而使用 Johansen 一步求解法（表 1－19 和表 1－21）是很有帮助的，然而它并不适用于政策改革的福利分析。

对于福利分析，一定要用 GEMPACK 中的非线性求解过程。

1.8　总结

至此我们完成了对 GTAP 模型结构的概要分析。为了便于读者使用，我们将模型中使用的各种符号汇集整理并以表格形式记录，详见本书的附录部分。需要指出的是，电子资料 GTAP. TAB 包含了一个完整的模型代码表。这份资料可以从 FTP 网下载获得。熟悉模型最好的方式是把它应用到一个实际的问题中。

注释

1. 作者在此感谢 Martina Brockmeier 对这份资料的贡献，更详尽的关于 GTAP 模型的图形化论述可参见 Brockmeier（2001）的研究。
2. 把储蓄变量纳入效用函数的目的可见 Howe（1975），对此更深入的讨论见下文。
3. 在某些情况下，原始数据库不包括在这些市场的税收。然而，在模型中实行此种税收是可行的，因此必须记入区域收入。
4. 使用这个模型最自然的方式将是混合使用水平量和百分比变化量。事实上，这在 GEMPACK 中（Harrison and Pearson，1996）是可行的。但是，它在计算上很麻烦。此外，线性化这些核算方程可能会有一些别的收获。
5. 非线性求解是 GEMPACK 中默认的求解过程。对于详尽的线性化和水平量 AGE 模型的求解方法的比较，读者可以参考 Hertel、Horridge 和 Pearson（1991）。
6. 对于一些实际应用，中间产品与中间产品以及中间产品与生产要素的替代是很重要的，对此有兴趣的研究者有必要修改基础模型以应对眼前特殊需求。然而，在下面将会看到这并不是很难。
7. Howe（1975）也表明，静态效用函数中储蓄份额参数跟 1 减去消费者时间偏好率对资本累计率的比率相关。
8. *INC*（*r*）为区域支出最初的均衡值（必须等于收入）。
9. 国内生产总值 *GDP*（*r*），是按下面的方程计算的：$GDP(r) = \sum_{i \in TRAD}[VGA(i, r) + VPA(i, r)] + VOA(CGDS, r) + \sum_{i \in TRAD}\sum_{s \in REG} VXWD(i, r, s) + \sum_{i \in TRAD} VST(i, r) - \sum_{i \in TRAD}\sum_{i \in REG} VIWS(i, r, s)$。
10. *VOW*（*i*，*r*）是在世界价格下的区域产值，这个值是这样计算得到的：*VOW*（*i*，*r*）= *VDM*（*i*，*r*）× *PW_ PM*（*i*，*r*）+ åseREGVXWD（*i*，*r*，*s*）。*PW_ PM*（*i*，*r*）将市场价格下的国内需求 *VDM*（*i*，*r*），转换为世界价格下的国内需求，它是这样计算的：$PW_{PM(i,r)} = \sum_{s \in REG} VXWD(i, r, s) / \sum_{s \in REG} VXMD(i, r, s)$。
11. *RORDELTA* = 1 和 Gragg 非线性求解过程的结合最终带来欧盟福利的轻微下降。

参考文献

Alston, J. M. , Carter, C. A. , Green, R. , et al. , "Whither Armington Trade Models?" *American Journal of Agricultural Economics*, 1990, 72 (2): 455 – 467.

Armington, P. A. , "A Theory of Demand for Products Distinguished by Place of Production," IMF Staff Papers, 1969, 16: 159 – 178.

Brockmeier, M . , "A Graphical Exposition of the GTAP Model," GTAP Technical Papers, 2001.

Brown, D. K. , Stern, R. M. "U. S. -Canada Bilateral Tariff Elimination: The Role of Product Differentiation and Market Structure," *NBER Chapters*, 1989.

Burniaux, J. M. , Mensbrugghe, D. , "Trade Policies in a Global Context: Technical Specifications of the Rural/Urban-North/South (RUNS) Applied General Equilibrium Model," OECD Development Centre Working Papers, 1991.

Dewatripont, M. , and Michel, G. , "On Closure Rules, Homogeneity and Dynamics in Applied General Equilibrium Models," *Journal of Development Economics*, 1987, 26: 65 – 76.

Dixit, A. K. , and Stiglitz. , J. E. , "Monopolistic Competition and Optimum Product Diversity," *The American Economic Review*, 1979, 67 (3): 297 – 308.

Dixon, P. B. , Parmenter, B. R. , Sutton , J. and Vincent, D. P. , *ORANI: A multisectoral model of the Australian Economy*, New York: North Holland, 1982.

Dornbusch, R. , *Open Economy Macroeconomics*, New York: Basic Books, 1980.

Feenstra, R. C. , "New Product Varieties and the Measurement of International Prices," *The American Economic Review*, 1994, 84: 157 – 177.

Feldstein, M. , Horioka, C. , "Domestic Saving and International Capital Flows," *Economic Journal*, 1980, 90.

Feldstein, M. , " Domestic Savings and International Capital Movements in the Long Run and Short Run," *European Economic Review*, 1983, 21: 129 – 151.

Hanoch, "Production and Demand Models with Direct or Indirect Implicit Additivity," *Econometrica*, Econometric Society, 1975, 43 (3): 395 – 419.

Harrison, W. J. , Pearson, K. R. , "Computing Solutions for Large General Equilibrium Models Using GEMPACK," *Computational Economics*, 1996, 9 (2): 83 – 127.

Harrison, G. , Rutherford, T. and Tarr, D. , "Quantifying the Uruguay Round. " *Economic Journal*, 1997, 107.

Hertel, T. W. , Horridge, J. M. , Pearson, K. R. , "Mending the Family Tree: A Reconciliation of the Linearization and Levels Schools of CGE Modelling," *Economic Modelling*, 1991, 9 (4): 385 – 407.

Hertel, T. W. , Peterson, E. B. , Preckel, P. V. , et al. , "Implicit Additivity as a Strategy for Restricting The Parameter Space in CGE Models," Annual meeting of American Agricultural Economics Association, 1990.

Howe, H. , "Development of the Extended Linear Expenditure System from Simple Saving Assumptions," *European Economic Review*, 1975, 6 (3): 305 - 310.

Jomini, P. , Zeitsch, J. F. , McDougall, R. , Welsh, A. , Brown, S. , Hambley, J. and Kelly, J. , *SALTER: A General Equilibrium Model of the World Economy*, vol. 1, *Model Structure, Database and Parameters*", Canberra, Australia: Industry Commission, 1991.

Arrow, J. , Chenery, H. B. , Minhas, B. S. and Solow, R. M. , "Capital-labor Substitution and Economic Efficiency," *Review of Economics* & Statistics, 1961, 43 (3): 225 - 250.

Keller, W. J. , *Tax Incidence: A General Equilibrium Approach*, Amsterdam: North Holland, 1980.

Lluch, C. , "The Extended Linear Expenditure System," *European Economic Review*, 1973.

McKibbin, W. , and Sachs, J. , "Global Linkages: Macroeconomic Interdependence and Cooperation in the World Economy," Washington, DC: The Brookings Institution, 1991.

Pearson, K. R. , Solving Nonlinear Economic Models Accurately Via a Linear Representation, Victoria University, Centre of Policy Studies/IMPACT Centre. Victoria University, Centre of Policy Studies/IMPACT Centre, 1991.

Powell, A. A. , and Gruen, F. H. , "The Constant Elasticity of Transformation Frontier and Linear Supply System," International Economic Review, 1968, 9 (3): 315 - 328.

Robinson, S. , Burfisher M. E. , Hinojosa-Ojeda R. , "Agricultural Policies and Migration in a U. S. -Mexico Free Trade Area: A Computable General Equilibrium Analysis." *Journal of Policy Modeling*, 1993, 15.

Robinson, S. , Lewis, J. D. , Wang, Z. , "Beyond the Uruguay Round: The Implications of an Asian Free Trade Area," *China Economic Review*, 1995, 6 (1): 35 - 90.

Spence, M. , "Product Selection, Fixed Costs, and Monopolistic Competition," *Review of Economic Studies*, 1976, 43.

Taylor, Lance and Lysy, Frank, J. , "Vanishing Income Redistributions : Keynesian Clues about Model Surprises in the Short Run," Journal of Development Economics, 1979, 6 (1): 11 - 29.

Varian, H. R. , *Microeconomic Analysis*, New York: Norton, 1978.

Winters, L. A. "Separability and the Specification of Foreign Trade Functions," *Journal of International Economics*, 1984, 17 (3 - 4): 239 - 263.

第2章 动态GTAP理论

2.1 GTAP-Dyn理论

2.1.1 介绍

动态全球贸易分析模型（GTAP-Dyn）是一种用于模拟世界经济运行的动态递归的应用型一般均衡模型（AGE）。它扩展了标准的GTAP模型（Hertel，1997），在其中加入了跨地区的资本流动、资本积累以及投资的适应性预期等机制。本节对GTAP-Dyn模型的原理进行了讨论，并给出了模型的一些技术细节。

标准GTAP模型（Hertel and Tsigas，1997）是以关于世界经济的一个比较静态AGE模型为基础，发展成一个多国AGE模型，并补充了GTAP的多国数据库。

GTAP-Dyn模型的主要目标是在GTAP模型的框架下，提供一种更好的、可用于长期分析的工具。在标准的GTAP模型中，资本可以在一个区域内的不同部门间流动，而区域之间则不可流动。这限制了那些涉及“在不同地区进行投资”的研究以及对相关政策的模拟分析。因此，为了探索更好的长期经济模拟工具，我们需要在模型中引入国际资本的流动。

随着放开资本在地区间流动，我们需要扩展国民经济账户，以允许国际转移支付。那些成功把资本吸引到某个地区的政策可能会对国内生产总值有很大的影响，但如果投资的资金来自国外，那么对国民生产总值和国家收入的影响会大大减弱。所以，为了避免在投资和福利之间建立虚假的联系，我们需要区分资产所有权和资产所在地：一个地区所拥有的资产不一定是位于该区域的资产，一个地区的资产所产生的收益也不一定使该区域的居民受益。

为了区分资产所在地和所有权，我们引入金融资产的一个基本性质。在模型中，一个地区不仅积累物质资本存量，还拥有对物质资本的所有权。这些所有权是指某种形式的金融资产。因此，国际收支也被作为金融资产核算体系的一部分纳入模型。

由于资本在国际间流动，我们需要确定每个区域的资本存量。这是我们构建动态模型的首要任务。首先，追溯投资和资本存量的时间路径是确保最终模拟资本存量合理性的最好方式。其次，为了达到区域资本的最终模拟存量而进行的早期投资所带来的直接影响是它本身的利息。因此，我们在模型中引入了资本流动，即投资和资本积累的动态机制。同样，我们也在模型中引入了储蓄和财富积累的动态机制。

动态模型的主要特征是内生的区域资本存量、国际资产和负债、国际投资和收益的流动、金融资产、实物和金融资产存量的动态机制。在介绍这些新功能的同时，我们试图保留标准模型的优点，包括建立在真实统计基础上的数据库、快捷的计算、详细的区域和部门分类、以货币度量的效用，以及相关的分解方法等。

GTAP-Dyn 模型适用于中期和长期的政策分析模拟。我们已经有足够的理论和资料来支撑动态机制和关于金融资产的处理方法，但目前还不足以支持对短期内宏观经济、金融和货币的动态化。

GTAP-Dyn 模型的一个突出技术特征就是对时间的处理。许多动态模型将时间作为一项指标，使得模型中每一个变量都有一个时间维度。在 GTAP-Dyn 模型中，时间本身是一个变量，受外生变量（如政策冲击、技术和人口变化）变动的影响。模型中出现的每个方程，我们都给出了两种或三种表达形式，包括普通形式和模型代码中所使用的百分比（百分比变化）等。

其中百分比形式的方程并不是完全从模型代码复制而来的，只是与代码很接近。2.1.2 把它应用于资本积累方程；2.1.3 结合资本存量的滞后调整和回报率的适应性预期，对投资理论进行了描述；2.1.4 讨论财富的积累、金融资产的决策和外汇收入流动；2.1.5 讨论了各类黏性工资以及模型的闭合切换问题；2.1.6 讨论了完整模型的各类特性；2.1.7 总结了模型的优势和局限。

2.1.2 资本积累

我们从资本积累方程开始，推导出在投资理论和金融资产理论中使用过的资本存量。这节首先介绍资本积累过程。

我们从资本存量的积分方程开始：

$$QKE(j,r) = QKB(j,r) + \int_{TIME\_0}^{TIME} NETQINV(j,r) \tag{2-1}$$

其中 $QKE(j,r)$ 代表部门 j 在 $TIME$（期末）时刻在区域 r 的资本存量，$QKB(j,r)$ 代表在 $TIME\_0$（期初）时刻的资本存量，$NETQINV(j,r)$ 表示净投资。微分之后，我们得到：

$$QKB(j,r)\frac{kb(j,r)}{100} = NETQINV(j,r) \times time \tag{2-2}$$

其中 $kb(j,r)$ 代表期初部门 j 在区域 r 的资本存量的百分比变化，$time$ 代表时间的百分比变化（通常我们选取 1 年为一期）。在两边乘上资本品价格的 100 倍，我们得到：

$$QKB(j,r) \times kb(j,r) = 100 \times NETQINV(j,r) \times time \tag{2-3}$$

$QKB(j,r)$ 表示部门 j 在区域 r 的资本存量，$NETQINV(j,r)$ 表示净投资。

$$NETQINV(j,r) = QINV(j,r) - DEPR(j,r) \times QKB(j,r) \tag{2-4}$$

其中 $QINV(j,r)$ 代表当期部门 j 在区域 r 的投资，$DEPR(j,r)$ 代表部门 j 在区域 r 的资本折旧率。

如果我们把 *time* 设定为1年，在模型里我们定义了一个变量 *del_ Unity* 作为逐年连接动态关系的外生变量，模拟时我们对 *del_ Unity* 冲击为1，那么根据公式（2-3）和公式（2-4），可以得到：

$$QKB(j,r) \times kb(j,r) = 100 \times [QINV(j,r) - DEPR(j,r) \times QKB(j,r)] \times del\_Unity \quad (2-5)$$

这一方程在模型中的代码如下：

```
Equation  E_ kb (all, j, TRAD_ COMM) (all, r, REG)
[QKB (j, r) +TINY] ×kb (j, r) = 100× {QINV_ B (j, r) - DEPR (j, r) ×
QKB_ B (j, r)} ×del_ Unity +100×d_ f_ ac_ p_ y (j, r);
```

该方程是线性化后的形式，在冲击较大情况下会产生误差，在模拟中我们通常采用多步法来求得精确解，即把冲击分割成若干小冲击。在每次小冲击后，一些系数（如 *QKB*）相应被更新，然后再进行下一个小冲击的模拟。但系数 *QKB_ B* 和 *QINV_ B* 被定义为参数，则不会在多步法里更新。

在历史模拟或者在齐次性检验（Homogeneity Test）时，我们不想让 *kb* 由基础数据库求得，我们想外生冲击 *kb*。这样我们可以通过引入漂移变量 *d_ f_ ac_ p_ y* 到上述方程，把 *d_ f_ ac_ p_ y* 内生（相当于把方程关掉），而把 *kb* 外生，让资本增速与历史相符，或者引入齐次性检验的冲击。

2.1.3 投资理论

在静态 GTAP 里，投资由两类方式决定。一类假设投资/资本存量占比不变，另一类是资本回报率决定投资。第一类适合做长期模拟，但在动态 GTAP 模型里，模拟是逐年进行，我们采取第二类方式决定投资。我们这一版本的动态 GTAP 跟 GTAP-Dyn 有不一样的地方，尤其是在投资理论这部分。GTAP-Dyn 模型中投资函数对资本回报率比较敏感，在建立动态基线时，投资波动很大，使得模型不稳定；而且其投资理论的假设并不适合做短期模拟，其结果只在中长期（5～10 年）有效。为了避免这两个问题，新的动态 GTAP 模型采用了 MONASH 类模型的投资机制。接下来的部分，我们先后介绍预期资本回报率和资本增速的关系（资本供应函数）以及资本回报率的定义。

2.1.3.1　资本供应函数

在逐年的动态模拟中，我们假设各个部门在不同地区的资本存量增长率取决于资本的供给方程，假设在某部门的预期资本回报率增高的情况下，投资者愿意向该部门增加投资量。然而，投资者是谨慎的（厌恶风险的），预期资本回报率越高，其对资本拉动的弹性反而越低（虽然一直大于 0）。

要满足上述假设，模型里资本供应函数可以用以下逆对数（Inverse Logistic）形式（如图 2－1）。

$$\begin{aligned} EEQROR_{j,r} = & (RORN_{j,r} + F\_EEQROR\_J_r + F\_EEQROR_{j,r}) + \\ & (1/C_{j,r}) \times [\ln(K\_GR_{j,r} - K\_GR\_MIN_{j,r}) \\ & - \ln(K\_GR\_MAX_{j,r} - K\_GR_{j,r}) - \ln(TREND\_K_{j,r} \\ & - K\_GR\_MIN_{j,r}) + \ln(K\_GR\_MAX_{j,r} - TREND\_K_{j,r})] \end{aligned} \tag{2-6}$$

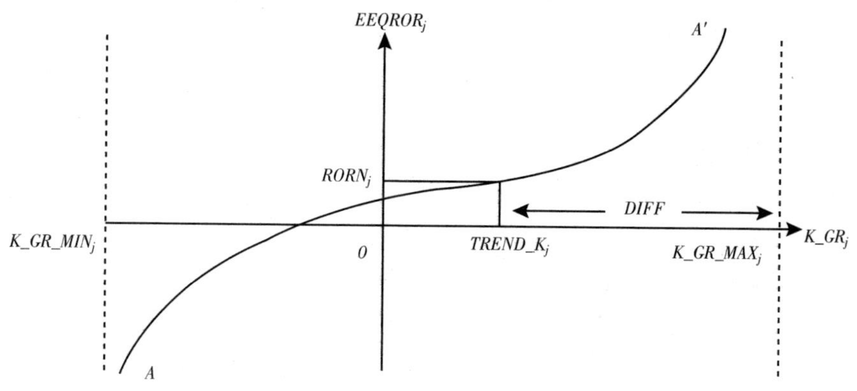

图 2－1　某区域部门 j 资本供应曲线（假设 $F\_EEQROR\_J_r$ 和 $F\_EEQROR_{j,r}$ 为零）

其中，$EEQROR_{j,r}$是部门j在区域r的资本均衡预期回报率。$K_GR_{j,r}$是部门j在区域r在t年的资本增长率（由$E_del_k_gr$定义）；$K_GR_MIN_{j,r}$是资本增长率可能的最小值，通常被设定为部门j在区域r的折旧率的负值；$TREND_K_{j,r}$是部门正常的资本增长率，是一个从历史时期中观察得到的资本增长率；$K_GR_MAX_{j,r}$是部门j在区域r最大可行的资本增长率；对于所有拥有一定资本存量的部门来说，$K_GR_MAX_j$是通过加总$DIFF$和$TREND_K_j$计算得到的。在模型里，$DIFF_j$被设定为0.1。比如，如果通过历史来看某个部门的正常资本增长率为5%，那么我们给资本增长率设定一个15%（=5%+10%）的上限。

$C_{j,r}$是一个取值为正的参数，下文将讨论这一点。

$RORN_{j,r}$是部门正常的资本回报率。对在区域r的每个部门j来说，$RORN_{j,r}$是一段历史时期的平均资本回报率的估计量。如果$F_EEQROR_J_r$和$F_EEQROR_{j,r}$为零，同一历史时期这个部门的年均资本增长率为$TREND_K_{j,r}$。

$F_EEQROR_J_r$和$F_EEQROR_{j,r}$可以使资本供给曲线（图2-1中的AA′）垂直移动。

方程E_d_f_eqror_j就是公式（2-6）的TABLO变化形式。

```
Equation E_ d_ f_ eeqror_ j
  # Capital supply: equilibrium expected rate of return and capital growth #
(all, j, TRAD_ COMM) (all, r, REG) d_ eeqror (j, r) =
(1/COEFF_ SL (j, r)) × [1/ (K_ GR (j, r) -K_ GR_ MIN (j, r)) +1/ (K_
GR_ MAX (j, r) -K_ GR (j, r))] ×del_ k_ gr (j, r) + d_ f_ eeqror (j, r) +
d_ f_ eeqror_ j (r);
```

为了更好地理解公式（2-6），可以先假设$F_EEQROR_J_r$和$F_EEQROR_{j,r}$都固定为0。这个方程就意味着在区域r，对于j部门来说，为了在t年吸引足够的投资以使资本增长率达到$TREND_K_{j,r}$，需要其预期资本回报率达到$RORN_j$。对于部门拥有比$TREND_K_j$更快的资本增速，该部门必定有比它历史回报率$RORN_j$要高的回报率。同样，如果这个部门的预期资本回报率比历史时期的观测值要小，假设不存在非均衡（Disequilibrium），公式（2－6）意味着投资者将会限制其向这个部门的资本供给，使之低于资本增长率的历史水平。

现在考虑 $F\_EEQROR\_J_r$、$F_EEQROR_{j,r}$非零的情况。首先，如果 $F_EEQROR_J_r$不是0的话，那么区域 r 所有部门的资本供给曲线都会从图2－1中AA′的位置垂直移动相同的距离。我们也可以通过给方程E_ d_ f_ eeqror_ j中的 $d\_f\_eeqror\_j$ 赋予非零的值来使不同地区的AA’曲线发生不同的移动，这在预测模拟中很有用。在预测模拟中，我们往往可以从模型之外获取信息，了解总投资的变动趋势。总投资变动的外生设定，可以通过内生决定 $d\_f\_eeqror\_j$ 来协调。其次，如果 $F_EEQROR_{j,r}$不是0的话，那么区域 r 不同部门AA′曲线的位置发生会不同的移动。这个过程在长期比较静态模拟和历史模拟之中是内生完成的。在这类模拟之中，我们不用AA′曲线来决定资本回报率和资本增长之间的关系，并且通过将变量 $d\_f\_eeqror_{j,r}$ 内生化关闭了方程E_ d_ f_ eeqror_ j。

最后，我们讨论对参数 $C_{j,r}$的计算。方程E_ d_ f_ eeqror_ j被激活，j 部门的资本增长对其均衡预期资本回报率的弹性是由参数 $C_{j,r}$决定的。在确定 $C_{j,r}$的值时候，我们的第一步工作是确定 $C_{j,r}$的方程：

$$C_{j,r} = \left[\frac{\partial EEQROR_{j,r}}{\partial K\_GR_{j,r}} \bigg|_{K\_GR_{j,r}=TREND\_K_{j,r}} \right]^{-1} \times \left[\frac{K\_GR\_MAX_{j,r} - K\_GR\_MIN_{j,r}}{(K\_GR\_MAX_{j,r} - TREND\_K_{j,r})(TREND\_K_{j,r} - K\_GR\_MIN_{j,r})} \right] \quad (2-7)$$

如果我们对图2－1中的AA′曲线的斜率的倒数给定一个值，那么我们就可以通过 $K_GR_{j,r} = TREND_K_{j,r}$及公式（2－7）求得 $C_{j,r}$的值。我们并没有单个部门的数据支撑做这样的赋值，但是通过查看澳大利亚宏观模型中的投资函数，我们可以得到一个估计值SMURF，即所有部门的资本增长对其均衡预期资本回报率的弹性平均值。我们可以利用如下条件及公式（2－7）计算得到 $C_{j,r}$［即 $COEFF\_SL(j, r)$］的值：

$$\left[\frac{\partial EEQROR_{j,r}}{\partial K\_GR_{j,r}}\bigg|_{K\_GR_{j,r}=TREND\_K_{j,r}}\right]^{-1} = SMURF_{j,r} \tag{2-8}$$

2.1.3.2　资本的实际和预期回报率

由于需要引入时间维度，为了简化方程的下标，我们暂时先把代表区域 r 的维度省略。在模型里，计算部门 j 在 t 年购买一个单位的实物资本（Physical Capital）的现值（Present Value）的方法为：

$$PV_{j,t} = -\Pi_{j,t} + [Q_{j,t+1} \times (1 - T_{t+1}) + \Pi_{j,t+1} \times (1 - D_j)]/[1 + WACC_t] \tag{2-9}$$

其中，$\Pi_{j,t}$是 j 部门在 t 年购买或建造一单位资本所花费的成本；D_j 是折旧率；$Q_{j,t}$是 j 部门在 t 年的资本租金（即 t 年一单位资本的使用成本）；T_t是 t 年对所有部门的资本收入征收的税率；$WACC_t$（Weighted Average Cost of Capital）是 t 年的税后名义融资成本，在这里我们作为折现率用。通常 $WACC$ 是企业直接（如股票）和间接（如发债和银行借贷）融资成本的加权平均。由于 GTAP 模型里没有金融产品的细分，假设企业都是以直接融资取得资本的，所以我们就用 $WACC$ 代表总的融资成本。

在这一计算中，我们假设 j 部门在 t 年收购的一单位实物资本导致了一笔当期的支出 $\Pi_{j,t}$，在此后 $t+1$ 年中，产生了两项收益，但该收益必须用（$1+WACC$）折现成现值。第一项是在 $t+1$ 年一单位新增资本的税后租金额 $Q_{j,t+1}$（$1-T_{t+1}$）；第二项是可以在 $t+1$ 年出售的一单位经过折旧的资本额 $\Pi_{j,t+1} \times$（$1-D_j$）。

为了得到资本回报率公式，我们将公式（2-9）两边都除以 $\Pi_{j,t}$，例如我们将 t 年 j 部门实物资本的实际[①]资本回报率 $ROR_ACT_{j,t}$定义为一美元投资的现值，即：

$$ROR\_ACT_{j,t} = -1 + [(1 - T_{t+1}) \times Q_{j,t+1}/\Pi_{j,t} + (1 - D_j) \times \Pi_{j,t+1}/\Pi_{jt}$$

① 我们使用“实际”（actual）这个词来强调这里是在定义资本回报率的实际情况，而不是事前对于资本回报率的预期。

$$+ RALPH \times T_{t+1} \times D_j \times \Pi_{j,t+1}/\Pi_{jt}]/[1 + WACC_t \times (1 - T_{t+1})] \quad (2-10)$$

模型中资本增长和投资取决于预期（而不是实际）资本回报率。

模型中有两种决定预期资本回报率的方式：静态预期（Static）和前瞻性预期（Forward - looking）。在静态预期下，我们假设投资者对税率的预期不变（例如，投资者预期 T_{t+1} 将会与 T_t 一致），对租金（Q_j）和资产价格（Π_j）的预期将会以每期通货膨胀率（*INF*）的速度增长。在这些假设下，他们对于 $ROR\_ACT_{j,t}$ 的预期（$ROR\_SE_{j,t}$）如下：

$$ROR\_SE_{j,t} = -1 + [(1 - T_t) \times Q_{j,t}/\Pi_{j,t} + (1 - D_j)_j]/(1 + R\_WACC\_SE_t) \quad (2-11)$$

其中，$R\_WACC\_SE_t$ 是对于实际税后利息的静态预期，取决于以下公式：

$$1 + R\_WACC\_SE_t = [1 + WACC_t]/[1 + INF_t] \quad (2-12)$$

在全球 GTAP 模型里，有一个金融资本市场，全球资本市场的出清决定了全球融资成本。由于模型没有刻画汇率市场，根据利率平价理论（Interest Rate Parity Condition），我们假设各地区的真实融资成本与全球资本融资成本联动，因此有以下关系：

$$R\_WACC\_SE_t(r) = RORE(r) = RORG \quad (2-13)$$

回到公式（2 - 12），如果我们定义税收力度 $PT_t = 1 - T_t$，那么公式可以改写为：

$$ROR\_SE_{j,t} = -1 + [(PT_t \times Q_{j,t}/\Pi_{j,t} + (1 - D_j)_j]/(1 + R\_WACC\_SE_t) \quad (2-14)$$

在 TABLO 语言里，经过线性化的公式（2 - 14）如下所示：

```
Equation E_ p1cap_ A # Expected rors by industry: static expectations #
(all, j, TRAD_ COMM) (all, r, REG) 100 × d_ eeqror (j, r) = (1/ (1 + RWACC_
SE (r))) ×
    {[GOS (j, r) × PWR_ TO ("capital", r) /VKBTM (j, r)] × [to
("capital", r)
    + pmes ("capital", j, r) - pcgds (r)] - [GOS (j, r) × PWR_ TO
("capital", r) /VKBTM (j, r)
    +1 - DEPR (j, r)] × (1/ [(1 + RWACC_ SE (r))]) × 100 × d_ rwacc_ se
(r)};
```

采用 MONASH 类模型的投资函数，还有另外一个优点。该方法可以让用户选择前瞻性预期或“理性预期”（Rational Expectation）。跟静态预期不一样，我们假设投资者能正确地预测未来实际资本回报率。这是一个比较强的假设，通常情况下我们不采用。

2.1.4 金融资产及相关收入

正如在引言部分所讨论的，要建立国际资本流动的模型，我们需要区分资产所在地和所有权。要做到这一点，我们需要引入金融资产。在 GTAP-Dyn 模型中，区域家庭没有自己的物质资本，只有企业才有。家庭拥有金融资产而不是物质资本，这代表对物质资本的间接拥有。

我们将在下文介绍模型如何确定各个经济主体的金融资产和负债，以及相关的收入和支出。我们先讨论这种处理的一般特征和对符号进行注解。存量积累的关系决定了两个关键的金融资产变量，以这些作为限制，我们使用一个非理论机制来确定企业的负债和区域家庭的资产组成。最后，我们分析了全球金融中介机构的资产和负债以及金融资产相关收益的方程模块。

2.1.4.1 一般特征

除了为了更好地处理国际资本流动的原因，一些其他需求也决定了 GTAP-Dyn 模型中对金融资产的处理方式。出于在前文中介绍的原因，我们不要求回报率在短期内达到平衡。这意味着，我们需要确定总所有权价值（Gross Ownership Position）。仅仅知道一个地区的国外净资产是不够的，我们必须知道其总的国外资产和总的国外负债，因为它们的回报率可能有所不同。

为了减少扩展模型的数据结构带来的负担，而且也因为外国资产和负债的数据的有限性和差异性，我们在处理外国资产数据时，放宽了对其的要求。同时，我们也希望在进行区域细分时，考虑实证规律，即各个国家并不持有全球均衡的资产组合，而偏向于专业化持有本地资产。

关于新的处理方法，我们的目的并不在于给金融变量一个全面而准确的描述。在 GTAP-Dyn 模型中，设置金融资产并不是为了模拟现实世界中的金融资产，而是为了让我们可以在不构成外国账户泄漏的前提下，刻画国际资本的流动。相应地，我们对金融资产的处理是简约而高度程式化的。

在这些因素影响下，我们确定了金融资产模块的一些共有的特征。从根本上，我们并没有应用一套全面的金融理论方法，而是采取了一些临时的或启发式的方法。金融理论方法（Financial-theoretic Approach）的优点在于，它可以让我们有原则地计算在不同回报率下投资者持有的资产，而不是仅计算收益最高的资产。投资者关心的不仅是回报，还有风险，金融理论方法将把他们的消费、储蓄行为，以及风险与回报的权衡，与相同的潜在偏好联系起来，从而实现严谨的福利分析。

为什么不使用金融理论方法？一方面，引进金融理论方法将大大增加模型的复杂性；另一方面，在国际金融行为和经验中有许多在理论上难以解释的矛盾。举个最相关的例子，尽管现有的金融理论模型已经有了看起来可信的行为参数设置和观察得到的风险水平，但还是很难解释为什么各个国家实际回报率的差异远远超过利用这些理论模型得到的预测值。我们并不因为这一点而完全否认金融理论方法，但它确实使成本收益平衡变得缺乏吸引力。权衡利弊，我们选择不在 GTAP-Dyn 模型中采取这样的方法，但我们仍承认它是今后该研究领域值得探索的问题之一。

做完这个基本决策之后，我们还要做出几个进一步的设计决策。首先，我们必须决定哪些物质资产应该支持金融资产，换句话说，哪些物质资产是应该由金融资产来间接地代表其所有权的。为了体现国际资本的流动性，我们必须在这个组合中包含物质资产，以及一些除了劳动力之外的初级生产要素（GTAP 模型中的禀赋产品——Endowment Commodity）。在标准 GTAP 模型第四版数据库中，这类初级生产要素有两个：农业用地和其他自然资源（包括矿产、渔业和林业资源等）（McDougall et al.，1998）。虽然好像让所有这些要素都支持金融资产更合乎逻辑，但只让物质资产支持金融资产将会更简单。在这个版本的模型中，我们采取的是简单的方法。因此，在 GTAP-Dyn 模型中，公司拥有物质资产但租用土地和自然资源；区域家庭拥有土地和自然资源，它们把这些租给公司以此实现金融资产对物质资产的间接所有权。

接下来的问题是应该在模型中使用哪类金融资产。现实世界中有三大金融资产——货币、债务和股票，进而又可以分为许多小类。一方面，更多的资产类别可以提高模型的真实感；另一方面，由于上文讨论的原因，金融资产类别带来的真实感并不是这个模型追求的首要目标。鉴于这种情况（以及为了符合我们的目的——金融资产模块的作用是支持国际资本流动，而不是真实地描述金融部门），我们在模型中只包括一个资产类别——股权（Equity）。因此，在 GTAP-Dyn 模型中，公司没有负债，只有一种资产——物质资产。根据基本的资产负债表恒等式（资产 = 负债 + 所有权），公司的股本价值等于公司拥有的物质资产。

接下来，我们需要问哪些经济主体可以持有公司股权。最简单的设计是假定各个区域家庭都可以持有所有区域的公司股权。然而，这需要外国资产和负债的双边数据。不幸的是，现有的数据（主要是有关外国直接投资的数据）不足且数据内部并不一致。为了尽量减少对数据的要求，我们设立一个叫作“全球信托”（Global Trust）的虚构组织来作为所有外国投资的金融中介机构。在 GTAP-Dyn 模型中，区域家庭不直接持有外国公司的股权，只持有当地公司的股权，以及全球信托的股权。反过来，全球信托持有所有区域的公司股权。信托并没有负债，也没有资产（除了它在各区域公司的股权）。因此，根据资产负债表的恒等式，信托总股本的价值等于信托持有的总资产。

这种方法的一个小缺点是它会导致模型错估持有的外国资产。我们让每个区域在全球信托中的股本等于其外国资产，然而在全球信托中的股本的某些部分事实上代表了本地资产的间接所有权。这些错估对于小区域来说是微不足道的，但对于大区域，如美国，影响则是相当大的。

图 2 - 2 总结了模型中金融资产的框架。每个区域 *r* 的公司都有一个值 *WQ_ FIRM*（*r*），其中当地的区域家庭拥有部分为 *WQHFIRM*（*r*），全球信托拥有部分为 *WQTFIRM*（*r*）。全球信托为区域家庭所拥有，每个区域 *r* 拥有其股权 *WQHTRUST*（*r*）。区域家庭总的金融财富包括当地公司的股权 *WQHFIRM*（*r*）和全球信托的股权 *WQHTRUST*（*r*）。我们在下文将进一步讨论这些关系。

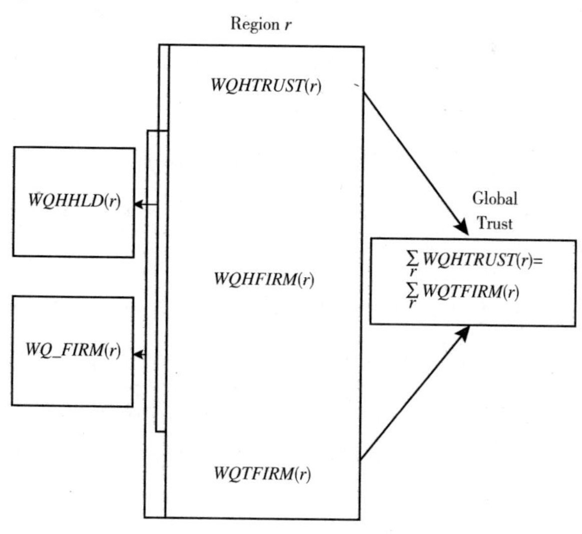

图 2 - 2　财富之间的联系

一个有待讨论的问题是收入的概念以及物质资产和金融资产的投资。我们把资产的收益当作收入，而不是资产价格变动所产生的资本收益或损失。对于物质资产，我们也从收入的定义中排除物理折旧（就像在标准 GTAP 模型中一样）。对于公司股权或全球信托股权，我们计算实体资产数量净变动的货币价值，但不包括资本收益。

这种处理方法有两个好处。首先，它保持了收入和金融资产投资的一致性，同时排除了资本收益，因此储蓄（计算为金融资产的投资总额）与收入一致。其次，它可以支持所有权变动的简单分解。想象一个没有负债但拥有一些资产的实体。令 W_{Ai} 代表资产 i 的价值，$W=\sum_i W_{Ai}$ 为总的资产价值。则总资产价值的百分比变化为 $W_w=\sum_i W_{Ai}\ (p_{Ai}+q_{Ai})$，其中 p_{Ai} 表示 i 资产价格的百分比变化，q_{Ai} 表示 i 资产数量的百分比变化。我们可以用这个方程把总资产价值的变化分解为两个部分：①实体资产数量变动的货币价值（1/100）$\sum_i W_{Ai}\ q_{Ai}$，②实体资产价格变动的货币价值（1/100）$\sum_i W_{Ai}\ p_{Ai}$。

现在根据资产负债表恒等式，公司总的所有权等于总资产价值 W，所以 $w=p_Q+q_Q$，其中 p_Q 和 q_Q 分别表示公司股票价格和数量的百分比变化。我们可以把它们分解成投资部分（1/100）Wq_Q 和资本增益部分（1/100）Wp_Q，然后，根据传统的投资定义，$Wq_Q=\sum_i W_{Ai}\ q_{Ai}$，所以 $Wp_Q=\sum_i W_{Ai}\ p_{Ai}$。也就是说，该公司的股票价格与公司的资产价格指数是成比例关系的。因此，总的所有权的价格和数量的变化等同于总资产中相应部分的变化。

换个角度看，这也就是假设该企业和全球信托把它们的净收益全部作为股息分给了股东，并仅通过发行新的股票来为它们的净资产购买提供资金。根据这一假设，股息的价值与 GTAP-Dyn 模型中对收入的定义相一致，而且股票发行的价值与 GTAP-Dyn 模型中对金融投资的定义相一致。

2.1.4.2 变量命名规则

为了介绍模型的核算框架，我们采用了一套系统的符号命名标准。

小写字母书写的变量表示百分比变化量，大写表示该变量是数据系数、参数、绝对值变化量，或普通变量（即 delta、level 的变化量）。在一般情况下，一个变量或一个系数的第一个字符表明了它的类型——W（财富）表示资产价值，Y 表示收入；第二个字符表明资产类型——在当前版本的模型中，Q 永远表示股权；第三个字符表示拥有这项资产或拥有其收入的部门；而第四个字符指的是赊欠资产或支付相关收入的部门，例如，F 表示在区域公司的投资，T 表示在全球信托的投资，H 表示区域家庭所进行的投资。因此，一个以 *WQHF* 开头的名称，是指当地的区域家庭所拥有的国内公司股权财富，而以 *YQHF* 开头的名称是指国内企业支付给区域家庭的股权收益。此外，为了表明以上规则没能说明的特性，我们也使用下划线。当然，如果下划线位于名字的尾部，那么它是没有意义的。

2.1.4.3　资产积累

模型中的金融资产模块与两个关键变量紧密相关：区域 r 的公司所有权价值和区域 r 的家庭股本持有量。资产积累关系直接或间接确定了这两个变量。

在 GTAP-Dyn 模型中，企业购买中间投入品、雇用劳工、租用土地，但拥有固定资本，没有债务。从会计核算的角度看，它们没有负债，除固定资本外也没有其他资产。反过来说，也只有企业拥有固定资本。因此，区域 r 企业的所有权价值 *WQ_ FIRM*（r）等于它们的固定资本的价值，也就是所有本地固定资本的价值，它等于相应价格和数量的乘积：

$$WQ\_FIRM(r) = VK(r) = PCGDS(r) \times QK(r) \tag{2-15}$$

其中 *PCGD*（r）表示区域 r 资本产品的价格。全微分以后，我们得到百分比变化形式的公式：

$$wq\_f(r)_r = pcgds(r) + qk(r) \tag{2-16}$$

其中 *wq_ f*（r）表示 *WQ_ FIRM*（r）的百分比变化，*pcgds*（r）表示 *PCGDS*（r）的百分比变化。在模型中，我们写作：

```
Equation REGEQYLCL#change in VK (r) # (all, r, REG)
wq_ f (r) = pcgds (r) + qk (r) + swq_ f (r);
```

其中，*swq_ f*（r）是区域层面的漂移变量（出于建模目的设置的变量，外生而且在模型中等于0）。因此，每个区域的企业的总资产价值由资本积累方程间接地给出。

这里我们注意到，区域 r 的企业股票价格 $PQ\_FIRM(r)$ 与区域 r 的资本品价格成比例变化，因此这两个变量的百分比变化量相等：

$$pq\_f(r) = pcgds(r) \tag{2-17}$$

其中，pq_f 表示 PQ_FIRM 的百分比变化。像资本存量和投资一样，我们使用时间变量来捕捉区域财富和储蓄的内在动态机制。这样，我们就有了区域家庭的国内资产所有权的积累方程：

$$WQHFIRM(r) = PQ\_FIRM(r) \times \int_{TIME_0}^{TIME} QQHFIRM(r)\mathrm{d}t \tag{2-18}$$

其中，$PQ\_FIRM(r)$ 是区域 r 的本地企业的股票价格，$QQHFIRM(r)$ 是区域家庭所购买本地公司的股票数量。类似的，对于区域家庭在全球信托的股票，我们有：

$$WQHTRUST(r) = PQTRUST \times \int_{TIME_0}^{TIME} QQHTRUST(r)\mathrm{d}t \tag{2-19}$$

其中 $PQTRUST$ 是全球信托的股票价格，$QQHTRUST$ 是区域家庭所购买全球信托的股票数量。于是，区域家庭的股权财富为：

$$WQHHLD(r) = PCGDS(r)\int_{TIME_0}^{TIME} QQHFIRM(r)\mathrm{d}t + PQTRUST\int_{TIME\_0}^{TIME} QQHTRUST(r)\mathrm{d}t \tag{2-20}$$

通过对公式（2-20）全微分，并且依照公式（2-17）用 $pcgds(r)$ 替代 $pq\_f(r)$，我们得到：

$$\begin{aligned} WQHHLD(r) \times wqh(r) = {} & WQHFIRM(r) \times pcgds(r) + WQHTRUST(r) \\ & \times pqtrust + 100 \times [VQHFIRM(r) + VQHTRUST(r)] \times time \end{aligned} \tag{2-21}$$

其中 $pqtrust$ 代表 $PQTRUST$ 的百分比变化。$VQHFIRM(r)$ 表示区域家庭在区域 r 国内企业新投资的价值，即：

$$VQHFIRM(r) = PCGDS(r) \times QQHFIRM(r) \tag{2-22}$$

VQHTRUST（*r*）表示区域家庭在全球信托新投资的价值：

$$VQHTRUST(r) = PQTRUST(r) \times QQHTRUST(r) \tag{2-23}$$

现在，区域家庭在国内和国外股票的投资总额等于区域家庭的储蓄，也就是：

$$VQHFIRM(r) + VQHTRUST(r) = SAVE(r)$$

其中 *SAVE*（*r*）表示区域 *r* 的储蓄，所以公式（2－21）简化为：

$$WQHHLD(r) \times wqh(r) = WQHFIRM(r) \times pcgds(r) + WQHTRUST(r) \times pqtrust + 100 \times SAVE(r) \times time \tag{2-24}$$

在模型的编程中，我们写作：

```
Equation REGWLTH#change in wealth of the household [wqh (r)] # (all, r, REG)
WQHHLD (r) ×wqh (r)
=WQHFIRM (r) ×pcgds (r) + WQHTRUST (r) ×pqtrust + 100.0×SAVE (r) ×
time+ WQHHLD (r) ×swqh (r);
```

其中，*swqh*（*r*）是区域层面的财富漂移变量。

2.1.4.4　企业和家庭的资产与负债

在上一小节中，我们确定了每个区域内公司股票价格的百分比变化量——*wq_f*，区域家庭股票财富的百分比变化量——*wqh*。在这个小节中，我们把企业股权分解为属于当地家庭的股权和属于全球信托的股权。

如图2－2所示，区域企业的股权由两个部分组成：属于当地区域家庭的股权 *WQHFIRM*（*r*）和属于全球信托的股权 *WQTFIRM*（*r*）：

$$WQ\_FIRM(r) = WQHFIRM(r) + WQTFIRM(r) \tag{2-25}$$

全微分之后，我们得到：

$$WQ\_FIRM(r) \times wq\_f(r) = WQHFIRM(r) \times wqhf(r) + WQTFIRM(r) \times wqtf(r) \tag{2-26}$$

其中 *wqhf*（*r*）和 *wqtf*（*r*）分别表示 *WQHFIRM*（*r*）和 *WQTFIRM*（*r*）的百分比变化。

在模型中写成：

```
Equation EQYHOLDFNDLCL #total value of firms in region r# (all, r, REG)
WQ_FIRM (r) ×wq_f (r) = WQHFIRM (r) ×wqhf (r) + WQTFIRM (r) ×wqtf
(r);
```

同样是在上一小节，我们确定了区域家庭的股权财富——*WQHHLD*。如图2-2所示，这也包括两部分，在国内区域公司的股权 *WQHFIRM* 和在全球信托的股权 *WQHTRUST*：

$$WQHHLD(r) = WQHFIRM(r) + WQHTRUST(r) \tag{2-27}$$

全微分以后，我们得到：

$$WQHHLD(r) \times wqh(r) = WQHFIRM(r) \times wqhf(r) + WQHTRUST(r) \times wqht(r) \tag{2-28}$$

其中 $wqhf(r)$ 和 $wqht(r)$ 分别表示 $WQHFIRM(r)$ 和 $WQHTRUST(r)$ 的百分比变化。这在模型中写成：

```
Equation EQYHOLDWLTH #total wealth of the household# (all, r, REG)
WQHHLD (r) ×wqh (r)
= WQHFIRM (r) ×wqhf (r) + WQHTRUST (r) ×wqht (r);
```

到目前为止，对于每个区域 r，我们有两个核算恒等式——公式（2-25）和公式（2-27），还有三个要确定的变量——$WQHFIRM(r)$、$WQTFIRM(r)$ 和 $WQHTRUST(r)$。等价的，对于每个地区，恒等式足以确定外国资产的净值：

$$WQHTRUST(r) - WQTFIRM(r) = WQHHLD(r) - WQ\_FIRM(r) \tag{2-29}$$

但不能确定国外资产和负债总值，即 $WQHTRUST(r)$ 和 $WQTFIRM(r)$。显然，有许多不同的外国资产总值与净值相一致。

在这个模型中，我们没有采用投资组合分配理论（Portfolio Allocation Theory），所以我们没有理论来解释所有权总价值（Gross Ownership Position）。从长期来看，各地区的资本回报率是相等的。由于没有投资组合分配理论，投资者只关心收益，所以在投资回报率相等的情况下，资产组合的分配是任意的。在短期来说，我们允许地区间的回报率存在差异。我们需要投资者持有多项资产（因为外国所有权净值必须是非零的），但我们没有理论解释为什么投资者会持有除了收益最高的资产之外的其他资产。因此，我们只能通过应用一些非理论原则来决定短期或长期的投资组合分配情况。

我们基于以下标准选择这一原则。首先，也是最明显的是，三个变量 *WQHFIRM*（*r*）、*WQHTRUST*（*r*）和 *WQTFIRM*（*r*），必须满足公式（2-25）和公式（2-27）两个恒等式。

其次，我们希望保持这三个变量一直取正值（只要 *WQHHLD*（*r*）和 *WQ_ FIRM*（*r*）是正值就有可能）。虽然在现实中有可能抛空股票，但我们未曾见到长期、大量持有负资产的情况。如果我们允许在模型中持有负资产，可能会产生奇怪的福利效应。举例来说，如果我们允许全球信托部门在某地持有负资产，则该信托收益以及相应各地区的外国资产收益，都会与该地的资本租金成反向变动关系。鉴于现实世界中并不存在常态化的负资产，这种反比关系是不现实的。

最后，我们希望分配原则使国内和国外资产初始值在每个地区的财富分配中尽可能地接近。该资产处理方式的一项目标是使模型与现实中的经验规律保持一致：各地区偏向于专业化持有本地资产。如果最初的数据库与之相符，我们希望更新后的数据库也与此保持一致。

一种可能的做法是假设每个区域以固定比例在国内和国外资产之间分配财富，这种假设很简单，也有很多优势。但它有一个缺陷：它太容易使对外负债成为负数。例如，给上述假设的地区生产率一个负的冲击，可能会导致该地的资本价值比该地居民持有的股本价值下跌得更剧烈。如果采取的是固定份额的方法，那么该地居民持有的国内股本价值可能很容易超过该地资本存量的价值，使国外对该地区的所有权价值变为负值。根据之前的讨论，我们希望避免这样的结果。

相反，如果我们假设，在每个地区，资金来源的构成是固定的，即国外和国内对当地资本的股本以固定比例变化，则可以保证当地资本中外国持有的部分不会变负。然而，当地资本存量的增长很可能导致当地的外国资产所有权为负。

为了避免外国资产总额和对外负债总额中出现负值，我们需要采取一个从熵理论（Entropy Theory）中发现的更复杂而巧妙的方法。最小化交叉熵理论为我们提供了这样一种方法，可以在多项限制条件下，把严格为正的总量划分成严格为正的分量，同时尽可能地保持初始份额。在这里我们无法展开对相关概念的全面阐述，请参考 Kapur 和 Kesavan（1992）的研究，尤其是其中提出的从经济学角度出发的现代处理方法。

交叉熵是一个总量的两种分割方式（Partition）之间的分歧度指标，用 S_i 表示，$i=1$，…，n。S_i（0）为初始份额，S_i（1）为最终份额，交叉熵是：

$$\sum_i S_i(1)\log\frac{S_i(1)}{S_i(0)} \tag{2-30}$$

对于全部 i，当 S_i（1）$=S_i$（0）时，也就是说，最终份额等于初始份额时，交叉熵取最小值（Kapur and Kesavan，1992）。

当我们在对最终份额施加限制条件时，交叉熵方法的优势变得更明显。例如，对于大多数限制来说，限制条件下的最优化问题都可以看作简单地寻找一阶条件。此外，由于初始份额是严格为正的，所以就可以得到既符合限制条件又严格为正的最终份额。

我们关心的是两套份额：国内财富在国内和国外股权中的分配份额，以及国内和国外资金在当地资本所有权中的份额。我们将这些份额运用到交叉熵方法中，对于区域 r 国内财富的份额，其交叉熵是：

$$\begin{aligned} CEHHLD(r) = {} & WQHFIRMSH(r)\times\log\frac{WQHFIRMSH(r)}{WQHFIRMSH\_0(r)} \\ & + WQHTRUSTSH(r)\times\log\frac{WQHTRUSTSH(r)}{WQHTRUSTSH\_0(r)} \end{aligned} \tag{2-31}$$

WQHFIRMSH（r）表示区域 r 的家庭所持有的股本组合中在本地公司的当前份额，*WQHTRUSTSH*（r）表示区域 r 的家庭所持有的股本组合中在全

球信托的当前份额，$WQHFIRMSH\_0(r)$ 和 $WQHTRUSTSH\_0(r)$ 分别表示它们的初始份额。

根据定义，有：

$$WQHFIRMSH(r) = \frac{WQHFIRM(r)}{WQHHLD(r)}$$

$$WQHFIRMSH\_0(r) = \frac{WQHFIRM\_0(r)}{WQHHLD\_0(r)}$$

$$WQHTRUSTSH(r) = \frac{WQHTRUSTSH(r)}{WQHHLD(r)}$$

$$WQHTRUSTSH\_0(r) = \frac{WQHTRUSTSH\_0(r)}{WQHHLD\_0(r)} \tag{2-32}$$

把这些代入公式（2-31），我们得到：

$$WQHHLD(r) \times CEHHLD(r) = WQHFIRM(r) \times \log \frac{WQHFIRM(r)}{WQHFIRM\_0(r)} + WQHTRUST(r) \times \log \frac{WQHTRUST(r)}{WQHTRUST\_0(r)} - WQHHLD(r) \times \log \frac{WQHHLD(r)}{WQHHLD\_0(r)} \tag{2-33}$$

因为 $WQHHLD(r)$ 和 $WQHHLD\_0(r)$ 已经给定，因此最大化 $CEHHLD(r)$ 就等价于最大化以下公式：

$$FHHLD(r) = CEHHLD(r) + WQHHLD(r) \times \log \frac{WQHHLD(r)}{WQHHLD\_0(r)} \tag{2-34}$$

然后：

$$WQHHLD(r) \times FHHLD(r) = WQHFIRM(r) \times \log \frac{WQHFIRM(r)}{WQHFIRM\_0(r)} + WQHTRUST(r) \times \log \frac{WQHTRUST(r)}{WQHTRUST\_0(r)} \tag{2-35}$$

同样，最大化与本地资本所有权份额相关的交叉熵相当于最大化 $FFIRM(r)$，其中：

$$WQ\_FIRM(r) \times FFIRM(r) = WQHFIRM(r) \times \log \frac{WQHFIRM(r)}{WQHFIRM\_0(r)} + WQTFIRM(r) \times \log \frac{WQTFIRM(r)}{WQTFIRM\_0(r)} \tag{2-36}$$

我们试图最小化两个交叉熵加权之后的总和：

$$WSCE(r) = RIGWQH(r) \times WQHHLD(r) \times CEHHLD(r) + RIGWQ\_F(r) \times WQ\_FIRM(r) \times CEFIRM(r) \quad (2-37)$$

这两个交叉熵的权重由相应的总价值 $WQHHLD$（r）和 WQ_FIRM（r）以及刚度参数（Rigidity Parameter）$RIGWQH$（r）和 $RIGWQ\_F$（r）确定。如果 $RIGWQH$（r）取了一个较高的值，而 $RIGWQ\_F$（r）取了一个较低的值，那么（如果有解的话）家庭财富的分配就会几乎被固定，其中的绝大多数调整变动将会出现在本地公司股本的源份额（Source Share）中。如果 $RIGWQ\_F$（r）取了一个较高的值，$RIGWQH$（r）取了一个较低的值，那么股权的源份额将倾向于保持它们的初始值，而且大部分调整变动将出现在家庭财富的分配份额中。

从上述情况看，最小化 $WSCE$ 相当于最小化以下公式：

$$\begin{aligned} F &= RIGWQH(r) \times WQHHLD(r) \times FHHLD(r) + RIGWQ\_F(r) \\ &\times WQ\_FIRM(r) \times FFIRM(r) = RIGWQH(r) \times [WQHFIRM(r) \times \\ &\log \frac{WQHFIRM(r)}{WQHFIRM\_0(r)} + WQHTRUST(r) \times \log \frac{WQHTRUST(r)}{WQHTRUST\_0(r)}] \\ &+ RIGWQ\_F(r) \times [WQHFIRM(r) \times \log \frac{WQHFIRM(r)}{WQHFIRM\_0(r)} \\ &+ WQTFIRM(r) \times \log \frac{WQTFIRM(r)}{WQTFIRM\_0(r)}] \end{aligned} \quad (2-38)$$

为了决定三个财富变量，我们将受公式（2－25）和公式（2－27）限制的目标函数最小化。拉格朗日乘数包含相应的乘数：受公司价值约束公式（2－25）的 WQ_FIRM（r）和受家庭财富约束公式（2－27）的 $WQHHLD$（r）。一阶条件包括两个约束和三个与净财富变量相对应的公式。

因此，将拉格朗日函数对 $WQTFIRM$（r）（外国对国内资本的股权）求导后，我们得到：

$$XWQ\_FIRM(r) = RIGWQ\_F(r) \times \left[\log \frac{WQTFIRM(r)}{WQTFIRM\_0(r)} + 1\right] \quad (2-39)$$

再次全微分之后，我们得到：

$$xwq\_f(r) = RIGWQ\_F(r) \times wqtf(r) \quad (2-40)$$

其中 $xwq\_f(r)$ 表示拉格朗日乘数 $XWQ\_FIRM(r)$ 的百分比变化，在 TABLO 代码中，我们有：

```
Equation EQYHOLDFNDHHD
#eqty holdings of trust in the firms [wqtf (r)] #
(all, r, REG)
xwq_f (r) = RIGWQ_F (r) × wqtf (r);
```

同样，为了得到国内财富对国外资产的所有权，我们有一阶条件的水平形式：

$$WQHHLD(r) = RIGWQH(r) \times \left[\log \frac{WQHTRUST(r)}{WQHTRUST\_0(r)} + 1\right] \tag{2-41}$$

一阶条件的百分比形式为：

$$xwqh(r) = RIGWQH(r) \times wqht(r) \tag{2-42}$$

其中 $xwqh(r)$ 表示拉格朗日乘数 $XWQHHLD(r)$ 的百分比变化，在 TABLO 代码中，我们有：

```
Equation EQYHOLDHHDFND
#shift variable for the wealth of hhlds [xwqh (r)] #
(all, r, REG)
xwqh (r) = RIGWQH (r) × wqht (r) + swqht (r);
```

最后，对于国内财富对国内资本的所有权，我们有一阶条件的水平形式：

$$\begin{aligned} &WQHHLD(r) + XWQ\_FIRM(r) \\ &= [RIGWQH(r) + RIGWQ\_F(r)] \times \left[\log \frac{WQHFIRM(r)}{WQHFIRM\_0(r)} + 1\right] \end{aligned} \tag{2-43}$$

一阶条件的百分比形式为：

$$xwqh(r) + xwq\_f(r) = [RIGWQH(r) + RIGWQ\_F(r)] \times wqhf(r) \tag{2-44}$$

TABLO 代码为：

```
Equation EQYHOLDHHDLCL
#shift variable wealth of firms [xwq_ f (r)] #
(all, r, REG)
[RIGWQH (r) + RIGWQ_ F (r)] × wqhf (r) = xwqh (r) + xwq_ f (r) + swqhf
(r);
```

其中，*swqhf*（*r*）是一个区域特定漂移变量。要指出的是，把来自公式（2－40）的 *wqtf* 和来自公式（2－42）的 *wqht* 通过替换代入公式（2－44），我们得到：

$$\begin{aligned}&[RIGWQH(r)+RIGWQ\_F(r)]\times wqhf(r)=\\&RIGWQH(r)\times wqht(r)+RIGWQ\_F(r)\times wqtf(r)\end{aligned}\tag{2-45}$$

该方程表明，*WQHFIRM*（*r*）的调整是 *WQTFIRM*（*r*）和 *WQHTRUST*（*r*）调整的加权平均值。

还要注意的是，如果我们给 *RIGWQH*（*r*）分配一个大值，给 *RIGWQ_F*（*r*）分配一个小值，那么 *xwqh*（*r*）会承担一个相对较大的值，而 *xwq_f*（*r*）会承担一个相对较小的值，以至于 $xwqh(r) \approx RIGWQH(r) \times wqhf(r)$，$wqhf(r) \approx wqht(r) = RIGWQH(r)^{-1} \times xwqh(r)$，也就是如前文所言，家庭财富分配份额几乎是固定的。

2.1.4.5　全球信托的资产和负债

有三个核算恒等式与全球信托相关。首先，全球信托的资产价值，即 *WQTRUST*，等于外国对各区域企业的所有权的总和：

$$WQTRUST=\sum_{r}WQTFIRM(r)\tag{2-46}$$

以百分比变化的形式，我们有：

$$WQTRUST\times wqt=\sum_{r}WQTFIRM(r)\times wqtf(r)\tag{2-47}$$

其中 *wqt* 是 *WQTRUST* 的百分比变化，在 TABLO 代码中，我们有：

```
Equation TOTGFNDASSETS #value of assets owned by global trust#
WQTRUST × wqt = sum {s, REG, WQTFIRM (s) × wqtf (s)};
```

其次，信托的价值等于各区域在信托的股本的总和，也就是说，各区域对外国资产所有权的总和：

$$WQ\_TRUST = \sum_r WQHTRUST(r) \tag{2-48}$$

以百分比变化的形式，我们有：

$$WQ\_TRUST \times wq\_t = \sum_r WQHTRUST(r) \times wqht(r) \tag{2-49}$$

其中 wq_t 是 WQ_TRUST 的百分比变化，在 TABLO 代码中，我们有：

```
Equation TOTGFNDPROP #value of trust as total ownership of trust#
WQ_ TRUST × wq_ t = sum {s, REG, WQHTRUST (s) × wqht (s)};
```

最后，该信托的总价值等于其资产总价值：

$$WQ\_TRUST = WQTRUST \tag{2-50}$$

所写的这个方程在模型中是多余的，因为它隐含在其他关系中。积累方程与全球投资和全球储蓄相等的关系式一并确保了物质资本的总价值总是等于地区所拥有的金融资产的总价值。

所以：

$$\sum_r WQ\_FIRM(r) = \sum_r WQHHLD(r) \tag{2-51}$$

然后有如下表示：

$$\begin{aligned} WQ\_TRUST &= \sum_r WQHTRUST(r) \\ &= \sum_r WQHHLD(r) - WQHFIRM(r) \\ &= \sum_r \mathrm{WQHHLD(r)} - \sum_r \mathrm{WQHFIRM(r)} \\ &= \sum_r WQ\_FIRM(r) - \sum_r WQHFIRM(r) \\ &= \sum_r WQ\_FIRM(r) - WQHFIRM(r) \\ &= \sum_r WQTFIRM(r) \\ &= WQTRUST \end{aligned} \tag{2-52}$$

为了验证模拟结果满足恒等式，我们在模型中包含：

$$WQTRUST = WTRUSTSLACK \times WQ\_TRUST \tag{2-53}$$

其中 *WTRUSTSLACK* 表示一个内生的自由变量。写成百分比变化方式：

$$wqt = wq\_t + wtrustslack \tag{2-54}$$

其中 *wtrustslack* 表示 *WTRUSTSLACK* 的百分比变化。在 TABLO 编码中，我们有：

```
Equation GLOB_ BLNC_ SHEET
#check that ownership by the trust equals ownership of the trust#
wqt = wq_ t + wtrustslack;
```

如果该模型数据库遵守资产核算的恒等式（并假设方程中没有错误），在任何模型中，变量 *wtrustslac* 内生为 0。因此自由变量的结果为模型的有效性提供了一个检查。图 2－2 说明了这些核算关系。

对应公式（2－47），我们用一个价格方程计算资产价值。正如在前文讨论的，我们可以将资产和所有权增长归于投资和资本增值两个部分。对于全球信托，让资产和所有权的资本增值部分相等，则得到方程：

$$pqtrust = \sum_r \frac{WQTFIRM(r)}{WQTRUST} \times pcgds(r) = \sum_r WQT\_FIRMSHR(r) \times pcgds(r) \tag{2-55}$$

其中 *WQT_ FIRMSHR*（*r*）表示区域 *r* 在全球信托总资产中的股权份额。在 TABLO 编码中，这变成：

```
Equation PKWRLD
#change in the price of equity in the global fund#
pqtrust = sum {r, REG, WQT_ FIRMSHR (r) ×pcgds (r)};
```

2.1.4.6　金融资产收入

上述小节已经确定了金融资产的存量，我们现在确定相关的收入。我们用三个阶段来分析。首先，我们确定从企业到家庭和全球信托的付款。其次，我们计算了全球信托的总收入，并确定信托支付给区域家庭的付款。然后，我们计算区域家庭来自当地企业和全球信托的总权益收入。

为了对股权收益流动做出概述，我们参考图 2－3。区域 r 的公司向股东发放股权收益 *YQ_ FIRM*（r），其中 *YQHFIRM*（r）分给了当地的区域家庭，*YQTFIRM*（r）分给了全球信托。把 *YQTFIRM*（r）跨区域加总，我们得到了全球信托的总收入 *YQTRUST*。信托在区域家庭中分配，区域 r 收到的金额为 *YQHTRUST*（r）。因此，区域 r 总的股权收益 *YQHHLD*（r）等于来自当地公司的收益 *YQHFIRM*（r）和来自全球信托的收益 *YQHTRUST*（r）的总和。在此基础上加上非股权要素收入以及间接税收，得到总的区域收入 *INCOME*（r）。

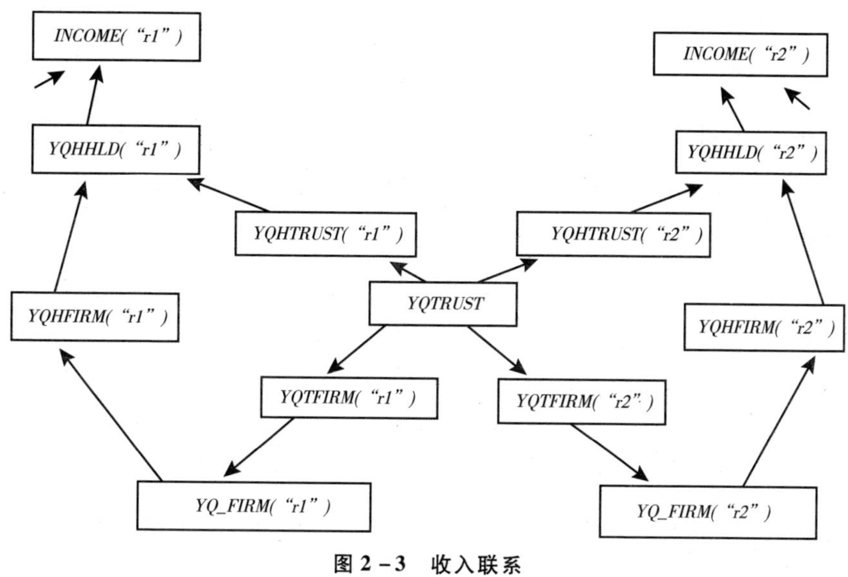

图 2－3　收入联系

我们首先对企业支付进行详细讨论。企业购买中间投入、雇用劳工、支付土地租金，但有固定资本。在零纯利润的条件下，不考虑任何其他生产要素的使用以及所得税，企业的利润等于资本使用成本减去折旧。最终这些利润都归股东持有。因此，位于区域 r 的企业支付给股东的总收入 *YQ_ FIRM*（r）等于税后净资本收益：

$$YQ\_FIRM(r) = VOA(\text{"capital"}, r) - VDEP(r) \tag{2-56}$$

其中，*VOA*（"*capital*"，r）是资本收益的价值，*VDEP*（r）是资本折

旧的价值。全微分后，我们得到：

$$YQ\_FIRM(r) \times yq\_f(r) = VOA(\text{"capital"}, r) \times [rental(r) + qk(r)] \\ - VDEP(r) \times [pcgds(r) + qk(r)] \quad (2-57)$$

其中 $yq\_f(r)$ 表示区域 r 公司所支付的收入的百分比变化。$rental(r)$ 表示资本价格的百分比变化。在 Tablo 编码中，这变成：

```
Equation REGINCEQY #income from capital in firms in region r#
(all, r, REG)
YQ_ FIRM (r) ×yq_ f (r)
=sum {h, ENDWC_ COMM, VOA (h, r) × [ps (h, r) + qo (h, r)]}
- VDEP (r) × [pcgds (r) + qk (r)];
```

为了把这个与方程的数学形式联系起来，我们注意到 *ENDWC_ COMM* 只有一个元素——"*capital*"，其中 $ps(\text{"capital"}, r) = rental(r)$，$qo(\text{"capital"}, r) = qk(r)$。

$$YQHFIRM(r) = \frac{WQHFIRM(r)}{WQ\_FIRM(r)} \times YQ\_FIRM(r) \quad (2-58)$$

全微分以后，我们得到：

$$yqhf(r) = yq\_f(r) + wqhf(r) - wq\_f(r) \quad (2-59)$$

其中 $yqhf(r)$ 表示 $YQHFIRM(r)$ 的百分比变化。在 TABLO 编码中：

```
Equation INCHHDLCLEQY
#income of the household from dom firms [yqhf (r)] # (all, r, REG)
yqhf (r) = yq_ f (r) + wqhf (r) - wq_ f (r);
```

同样的，全球信托的支付 $YQTFIRM(r)$，由以下公式给出：

$$YQTFIRM(r) = \frac{WQTFIRM(r)}{WQ\_FIRM(r)} \times YQ\_FIRM(r) \quad (2-60)$$

全微分以后，我们得到：

$$yqtf(r) = yq\_f(r) + wqtf(r) - wq\_f(r) \quad (2-61)$$

其中 *yqtf*（*r*）是 *YQTFIRM*（*r*）的百分比变化，在编码中我们写作：

```
Equation INCFNDLCLEQY #income of trust from equity in firms r#
(all, r, REG)
yqtf (r) = yq_ f (r) + wqtf (r) - wq_ f (r);
```

其次，我们计算总收入和全球信托的各项收入支付。信托的总收入 *YQTRUST* 等于各地区公司的股本收益总和。在水平上，我们把它表达为：

$$YQTRUST = \sum_r YQTFIRM(r) \tag{2-62}$$

百分比形式是：

$$yqt = \sum_r \frac{YQTFIRM(r)}{YQTRUST} \times yqtf(r) \tag{2-63}$$

其中 *yqt* 表示 *YQTRUST* 的百分比变化。在 TABLO 编码中，我们写作：

```
Equation INCFNDEQY
#change in the income of the trust#
yqt = sum {r, REG, [YQTFIRM (r) /YQTRUST] ×yqtf (r)};
```

信托在它的股东间分配收入，从而使每个地区收到与所有权份额成比例的收入。这在水平方程中表示为：

$$YQHTRUST(r) = \frac{WQHTRUST(r)}{WQ\_TRUST} \times YQTRUST \tag{2-64}$$

百分比变化方程为：

$$yqht(r) = yqt + wqht(r) - wq\_t \tag{2-65}$$

其中 *yqht*（*r*）表示 *YQHTRUST* 的百分比变化，在 TABLO 编码中写作：

```
Equation REGGLBANK #income of hhld r from its shrs in the trust#
    (all, r, REG)
    yqht (r) = yqt + wqht (r) -wq_ t;
```

再次，我们计算区域家庭的金融资产收入。区域家庭的总资产收益

YQHHLD（*r*）等于来自国内的企业和来自全球信托的股权收入的总和：

$$YQHHLD(r) = YQHFIRM(r) + YQHTRUST(r) \tag{2-66}$$

百分比变化形式：

$$yqh(r) = \frac{YQHFIRM(r)}{YQHHLD(r)} \times yqhf(r) + \frac{YQHTRUST(r)}{YQHHLD(r)} \times yqht(r) \tag{2-67}$$

其中 *yqh*（*r*）表示 *YQHHLD* 的百分比变化，在 TABLO 编码中写作：

```
Equation TOTINCEQY #total income from equity of households in r#
(all, r, REG)
yqh (r)
= [YQHFIRM (r) /YQHHLD (r)] ×yqhf (r) + [YQHTRUST (r) /YQHHLD (r)]
×yqht (r);
```

2.1.5 黏性工资机制

在实际生活中，由于工人和企业之间一般都存在固定工资的劳动合约，且一般合约期限都比较长，工人的工资变动通常是“黏性的”，即在短期内变化很小。因此，在动态模型里，我们假设劳动者的工资在短期是“黏性的”，在长期（劳动者有足够的时间根据市场上的工资水平来调整自己找工作时的劳动力供给水平）是可以灵活变动的。在这种设定下，有利的冲击（Favorable Shocks）会在短期给社会带来就业率的增长，在长期带来实际工资水平的提高。

2.1.5.1 变量处理

在动态 GTAP 模型的模拟中，我们往往需要观察并调整外生（Exogenous）变量对内生（Endogenous）变量的影响。然而，在动态模拟的基线情景（Baseline Scenario）之中，一些内生变量（如 GDP、就业）是外生的，也就是说，这些变量的基础值（也可以看作在没有冲击情况下的“预测值”）是给定的。

但是，在很多模拟之中，我们又希望这些变量在年份的更迭之中可以随时变化。因此，我们引入“这些变量的当前值与其预测值的偏离程度”，用来代指这些变量。

例如 W_t 表示 t 时期的实际工资，$W_{t,f}$ 表示 t 时期实际工资的预测值，因此（$W_t/W_{t,f}-1$）就表示 t 时期的实际工资与其预测值的偏离程度，借以指代实际工资水平。同理，（$W_{t-1}/W_{t-1,f}-1$）表示 $t-1$ 时期的实际工资偏离程度，（$E_t/E_{t,f}-1$）表示 t 时期就业率水平的偏离程度。

2.1.5.2 一般性“黏性工资”设定

为了实现工资在短期黏性、长期可变，我们将工资与就业联系起来。假设工资随着就业率的一定比例变动，这个比例为正参数 α_1，则有：

$$\frac{W_t}{W_{t,f}}-1=\frac{W_{t-1}}{W_{t-1,f}}-1+\alpha_1\left[\frac{E_t}{E_{t,f}}-F\left(\frac{W_{t-1}}{W_{t-1,f}}-1\right)\right] \tag{2-68}$$

其中，F 是长期劳动供给函数。在其他动态模型，如 MONASH 中，令 $F(X)=1$，此时 F 是一个竖直的长期劳动力供给曲线，则公式（2-68）就变成了：

$$\frac{W_t}{W_{t,f}}-1=\frac{W_{t-1}}{W_{t-1,f}}-1+\alpha_1\left(\frac{E_t}{E_{t,f}}-1\right) \tag{2-69}$$

即简单的“t 时期工资偏差 $=t-1$ 时期的工资偏差 + 就业偏差的 α_1 比例”，此时的含义为假设长期的劳动力供给与工资无关。α_1 即劳动力供给函数的斜率，模型中取值为 0.2。

我们假设技术水平、消费者偏好、国外价格、资本可及性都不变，那么在稳定状态下公式（2-68）可以演示为图 2-4。

对于基础预测值，劳动力供给为 S，需求为 D，两者的交点 I 即代表基线情景下的工资和就业均衡点，此时 $W_t/W_{old}=E_t/E_{old}=1$。假设在政策情景下的第 1 年，给模型施加一个有利的冲击（例如出口需求扩张），那么劳动力的需求曲线会向上移动至 D'，S 和 D' 的交点是政策情景下的工资 W_1/W_{old} 和就业 E_1/E_{old}。

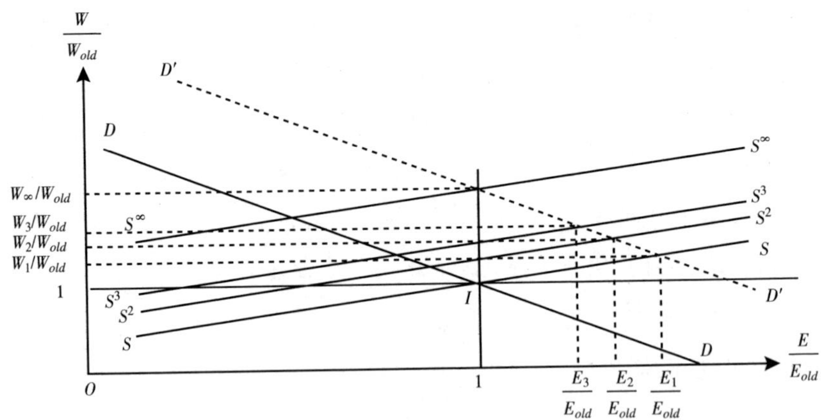

图 2-4　就业与工资的关系

接下来第2年，根据前文公式中的关系，工资的上涨（W_1/W_{old}比1要大）会拉动短期的劳动力供给增长，供给曲线向上移动到S^2（根据前文公式可知，S^2必定经过前一期的工资水平线与I处竖线的交点）达到新的工资点（W_2/W_{old}）和就业点（E_2/E_{old}），注意到工资水平在不断提高，但就业在回落。此后的年份将重复这一过程（注意，供给曲线上升的幅度越来越小）。

最终，当工资水平到达（W_∞/W_{old}）的时候，就业回落至基线情景的水平，此时供给曲线不再向上移动。这就是黏性工资在模型中的运行原理：在短期内就业变动；在长期就业不变，工资变动。

2.1.5.3　特殊“黏性工资”设定

在一些模拟之中，我们希望长期的有利冲击也可以带来就业的增长，也就是说保证E一直高于E_{old}，我们可以通过调整劳动力的供给函数F来达到这一目的。之前的$F(X)=1$，我们将其调整为$F(X)=X^{\alpha_2}$，即：

$$F\left(\frac{W_{t-1}}{W_{t-1,f}}\right)=(W_{t-1}/W_{t-1,f})^{\alpha_2} \tag{2-70}$$

此时F是一个递增的长期劳动力供给曲线，长期的劳动力供给仍然与工资有关。因此在给模型有利冲击时，工资和就业将会一直增长。

具体到数值来说，开发 MONASH 模型的澳大利亚 COPS 中心利用澳大利亚的经济数据进行回归，估算了 α_2 的数值，发现其值相当小，于是参考已有研究将其取值为 0.15 的做法，在模型中将其取值为 0 ~ 0.15。

我们的模型采纳了这种较为完善的函数形式，但出于简化运算的考虑，我们这里将 α_2 取值为 0。

2.1.5.4　函数的线性化

以上介绍了黏性工资的理论和函数形式，还需要将其加入模型的 TABLO 代码之中。首先要做的就是将前文的函数进行线性化（Linearization），即计算其百分比变化形式（Percentage Change Form）。

结合公式（2 - 68）和公式（2 - 70）可以得到完整公式：

$$\frac{W_t}{W_{t,f}} - 1 = \frac{W_{t-1}}{W_{t-1,f}} - 1 + \alpha_1 \left[\frac{E_t}{E_{t,f}} - \left(\frac{W_{t-1}}{W_{t-1,f}} - 1 \right)^{\alpha 2} \right] \tag{2 - 71}$$

约掉公式两边的 1，并利用 $C = A + B$，$Cc = Aa + Bb$ 的规则将其线性化，得到：

$$\frac{W_t}{W_{t,f}}(w_t - w_{t,f}) = \frac{W_{t-1}}{W_{t-1,f}}(w_{t-1} - w_{t-1,f}) + \alpha_1 \frac{E_t}{E_{t,f}}(e_t - e_{t,f}) - \alpha_1 \alpha_2 \left[\frac{W_{t-1}}{W_{t-1,f}} \right]^{\alpha_2} (w_{t-1} - w_{t-1,f}) \tag{2 - 72}$$

以上就是核心函数的百分比变化形式。打开模型主程序 gtapism. tab，可以看到这一部分代码（其中的大部分都是对于文件的设定，对系数、参数、变量的声明，以及读取、更新、简单的关系运算，这些内容在这里就不再赘述），注意到模型中的函数并不是如公式（2 - 72）所设定的，而是如下：

```
Equation E_ d_ f_ realw
  # Relates deviation in CPI - deflated pre - tax wage to deviation in employment #
(all, i, ENDW_ LAB) (all, r, REG)
(RWAGE (i, r) /RWAGE_ F (i, r)) × (realwage (i, r) - realw_ f (i, r)) =
```

```
100 × ((RWAGE@1(i, r)/RWAGE@1_F(i, r)) - (RWAGE@2(i, r)/RWAGE@2_F(i, r))) × del_unity
  + LAB_SLOPE(i, r) × (EMPL(i, r)/EMPL_F(i, r)) × (employ_i(i, r) - employ_io_f(i, r))
  - 100 × LAB_SLOPE(i, r) × [(RWAGE@1(i, r)/RWAGE@1_F(i, r))^LAB_LRSUP(i, r)
  - (RWAGE@2(i, r)/RWAGE@2_F(i, r))^LAB_LRSUP(i, r)] × del_unity
  + 100 × d_f_realw(i, r);
```

实际上，等号的左边与公式（2－72）一致，而等号右边利用了如下规则：

$$100 \times \triangle A = A \times a$$

用 $\frac{W_t}{W_{t,f}}(w_t - w_{t,f})$ 等多项式的差值形式（△形式），替代了 $A \times a$ 的形式，如果逐项替换回去，就会发现这一段 TABLO 命令其实与公式（2－72）是一致的。

此外，值得注意的是，方程 E_d_f_realw 的最后一项 d_f_realw 是一个用来控制税前黏性工资的漂移变量。同时，这一模块的最后两条公式，也是为了植入漂移变量而设计的。

2.1.5.5 模型闭合的切换

引入黏性工资模块到 TABLO 代码后，我们需要把该部分相应的外生变量添加到默认闭合里。如下：

```
f_employ_f   ! shift variable allows intro of f'cast employment in policy sims
f_realw_f    ! shift variable allows intro of f'cast real wage in policy sims
```

另外，政策模拟闭合里，我们可以根据劳动力市场的假设，来决定如何设定。

①就业不变，工资改变：这种情况我们只需要用默认闭合，不需要做任何替换（Swap）。

②工资固定，就业改变：需要做如下替换：

```
! labour market：fix realwage
swap qo（ENDW_ LAB，REG）= realwage（ENDW_ LAB，REG)；
```

③激活黏性工资动态机制：需要加入以下置换：

```
! labour market dynamics
swap qo（ENDW_ LAB，REG）=  d_ f_ realw（ENDW_ LAB，REG)；
swap f_ realw_ f = realw_ f；
swap f_ employ_ f = employ_ io_ f；
```

2.1.6　模型特性和问题

上文介绍了GTAP-Dyn模型的理论框架，下面讨论GTAP-Dyn模型的一些属性以及在运用过程中可能出现的问题。

2.1.6.1　累积的和比较的动态结果

GTAP-Dyn模型被设计成一个递归的动态模型。要获得长期预测，需要运行一个序列的模拟，每一个时间都要模拟一次来获得长期预测。要获得比较动态结果，就要运行两个系列的模拟，一个是对基本情况的预测（照常发展），另一个是对变化后的预测。从每一期相对上期的变化，可以计算得到累积变化结果。最后，比较两个系列的累积变化就能获得比较的动态结果。

在GEMPACK中针对不同类型的变量——变化和百分比变化，用于计算累积变化的公式是不同的，对于一个变化变量dV，1期和2期两期之间的累计变化为：

$$dV_{02} = dV_{01} + dV_{12} \quad (2-73)$$

其中，下标01表示从1期期初到1期期末之间的变化，12表示1期期末到2期期末之间的变化。对于一个百分比变量V，公式更复杂：

$$V_{02} = 100 \times \left[\left(1 + \frac{V_{01}}{100}\right)\left(1 + \frac{V_{12}}{100}\right) - 1\right] \quad (2-74)$$

这两个公式适用于模型中的大多数变量，但不是所有。它不适用于度量效用的等价变动 EV（r）和相关变量。第一期，等价变动被定义为：

$$EV_{01} = E(U_1, P_0) - E(U_0, P_0) \tag{2-75}$$

其中 E 是支出函数，U 是效用，P 是价格，下标 0 和 1 是指第一期期初和期末。在第 2 期，等价变动为：

$$EV_{12} = E(U_2, P_1) - E(U_1, P_1) \tag{2-76}$$

第 1 期和第 2 期的累计等价变动为：

$$EV_{02} = E(U_2, P_0) - E(U_0, P_0) \tag{2-77}$$

但我们不能通过对 EV_{01} 和 EV_{12} 的计算得到 EV_{02}。因此，我们无法通过此种方式得到等价变动的累积结果和比较动态结果。同样，我们无法计算等价变动分解的比较动态结果（Huff and Hertel，1996），但这并不意味着我们不能获得等价变动的比较动态结果。

2.1.6.2　路径依赖

GTAP-Dyn 模型本身就是一种路径依赖模型。也就是说，在 GTAP-Dyn 模型中，外生变量变化的影响不仅取决于外生变量的整体变动，还取决于它们的时间路径。在 GTAP-Dyn 模型中，当冲击时间变量时，其对经济的影响不仅取决于冲击的幅度，而且取决于冲击的时间。

路径依赖在 GTAP-Dyn 模型理论中体现在三个方面：财富的积累、资本存量的局部调整，及预期资本回报率和资本正常增长率的适应性预期调整。

在 GTAP-Dyn 模型理论中，一个地区的财富在很大程度上取决于它的过去而不是当前，比如收入。在任何模拟中，一个地区财富的最终水平取决于期初和模拟中外生变量受冲击的时机。例如，某一地区的技术进步通常会增加该地区的财富，但是如果技术进步主要发生在期初，对财富的增加作用会比它主要发生在期末更大。在资本存量滞后调整和投资预期调整中也存在路径依赖。

同样，区域资本存量也不能从其他当前变量中推断得到。第一，从全球来看，实物投资的货币价值等于积蓄，所以全球资本存量的货币价值是由财富积累（和资本收益）决定的，而不是由一个均衡状态决定的。第二，资本跨区域的分配不是由均衡条件给定的，而是存在一个局部调整过程。投资行为确实能够重新分配资本，使资本回报率趋同，但这种调整是逐步的。因此，冲击如果发生在更遥远的过去，那么对当前资本分配的影响会更大；如果发生在更近的过去，这种影响会小。第三，投资水平并不取决于实际回报率，而是取决于预期回报率。而且预期回报率并不能从其他当前变量中推断出，只是滞后地向实际回报率调整。因此，结果不仅取决于受冲击的幅度，还取决于受冲击的时间。

给定 GTAP-Dyn 模型的目标，路径依赖不应被视为缺陷，而应该是一项功能。事实上，为更好地模拟短期动态，我们需要加入更多宏观内容来扩展 GTAP-Dyn 模型，比如像 G-Cubed 模型或 FAIR 模型，这个时候路径依赖将变得更普遍。总之，GTAP-Dyn 模型中的路径依赖是不会改变的。

但是路径依赖会导致一些操作上的不便，这就是有人将它视为缺陷的原因。在大多数没有必要的情况下，它要求用户准确解释外生变量的时间路径。在计算过程中，用户需要在几个地方注意。

首先，为了获得冲击时间表的足够多的细节，需要在整段预测时间中划分时期。在 GTAP-Dyn 模型中用连续时间的方法，可以以十年为间隔模拟关税削减方案，并得到相应结果。然而，如果希望关税削减不是一步实施而是逐步削减，那么需要设置几个较短的时间间隔，这样可以在较早的间隔中指定较低的关税削减率，并在以后的时间间隔中指定较高的关税削减率。

其次，如果研究者不喜欢 TABLO 规则在求解过程中对冲击的分配，即使想在时间范围内均匀地冲击变量，也可能依然需要避免长的时间间隔。在 TABLO 分配规则中，所有步骤中水平变量的变化是相同的。（Harrison and Pearson，1998，第 2.4 节，GEMSIM 和 TABLO 生成的程序）。举一个极端的例子，如果研究者模拟使一个变量增加300%，使用两步求解法，TABLO语言将在每一步中以一个相当于初始水平150%的量冲击那个变量，也就是说在第一步冲击150%（初始值的1~1.5倍），在第二步冲击60%（初始值的1.5~3倍）。

在大多数应用中，对于大多数百分比变化的变量来说，一个更吸引人的默认假设是，在所有步骤中变量的百分比是不变的。例如，随着时间的推移，与人口以一个不变的数量（例如，每年增加20万人）变化相比，假定人口以不变的速率增长（例如，每年1%）显然更合理。同样，在先前的例子中，我们通常更愿意在每个步骤以100%的幅度冲击变量，而不是在第一步150%，在第二步60%。GEMPACK专家也许知道一些迫使TABLO在每一步采取相同百分比冲击的方法，但在现有文献资料中尚未有这种方法。

在冲击很小时，冲击分配规则并不是很重要；但冲击很大时这就很重要，即使那个冲击在各个步骤被分解成了很小一部分。解决该问题的一个办法是避免长时间间隔，即使所有的冲击在所有时间内是均匀分布的。

最后，路径依赖规则使一些常见的闭合交换策略不可行。在GEMPACK里，一个常用的冲击目标变量的方法是通过在闭合中互换工具变量和目标变量的内外生性质，使工具变量（原来是外生变量）内生、目标变量（原来是内生变量）外生，达到能够对目标变量进行冲击的目的。例如，为了对福利进行冲击，我们可以通过使技术进步变量内生化和福利变量外生化来实现。如果我们使用原来的闭合再进行第二次模拟，根据第一次模拟的结果冲击技术进步变量同样的百分比，由于模型路径独立，我们可以得到与第一次模拟相同的结果。这样，我们也可以通过原有闭合和校准过的技术冲击分析其他因素变化对福利水平的影响。

但是当存在路径依赖时，这种策略就不可行。技术进步变量的路径在两次模拟中是不同的。在第二次模拟中，技术进步变量在时间间隔中均匀变化。在第一次模拟中，技术进步是为了保持GDP在时间间隔中均匀变化。这很容易影响到模拟结果。例如，在 GTAP-Dyn 模型中，与技术在时间范围内均匀进步相比，技术在期初进步对期末财富的影响更大。

对于这个问题，我们需要的是一个能找到支撑目标变量增长的工具变量固定增长率的自动算法。这样的工具对单模拟和多模拟预测都有益。例如，在一个每期两年且涉及不同的关税冲击的五期模拟中，我们希望通过对这十年的完整预测，能够找到支撑这段时间福利增长的固定技术进步增长率。这种多模拟工具对于不存在路径依赖的模型也是非常有益的。

2.1.6.3　资本账户波动和储蓄倾向

GTAP-Dyn 模型从标准的 GTAP 模型中继承了区域家庭需求系统的设定，特别是对储蓄的处理。正如标准 GTAP 模型，GTAP-Dyn 模型假设固定的平均储蓄倾向，换句话说，在每个地区储蓄是收入的一个固定比例。

这种设定，一个问题是资本账户和净外债在 GTAP-Dyn 模型中波动较大。在现实中，每个国家的储蓄和投资是高度相关的，国际资本流动比简单理论（Feldstein and Horioka，1980）所描述的要小得多和稳定得多。但在 GTAP-Dyn 模型中，我们没有强加这种关联，所以相对温和的经济冲击可能会导致不合理的大规模国际资本流动和地区净外债大规模变化。第二个问题是，高储蓄倾向国家（比如中国）经济增长会导致全球的储蓄、投资和资本存量过多，从而导致资本回报率大幅度没有限制地下降。这个问题使得 GTAP-Dyn 模型不适用于进行时期特别长的模拟。修正这种缺陷是 GTAP-Dyn 模型理论工作未来一个很有前途的方向。

2.1.7　结束语

为了构建一个动态的世界 AGE 模型 GTAP-Dyn，这篇文章分析了添加到 GTAP 模型中的一系列的新方程。这个新理论提出了一种在动态一般均衡下内生化国际资本流动，并考虑到存量流动动态和外国资产收益流动的非均衡方法。该方法的递归求解过程对政策建模者特别有吸引力，该求解过程使研究者可以在不对模型规模施加限制的情况下将动态过程简单添加到任何静态的 AGE 模型中。

该方法的关键是投资者对资本潜在回报的适应性预期。这种类型的预期强调投资者对潜在资本回报存在评估误差，正如我们在亚洲金融危机所观察到的一样。它可以确保模型最终收敛到一个稳定均衡，并且提供修改模型以吻合实际数据的灵活性。

尽管 GTAP-Dyn 模型有一些缺陷，如缺乏股权和债务的替代，缺乏双边细节和前瞻性的行为，该模型提供了在 AGE 背景下对国际资本流动的独特和简单的处理。它反映了资本和财富内生积累对整个经济的影响，以及外国资产所有权的收入效应。

2.2 动态 GTAP 模型的行为和熵参数

2.2.1 引言

前一节的动态理论介绍了国际资本流动相关的各种新参数。本节将探讨从国家面板数据了解到的它们的值、相应的校准程序及使用加总程序对参数的操作。动态理论用到的参数文件是一个 GEMPACK 标题数组文件，其内容见表 2-1。参数可以根据其在模型中的作用进行分组：资本收益率相对于资本存量的弹性、决定区域财富分配和区域资本组成的参数以及黏性工资滞后调整参数。

表 2-1 列出的前四个是决定 MONASH 投资函数的参数。其中 *DIFF* 是投资增速最大值与正常平均历史增速之差，它的大小决定了资本供应曲线右上角的形态；*SMURF* 是资本对预期回报率的弹性，它决定了供应曲线在正常条件下的斜率；*TREND_ K* 是正常条件下，资本历史平均增速；*RWACC* 是历史平均实际融资成本。黏性工资滞后调整参数包括 *LAB_ SLOPE* 和 *LAB_ LRSUP*，分别是劳动力短期和长期供给对工资的弹性。这一节我们重点讨论决定区域财富分配和区域资本组成的参数——

RIGWQH 和 *RIGWQ_ F*，这两个参数决定了居民资产配置的比例和企业融资渠道的比例。

表 2－1　动态参数表的内容

参数名称	维度	描述
DIFF	REG[a]	投资曲线区间参数
SMURF	IND[b] × REG	资本对预期回报率的弹性
TREND_K	IND × REG	资本历史平均增速
RWACC	IND × REG	历史平均实际融资成本
RIGWQH	REG	区域家庭财富分配的刚性
RIGWQ_F	REG	企业资金来源的刚性
LAB_SLOPE	LAB × REG	劳动力短期供给对工资的弹性
LAB_LRSUP	LAB × REG	劳动力长期供给对工资的弹性

注：REG[a]表示地区的数目；IND[b]表示部门的数目。

2.2.2　决定一个区域财富和资本组成的参数

2.2.2.1　参数选取和模型的行为

GTAP-Dyn 的投资理论决定了任何给定的区域内每一时期的投资额，这些区域性投资包括国内投资和通过全球信托的国外投资。第 1 章描述了区域的储蓄是如何在模型的国内外资产间分配的，要提醒读者的是，一个区域的公司的股权 *WQ_FIRM*（*r*）有两个组成部分——国内所有的股权 *WQHFIRM*（*r*）和国外所有的股权 *WQTFIRM*（*r*），即：

$$WQ\_FIRM(r) = WQHFIRM(r) + WQTFIRM(r) \qquad (2-78)$$

区域家庭持有的股权价值（或者地区财富）*WQHHLD*（*r*）也有两个组成部分——拥有的外国股权或区域家庭在全球信托拥有的股权 *WQHTRUST*（*r*）以及国内股权 *WQHFIRM*（*r*），即：

$$WQHHLD(r) = WQHTRUST(r) + WQHFIRM(r) \qquad (2-79)$$

因此，对每个区域我们有两个计算方程，但有三个未知数。公式（2-78）和公式（2-79）决定国外净资产，但不是国外总资产。

由于不同区域在短期至中期收益率不同，我们有必要了解国外总资产价值以决定来自国外所有权的收入，从而了解区域财富是如何受模型模拟影响的。一种自然地确定一个区域国外总资产价值的方式是采用基于国内外资产风险收益平衡的投资组合方法。但是在这个模型中，各个经济主体不是风险厌恶的，没有内生机制来决定风险，因此，我们被迫采用非理论方法。这种方法考虑了一系列限制。第一，*WQHFIRM*（*r*）、*WQHTRUST*（*r*）和 *WQTFIRM*（*r*）需要为正；第二，公式（2-78）和公式（2-79）应该成立；第三，这三个变量应该满足 Feldstein 和 Horioka（1980）提出的经验规则，即区域家庭倾向于投资国内资产。

国际投资组合多样化的决定因素引起了很多研究者的注意（Lewis，1999）。大多数研究发现国际多样化程度比投资组合分配模型预测得要低，这个现象叫"国内偏差影响"。Kraay 等（2000）证明了在合理的假设下，国际性危机一个世纪发生两次的概率足以形成一系列大体上与数据一致（也就是投资的国内偏差）的国家投资组合。如果区域家庭在初始数据库中强烈地倾向于投资国内资产，那么我们就想在整个模拟期间保持这种关系。这在 GTAP-Dyn 模型中通过熵理论实现。

交叉熵最小化为我们提供了一种在一些限制条件下将严格正的总体分割成严格正的部分，同时份额保持尽量接近初始时期的份额的方法。具体而言，这种方法保证了两点：①尽管区域家庭的股权随时间改变，但本国公司和外国公司的股本分配比例保持尽量接近初始数据库的分配比例；②尽管一个区域的公司资本随时间改变，但属于外国人和本地家庭的资本分配比例保持尽量接近初始数据库的分配比例。交叉熵最小化可以总结为下面的公式：

$$
\begin{aligned}
&[RIGWQH(r) + RIGWQ\_F(r)] \times wqhf(r) \\
&= RIGWQH(r) \times wqht(r) + RIGWQ\_F(r) \times wqtf(r)
\end{aligned}
\quad (2-80)
$$

其中 *wqhf*（*r*）是区域家庭所有的本国公司股本 *WQHFIRM*（*r*）的百分

比变化，$wqht(r)$ 是区域家庭所有的全球信托股本 $WQHTRUST(r)$ 的百分比变化，$wqtf(r)$ 是全球信托所有的一个区域股本 $WQTFIRM(r)$ 的百分比变化。$RIGWQH(r)$ 和 $RIGWQ\_F(r)$ 是刚性参数，刚性参数的相对大小很重要：如果赋给 $RIGWQH(r)$ 一个大的值，赋给 $RIGWQ\_F(r)$ 一个小的值，那么从公式可以看到 $wqhf(r) \approx wqht(r)$。也就是，家庭财富分配近乎固定，大多数调整放在本地资本份额上。如果赋给 $RIGWQH(r)$ 一个小的值，赋给 $RIGWQ\_F(r)$ 一个大的值，则发生相反的情况。设定 $RIGWQH(r)$ 等于 $RIGWQ\_F(r)$ 是基于家庭财富份额与区域公司资本份额的变化相等的假设。

间接地看，这些参数决定了区域储蓄在外国和本地资产间的分配，以及一个地区新投资在国内外投资间的分配比例。注意到：

$$SAVE(r) = VQHFIRM(r) + VQHTRUST(r) \tag{2-81}$$

一个区域的储蓄 $SAVE(r)$ 在国内公司 $VQHFIRM(r)$ 和国外公司 $VQHTRUST(r)$ 的投资间分配。类似的，

$$NETINV(r) = VQHFIRM(r) + VQTFIRM(r) \tag{2-82}$$

公式（2－82）代表了区域投资来源于区域家庭 $VQHFIRM(r)$ 和全球信托 $VQTFIRM(r)$。我们可以说明，区域家庭所有的国内公司股本的变化 $WQHFIRM(r) \times wqhf(r)/100$ 是由区域家庭所有的国内公司旧股本的价格 $pcgds(r)$ 和新投资的百分比变化决定的：

$$WQHFIRM(r) \times wqhf(r)/100 = WQHFIRM(r) \times pcgds(r)/100 + VQHFIRM(r) \tag{2-83}$$

类似的，

$$WQHTRUST(r) \times wqht(r)/100 = WQHTRUST(r) \times pqtrust(r)/100 + VQHTRUST(r) \tag{2-84}$$

公式（2－84）表明了区域家庭所有的全球信托股本的变化是由区域家庭所有的全球信托旧股本的价格 $pqtrust(r)$ 和新投资 $VQHTRUST(r)$ 的变

化决定的。最后，

$$WQTFIRM(r) \times wqtf(r)/100 = WQTFIRM(r) \times pcgds(r)/100 + VQTFIRM(r) \tag{2-85}$$

公式（2－85）表明全球信托所有的区域股本的变化是由区域旧股本的价格 *pcgds*（*r*）和新投资 *VQTFIRM*（*r*）的变化决定的。假设资本商品价格变化的影响很小，如果赋给 *RIGWQH*（*r*）一个大的值，赋给 *RIGWQ_ F*（*r*）一个小的值，那么区域储蓄在本地和国外投资之间的分配比例将几乎不变，并在另一个分配比例的附近波动。这个分配比例是初始数据库中区域家庭财富 *WQHHLD*（*r*）在本地资产财富 *WQHFIRM*（*r*）和国外资产财富 *WQHTRUST*（*r*）之间的分配比例；一个区域内大部分的调整只能体现在资本和投资的结构上，即 *VQTFIRM*（*r*）和 *VQHFIRM*（*r*）上。

下面假设的例子基于 GTAP 5.4 数据库 3×3 的加总，说明了刚性参数相对大小的重要性。为了对模型产生干扰，假设在一个 30 年的模拟中，前 5 年每年都有对欧洲（EU）经济整体的一个 5% 的生产率冲击，比较两个模拟：①决定地区财富组成和储蓄分配的刚性参数 *RIGWQH*（*r*）是另一个参数 *RIGWQ_ F*（*r*）的 10 倍；②刚性参数相等。

图 2－5a 和图 2－5b 表明一个区域的投资水平和储蓄在两个模拟中相等，对 EU 的正刺激导致 EU 投资迅速增加。两个模拟的区别在于这个投资增加的来源。由图 2－5a 可知，当 EU 财富和区域储蓄的组成比 EU 资本组成更具刚性时（*RIGWQH*（*r*）/*RIGWQ_ F*（*r*）＝10 时），EU 投资的增加主要来自国外，外国人从 EU 得到更高的收益。由图2－5b可知，当 *RIGWQH*（*r*）/ *RIGWQ_ F*（*r*）＝1 时，EU 投资的增加来自国内和国外的量几乎相等。也就是说，EU 储蓄用于国内投资的份额在对 EU 经济刺激之后增加，EU 储蓄用于国外投资的份额减少。这样 EU 投资者从对国内经济的正刺激中获利更多。

刚性参数的设定影响 EU 财富在本地和国外资产间的分配（见图2－

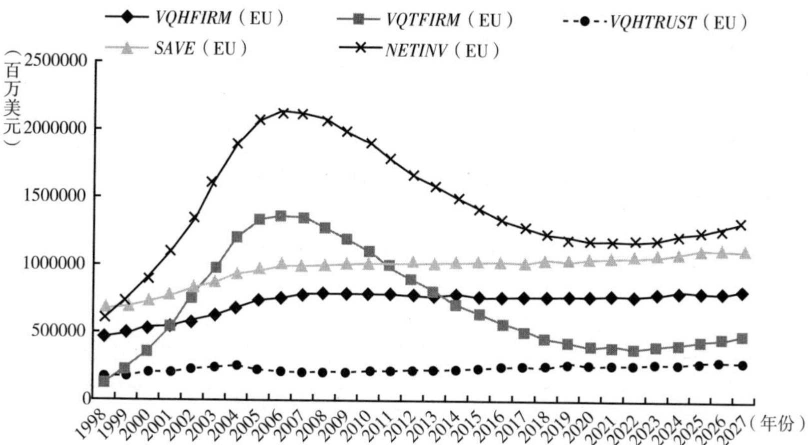

图2-5a　欧盟投资与储蓄的组成［*RIGWQH*（*r*）/*RIGWQ_ F*（*r*）=10］

注：以1997年美元价格为基准。

资料来源：作者用GTAP-Dyn模型的模拟。

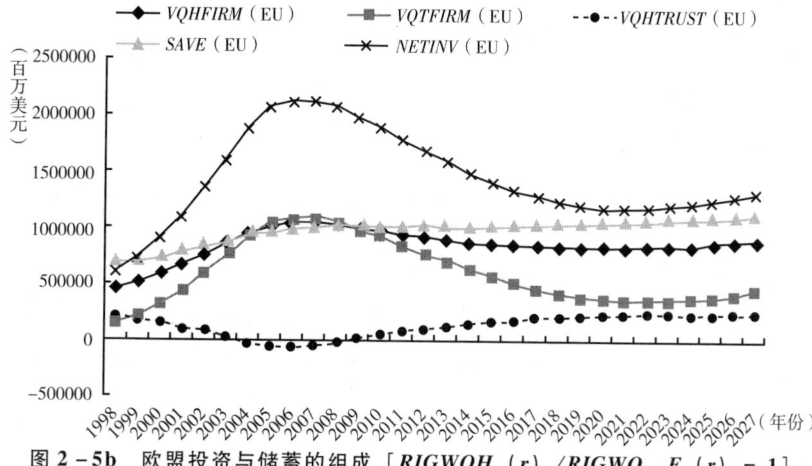

图2-5b　欧盟投资与储蓄的组成［*RIGWQH*（*r*）/*RIGWQ_ F*（*r*）=1］

注：以1997年美元价格为基准。

资料来源：作者用GTAP-Dyn模型的模拟。

5c和图2-5d），也影响长期EU资本所有者的份额分配。这说明在长期，国外收入支付和国民生产总值（GNP）的路径也依赖于刚性参数的相对大小。在短期，它们对这个模型的任何动态一般均衡分析都至关重要。

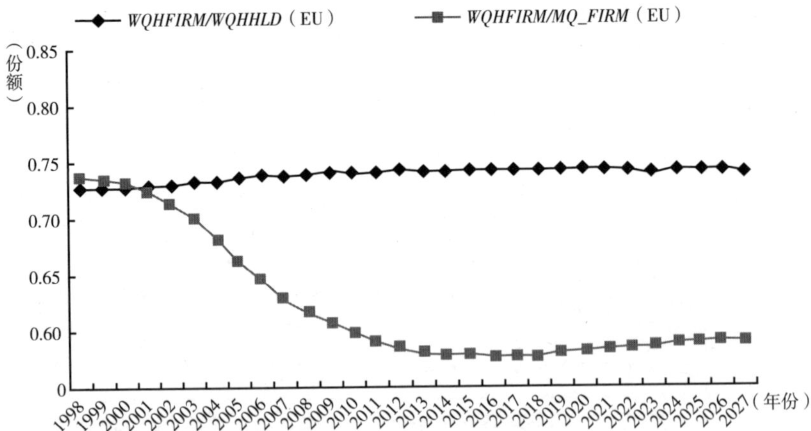

图 2－5c　作为欧盟资本份额的欧盟地方资产财富［*RIGWQH*（*r*）/*RIGWQ_ F* ＝10］

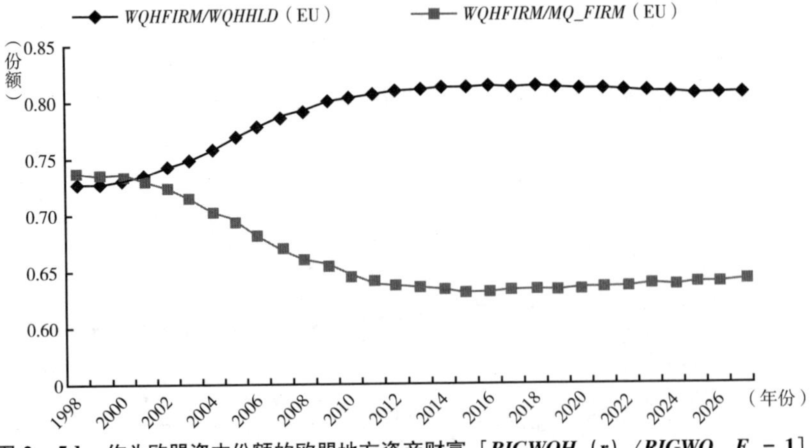

图 2－5d　作为欧盟资本份额的欧盟地方资产财富［*RIGWQH*（*r*）/*RIGWQ_ F* ＝1］

2.2.2.2　计量模型和数据

为了估计刚性参数的相对大小，我们对公式（2－80）进行整理，两边同时除以 *RIGWQH*（*r*）＋*RIGWQ_ F*（*r*），得到：

$$wqhf(r) = \alpha wqht(r) + \beta wqtf(r) + e(r)$$
$$\text{s.t.}\ \alpha + \beta = 1 \qquad (2-86)$$

其中系数 α ＝ *RIGWQH*（*r*）/［*RIGWQH*（*r*）＋ *RIGWQ_ F*（*r*）］，β ＝ *RIGWQ_ F*（*r*）/［*RIGWQH*（*r*）＋*RIGWQ_ F*（*r*）］。

注意公式（2－86）并未衡量 *wqhf*（*r*）、*wqht*（*r*）和 *wqtf*（*r*）间的因果关系，而只是衡量变量间相关性的强弱。影响 *WQHFIRM*（*r*）、*WQTFIRM*（*r*）和 *WQHTRUST*（*r*）的增长率的变量不在模型内，因此如果公式（2－86）的解释能力低，这并不意外。

为了估计公式（2－86），我们需要核算国民财富的方法。幸运的是，这些财富核算方法之前已经设计好了，基于这些方法的分析得到了有意义的结果。Kraay 等（2000）设计了国家财富核算方法来检验国家如何保持其金融财富。Kraay 和 Ventura（2000）使用同样的数据集，研究了经常项目对贸易条件改变、来自国外的转移支付和生产波动的反应。Calderon 等（2003）也使用同样的数据集，探究在工业化国家和发展中国家的国外净资产价值变化中，风险和收益的角色。Calderon 等（2003）发现对适度限制资本项目的中高收入国家而言，以下几个变量之间存在一种长期关系：国外净资产（相对于国家财富）和国内投资的相对回报率，投资的相对风险和国外与国内财富之比。在 GTAP-Dyn 模型中，国外净资产定义为国家财富减去国家资产，*WQHHLD*（*r*）－*WQ_ FIRM*（*r*）。原则上可以用 Calderon 等（2003）的数据建立新的模块代替非理论熵的方法。但是，如果使用这种理论方法，我们不仅要去除熵模块，还要改变预期机制，这会产生一个全新的、比原来大得多的模型。因此，我们选择保留目前的设定并且使用这个数据集来估计关键的刚性参数。

回到财富核算方法和计量公式（2－86），我们需要三个增长率，分别是 *WQHFIRM*（*r*）、*WQHTRUST*（*r*）和 *WQTFIRM*（*r*）的增长率。我们使用 Kraay 等（2000）建立的国家投资组合数据库，如表 2－2 所示。这个数据库跨度是 1966～1997 年，涉及 68 个国家，包括所有的工业化国家和许多发展中国家。数据库包含以下变量的估计：国内资本存量、国外居民所有的国内股权、国内居民所有的国外股权、国外居民购买的国内居民发行的贷款、国内居民购买的国外居民发行的贷款。国外总资产 *WQHTRUST*（*r*）是国内居民所有的国外股权和国内居民购买的国外居民发行贷款之和；国外总负债 *WQTFIRM*（*r*）是国外居民所有的国内资本和国外居民购买的国内居民发行的贷款之和；*WQHFIRM*（*r*）是国内资本与国外总资产之差。关于数据来源、方法论和建立数据库的假设，我们建议读者参考 Kraay 等（2000）。建立 Kraay 等（2000）数据库的来源和符号标准：国内资本初始存量来自宾大世界表（Penn World Tables）；直接股权和投资组合的存量及流量，负债的存量及流量来自国际货币基金组织（IMF）国际收支平衡统计年鉴和其他来源；发展中国家负债的存量及流量来自世界银行全球金融发展部门。

表 2-2　Kraay 等（2000）数据库：各国家/地区和各时期

国家/地区	代码	年份跨度	观测点
东亚及太平洋地区(EAP)			
中国	CHN	1981~1997	17
印度尼西亚	IDN	1966~1994	29
韩国	KOR	1969~1997	29
马来西亚	MYS	1976~1994	19
菲律宾	PHL	1967~1997	31
新加坡	SGP	1966~1997	32
泰国	THA	1969~1997	29
拉美及加勒比海地区(LAC)			
阿根廷	ARG	1966~1974 1976~1989 1991~1997	30
玻利维亚	BOL	1966~1985 1987~1997	31
巴西	BRA	1966~1997	32
智利	CHL	1967~1973 1977~1999 1981~1995	15
哥伦比亚	COL	1967~1994	28
哥斯达黎加	CRI	1966~1995	30
多米尼加共和国	DOM	1969~1984 1986~1994	25
厄瓜多尔	ECU	1966~1996	31
危地马拉	GTM	1966~1994	29

国家/地区	代码	年份跨度	观测点
工业化国家(INDC)			
澳大利亚	AUS	1966~1997	32
奥地利	AUT	1967~1997	31
比利时-卢森堡	BLX	1967~1977 1986~1996	22
加拿大	CAN	1966~1997	32
瑞士	CHE	1983~1997	14
德国	DEU	1968~1997	30
丹麦	DNK	1968~1996	29
西班牙	ESP	1966~1997	32
芬兰	FIN	1966~1997	32
法国	FRA	1968~1997	30
联合王国（英国）	GBR	1966~1997	32
希腊	GRC	1966~1996	31
爱尔兰	IRL	1966~1997	32
意大利	ITA	1968~1997	30
日本	JPN	1971~1986 1991~1997	23
荷兰	NLD	1966~1997	32
挪威	NOR	1975~1997	23
新西兰	NZL	1973~1997	25
葡萄牙	PRT	1971~1997	27
瑞典	SWE	1966~1996	31
美国	USA	1969~1997	29

续表

国家/地区	代码	年份跨度	观测点
洪都拉斯	HND	1966 ~ 1997	32
牙买加	JAM	1968 ~ 1995	28
墨西哥	MEX	1966 ~ 1997	32
尼加拉瓜	NIC	1966 ~ 1981 1983	17
秘鲁	PER	1975 ~ 1993	19
萨尔瓦多	SLV	1966 ~ 1997	32
特立尼达和多巴哥	TTO	1974 ~ 1994	21
乌拉圭	URY	1967 ~ 1973 1980 ~ 1997	25
委内瑞拉	VEN	1974 ~ 1997	24
中东及北非地区(MENA)			
阿尔及利亚	DZA	1966 ~ 1991	26
埃及	EGY	1988	2
伊朗	IRN	1966 ~ 1982	17
以色列	ISR	1969 ~ 1997	29
约旦	JOR	1966 ~ 1989	24
摩洛哥	MAR	1966 ~ 1982 1988 ~ 1997	27
阿曼	OMN	1973 ~ 1989	17
沙特阿拉伯	SAU	1966 ~ 1999 1981 1985 ~ 1999	10
叙利亚	SYR	1966 ~ 1987	21
突尼斯	TUN	1966 ~ 1997	32
土耳其	TUR	1966 ~ 1998	32
撒哈拉以南非洲地区(SSA)			
科特迪瓦	CIV	1970 ~ 1985 1987	17
喀麦隆	CMR	1979 1986 ~ 1993 1995	10
刚果	COG	1993 ~ 1996	4
莱索托	LSO	1980 ~ 1994	15
毛里求斯	MUS	1974 ~ 1997	24
塞内加尔	SEN	1968 ~ 1970 1972 ~ 1981	13
南非	ZAF	1968 ~ 1997	30
南亚地区(SA)			
孟加拉国	BGD	1972 ~ 1981 1983	11
印度	IND	1966 ~ 1997	32
斯里兰卡	LKA	1966 ~ 1975 1980 ~ 1997	28
巴基斯坦	PAK	1966 ~ 1971 1974 ~ 1997	30

尽管 Kraay 等（2000）的讨论专注于国家的金融财富如何在国内资本持有和国外资产间分配，我们对国内财富分配和资本组成的相对刚性更感兴趣。图 2－6 和图 2－7 汇集了所有国家和年份的 1717 个完整混合横截面数据，分别展示了国外总资产占财富份额和国外总负债占资本份额的分布。国外总资产价值很小：对于 75% 的观测点，国外总资产占财富份额小于 14%，国外总负债占资本份额大一点，但对于 75% 的样本仍然占比小于 25%。在两图中，值大于 1 的观测点代表比利时－卢森

堡。比利时-卢森堡在样本期间一直保持多数的财富在国外，同时借款金额比它的资本存量高，这导致观测到的国外总资产和总负债份额比1大。

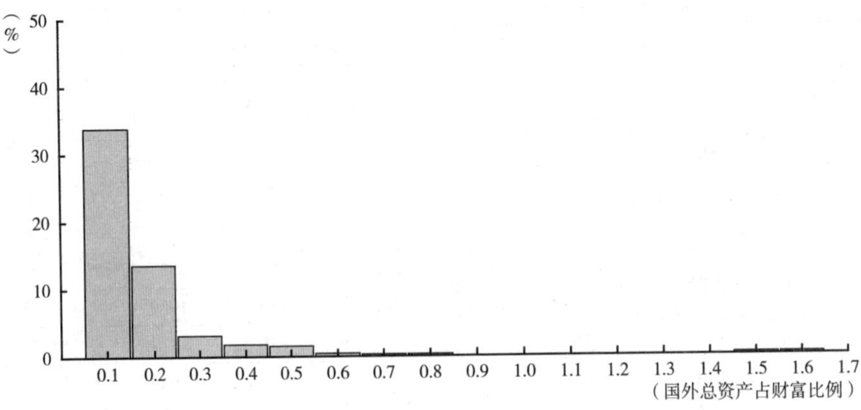

图2-6　国外总资产占财富份额的分布

注：汇集所有国家和年份的完整混合横截面数据，共有1717个观测点。
资料来源：来自Kraay等（2000）数据库。

表2-3展示了不同国家在不同时期内的国外总资产和总负债差异。1966~1997年，在发展中国家，国外资产所有权仅占财富的4.3%，而外国人的本土资产所有权占本土资本的11%；对于工业化国家，国外资产所有权和外国人的国内资产所有权是平衡的，分别占财富的14.8%和资本的14.9%。对于工业化国家，国外总资产和国外总负债的占比呈上升趋势，表明资本市场正在一体化。相比之下，发展中国家的数据趋势不明显。

有趣的是，国外总资产和总负债主要组成部分是贷款，而不是股本（Equity）（Kraay et al.，2000）。然而，国外总资产和总负债的组成部分不是我们感兴趣的地方，因为GTAP-Dyn模型只有一种金融资产——股本。GTAP-Dyn模型中金融资产的角色是支持国际资本流动的，而不是代表金融部门本身。因此，我们选择包括股本和贷款两者在内的国外总资产和负债的数据做分析。

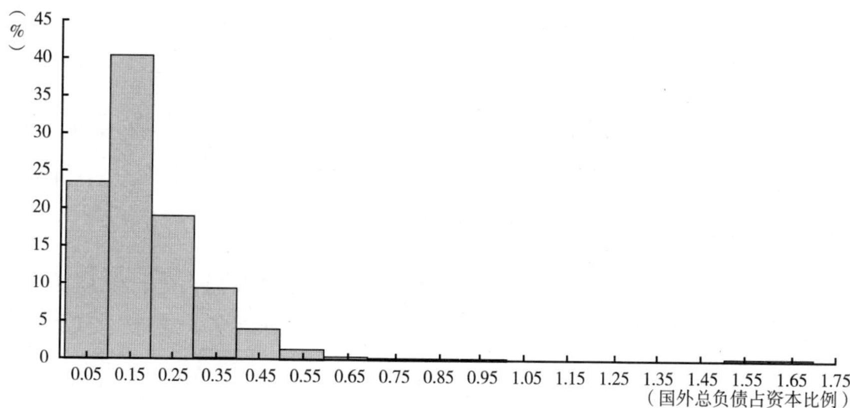

图 2－7　国外总负债占资本份额的分布

注：汇集所有国家和年份的完整混合横截面数据，共有 1717 个观测点。
资料来源：来自 Kraay 等（2000）数据库。

使用非平衡面板数据计算每个 8 年的加权平均。对国外资产份额，权重是国家财富；对国外负债份额，权重是国家资本。

表 2－3　在各区域各时期，作为财富份额的国外总资产和作为资本份额的国外总负债

类别	1966～1973 年	1974～1981 年	1982～1999 年	1990～1997 年	1966～1997 年
作为财富份额的国外总资产					
工业化国家	0.076	0.088	0.152	0.211	0.148
发展中国家	0.025	0.045	0.043	0.046	0.043
东亚及太平洋地区	0.044	0.046	0.035	0.050	0.045
拉美及加勒比海地区	0.018	0.032	0.038	0.049	0.038
中东及北非地区	0.043	0.114	0.130	0.065	0.098
南亚地区	0.007	0.011	0.008	0.012	0.01
撒哈拉以南非洲地区	0.096	0.061	0.054	0.056	0.061
作为资本份额的国外总负债					
工业化国家	0.061	0.082	0.154	0.218	0.149
发展中国家	0.114	0.114	0.117	0.102	0.110
东亚及太平洋地区	0.130	0.125	0.082	0.080	0.086
拉美及加勒比海地区	0.102	0.122	0.161	0.134	0.135
中东及北非地区	0.186	0.136	0.171	0.161	0.160
南亚地区	0.062	0.051	0.058	0.071	0.061
撒哈拉以南非洲地区	0.243	0.167	0.138	0.105	0.148

资料来源：作者基于 Kraay 等（2000）数据库的计算。

2.2.2.3 经验分析结果

我们从分析增长率 *wqhf*（*r*）、*wqht*（*r*）和 *wqtf*（*r*）开始。图 2－8a～图 2－8c 分别展示了这些变量分别在高收入工业化国家以及低收入和中等收入发展中国家的相关关系，横轴上的国家以同时间内人均收入大小排列。[①] 图 2－8a 展示了对于大多数工业化国家，相对于 *wqhf*（*r*）和 *wqht*（*r*）之间的相关性或 *wqhf*（*r*）和 *wqtf*（*r*）之间的相关性，国外总资产增长率 *wqht*（*r*）和国外总负债增长率 *wqtf*（*r*）之间的相关性强很多，这个发现说明全球经济一体化程度很高。图 2－8b 和图 2－8c 展示了发展中国家与工业化国家情况大不相同。总体来看，相关系数比图 2－8a 的低，国外总资产和负债［*wqht*（*r*）和 *wqtf*（*r*）］比资本组成部分［*wqhf*（*r*）和 *wqtf*（*r*）］和财富组成部分［*wqhf*（*r*）和 *wqht*（*r*）］低很多。

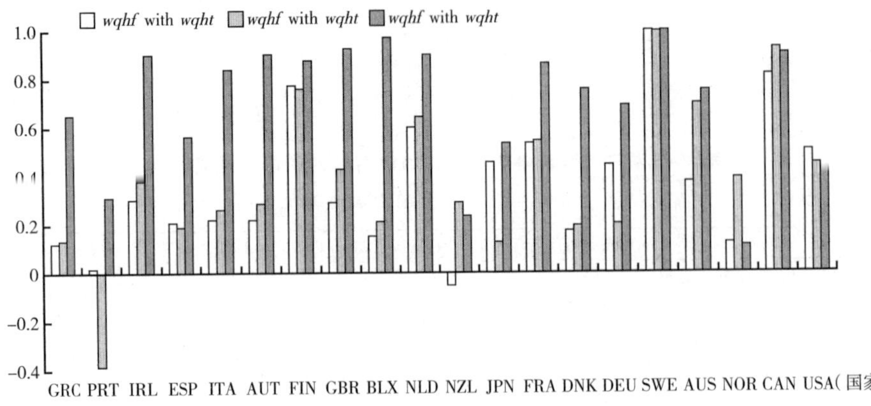

图 2－8a 工业化国家 *wqhf*（*r*）、*wqht*（*r*）和 *wqtf*（*r*）之间的相关性

是什么使发展中国家的情景如此不同？有两种解释。第一，发展中国家全球经济一体化程度低。图 2－8b 和图 2－8c 的比较显示，当我们在人均收入图谱上从左向右看时——国家按照 1966～1997 年的人均收入排列，图

① 8 个国家由于观测点数量小于 14 在这里的分析和计量分析中省略，这些国家是孟加拉国（BGD）、瑞士（CHE）、智利（CHL）、喀麦隆（CMR）、刚果（COG）、埃及（EGY）、沙特阿拉伯（SAU）和塞内加尔（SEN）。

2－8b从印度（IND）开始，图 2－8c 到特立尼达和多巴哥（TTO）结束——发展中国家的相关性越来越像工业化国家。当发展中国家变得富有时，外部头寸增长率间的相关性变高，说明全球经济一体化程度更高。第二，基于数据的特点。由于发展中国家的数据更少而且不全，建立数据库使用了一系列的假设（Kraay et al.，2000）。这些因素可能导致了我们看到的图 2－8a、图 2－8b 和图 2－8c 之间的差异。

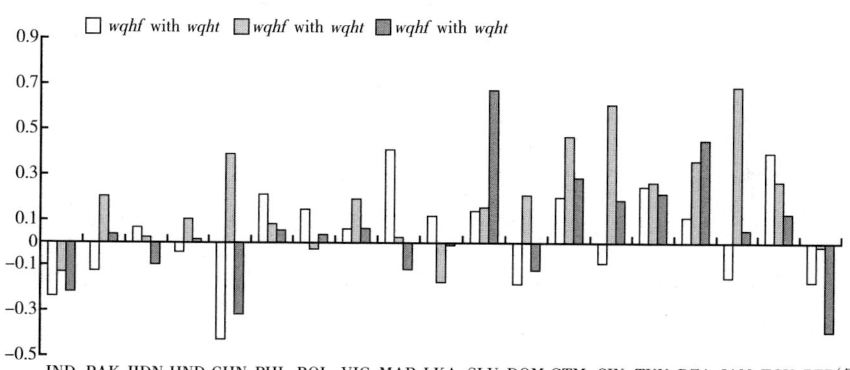

图 2－8b　低收入的发展中国家 *wqhf*（*r*）、*wqht*（*r*）和 *wqtf*（*r*）之间的相关性

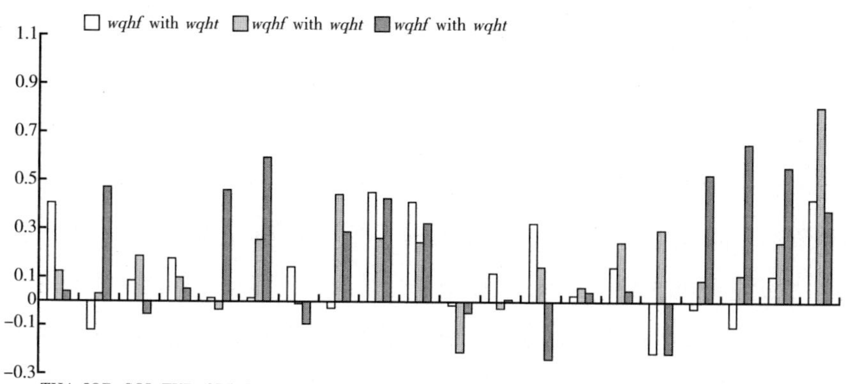

图 2－8c　中等收入的发展中国家 *wqhf*（*r*）、*wqht*（*r*）和 *wqtf*（*r*）之间的相关性

我们在工业化国家观测到的全球一体化影响产生了一个问题。由于计量公式（2－86）的自变量相关性很强，其中瑞典（SWE）是个极端的例子，公式存在多重共线性的问题，因此我们无法判断公式（2-86）的系数是否为0。世界经济一体化掩盖了财富和资本的组成部分增长率间的关系。为了克服多重共线性的问题，我们把限制条件重新写为$\beta = 1 - \alpha$，将限制条件代入公式（2-86），得到：

$$wqhf(r) - wqht(r) = \beta[wqtf(r) - wqht(r)] + e(r) \qquad (2-87)$$

公式（2-87）允许财富分配和资本组成的刚性比较，即使是在工业化国家 $wqht(r)$ 和 $wqtf(r)$ 之间的相关性很强的情况下。

最小二乘法（OLS）是标准的线性回归程序，它假设误差项之间没有关系，且误差项是同方差的。当数据是时间序列时，如公式（2-87），这些假设可能不成立，因此在做 OLS 之前需要检验这些假设。如果回归的误差项是自回归的，或者方差随时间改变，那么最小二乘法的方差估计有偏，不能用来检验我们的假设。我们用 Durbin-Watson 检验一阶自相关。为了看方差是否随时间改变，我们用由 Engel（1982）设计的①自回归条件异方差（ARCH）来检验。ARCH 模型识别连续时间的相对波动性和稳定性，并将异方差作为模型的一个方差。注意我们不是对方差本身感兴趣，而是想修正标准差来精确检验统计假设。

我们发现所有的工业化国家和一些发展中国家存在一阶自相关。② 同方差的原假设只有在英国、以色列、爱尔兰和希腊被拒绝。在英国和爱尔兰，检验结果受 1997 年很大的误差平方项驱动。1997 年，这两个国家的财富向国外资产转移，驱使其区域家庭所有的国内公司股本 $wqhf$ 的比例变化为负，且绝对值不正常地大。从估计中去除 1997 年得到的同方差的结果。在希腊和爱尔兰的情况中，对异方差的检验似乎反映出自回归误差，因为在修正一阶自相关后我们不能拒绝同方差的假设。而在英国和以色列的情况中，在修

---

① 我们使用 q 阶 ARCH 过程的标准检验，其中将模型（1）中 OLS 方差与不变的 q 阶滞后项做回归。然后我们将 $N \times R^2$（N 是样本容量，R^2 是拟合优度）与自由度为 q 的 χ^2 分布做比较（比如参考 Shazam 的使用手册）。

② 我们发现一阶自相关存在于所有的工业化国家，除了比利时-卢森堡我们没有做自相关检验，因为时间序列数据不连续。

正一阶自相关后还是存在异方差。对这 4 个国家我们估计了 ARCH（1）模型（Engel，1982）。[①] 公式（2 - 87）的系数 β 的估计结果与简单修正一阶自相关系数后得到的估计结果相似，并与检验 $\beta = 1$ 的结果相同。由于更复杂的 ARCH 结果和简单的模型结果相似，对于以色列我们报告 OLS 的结果（没有发现自相关）。对于其他三个国家报告基于极大似然估计的结果，极大似然估计允许一阶自相关存在。

公式（2 - 87）的估计结果在表 2 - 4 中展示，其系数 β 的估计和显著水平在第 2 列报告。在必要时，我们修正一阶自相关。[②] 它们的自回归参数和显著水平在第 3 列展示。我们在修正一阶自相关后计算 Durbin-Watson 统计量，它和模型拟合优度结果分别在第 4 列和第 5 列展示。第 6 列我们报告对 β 等于 1 的假设检验。这在资本组成是刚性的、财富分配有弹性的情况下发生。如果系数 β 不等于 0，我们也需要检验 α（= 1 - β）是否不等于 1，从而在财富分配有弹性的情况下看资本组成是否刚性。

表 2 - 4　模型 *wqhf*（*r*）*t* - *wqht*（*r*）*t* =*β*［*wqtf*（*r*）*t* -*wqht*（*r*）*t*］+*et* 对每个国家的回归结果

国家	β 估计值	自回归参数	DW 值	拟合优度	$\beta=1$ 的 F 检验	$1-\beta=1$ 的 F 检验	观测点个数
INDC							
AUS	1.223***	-0.648***	1.999	0.947	15.81***		31
AUT	0.425	-0.571	1.729	0.297	1.69	0.93	30
BLX	2.731*		2.323	0.145	1.29		20
CAN	1.100***	-0.446**	1.895	0.67	0.3		31
DEU	0.343	-0.760	2.141	0.573	4.00*	1.09	29
DNK	1.240***	-0.309	1.831	0.218	0.33		28
ESP	1.183***	-0.573***	1.79	0.601	1.11		31

① 高阶 ARCH 的系数在方差的等式中不显著。

② 如果回归干扰项是自回归的，回归系数的最小方差估计量就不是渐进有效的，并且估计量的方差有偏，不能用于检验假设。在这些情况下，我们向模型引入自回归系数，使用完全的非条件极大似然估计方法，估计它和系数 β。

续表

国家	β估计值	自回归参数	DW值	拟合优度	β=1的F检验	1-β=1的F检验	观测点个数
FIN	0.703***	-0.454**	1.72	0.322	1.37		31
FRA	0.783	-0.457	1.892	0.395	0.2	2.64	29
GBR	-0.342	-0.449*	1.7	0.139	6.76**	0.44	31
GRC	1.078***	-0.523***	1.782	0.9	1.42		30
IRL	1.309*	-0.733***	1.66	0.374	0.22		31
ITA	1.024**	-0.568	1.762	0.438	0		29
JPN	0.291	-0.567***	1.47	0.66	4.12*	0.69	15
NLD	2.249***	-0.567***	1.503	0.322	4.17**		31
NOR	0.391**	-0.601	2.023	0.148	12.80***	5.26***	22
NZL	1.011***	-0.357*	1.983	0.793	0.01		24
PRT	0.918***	-0.523***	1.715	0.602	0.17		26
SWE	0.477	-0.567***	1.607	0.314	3.18*	2.64	30
USA	0.184	-0.768***	2.426	0.509	42.80***	2.17	28
LAC							
ARG	0.943***		1.861	0.783			27
BOL	0.841***	2.041	0.756	3.12*	86.67***		31
BRA	1.056***	-0.256	1.943	0.866	0.47		31
COL	0.949***		1.533	0.921	0.89		27
CRI	0.685***		1.653	0.227	1.74		29
DOM	1.029***		1.694	0.867	0.11		23
ECU	0.765**	-0.372**	1.883	0.751	9.90***	105.14***	31
GTM	0.938***		2.232	0.7	0.28		28
HND	0.899***		2.004	0.612	0.59		31
JAM	1.222***		1.919	0.749	2.56		27
MEX	1.065***	-0.333*	1.703	0.62	0.22		31
NIC	1.229***		2.686	0.689	1.07		15
PER	0.956***		1.54	0.801	0.14		20
SLV	1.103***		2.147	0.677	0.55		31
TTO	0.916***		1.862	0.875	1.12		20
URY	0.865***		1.877	0.787	1.97		23

续表

国家	β 估计值	自回归参数	DW 值	拟合优度	β = 1 的 F 检验	1 - β = 1 的 F 检验	观测点个数
EAP							
CHN	1.141***	-0.606**	2.044	0.781	1.02		16
IDN	0.997***		1.784	0.999	0.58		28
KOR	0.901***	-0.367*	1.835	0.614	1.27		28
MYS	0.610**		1.566	0.424	5.10**		18
PHL	0.884***	-0.337*	1.66	0.283	2.12		30
SGP	0.162	-0.385*	1.713	0.112	6.56**	0.25	31
THA	0.653***		1.777	0.654	14.44***	51.12***	28
MENA							
DZA	1.035***	-0.285	1.883	0.829	0.15		25
IRN	0.975***	-0.497*	1.213	0.974	0.37		16
ISR	1.037***		1.635	0.366	0.02		28
JOR	0.494*		1.548	0.152	4.12*	3.96*	23
MAR	0.449***		2.02	0.377	21.78***	14.51***	25
OMN	0.741***		1.236	0.393	1.19		16
SYR	0.926***	-0.280	1.905	0.927	1.34		20
TUN	0.905***	-0.288	1.87	0.739	0.8		31
TUR	0.811***		2.038	0.677	3.42*		31
SA							
IND	1.020***	-0.465***	1.898	0.947	0.17		31
LKA	0.688***		1.791	0.548	6.21**		26
PAK	1.019***		2.085	0.888	0.08		28
SSA							
CIV	0.788**		2.298	0.378	0.61		15
MUS	0.624***		1.642	0.683	17.28***		23
ZAF	1.294***	-0.770***	1.516	0.586	1.77		29

注：***、** 和 * 分别代表在 0.01、0.05 和 0.1 的水平上显著。

估计方法是最小二乘法，在必要时，我们修正一阶自相关并使用完全的非条件极大似然估计方法。由于没有截距项，拟合优度进一步得到改进。报告第7列的F检验仅是为了看①在系数β不偏离0时，$\alpha = 1-\beta$是否偏离1和②在系数β偏离0时，$\alpha = 1-\beta$是否偏离1，但同时小于1。

基于表2-4报告的结果，不同国家可以归为四类。第一类国家资本组成是刚性的，财富分配是有弹性的，这类国家包括样本中的多数发展中国家，除了新加坡（SGP）和20个工业化国家中的13个。[①] 对这些国家，系数β十分显著，在多数情况下不显著偏离1，说明$\alpha = 1-\beta$为0，财富分配十分有弹性。第二类国家的系数β绝对值很小，不显著偏离0，$\alpha = 1-\beta$不显著偏离1。这些国家是工业化国家，包括德国（DEU）、英国（GBR）、日本（JPN）、瑞典（SWE）、美国（USA）和新加坡（SGP）。这些经济体的财富组成是刚性的，资本组成则是有弹性的。第三类则为两种组成都是刚性的国家。在这里，系数β和α都是显著的且小于1，从它们相对的大小来看，一种组成比另一种更加刚性。这类国家由一个工业化国家挪威（NOR）和一些发展中国家［玻利维亚（BOL）、厄瓜多尔（ECU）、马来西亚（MYS）、泰国（THA）、约旦（JOR）、摩洛哥（MAR）、斯里兰卡（LKA）和毛里求斯（MUS）］组成。最后，第四类包括奥地利（AUS）和法国（FRA）。在这两个国家，系数β不偏离0，但同时不偏离1，同理，$\alpha = 1-\beta$既不偏离1也不偏离0，我们的解释是资本组成和财富组成的弹性或刚性相等。

对Kraay等（2000）数据库的国家，决定了其资本组成和财富分配的刚性后，我们还需要处理一个问题，即如何将这个结果推广到其他国家。对这个问题，我们建立了包括40个国家的平衡面板数据，跨度为1975～1994年（20年）。对比表2-4中按区域划分的国家，这40个国家代表了工业化国家（INDC）中的17个，拉美及加勒比海地区（LAC）中的11个，东亚及

① 虽然新加坡是一个高度工业化的国家，其居民有很高的人均收入，我们把它并入东亚和太平洋的组中，这只是因为它在Kraay等（2000）中是这样分类的。

太平洋地区（EAP）中的 5 个，中东及北非地区（MENA）中的 3 个，南亚地区（SA）中的 2 个和撒哈拉以南非洲地区（SSA）中的 2 个。因此，所有 Kraay 等（2000）数据库的国家在面板数据中都具代表性，除了 MENA。表 2－4 对不同国家的回归年限更长，为了与此比较，看更短年限内的面板数据是否会潜在地影响面板的估计结果，我们对每个国家重复表 2－4 的估计，时间跨度为 1975～1994 年。我们发现系数 β 的估计值和 $\beta=1$ 的检验结果在时间区间选择上是稳健的。

在估计计量公式（2－87）时，我们使用与 Kmenta（1986）相似的混合横截面的方法。具体而言，我们假设模型的横截面存在异方差，时间序列存在自回归。由于公式（2－87）很可能存在影响所有横截面单位的遗漏变量，我们同样假设误差项在横截面是相关的。但是，在这三个关于误差项的假设下，公式（2－87）的估计看起来有问题，即对这个特定的数据集，其中横截面单位的数量是时间跨度的两倍，因此方差协方差矩阵接近于奇异矩阵，不能求逆。有两种方法克服这个问题，第一种方法还是用这三个假设估计公式（2－87），但是减少横截面单位的数量，即使用 40 个国家的子数据集。第二种方法是放弃横截面在时间维度上相关的假设。我们将看到，两种方法得到的结果一致，它们与表 2－4 中的结果也一致。

对每个区域，表 2－5 的第一部分展示了公式（2－87）在横截面相关和时间序列自回归模型下的估计结果。对工业化国家（INDC），系数 β 的估计值为 0.948，这接近于 1，但统计上偏离 1。表 2－4 报告了对每个 INDC 单独回归的结果，可以看到，β 估计值在每个国家都不同，其中 20 个国家中的 8 个都偏离 1。因此，使用混合横截面的方法得到的结果与对每个 INDC 单独回归的结果一致，说明 INDC 资本组成比财富分配的刚性大得多。对拉美及加勒比海地区（LAC），β 估计值为 0.884；$\beta=1$ 的假设被显著拒绝，这有点令人惊讶，因为从对于每个国家的单独回归（表 2－4）来看，大多数 LAC 国家不能拒绝 $\beta=1$ 的假设。然而，混合横截面模型和单独回归模型均支持在 LAC 资本组成比财富分配更有刚性的假设。在 MENA，混合横截面数据仅包括以色列（ISR），突尼斯（TUN）和土耳其（TUR）；β 估计值为 0.772，显著地偏离 1。再一次，这有点令人惊讶，因为在这三个国家的单独回归（见表 2-4）中，只有在土耳其（TUR）β 显著偏离 1。然而，混合横截面的方法得到的结果没有改变单独回归的结果：在 MENA 地区资本组成比财富分配更有刚性。为了支持这个结论，我们检验并拒绝了 $\beta=0.5$ 的假设，该假设表示两种组成的刚性相等。

表 2-5　对每个地区，整个面板的回归结果

类别	β 估计值	拟合优度	$\beta=1$ 的 F 检验	国家数量	观测点个数
假设横截面相关					
INDC	0.948***	0.907	9.767***	17	340
EAP	0.970***	0.825	0.463	5	100
LAC	0.884***	0.839	19.742***	11	220
MENA	0.772***	0.545	6.082**	3	60
SA	1.108***	0.943	0.205	2	40
SSA	0.653***	0.656	21.000***	2	40
假设横截面独立					
INDC	0.996***		0.693	17	340
EAP	0.956***		0.796	5	100
LAC	0.920***		4.296**	11	220
MENA	0.732***		8.366***	3	60
SA	1.021***		0.269	2	40
SSA	0.676***		13.925***	2	40
		0.73			
所有国家	0.947***	0.716	6.364**	40	800

注：***、** 和 * 分别表示在 0.01、0.05 和 0.1 的水平上显著。

在东亚及太平洋地区（EAP）和南亚地区（SA），β 估计值没有显著偏离 1，这与表 2-4 中这两个地区的国家是一致的。在撒哈拉以南非洲地区（SSA），β 估计值显著偏离 0 但比 1 小。为了看资本组成和财富分配的刚性是否相同，我们检验 $\beta=0.5$ 的假设，显著水平为 10%。这意味着对 SSA 国家，资本组成和财富分配的刚性很接近。注意 MENA、SA 和 SSA 的结果可以推广到这些地区的其他国家（不在 Kraay 等（2000）数据库中的），但需要小心，因为每个地区使用的面板数据都不具有代表性。

现在我们假设时间序列存在自回归，横截面存在异方差，但横截面不相关，将 40 个国家汇总成混合横截面，从而估计公式（2-87）。我们限制系数斜率，使之在 6 个类别相同，然后允许斜率不同来检验类别差异，结果在表 2-5 的第二部分显示。就 β 大小和 $\beta=1$ 的检验而言，除 INDC 以外，表 2-5 的第一部分和第二部分结果很相似。在 INDC 中，将横截面相关考虑进去很重要，尤其是检验 β 是否偏离 1。当我们忽略工业化国家的遗漏变量问题时，β 的估计值没有显著偏离 1。最后，限制所有国家的 β，使之都相等，得到的结果十分接近 1，这说明对所有国家而言，资本组成比财富分配的刚性大得多。

2.2.2.4　刚性参数

为了对设定 GTAP-Dyn 模型的刚性参数提出建议，本节我们总结关于资本组成和财富分配的相对刚性。

一个地区的资本存量由两种资产组成：国内居民所有的国内资本和国外总负债。一个地区的财富也是一个由两种资产组成的投资组合，两种资产分别是国内居民所有的国内资本和国内居民持有的外国资产，即在全球信托的股本。财富和资本组成的变化由投资者将储蓄分配到国内和国外的投资决策确定。现实世界中的投资者在建立投资组合时不仅考虑资本相对收益，还考虑风险。在 GTAP-Dyn 模型中，投资者会重新分配资本，将资本从低收益率的地区向更高收益率的地区转移；但是，模型没有考虑投资决策与风险相关的部分。因此，为了确定资本组成和财富分配，我们采用非理论方法（3）。这个方法间接地确定了一个地区的储蓄在国外和本地资产间的分配，以及一个地区新投资在国内和国外的分配比例。刚性参数的相对大小（3）确定了资本组成和财富分配的相对刚性。

刚性参数是两个交叉熵加权之和的权重——其中一个关于本地资本所有权的份额，另一个关于财富分配的份额。为了使资本组成和财富分配与初始数据库的分配比例尽可能接近，我们最小化加权之和。只有非负的刚性参数与交叉熵最小化一致，且两个刚性参数中，只有一个可以为0[①]。虽然我们可以设定其中的一个刚性参数为0，但这样做会使模型更脆弱。比如，如果设定 *RIGWQH*（*r*）为0，一个地区有了高额投资，那么当地家庭可能被要求将100%以上的储蓄投资于本地公司，这种情况不是我们想要的。

通过使用这些发展中国家和工业化国家的财富组成和资本存量组成数据（Kraay et al.，2000），我们分析了资本组成和财富分配的相对刚性。为了对设定 GTAP-Dyn 模型的刚性参数提出建议，我们的发现在表 2－6 中展示。在设定参数时，我们考虑之前讨论的对参数的限制。

表 2－6　GTAP-Dyn 模型的刚性参数

国家	β 估计值	$\beta=1$ 的 F 检验	$1-\beta=1$ 的 F 检验	*RIGWQH*	*RIGWQ_F*
INDC					
AUS	1.223***	15.81***		0.01	1
AUT	0.425	1.69	0.93	1	1
BLX	2.731*	1.29		0.01	1
CAN	1.100***	0.3		0.01	1
DEU	0.343	4.00*	1.09	1	0.01
DNK	1.240***	0.33		0.01	1
ESP	1.183***	1.11		0.01	1
FIN	0.703***	1.37		0.01	1
FRA	0.783	0.2	2.64	1	1
GBR	-0.342	6.76**	0.44	1	0.01
GRC	1.078***	1.42		0.01	1
IRL	1.309*	0.22		0.01	1
ITA	1.024**	0		0.01	1
JPN	0.291	4.12*	0.69	1	0.01
NLD	2.249***	4.17**		0.01	1
NOR	0.391**	12.80***	5.26***	1	1
NZL	1.011***	0.01		0.01	1

① 设定两个刚性参数为0会去除模型（3）的关系。

续表

国家	β 估计值	β=1 的 F 检验	1-β=1 的 F 检验	*RIGWQH*	*RIGWQ_F*
PRT	0.918***	0.17		0.01	1
SWE	0.477	3.18*	2.64	1	0.01
USA	0.184	42.80***	2.17	1	0.01
ALL INDC	0.948***	9.767***	3278.64***	0.05	1
LAC					
ARG	0.943***			0.01	1
BOL	0.841***	3.12*	86.67***	0.189	1
BRA	1.056***	0.47		0.01	1
COL	0.949***	0.89		0.01	1
CRI	0.685***	1.74		0.01	1
DOM	1.029***	0.11		0.01	1
ECU	0.765**	9.90***	105.14***	0.307	1
GTM	0.938***	0.28		0.01	1
HND	0.899***	0.59		0.01	1
JAM	1.222***	2.56		0.01	1
MEX	1.065***	0.22		0.01	1
NIC	1.229***	1.07		0.01	1
PER	0.956***	0.14		0.01	1
SLV	1.103***	0.55		0.01	1
TTO	0.916***	1.12		0.01	1
URY	0.865***	1.97		0.01	1
ALL LAC	0.884***	19.74***	1143.07***	0.13	1
EAP					
CHN	1.141***	1.02		0.01	1
IDN	0.997***	0.58		0.01	1
KOR	0.901***	1.27		0.01	1
MYS	0.610**	5.10**		1	1
PHL	0.884***	2.12		0.01	1
SGP	0.162	6.56**	0.25	1	0.01
THA	0.653***	14.44***	51.12***	1	1
ALL EAP	0.970***	0.463	468.93***	0.01	1
MENA					
DZA	1.035***	0.15		0.01	1
IRN	0.975***	0.37		0.01	1

续表

国家	β估计值	β=1的F检验	1-β=1的F检验	RIGWQH	RIGWQ_F
ISR	1.037***	0.02		0.01	1
JOR	0.494*	4.12*	3.96*	1	1
MAR	0.449***	21.78***	14.51***	1	1
OMN	0.910***	0.14		0.01	1
SYR	0.926***	1.34		0.01	1
TUN	0.905***	0.8		0.01	1
TUR	0.811***	3.42*		0.233	1
SA					
IND	1.020***	0.17		0.01	1
LKA	0.688***	6.21**		1	1
PAK	1.019***	0.08		0.01	1
SSA					
CIV	0.788**	0.61		0.01	1
MUS	0.624***	17.28***		1	1
ZAF	1.294***	1.77		0.01	1
ALL	0.947***	6.364**	1996.26***	0.06	1

注：***、**和*分别表示在0.01、0.05和0.1的水平上显著。

在第一类国家，包括除新加坡（SGP）外的发展中国家和13个工业化国家，资本组成比财富分配刚性大得多。系数 $\beta = RIGWQ\_F(r) / [RIGWQH(r) + RIGWQ\_F(r)]$ 没有偏离1，且系数 $\alpha = RIGWQH(r) / [RIGWQH(r) + RIGWQ\_F(r)]$ 没有偏离0。对这些国家我们合理地设定 $RIGWQH(r)$ 为0，设定 $RIGWQ\_F(r)$ 为1。然而，$RIGWQH(r)=0$ 会使模型脆弱，我们建议设定 $RIGWQH(r)$ 为一个很小的正数，如0.01。在很多情况下，β估计值大于1，这意味着 $\alpha = 1 - \beta$ 为负。如果β没有显著偏离1，系数α为负但没有显著偏离0，那么这没什么问题。但是，有些情况则有问题，如澳大利亚（AUS）和荷兰（NLD），因为β显著大于1（见表2-6第2列和第3列），且系数α显著且为负，这

导致 *RIGWQH*（*r*）为负。因为模型不允许负的刚性参数，我们设定澳大利亚（AUS）和荷兰（NLD）的 *RIGWQH*（*r*）为0.01，*RIGWQ_ F*（*r*）为1。

在第二类国家中，财富组成比资本分配的刚性大得多，如德国（DEU）、英国（GBR）、日本（JPN）、瑞典（SWE）、美国（USA）和新加坡（SGP），β 不显著偏离0，α 不显著偏离1，对这些国家我们设定 *RIGWQH*（*r*）为0.01，*RIGWQ_ F*（*r*）为1。在由玻利维亚（BOL）、厄瓜多尔（ECU）、马来西亚（MYS）、泰国（THA）、约旦（JOR）、摩洛哥（MAR）、斯里兰卡（LKA）、毛里求斯（MUS）和挪威（NOR）组成的第三类国家中，两种组成都是刚性的。对这些国家我们检验 $\alpha = \beta = 0.5$ 是否成立，对除了玻利维亚（BOL）和厄瓜多尔（ECU）的9个国家，我们拒绝资本组成和财富分配的刚性相近的假设，并设定 *RIGWQ_ F*（*r*）= *RIGWQH*（*r*）= 1。在玻利维亚（BOL）和厄瓜多尔（ECU），资本组成比财富分配的刚性稍微高些，对这两个国家设定 *RIGWQ_ F*（*r*）为1，*RIGWQH*（*r*）的计算方法是 $(1-\beta)/\beta$。最后，在奥地利（AUT）和法国（FRA），两种分配比例都有很高的弹性。由于我们不能在模型中设定刚性参数为0，我们就使它们相等，在这个情况下设定它们均为1。

根据表2－5最后一列，我们可以得出结论，在“一般”国家中资本组成比财富分配的刚性大得多。然而，β 显著小于1。设定参数 *RIGWQ_ F*（*r*）为1，*RIGWQH*（*r*）= $(1-\beta)/\beta = 0.06$。表2－5中报告的几个类别 β 可能也有用，对于 INDC、LAC、EAP 的国家，设定 *RIGWQ_ F*（*r*）为1，*RIGWQH*（*r*）的计算方法是 $(1-\beta)/\beta$，其中 β 为表2－5第一部分报告的估计。这个计算使得 INDC 的 *RIGWQH*（*r*）= 0.05，LAC 的 *RIGWQH*（*r*）= 0.13，EAP 的 *RIGWQH*（*r*）= 0.01。对于 MENA、SA 和 SSA 的国家，“一般”国家的刚性参数设定 *RIGWQ_ F*（*r*）= 1，*RIGWQH*（*r*）= 0.06 是我们更想要的，因为表2－5中这三个地区的结果仅仅基于两个或三个国家。由于在我们考虑的大多数国家资本组成比财富分配的刚性大得多，对加总后的地区可以设定 *RIGWQ_ F*（*r*）为1，*RIGWQH*（*r*）为0.06。

尽管不同国家的资本组成和财富分配之间存在相对刚性的差异，在大多数国家，相对于本地公司和外国公司之间的股本分配比例而言，属于外国人和属于本地家庭之间的资本分配比例有大得多的刚性。有6个工业化国家在此规律之外。这个明显的经验规律保证了我们可以进行进一步的理论和经验研究。对这种现象，一个可能的解释为信息不对称。对于大多数国家，国内投资者相对国外投资者对于本土经济体的投资机会了解的信息可能更多。经济好的时候，国内投资者重新分配他们的投资组合以获取国内资产更高的收益，而且他们行动起来比国外投资者更快更简单。类似的，当国内资本收益降低时，国内投资者很快就重新分配投资组合并更倾向于国外资产。这种不对称信息可能导致我们观测到财富分配是有弹性的，资本组成是刚性的。

2.2.2.5　参数加总的问题

对动态模型参数的加总问题，其解决办法很简单。我们只需要参照表2-7的权重来进行加总。

表2-7　动态参数加总权重

系数名称	维度	权重
DIFF	REG[a]	区域的资本存量（*WQ_FIRM*）
SMURF	IND[b] × REG	区域部门的资本存量（*VKE*）
TREND_K	IND × REG	区域部门的资本存量（*VKE*）
RWACC	IND × REG	区域部门的资本存量（*VKE*）
RIGWQH	REG	区域家庭的财富（*WQHHLD*）
RIGWQ_F	REG	区域的资本存量（*WQ_FIRM*）
LAB_SLOPE	LAB × REG	区域部门的劳动力报酬（EVFA）
LAB_LRSUP	LAB × REG	区域部门的劳动力报酬（EVFA）

注：REG[a]表示地区的数目；IND[b]表示部门的数目。

在大多数国家，相对于本地公司和外国公司之间的股本分配比例而言，属于外国人和属于本地家庭的资本分配比例有大得多的刚性，加总后的区域 *RIGWQ_ F*（*r*）= 1，*RIGWQH*（*r*）= 0.06。表2-6中报告的类别特定的参数也可能用在不同类别或特定类别的国家。如果使用者想使用表2-6中国家水平的不同参数值，以此确定一个区域的参数（不同国家的加总），那么就需要使用区域水平的加总方法。在我们的加总方法中，我们使用区域家庭的财富［系数为 *WQHHLD*（*r*）］来加总 *RIGWQH*（*r*），使用国内资本存量［系数为 *WQ_ FIRM*（*r*）］来加总 *RIGWQ_ F*（*r*）。

我们有配套的加总程序允许使用者加总 GTAP 区域和部门水平的数据库和参数，得到可以用来分析和应用的加总。

2.2.3　结论和总结

本节在计量基础上讨论 GTAP-Dyn 模型的表现和熵参数，为模型加入了现实元素。模型长期均衡定义为不同区域在风险调整后的净资本收益率的收敛值。在本节中，资本收益率的计算使用了 SourceOECD 数据库的总经营盈余和 Larson 等（2000）记录的资本存量。这些收益率用来检验不同国家收益率收敛的假设，并测量国际资本流动性。在计量分析基础上，我们拒绝了不收敛的原假设。在20个 OECD 国家中净资本收益率的收敛速率为每年9%。最可能的情况是，如果我们包括了 OECD 以外的国家，那么收敛速率会降低，因此每年9%的收敛速率代表了模型中我们想要的净收益率收敛速率的上限。参数决定了预期收益率向实际收益率的滞后调整速率，及预期收益率向目标收益率的滞后调整速率，通过改变参数，我们可以得到模型中想要的资本流动性。但是，由于区域加总的差异，即使是相同大小的参数也可能得到不同的资本流动性。因此，对每个新的区域加总都应该根据模拟的收益率校准滞后的调整参数。对滞后的调整参数的校准基于 GTAP 数据库的3×3和7×7加总，证明了当滞后的调整参数分别设定为0.5和0.4时，可以实现9%的收敛速率。这也许意味着在加总程度不高的 GTAP 数据库中，模型中我们想要的资本流动性可以通过将滞后的调整参数设定为某些更低的值来得到。本节也讨论了设定收益率对资本存量的弹性的方法。最好的办法是校准加总后数据库的弹性，其次的办法是设定弹性为1。如果设定的收益率弹性和模型一致的值相差甚远，则会给模型的收敛性带来负面的影响。滞后的调整机制决定区域投资，该投资包括国内投资和通过全球信托的外国投资。而区域家庭的储蓄用于本土经济体的投资和全球信托的投资。投资者关于投资和储蓄组成的逐期决策影响一个区域的资本组成和财富分配。本节中使用国家投资组合数据库来估计一些参数，这些参数决定了GTAP-Dyn模型中的资本组成和财富分配的相对刚性。尽管不同国家的资本组成和财富分配的相对刚性不同，在大部分国家，相对于本地公司和外国公司之间的股本分配比例而言，属于外国人和属于本地家庭之间的资本分配比例有着大得多的刚性。这一计量经济研究的结果被用来设定模型中的刚性参数。

2.3 动态GTAP数据库概览、数据库的构建和加总程序

2.3.1 引言

GTAP-Dyn模型使用的GTAP-Dyn数据库是以GTAP数据库为基础的数据库。GTAP数据库描述了在给定时间内全球的经济情况（数据库GTAP 6对应2001年；Dimaranan，2006）。GTAP-Dyn数据库在GTAP数据库基础上加入了动态模型所需的新数据。本节将讨论为GTAP-Dyn数据库①这些新增数据做的准备，以及使用不同效用程序对GTAP-Dyn数据库进行的操作和加总。

① 在不同时间段我们必须参考GTAP-Dyn数据库特定的版本。我们使用版本标号系统，形式为< GTAP release >：< GTAP-Dyn version >。元素< GTAP-Dyn version >是< GTAP-Dyn major version >.< GTAP-Dyn minor version >的形式。我们采用一种新的主要版本来标记数据内容的差异；一个新的次要版本来标记格式的改变或内容的小变化。例如，GTAP-Dyn数据库的6：1.0版本基于GTAP数据库的第6版，版本6：2.0基于同一个GTAP版本，但加入了更多GTAP-Dyn特定的近期数据。

我们对 GTAP 数据库（Dimaranan，2006）在以下几个方面做了改变，得到 GTAP-Dyn 数据库。

第一，如表 2-8，我们在标准的 GTAP 数据文件（basedata. har）中新增了 3 个关于居民跨境收入的数组（*YQHT*、*YQTF* 和 *YQHF*）。尽管数组的维度不变，但由于引入了该跨境收入，区域储蓄（*SAVE*）与标准 GTAP 数据库中的储蓄变量不同。

第二，创建一个新的动态数据文件（dyn. har），该文件包含了动态理论中表 2-9 的前 6 个新参数。计量估计的方法和一些校准这些参数的情形在前文详细讨论过，本节着重讨论这些标准 GTAP-Dyn 数据库的参数赋值的程序。

第三，静态 GTAP 数据库里的资本存量（*VKB*）和投资相关数据并不区分部门，为了弥补这些不足，我们在动态数据文件（dyn. har）里，引入了区分部门的投资和资本数据：*VKB*2、*VKE*2、*VDP*2 和 *VIN*2。由于新增的 *VKB*2（j，r）的信息已经包含了原来 *VKB*（r）的信息，因此，我们在原数据库（basedata. har）里把 *VKB* 数组删除。类似的，原 GTAP 参数文件中的投资弹性参数（*RORDELTA*）在新投资理论中没有使用，我们也从原文件中删去。

第四，在动态数据文件（dyn. har）里，我们还添加了几个用于处理滞后运算的数组：*CPI*、*CPIL*、*PCG*0 和 *PCG*1。

第五，由于引入了工资黏性机制，我们需要创建一个新的数据文件（WDAT. har）用于存放劳动力市场相关指数与参数，如表 2-8 里最后的两个指数数组：*EMPL* 和 *RWAG*；如表 2-9 中最后两个控制劳动力供应的参数：*LAB_ SLOPE* 和 *LAB_ LRSUP*。

表 2-8 标准数据文件中新加入的数组

标题名称	参数名称	维度	单位	描述
YQHT	*YQHTRUST*	REG	百万美元	区域居民从国际信托得到的收入
YQTF	*YQTFIRM*	REG	百万美元	国际信托从区域公司得到的收入
YQHF	*YQHFIRM*	REG	百万美元	区域居民从本地公司得到的收入
*VKB*2	*VKB*	IND × REG	百万美元	年初区域部门的资本存量
*VKE*2	*VKE*	IND × REG	百万美元	年末区域部门的资本存量

续表

标题名称	参数名称	维度	单位	描述
VDP2	*VDEP*	IND × REG	百万美元	区域部门的资本折旧价值
VIN2	*VINV*	IND × REG	百万美元	区域部门的投资量
CPI	*LEV_CPI*	REG	无量纲	当期区域居民消费价格指数
CPIL	*LEV_CPI_L*	REG	无量纲	上一期区域居民消费价格指数
PCG0	*PCGDS0*	REG	无量纲	年初区域资本购买价格指数
PCG1	*PCGDS1*	REG	无量纲	年末区域资本购买价格指数
EMPL	*EMPL*	REG	无量纲	区域就业指数
RWAG	*RWAGE*	REG	无量纲	区域税前实际工资

2.3.2 GTAP-Dyn 数据文件

我们按如下方法获得新的 GTAP-Dyn 数据。首先，我们获取国外收入和支出；从这些收入和标准 GTAP 数据我们得到数组 *YQHT*，即由每个区域家庭在全球信托的股本创造的收入；*YQTF*，即由全球信托所有在区域公司的股本创造的收入；*YQHF*，即地方家庭在地方公司的股权收入。其次，我们发现国外收入会影响区域收入。由于区域收入必须等于区域支出，在加入国外收入时区域支出必须变化。据此，我们计算初始区域收入的值，并通过区域储蓄变化调整区域支出。储蓄调整后的数据存储在标准数据文件的 SAVE 标题下。

表 2－9　动态参数表的内容

参数名称	维度	描述
DIFF	REG[a]	投资曲线区间参数
SMURF	IND[b] × REG	资本对预期回报率的弹性
TREND_K	IND × REG	资本历史平均增速
RWACC	IND × REG	历史平均实际融资成本
RIGWQH	REG	区域家庭财富分配的刚性
RIGWQ_F	REG	企业资金来源的刚性
LAB_SLOPE	LAB × REG	劳动力短期供给对工资的弹性
LAB_LRSUP	LAB × REG	劳动力长期供给对工资的弹性

注：REG[a]表示地区的数目；IND[b]表示行业的数目。

2.3.2.1　收入和储蓄

对于 GTAP-Dyn 数据库 6：2.0 的版本，数据参考年是 2001 年。[①] 标准国家 GDP 数据集来自用来建立标准 GTAP 6 数据库的国家宏观数据集，加上来自 CIA *World Factbook* 的估计。

对国外收入和支出，我们使用来自世界银行的世界发展指标（WDI）数据集。对 GTAP-Dyn 6：2.0 数据库，我们使用 WDI 的 2002 年版本。我们提取 2 个数据序列。

①国外收入（国际收支，现今的美元 $）;

②国外支出（国际收支，现今的美元 $）。

我们获得了 154 个国家的收入数据和 155 个国家的支出数据。国外总收入的收入和支出份额同样用来决定国内外区域资本存量所有权的份额。还可以使用财富/所有权数据来得到收入份额。[②] 不幸的是，有财富/所有权数据的国家很少，且无法得到基准年的正确数据。例如 Kraay 等（2000）数据库包括 1997 年 38 个国家的数据，比 154 个国家收入数据明显要少。鉴于此，我们选择使用收入数据，从中得到财富数据。

我们从 1997 年和 2001 年 WDI 收入和支出数据得到区域资本的国外所有权份额，在图 2 - 9 中将它与 Kraay 等（2000）的份额比较。数据表明，当使用 Kraay 等（2000）的财富而不是 WDI 的收入计算份额时，国外所有权的份额更高。2001 年的国外所有权份额高于 1997 年的份额，这反映出国外所有权的份额在这段时期内增加了。让我们欣慰的是从 Kraay 等数据中得到的份额与从 WDI 数据得到的份额在不同国家表现相同。

我们按照以下 5 步获得新的外国收入和储蓄数据。

①填补外国收入数据缺失;

②填补外国支出数据缺失;

③平衡外国收入和支出;

① 版本 5：1.0 是基于 1997 年的数据。

② 这种方法在 GTAP-Dyn 数据库的早期版本中使用过。

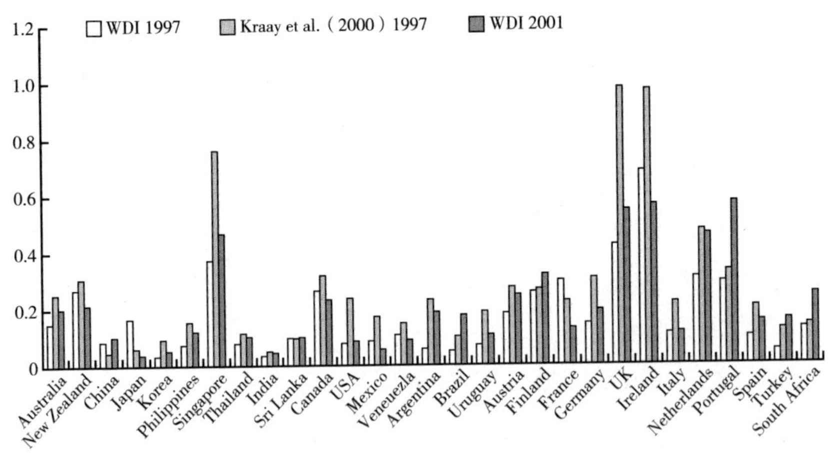

图 2－9　国外所有权份额在收入和财富上的比较

资料来源：GTAP-Dyn 数据库 5：1.0 和数据库 6：2.0 版，Kraay 等（2000）。

④加总外国收入数据到 GTAP 模型；

⑤计算国内资本产生的新收入、所有区域收入和各区域储蓄。

对有国外收入数据的国家，我们计算国外收入对 GDP 的平均占比（*FYRFFACT*）。假设对缺失数据的国家，国外收入对 GDP 的占比等于有数据国家的占比平均值，即国家 c 的国外收入缺失值的计算方法为 $FYRFFACT \times GDP\ (c)$，这样我们就扩大了国外收入数据，使之包括所有标准国家。我们从标准国家的 GDP 数据集中获取 GDP 值，使用类似的计算方法扩大国外支出数据，使之包括所有标准国家。

国外收入数据是不平衡的：国外收入的世界总和不等于国外支出的世界总和。一个新的共同目标总和通过两个新的总和几何平均计算得到。① 通过对所有国家重新调节收入和支出匹配共同目标总和，我们得到平衡的数据，然后加总平衡的国外收入数据到 GTAP 区域，从而得到数组 *YQHT* 和 *YQTF*。

然后我们从标准的 GTAP 标准数据文件中得到各区域的资本收益（*VOA*），

① 对所有标准国家的所有支出/收入要素总和（包括有数据的国家和通过计算而得到数据的国家）。

用这个数字减去国外支出（*YQTF*），然后从各区域的国内资本（*YQHF*）得到地方收入的估计。这样做暗含的假设是所有国外支出都是资本的收入。考虑到新的国外支出和收入数据，我们计算各区域收入总和的新值 *INC* 以及储蓄 *SAVE*：

$$SAVE(r) = INCOME(r) - PRIVEXP(r) - GOVEXP(r) \quad \forall r \in REG \tag{2-88}$$

其中：

$$INCOME(r) = \sum_{i \in ENDWNA} VOA(i,r) + YQHHLD(r) + TAXREV(r) \quad \forall r \in REG \tag{2-89}$$

2.3.2.2　区分部门和区域的资本与投资数据

GTAP-Dyn 模型的资本存量数据［*VKB*（*r*）］和投资相关数据［*VDEP*（*r*）和 *REGINV*（*r*）］并不区分部门维度。但由于即使在同一区域各部门的特性相差可以较大，比如部门的资本回报率、投资增速等。因此我们有必要将这些在各区域的投资类相关的数据进一步拆分，细分到各部门。

为了给这些投资相关的数据增加部门维度，我们在部门和地区层面构造以下矩阵：

①净运营盈余，*GOS*（*j*，*r*）；

②资本回报率，*ROR*（*j*，*r*）；

③折旧率，*D*（*j*，*r*）；

④资本增长率，*K_ G*（*j*，*r*）。

GTAP v9 数据库已经拥有 2011 年的 GOS 矩阵数据，即 *VFM*［"capital"（*j*，*r*）］。至于上述其他三个矩阵，我们基于美国标普公司旗下的 Capital IQ 公司的全球 3 万多家上市公司数据，估算出 2011 年对应的数值。有了这四个矩阵信息，我们可以通过以下 4 个公式来推算和拆分行业维度：

$$VKB(j,r) = \frac{GOS(j,r)}{ROR(j,r) + D(j,r)} \tag{2-90}$$

$$VINV(j,r) = \frac{[K\_G(j,r) + D(j,r)] \times GOS(j,r)}{ROR(j,r) + D(j,r)} \tag{2-91}$$

$$VDEP(j,r) = VKB(j,r) \times D(j,r) \tag{2-92}$$

$$VKE(j,r) = VKB(j,r) \times [1 - D(j,r)] + I(j,r) \tag{2-93}$$

根据公式（2－90）～公式（2－93），推算出包含部门维度的投资相关矩阵以后，我们会发现在区域 r 加总所有部门维度的数值［如 $\sum_j VKB(j, r)$］通常与原来GTAP数据库的数值［$VKB^{GTAP}(r)$］不一致。因此我们需要同比例地增加或减少部门的数值使新生成的矩阵既包含了Capital IQ数据的信息，也能满足以下条件。

$$\sum_j VKB(j,r) = VKB^{GTAP}(r) \tag{2-94}$$

$$\sum_j VDEP(j,r) = VDEP^{GTAP}(r) \tag{2-95}$$

$$\sum_j VINV(j,r) = VINV^{GTAP}(r) \tag{2-96}$$

公式（2－90）和公式（2－91）的推导过程如下。

在这里为了简化方程，我们省略区域和部门的下标。期末资本等于期初资本加上净投资，其中净投资是投资减去折旧。

$$VKE = VKB \times (1 - D) + I \tag{E1-1}$$

VKB 和 VKE 分别是期初和期末资本；

D 是折旧率；

I 是投资。

资本增速可以由以下式子表达：

$$K\_G = \frac{VKE}{VKB} - 1$$

那么我们可以把方程（E1－1）转换为：

$$I = VKB \times (K\_G + D) \tag{E1-2}$$

另外根据资本回报率的定义，我们有方程（E1－3）：

$$ROR = \frac{GOS}{VKB} - D \tag{E1-3}$$

其中 *GOS* 是净运营盈余。方程（E1-3）可以写成：

$$VKB = \frac{GOS}{ROR + D} \tag{E1-4}$$

从方程（E1-2）和（E1-3）可以得到：

$$VINV = \frac{(K\_G + D) \times GOS}{ROR + D} \tag{E1-5}$$

2.3.2.3　资本存量的正常增长率*TREND_ K* 与投资曲线区间参数*DIFF*

对于资本存量的正常增长率 *TREND_ K*，我们从 Capital IQ 的上市公司数据里提取出 2007 ~ 2011 年的总资产（Total Asset）、有形资产（GPPE，Gross Property，Plant and Equipment）和投入资本（Invested Capital）作为资本存量的数据。为了去掉汇率的影响，我们都以本地货币的形式来提取上述数据。

我们根据上市公司的 GICS 分类对应上 GTAP 的部门分类，加总上述公司数据，相应的我们得到 GTAP 部门的区域分类的值。然后分别计算总资产、有形资产和投资资本在 2007 ~ 2011 年的平均年增长率，最后我们取三个年增长率的平均值代表 GTAP 各区域和各部门的资本存量增长率（*TREND_ K*）。

2.3.2.4　历史平均资本回报率（*RWACC* ）

类似的，我们通过全球上市公司数据估算 GTAP 各区域和部门的资本回报率。首先我们根据 GICS 分类把公司的净收入（*NI*）加总到 GTAP 分类，然后，资本回报率等于净收入除以总资产。这样我们可以求得 2007 ~ 2011 年各行业各地区的实际历史资本回报率（*RORE*）。

但由于历史回报率波动比较大，因此这里我们介绍另一种方法估算回报率。这种方法的假设前提是金融市场的有效性。就是说在长期均衡情况下，行业的资本回报率不能明显高于其融资成本（*WACC*）。根据金融理论，我们知道融资成本分别是股权成本和债权（借贷）成本的加权平均：

$$WACC_{j,r} = S^E_{j,r}R^E_{j,r} + (1 - S^E_{j,r})(R^{rf} + \delta_{j,r})(1 - T_r) \tag{2-97}$$

$$R^E_{j,r} = R^{rf} + \beta_{j,r} \times ERP_r \tag{2-98}$$

其中，*WACC* 是融资成本（Weighted Average Cost of Capital），*S* 是股权与总资产的比例，R^E 是发行股权的成本，R^{rf}是无风险利率，δ 是风险的速度，*T* 是资本利得税。第二个方程是 CAPM，β 是风险系数；*ERP* 是风险溢价。

我们最后是通过取 *RORE* 和 *WACC* 的平均值来估算模型的历史平均资本回报率（*RWACC*）。

2.3.2.5　资本对回报率的弹性（*SMURF* ）

为了估算资本对回报率的弹性，我们根据上述的数据，建立以下计量模型：

$$K\_G^{2011}_{j,r} = \beta_0 + \beta_1 \times K\_G^{ave}_{j,r} + \beta_2 \times (ROR^{2011}_{j,r} - ROR^{ave}_{j,r}) + B \times Dummies \tag{2-99}$$

其中 K_G^{2011}是 2011 年的成长率，K_G^{ave}是平均成长率，ROR^{2011}是 2011 年的资本回报率，ROR^{ave}是平均回报率，*Dummies* 代表了行业和地区的哑变量。估算结果 β_2 的值为 1.5（统计意义上显著大于零），R^2 为 0.55。因此模型的 *SMURF* 采用 1.5。根据澳大利亚宏观模型中投资函数的估算，我们估计的 *SMURF* 值符合 1～3 的范围。

2.3.2.6　其他无量纲指数

模型中有 5 个无量纲指数，包括居民消费价格指数、购买资本的价格指数、重置资本的价格指数、就业指数和实际工资指数。在初始的基础数据库，我们统一把它们设定为 1。

2.3.2.7　黏性工资滞后的调整参数

黏性工资调整的参数会影响模型受到冲击后回调到均衡水平所需要的时间。具体到数值来说，开发 MONASH 模型的澳大利亚 COPS 中心利用澳大利亚的经济数据进行回归，估算了短期劳动力供应对工资的弹性（*LAB_SLOPE*）的数值约为 0.2（即大约 5 年工资才能到达均衡）；发现长期弹性（*LAB_ LRSUP*）的值相当小，在模型中通常取值为 0～0.15（默认为 0）。

2.3.2.8　刚性参数

GTAP-Dyn 模型有两个刚性参数：区域家庭财富分配的刚性 *RIGWQH* 和企业资金来源的刚性 *RIGWQ_ F*。我们使用刚性参数的经验估计（如表 2 - 10 中详细说明的）来得到 226 个标准 GTAP 国家的刚性参数。

我们使用下面的步骤获得刚性参数。前文已经给出了包括比荷卢经济联盟在内的 5 个区域 50 多个国家的刚性参数估计。对比利时和卢森堡使用比荷卢经济联盟的参数后，有 59 个国家的数据可用。在这 59 个国家中，有 42 个国家包含在 GTAP 6 数据库中，它们各自的刚性参数在表 2 - 10 中。然后根据表 2 - 10，我们将表 2 - 10 中 4 个类别[①]的刚性参数赋值给 16 个 GTAP 区域分组，这些分组用于 GTAP 6 数据库的建立。[②]

表 2 - 10　16 个 GTAP 区域分组的刚性参数分配

区域	基于表 2 - 6 中的以下国家/区域	*RIGWQH*	*RIGWQ_F*
大洋洲	所有的	0.06	1
东亚	所有的 EAP	0.01	1
东南亚	所有的 EAP	0.01	1
南亚	所有的	0.06	1
北美洲	所有的	0.06	1
南美洲	所有的 LAC	0.13	1
中美洲	CRI, SLV, GTM, HND, NIC	0.01	1
加勒比岛	所有的	0.06	1
欧洲	所有的	0.06	1
东欧	所有的	0.06	1
苏联	所有的	0.06	1
中东	所有的	0.06	1
北非	所有的	0.06	1
南部非洲	所有的	0.06	1
中部和东部非洲	所有的	0.06	1
西非	所有的	0.06	1

① 所有的工业化国家（INDC），所有的拉美及加勒比海地区（LAC）国家，所有的东亚及太平洋地区（EAP）国家和其他国家。

② 由于加总问题，我们不使用剩下的不在 GTAP 6 数据库中的 17 个（59 减去 42）国家。一种方法可能是将估计分配给所有的 226 个国家，然后将这些国家的参数加总以得到区域估计。我们没有使用这种方法，因为缺少国家的估计来加总到区域，且很难得到数据计算加总的权重。

将（16个区域中的一个）区域刚性参数赋给剩下的标准国家（226减去42）。[①]

使用简单的算术平均，加总226个国家的刚性参数到GTAP 6数据库的87个区域。由于将所有不在GTAP数据库中的国家视为一个区域，赋予了区域平均值，因此加总的权重是不相关的。

2.3.3 建立GTAP-Dyn数据库和参数的加总

GTAP-Dyn模型的加总程序允许使用者加总GTAP区域和部门水平的数据库和参数，得到可以用来分析/应用的加总。在设计加总程序时，加总的公式是一个问题。加总数据库的所有部分不一定都来自原始数据库。其他方法，比如校准程序，可能对一些参数有用。对一些参数我们则不明确应该使用哪些加总公式。总的来看，我们计算未加总参数的加权平均值作为加总参数，但不总是清楚应该选择哪些权重。

2.4 动态GTAP模型的基准情景

2.4.1 简介

开发基准情景是利用动态模型评估政策影响的重要组成部分。基准情景描绘了在没有政策影响的情况下，经过一段时间，世界经济状况可能会如何发展。所以基准情景所做的最主要工作，就是尽可能地模拟世界经济中可能发生的任何变动，但不包括所关注的政策带来的影响。

基准情景的组成取决于区域和部门的加总状况，一个好的基准情景中需要包含宏观经济变量——比如每个区域的GDP、人口、科技进步和基础要素增长率，同时也包括该区域已经或者即将开始实施的各项政策。一般来说，每当一个新的政策被提出，我们都需要设定一个新的基准情景，或者对

① 由于所有区域的刚性参数差不多，这种分配方法没有产生任何区域间的差别；因此，对区域内没有包括在计量中的国家，使用“所有的”的参数来对应。

已有的基准情景进行修改。比如，一个为了研究中国加入 WTO 而设置的基准情景就不适用于对南部非洲自由贸易协定的经济影响分析。这不仅是因为这两个模拟中对于区域和部门的加总可能不同，更是因为我们在这两项模拟中实行的政策存在明显的差异。不仅如此，由于我们所研究的政策变化不同，两项模拟中关键的宏观政策变量也会不尽相同。比如，在我们研究一项投资政策对于东亚经济的影响时，对于投资变化的追踪就非常关键；而当我们对南部非洲的健康政策做评估时，工作的核心变成了其人口和劳动力变化。

虽然设定一个适用于所有政策情景的通用基准情景是很困难的，但是一部分元素，特别是最主要的几个基本宏观变量，在大多数政策情景的模拟中都是需要用到的。这样的话，设定一个包含这些变量的通用基准模型，既可以节省时间，也可以方便做比较分析，何乐而不为呢?

在这一节中，我们讨论了 GTAP-Dyn 模型中基准情景的构建和应用。本章节分五个部分进行讨论。在第一部分的简介之后，接下来的两个部分讨论了构造基准情景的宏观经济和政策数据。三位作者提供了一份详细而深入的数据，包括宏观经济和政策预测值，还包含替代缺失值和用以推算宏观经济指标的方法。因为我们需要宏观经济预测值在所有的基准情景中保持一致，所以构建了一套所有国家和地区的预测，而且这套预测可以加总到任何 GTAP 区域的子集。与之相反，政策情景对于每项模拟都是独有的，因此我们把工作的重点放在基准情景预测的开发方法上。随后第四部分介绍了这些基准情景预测在模型中是如何运行的，并解释了构建基准情景时对于技术进步的两种不同处理方法。在第五部分，我们对整个章节做了整理和总结。

2.4.2　宏观经济指标的预测

这一部分对于宏观经济指标进行了讨论，包括 2001 ~ 2020 年 GTAP 标准数据库中 226 个国家和地区的 GDP、国内（地区）总投资、资本规模、人口、技术和非技术劳动力。这一部分的讨论分为两块，第一块对宏观经济指标和数据进行了描述，第二块介绍了补充缺失数据的方法和过程。

2.4.2.1 指标预测值来源

（1）宏观经济指标预测值

宏观经济指标包括GDP、国内（地区）总投资、人口、劳动力总量、技术劳动力和非技术劳动力。

- 133个国家和地区1992~2010年的GDP、国内（地区）总投资、人口数据可用。①
- 205个国家和地区以性别分类的劳动力数据可用。1990~2020年每5年为单位。男性劳动力和女性劳动力相加可以得到总的劳动力预测值。
- 技术劳动力数据有两个来源。对于欠发达国家，受过中等和高等教育的劳动力数据占总人口的比例数据来自71个发展中国家，其中有一份以5年为单位的1990~2020年的数据是来自Ahuja和Filmer（1995）。对于发达国家，技术劳动力的数据来自12个发达国家和发展中国家在1994~2050年中技术劳动力占总人口的比例。这些数据都来自CPB（1999）。

（2）其他所需要的数据

除了宏观经济指标预测值以外，我们还收集了标准数据库中所有国家和地区初始年份（2001年）的宏观经济数据。GDP和人口数据来自世界银行，CIA的*World Factbook*对其做了补充。② 其他的宏观经济变量，包括国内（地区）总投资和资本规模等，都直接来自世界银行或者用GDP占比估算得到。这一基线数据（2001年）被用来确定数据比例、补充缺失数据，以及估算资本规模的预测值。这一章节中，这些数据被称为基线数据。

2.4.2.2 缺失数据

在所有情况下，上述来源中的预测值都是不完整的，有时甚至是相互矛盾的。我们需要有一些处理使所有预测值都有相同的格式，而且确保数据包括所有的226个国家和地区所有需要研究的年份（1995~2020年）。这一部分说明了实现这一目标需要做出的假设和需要采取的步骤，并逐一讨论了各

---

① 经济指标的预测值数据与世界银行在《全球经济展望》（*Global Economic Prospects*）中的预测一致。

② 这些数据与GTAP第六版数据库（Dimaranan，2006）中所使用的一致。

个宏观经济指标的预测值。

（1）GDP、国内（地区）总投资和人口

为了得到标准数据库中 226 个国家和地区的 GDP、国内（地区）总投资和人口数据，我们采取了一系列的措施，包括外推、区域拆分、替代缺失数据、按比例推算以及计算年增长率。这里我们将逐一讨论这些步骤。

外推（Extrapolating）由于可用的预测值只包含 1998 ~ 2010 年这一时间段，所以我们的第一步工作就是需要确定外推所用的 2010 ~ 2020 年的年增长率。假设使用人均增长率来进行外推，[①] 其中人均增长率取决于对人口的预测。实际用来进行外推的增长率数据是最后五年的平均增长率，一般是 2005 ~ 2010 年。举个简单的例子，美国的数据并不完整，所以我们使用已有数据的最后五年对其进行了外推。

区域拆分（Disaggregating Regions）虽然预测数据里的绝大多数都是针对单个国家的，但也有一少部分预测值是针对一个加总的区域。对于这些加总的区域，我们利用基线年份数据中各国所占的比例，对预测值中的加总进行拆分。比如我们对比利时、卢森堡的实际 GDP 预测值进行了拆分，拆分的标准就是两国在基线年份的 GDP 水平。人口预测根据两国人口数据进行了拆分，这其中暗含这一个假设：同一区域中每个国家各自的增长率与区域的增长率相同。

替代缺失数据（Filling in Missing Countries）这一步骤主要是为没有可用预测值的国家提供一个预测值。这里只有 18 个非常小的国家缺失数据，我们假设这 18 个国家的增长率等于所有已有数据国家的平均值。预测这 18 个国家的增长率非常必要，因为它可以确保在加总时对世界其他国家（Rest of World，ROW）这一区域的预测没有偏向其中某个国家。

按比例推算（Scalling）预测值数据是基于 1992 年的价格。此外，对于基线年份（2005）的预测值常常与从 GTAP 数据库中得到的数据不一致。为了保证这两者之间的一致性，对所有预测值都进行了按比例推算，以保证对

① 在推算国内（地区）总投资的例子中，我们特地确认了自 2007 年以后国内（地区）总投资占 GDP 的比例没有剧烈的变动。由于人口增长也是外推得到的，那么以年增长率和以人均增长率进行外推得到的结果就不存在显著差异。

于基线年份的预测等于 GTAP 第四或者第五版数据库中的均衡值。

计算年增长率（Calculating Growth Rates）最后，我们把预测值转换为年增长率。图 2－10～图 2－11、图 2－12～图 2－13 和图 2－14～图 2－15 分别给出了选定地区的实际 GDP、国内（地区）总投资和人口的增长率计算结果。

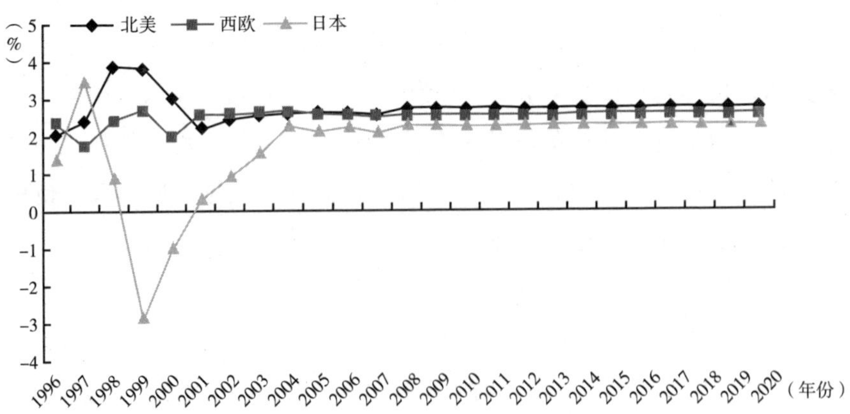

图 2－10　各国（地区）GDP 增长率

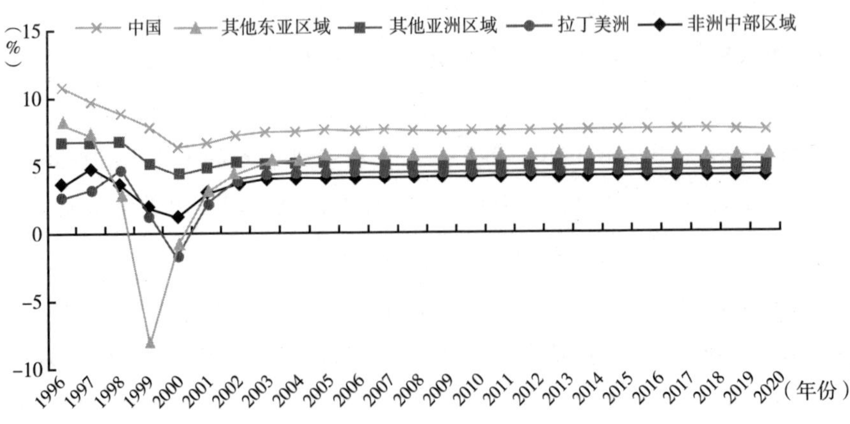

图 2－11　各国（地区）GDP 增长率

图2-10表明北美的平均 GDP 增长率要高于西欧。1998~1999 年，日本的增长率大幅度下跌，直到 2005 年才逐渐恢复。造成这种低迷状态的原因是 20 世纪 90 年代亚洲金融危机中日本经济的艰难处境。我们在国内（地区）总投资的数据中也看到了类似的情况（见图 2-12）。

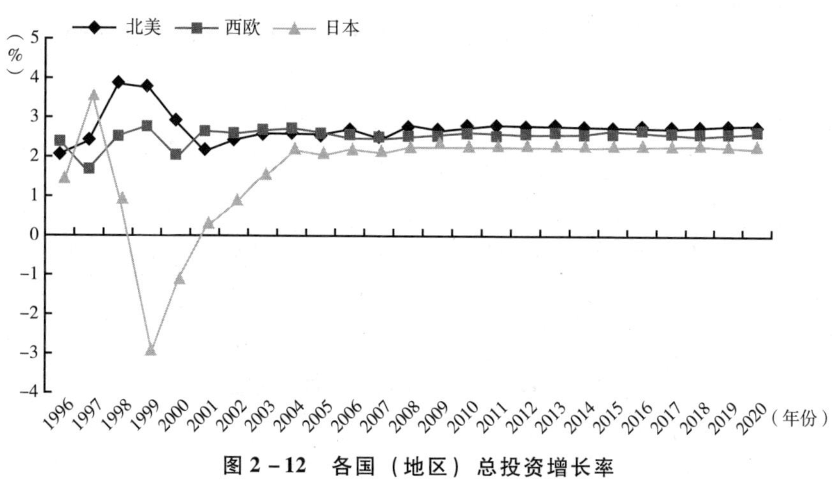

图 2-12　各国（地区）总投资增长率

图2-11再一次显示了亚洲、南美和拉丁美洲的经济危机带来的负面影响。从图中我们也可以清晰地看出中国经济在 20 世纪 90 年代之后的飞速增长。我们在国内（地区）总投资的数据中也看到了类似的情况（见图 2-13）。

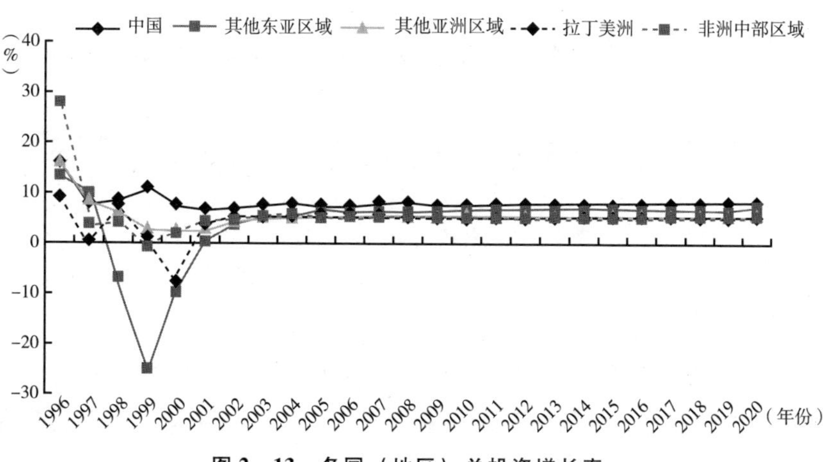

图 2-13　各国（地区）总投资增长率

图2－14显示了众多发达国家（地区）不仅低迷而且逐渐减少的人口增长率。而发展中国家（地区）的这一指数就相对更高一些（见图2－15）。

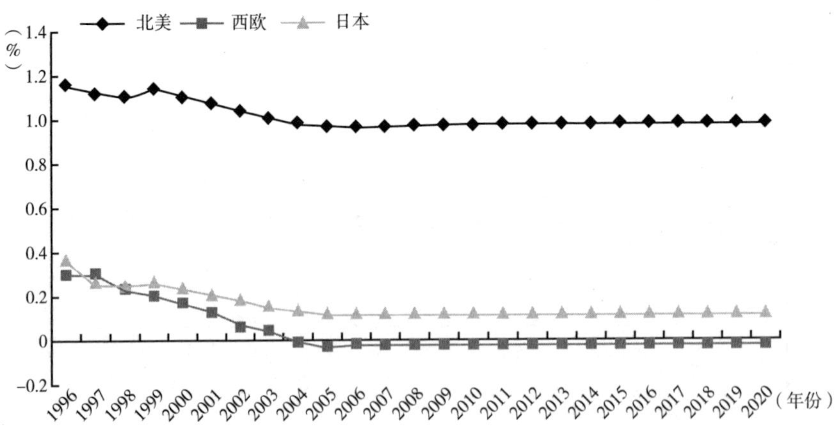

图2－14　各国（地区）人口增长率

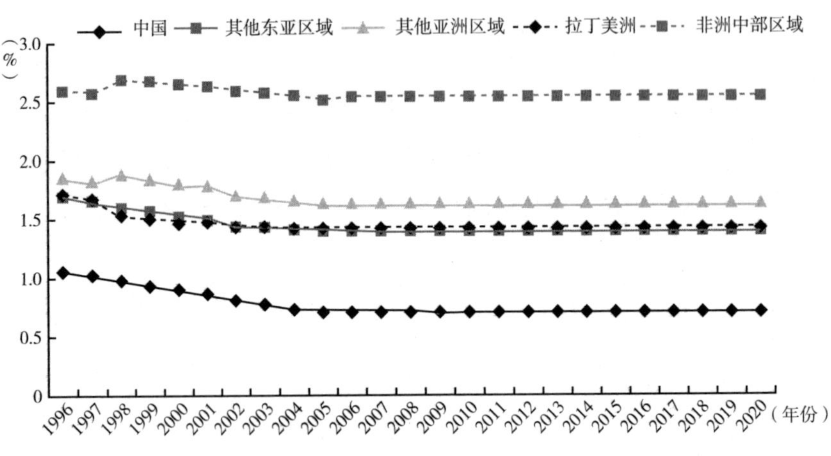

图2－15　各国（地区）人口增长率

（2）劳动力

对于劳动力的预测值包括总劳动力、技术劳动力和非技术劳动力。正如GDP、国内（地区）总投资和人口的例子一样，需要采取一系列措施来保证得到所有标准数据库中国家（地区）的劳动力预测。这些措施包括区域拆分、替代缺失的国家（地区）数据和替代缺失的年份数据。这里我们逐一对这三种方式进行讨论。

（3）总劳动力的预测值

区域拆分　虽然劳动力预测数据里的绝大多数都是针对单个国家（地区）的，但也有一小部分预测值针对一个加总的区域。比如，对于组合地区，我们利用基线年份数据中各国（地区）占的人口比例，对预测值中的加总进行拆分。

替代缺失的国家（地区）数据　这一步骤是为了给标准数据库中劳动力预测值数据缺失的国家（地区）提供劳动力预测值。对于这些没有劳动力预测值的区域，假设整个区域的增长率等于所有拥有可用数据的国家（地区）劳动力增长率的平均值，我们利用这一数据替代缺失的预测值数据。

替代缺失的年份数据　1990~2020年，每个五年段有一个劳动力预测值，这样我们需要做的就是把中间年份的数据添上。我们需要得到每个五年段的平均年增长率。对于一个给定的国家（地区），假设五年段内其每一年的年增长率都是相等的，那么就可以利用这些五年段的预测值计算得到每年的增长率预测值。

（4）技术劳动力的预测值

正如我们之前提到的，技术劳动力的预测值是从两个渠道得到的，发展中国家（地区）的劳动力比例预测值是根据五年段数据得到的，然而一些发达国家（地区）有每年的比例预测值。为了得到一个完整的预测值合集，我们必须在发展中国家（地区）和发达国家（地区）两个数据集里都采取一些措施。对于发展中国家（地区），缺失的技术劳动力年份数据需要由其他数据替代确定。对于发达国家（地区），区域内的技术劳动力比例来自对于发达国家（地区）的预测。然后我们将两组预测合并，并且替代其中缺失的数据。这里我们将逐一讨论这些步骤。

发展中国家（地区）　发展中国家（地区）最初的数据是对1990~2020年预测的技术劳动力比例的五年段数据。已有高等教育人数和中等教育人数的数据，其中高等教育人数被用来估算技术劳动力的增长率。为了得到最终的预测值，我们采取了两个步骤。首先，计算所有这些五年段数据的平均年增长率，并以之替代中间年份的数据。对于给定的国家（地区），我们假设在给定的五年段数据里每一年的年增长率都是相等的，根据这些增长率的数据就可以计算每年的预测值。其次，我们将对技术劳动力占比的预测和对总劳动力的预测联系起来，以确定接受中等教育和高等教育的人数。

发达国家（地区） 已有12个区域的技术劳动力占总劳动力比例的数据，这些区域既包括发展中国家（地区）也包括发达国家（地区）。其中25个发达经济体直接使用其所在区域的技术劳动力占总劳动力比例。然后将这一比例与总劳动力的预测值联系起来，得到技术劳动力的预测值。

技术劳动力占比与总劳动力相结合 这一步骤主要是利用对于国家（地区）总劳动力的预测，乘以技术劳动力占总劳动力的比例，进而为没有可用预测值的国家（地区）提供一个技术劳动力的预测值。技术劳动力占总劳动力的比例既用到了发达国家（地区）的数据也用到了发展中国家（地区）的数据。对技术劳动力的最终预测结果见图2－16和图2－17。

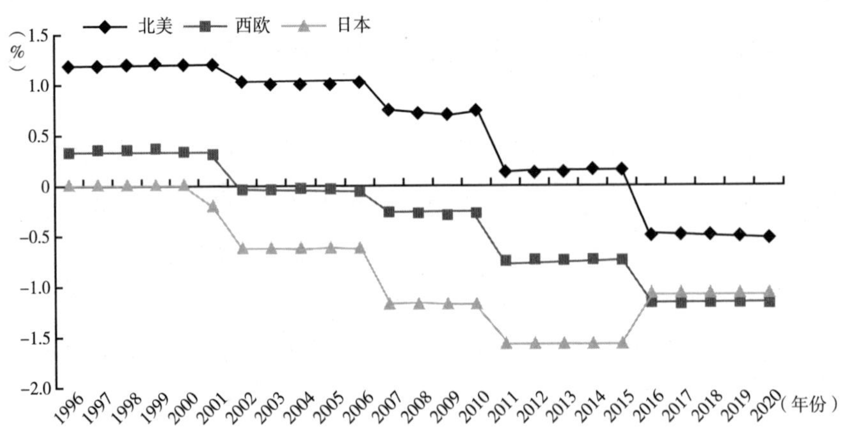

图2－16 各国（地区）技术劳动力增长率

图2－16给出了劳动力增长率以及最终的技术劳动力人数。由于总劳动力和人口的减少，这些指标在发达国家中有明显的降低趋势。图2－18显示非技术劳动力的数据在西欧和日本都呈现低迷的态势。北美的增长率为正但是也低于1%，这是因为北美更高的移民数量使得北美的人口减少并没有西欧和日本那么严重。

然而，在发展中国家中，技术劳动力和非技术劳动力数量的减少并不是

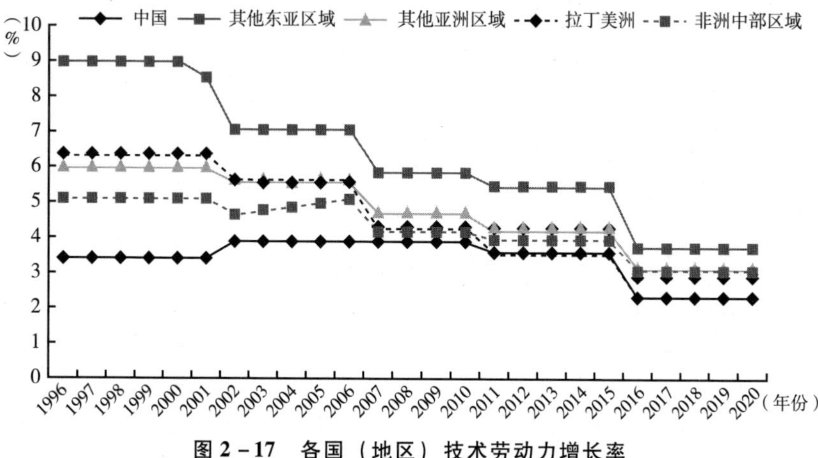

图 2-17　各国（地区）技术劳动力增长率

特别严重，虽然其增长率一直在降低，但是仍一直保持不小的正值。一般来说，技术劳动力的增长率要比非技术劳动力高得多，也许是由于扶持教育和技能培训的政策在起作用。

（5）非技术劳动力的预测值

一旦总劳动力和技术劳动力确定了，非技术劳动力的预测值就是总劳动力预测值和技术劳动力预测值的差。图 2-18 和图 2-19 给出了非技术劳动力的预测结果。

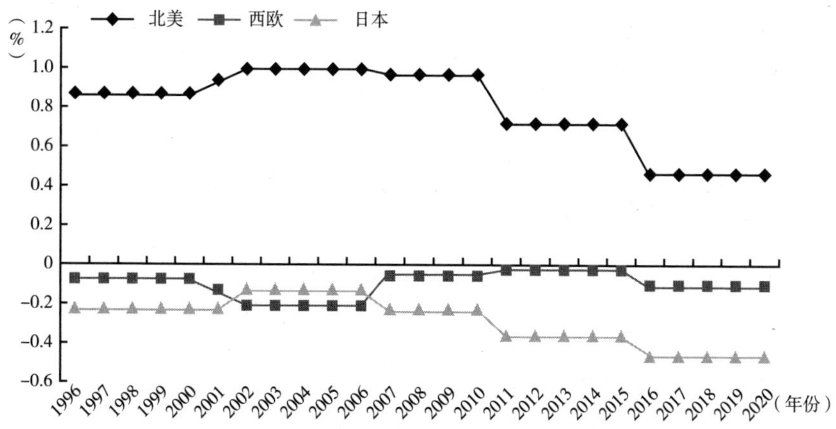

图 2-18　各国（地区）非技术劳动力增长率

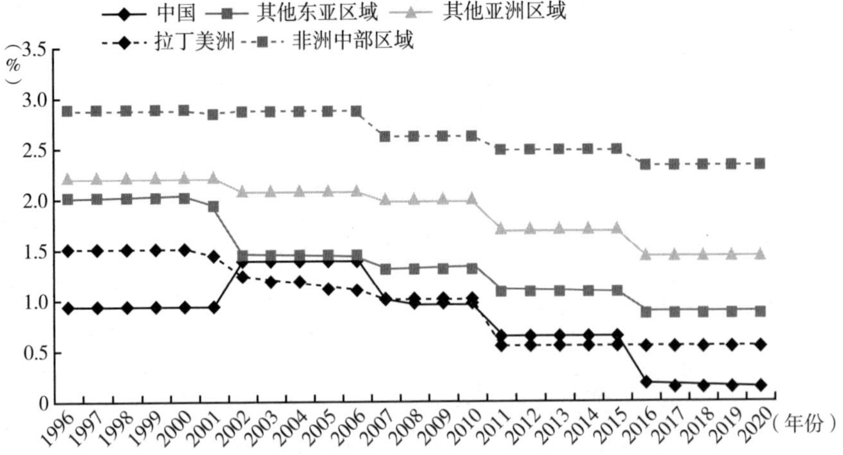

图2-19 各国（地区）非技术劳动力增长率

2.4.3 基准情景中的政策变化

对于政策影响的预测是标准基准情景中的又一关键要素。在基准情景中，哪些政策会被实行主要取决于我们要研究的事件。比如，如果你对南美经济体之间的自由贸易协定感兴趣，那么你就需要将所有已经签订的协定加入模型之中，比如ASEAN FTA。然而，如果你正在研究欧盟和南非之间的协定，那么ASEAN FTA协定就不那么重要了。① 某个特定的协定是否要加入基准情景之中？这是由研究者自己决定的。

这一章讨论的基准情景中的政策影响预测也是我们探讨过的问题：中国加入WTO。接下来我们列出在这个案例的基准情景里可能需要考虑的一些贸易协定。

- 在乌拉圭回合（UR）取消的关税；
- 多种纤维协定（MFA）的签订；
- 中国在2000年以前为了准备加入WTO而做的关税减免。

① 读者并不一定研究这个问题，基准情景中可能包括的其他政策也都与这里提到的问题类似。

这里的第一部分包括对于政策影响预测的来源描述，第二部分依次讨论各种政策影响预测，同时对于包含的假设和数据进行说明。

2.4.3.1　数据来源

我们已经得到下列关于 UR 协定和中国入世的数据。

· UR 协定之后的关税估算是来自 Francois 和 Strutt（1999）。这些估算值是基于 GTAP 第三版数据库和 GATT/WTO 整合数据库（IDB），并且是以乌拉圭回合后关税收入的形式统计的。McDougall、Elbehri 和 Truong（1998）对数据进行了更新，使之可以与 GTAP 第四版数据库对应。

· 加权平均关税税率的估计来自中国大陆和台湾入世的数据（Martin et al.，2000）。这些数据基于中国和美国之间的最终协定，并且覆盖了 GTAP 数据库中 57 种产品中的 43 项，以及 66 个地区中的 64 个。已有 2000 年、2001 年和 2007 年的关税税率数据。而且 2000 年和 2001 年的数据反映了中国为了入世而做出的关税削减，所以这些都需要加入基准情景之中。中国台湾的入世协定中也有类似的信息。

· 在分析 MFA 削减纺织品出口配额的影响时，我们使用了取消出口关税等值的方法。相关的数据来自 GTAP 第四版数据库。

2.4.3.2　政策协定

在基准情境中设置政策的时机是最重要的问题。表 2－11 给出了基准情景中的一系列政策的时机设定。

表 2－11　政策预测值的时间设置

年份	关税	配额
1995～2005	乌拉圭回合(UR):对除中国外其他区域减少关税(不冲击农业部门)	多种纤维协定(MFA):欧盟和美国增加纺织和服装部门的出口配额(出口至中国区域除外)
1995～2001	中国入世之前的关税削减(Pre-WTO tariff reductions):加入前由中国承担。	

(1) 乌拉圭回合（UR）

自从乌拉圭回合的数据第一次被加入 GTAP 第三版数据库中（Francois 和 Strutt，1999）之后，为了更新数据，我们需要解决一系列的问题。最后我们用以下两种方式对关税进行了调整。

· GTAP 第三版和第四版数据库中给出的饮料和烟草的实际关税之间有巨大的差异，所以使用不同版本的数据模拟 UR 协定会造成不同的冲击。最终我们对饮料和烟草的关税进行了调整，以保证在使用第三版数据库和第四版数据库时最终的冲击是一致的。

· Francois 和 Strutt（1999）计算的 UR 协定之后的原始关税数据是建立在所有承诺都付诸实现的假设上的。然而，越来越多的事实说明，与农业相关的协定是很难完全实施的。因此在我们的基准情景中，UR 协定不对农业产生任何影响。

假设每年的关税都以同样的幅度下调直到最后一年关税水平达到目标值。1995～2005 年，乌拉圭回合协定承诺的关税削减一直在进行，但是关税削减的幅度非常小，正如在 1995 年之前 UR 协定难以实施一样。

(2) 中国入世之前的关税削减

我们已经得到 2000 年、2001 年和 2007 年的中国关税预测值数据。每一年的关税都以同样的幅度下调，直到最后一年关税水平达到目标水平。中国在加入 WTO 之前的平均关税税率见表 2－12。中国入世之前的关税变化幅度很大，因此如果我们在基准情景中不考虑这些变化的话，势必高估加入 WTO 对于中国关税的影响。

表 2－12　中国入世之前的平均关税率

单位：%

项目	1995 年	2000 年	2001 年
农作物	4	0	0
家禽	7	3	3
食物和饮料	22	20	20
矿物制品	8	6	6

续表

项目	1995 年	2000 年	2001 年
纺织	58	34	34
服装	76	32	32
金属和化工品	19	15	15
汽车	129	32	32
电子制品	22	13	13
其他制造业	23	18	18
公共事业	0	0	0
贸易和运输	0	0	0
其他服务业	4	4	4

（3）配额

在基准情景之中，配额和关税的处理方式则略有不同。我们假设关税的削减是逐年实行的，然而对于配额来说，配额租金的增长和最终配额的取消并没有逐渐实施，而是被严重拖延了。这与纺织品与服装协定（ATC）在北美和西欧的实施情景是一致的。图 2 - 20 说明了出口配额的移除在基准情景中是怎样运行的。

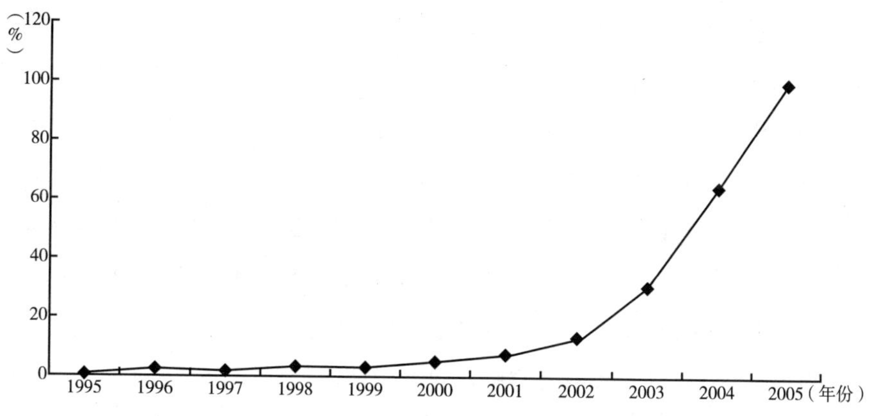

图 2 - 20　ATC 之下逐渐取消的纺织品配额比例

2.4.4 实施基准情景

2.4.4.1 区域加总

在这一阶段我们已经得到了标准数据库中1995～2020年的226个国家的GDP、国内（地区）总投资、人口、劳动力总量、技术劳动力、非技术劳动力的数据。对于GTAP数据库的用户，尤其是GTAP-Dyn模型的用户，这些增长率和预测值会被加总到下列12个常用的区域之中：北美、西欧、日本、中国大陆、中国台湾、其他新兴工业国家、东南亚、南亚、拉丁美洲、非洲、中东、世界其他国家和地区。

2.4.4.2 模型闭合

实际GDP的增长率、国内（地区）总投资、人口、技术和非技术劳动力，包括关税和配额的变动，都被加入了基准情景之中。除了实际GDP和国内（地区）总投资，这些预测值在标准的模型闭合中都是外生的，这样一来当我们将增长率作为冲击引入模型的时候就不需要再做特别的修改了。现在我们对实际GDP和国内（地区）总投资进行更深入的讨论。

一般情况下，GDP都是模型内生的，这样一来，为了涵盖这些预测的增长率，其他某个变量必须被设定为内生的。从增长核算的相关文献中我们发现，GDP的增长依赖于要素禀赋的增长，主要是劳动力、资本以及技术进步。在这个基准情景中我们估计了劳动力的增长（技术劳动力和非技术劳动力）、资本［通过对国内（地区）总投资的预测］、土地假设是固定的（0增长）。如果我们同时也获得了实际GDP的估计值，那么技术进步就必须被设置成内生的。这样我们先把实际GDP设定为外生，然后利用预测的增长率进行冲击，这样国家层面的技术进步就是内生的，并且为实际GDP的增长率和其要素禀赋增长率的差（我们用的是afgreg）。最终的技术进步增长率见图2－21和图2－22。

对于技术进步的结果有几点需要进行说明。

①在1996～2000年、2011～2015年和2016～2020年时间段内保持不变的技术进步增长率是由于这些时间段在模拟中是加总在一块儿的。为了使表格更清晰易懂，我们把五年段的变化拆分成了年度的变化。

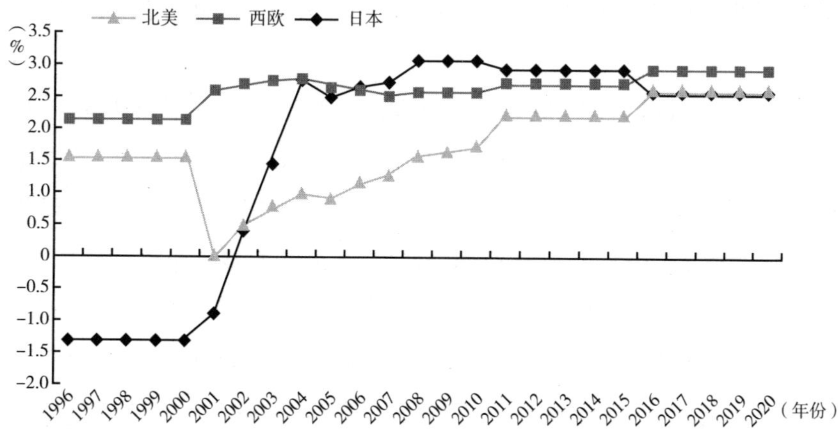

图2-21 各国(地区)的技术进步增长率

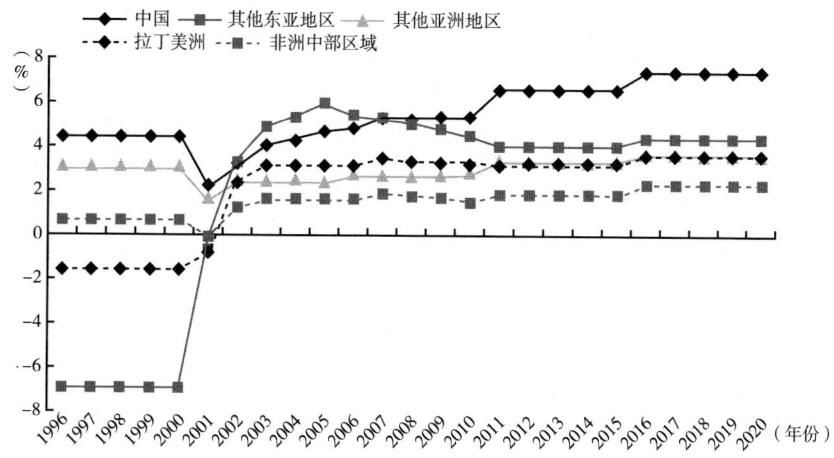

图2-22 各国(地区)的技术进步增长率

②如果只关注2002年以前的数据,我们发现技术进步也同样受到亚洲和南美经济危机的负面影响,因为投资(资本存量)的下降已经不足以解释实际GDP的降低了。此外,劳动力的增长与技术和非技术劳动力供给的增长高度相关,而不是与对劳动力的需求相关(很明显,这里我们做了充分就业的假设)。在这些时期内,这一假设并不能很好地反

映实际的经济状况，所以实际上技术进步的变化也反映了劳动力需求的下降。

③实际上，特别是对于发展中国家（地区）来说，技术进步的增长率要比人们预期的高得多，而且持久得多。这是由于许多发展中国家（地区）现在正在经历飞速的发展，实际GDP的增长率非常高，所以技术进步也非常快。然后这个高位的实际GDP增长率被外推到2020年，所以技术进步仍然保持很高的水平。

④随着时间的推移，技术进步的平均增长率逐渐提高。实际GDP和国内（地区）总投资的增长率保持稳定，但同时人口和劳动力的增长率却一直降低。因此保持实际GDP稳定快速增长唯一的方法就是提高技术进步的增长率，借此缓解劳动力增长率降低带来的负面影响。另外一个对于保持技术进步的平均增长率增长的解释是：亚洲和南美的经济危机拉低了初始时期的技术水平。

技术进步的增长特征取决于我们在构建基准情景时使用的假设，特别是与GDP相关的假设。如果我们在模型中设置实际GDP为内生并且引入一些对于技术进步更合适的预测值的话，模型会更加合理。这取决于研究者是重点关注实际GDP的预测值，还是更加关注技术进步。

此外，如果研究的重点是集中于某个确定的部门或者区域，我们建议可以在基准情景中设定专门针对某个部门或者某个区域的技术进步作为冲击。由于技术进步是内生的，所以某个特定部门的技术进步也会对整个国家（地区）的技术进步产生积极的影响。

2.4.4.3 中国获得的国外投资

最后，中国的国外资产增长幅度非常大，已经超出了资本回报率解释的范围，所以我们对中国的国外资产也进行了调整。经过讨论我们发现，这些都是中国开发资本市场、欢迎国外投资者进入并且主动降低投资风险的结果。由于我们的研究重点是中国的入世对于国外直接投资的影响，所以我们认为基准情景应该考虑中国在入世之前已经具有很高的国外投资量，这样才能更加准确地得到我们想要的结果。在这里，模型中决定多少投资归国内、多少投资归国外的机制被取消了（通过内生化 *swqht*），而且外国资产水平（*wqht*）被设置成外生了。

2.4.5　结论

在这一章节中，为了分析中国加入 WTO 的经济影响，我们构建了一个基准情景，其中包括了许多可能影响中国入世的要素，包括宏观经济指标的预测值和预期的政策改变等。到底哪些需要被放入基准情景中呢？这取决于研究的目的和关注的重点。然而，其中的一些要素，特别是宏观经济指标的预测值，是对所有的模拟通用的。因此这一章节主要分析这些要素。

需要说明的是，虽然基准情景本身对分析并不会产生大的影响，但是由于基准情景决定着需要使用到数据库中多少比例的数据，这切实影响着模拟的结果。因此，一定要确保基准情景对于世界经济——至少是一个国家或者一个区域的经济——是合理而有意义的。

2.5　用 RunDynam 软件运行动态 GTAP 模型

2.5.1　简介

这一部分的目的是为读者介绍如何使用公开的 RunDynam 软件。RunDynam 软件是一款基于 GEMPACK 语言的程序（Harrison 和 Pearson，1998），而 GEMPACK 语言是专门为了解决非线性的一般均衡模型而特别设计的。其他利用 GEMPACK 语言编制的一般均衡模型还包括标准 GTAP 模型和澳大利亚的 Monash 模型。RunDynam 软件是特别为了 GTAP-Dyn 模型和其他动态模型而编制的程序，该软件在构建模型的过程中，为用户提供了非常高的灵活性。大家可以从澳大利亚 Monash 大学的政策研究中心获得这个软件。[①]

我们可以使用 RunDynam 软件来检验数据、构建模拟、运行模拟和检验模拟结果。如果用户想对模型的内在理论进行修改，还需要从澳大利亚 Monash 大学那里获得更多的软件。另外，希望自己对区域和部门进行加总的用户还需要购买美国普渡大学的 GTAP 数据库。[②] 在这里我们暂且不讨论对于模型理论和加总的修改。

运行 RunDynam 软件要求计算机使用的是 Windows XP 或者更新的操作系统，至少 512MB 内存和至少 1GB 的硬盘空间。

这一节的安排如下：第二部分介绍了如何安装应用程序；第三部分展示了如何查看数据；第四部分介绍了如何运行模拟；第五部分介绍了如何查看模拟结果。

2.5.2 安装和运行 RunDynam 软件

2.5.2.1 安装 RunDynam

安装步骤：

· 在 RunDynam 光盘中双击 install. EXE 文件；

· RunDynam 安装程序开始，一个 Welcome 对话框出现在屏幕上，单击 next；

· 系统会询问你是否想直接将软件安装到默认的 c:\RunDynam 之下，单击 next；

· 如果你已经准备好安装了，单击 next；

· 安装完成，单击 finish。

然后 DunDynam 的图标就会出现在电脑桌面上供你使用。

2.5.2.2 下载 RunDynam 应用档案

一旦你完成了对 RunDynam 的安装，你就可以在 GTAP 的网站上

---

① 见 http：//www. gempack. com. au。

② 见 http：//www. gtap. agecon. purdue. edu。

(http: // www. gtap. agecon. puredue. edu/models/Dynamic/applications. asp.) 获得在这一节以及这本书的其他章节需要用到的应用程序。每个应用程序都是一个 RunDynam 的压缩包，你可以下载这些压缩版，并且把它们放在 RunDynam 的子目录下：c：\ RunDynam \ archive。

2.5.2.3　打开 RunDynam

双击桌面上的 RunDynam 图标，就可以打开 RunDynam 软件。如果弹出一个对话框问你是不是想要加载 zip archive 里的模型或者模拟，请点击 no。

接下来屏幕上方将会显示如下的内容：

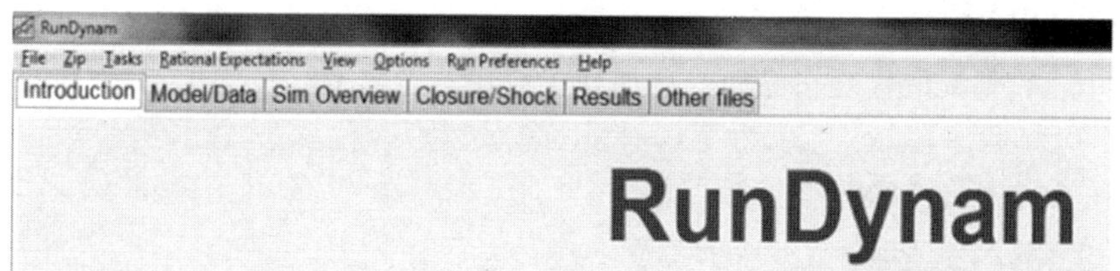

进入 RunDynam 程序之后，你会注意到页面的顶部有两个工具条。第一个工具条与你见过的其他 Windows 的工具条比较类似，这些都是主要选项，这些选项可以帮助你完成一些主要的功能。第二条工具条看起来比较像一个记事本或者选项卡，每一个选项卡里对应着一个新的页面，包含一些设计模拟所需要的基本要素。

2.5.2.4　读取模拟

在这一部分，我们将读取一个 RunDynam 本来已有的模拟，其利用 GTAP-Dyn 模型模拟了对世界其他国家（ROW）生产力的冲击。这项模拟需要用到的资料已经存储在 RunDynam 程序里了。

· 在 RunDynam 主页上选择 Zip——Restore Ingredients from ZIP Archive，出现一个下拉菜单。点开隐藏的部分，找到 Restore Ingredients from ZIP Archive，单击。

· 屏幕上会出现一个 "ZIP File to Restore From" 对话框，从下载的

应用档案里选择 Ch7HO3X3 _ GTAP-Dyn _ v3 _ 97. zip，单击 OPEN 按钮。

· 屏幕上会出现关于这个 ZIP 资料的历史信息，单击 OK。

· 屏幕上会再次出现一个对话框询问是否确定读取你指定的 ZIP Archive，单击 OK。

· 选择如下目录：C：\ RunDynam \ HO3X3。单击 OK，如果你选择的目录不存在，程序会自动建立这个路径，点击 Yes。

· 弹出一个对话框，点击 OK。

· 文件解压以后，程序会询问，是否需要现在将模拟的细节信息加载到程序之中，点击 Yes。

· 软件提醒你现在已经成功加载了应用，点击 OK。

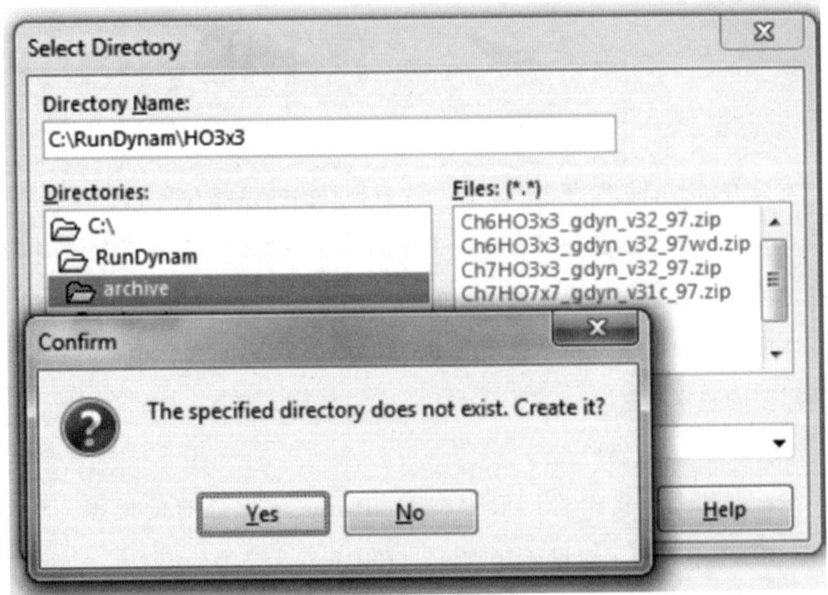

注意在你选择的路径之下新建了三个文件夹：C：\ RunDynam \ HO3X3 \ data，C：\ RunDynam \ HO3X3 \ model 和 C：\ RunDynam \ HO3X3 \ tabetc。

· 单击 Mode/Data 标签，转到相关的界面。

·屏幕上方的蓝条中显示的就是模型名称，确认所运行的是GTAP-Dyn. exe。

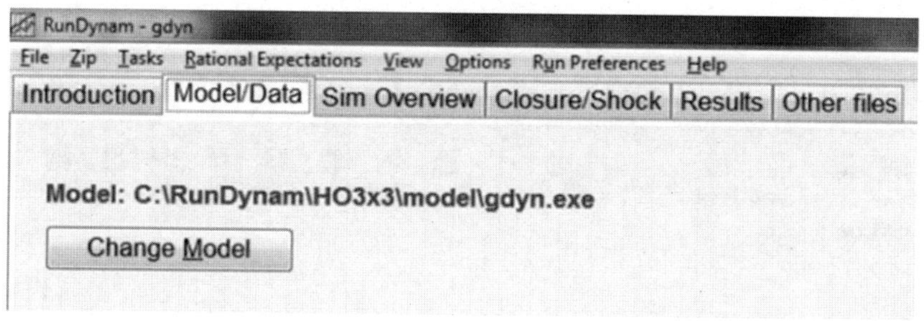

·同时也确认一下，在屏幕中间的框体中列出了所有需要的数据资料，如下图所示：

Input files for First Year of Base Case:

Right click on any line below to select or change actual file

File GTAPSETS = C:\RunDynam\HO3x3\data\gdset.har ; ! file with set specification
File GTAPDATA = C:\RunDynam\HO3x3\data\gddat.har ; ! file containing all base data
File GTAPPARM = C:\RunDynam\HO3x3\data\gdpar.har ; ! file containing behavioral parameters
File GTAPPARMK = C:\RunDynam\HO3x3\data\gdpextra.har ; ! special parameters for dynamics

2.5.3　查看数据

在这一部分，我们将使用RunDynam模型查看GTAP-Dyn模型和关联的数据。这里给出两个例子来说明对于核心数据和数据集的检查。在这两个例子中，我们首先看看模型和TABLO文件是如何使用这些数据的，然后我们对数据文件本身进行检查。GTAP-Dyn模型的内部公示都在TABLO文件（GTAP-Dyn. tab）中，这个TABLO文件是可执行的GTAP-Dyn. exe的可读版本。

就像我们之前看到的一样，GTAP-Dyn模型需要四个并列的标题（扩展的. HAR文件），一个用来设定集合，一个用来设定数据，另外两个是用来设定参数和标准GTAP模型的动态扩展版的。

例1：查看数据集。

我们可以通过在主菜单里选择 View——Main TABLO file 来查看 TABLO 指令。用 TABmate 打开 GTAP-Dyn. tab 文件的一个副本，副本标签为 tab1. tab。

TABLO 文件包含了模型最主要的要素，包括变量、系数和公式。为了使软件可以执行我们在 GTAP-Dyn. tab 里设定的公式，我们需要事先设定一些规则：

· TABLO 文件中提到的所有的变量、系数、数据集、参数和文件，必须要先定义；

· 所有的系数，要么是从文件里读取的，要么是从其他的系数计算而来的，而且这里其他的系数必须是先定义过的；

· 为了帮助用户更好地理解模型，在 TABLO 文件中有很多说明和建议，即 TABLO 文件中两个感叹号之间的部分。

遇到任何问题都可以在 TABLO 文件中查找相关的解释。

· 在 TABmate（或其他版本）中，选择 Search——然后在主程序里点击 Find 查找你需要查看的部分。你会看到类似于下面的内容：

File

GTAPSETS #file with set specification#

这个一段命令定义了一个叫作 GTAPSETS 的文件。井号之间的内容就是这个文件的标签。

·如果你现在使用Search——Find来查找Set，你会看到如下内容：

Set

REG #regions in the model#

Maximum size 10 read elements from file GTAPSETS header "H1"

这段内容的第二行定义了这个集合，并且给它一个名字和标签。第三行申明这个集合包含不超过10个元素，而且是从GTAPSETS中标题为H1的文件中读取而来的。

·如果你现在用Search——Find来查找REG，你会看到在REG这个集合里有许多变量、系数和公式。你也能看到定义在其他集合里的变量，如TRAD_ COMM这个集合；

·你现在可以通过选择File——Exit来退出TABmate；

·回到RunDynam，你应该还处于名叫Model/Data的页面之中。如果你查看含有数据文件的白色框体，你能看到文件的名字与GTAPSETS的名字一致。

File GTAPSETS = C：\ RunDynam \ HO3X3 \ data \ gdset. har

这告诉我们gdset. har就是含有这个集合信息的文件，其逻辑名称叫作GTAPSETS。

·为了打开这个文件，选中GTAPSETS，右键点击弹出选项，选择View this File。

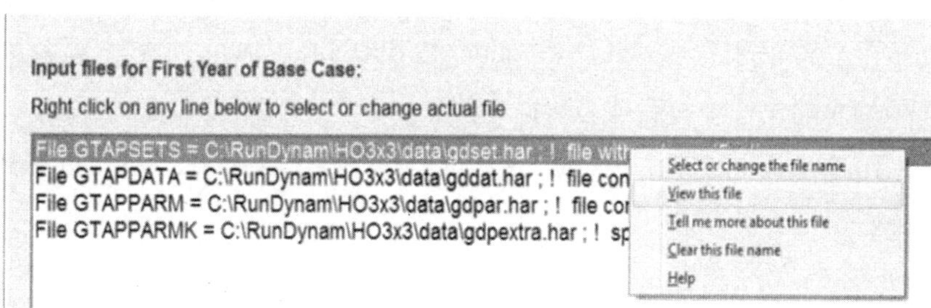

一旦你进入ViewHAR，将会看到一个菜单条和一个包含集合的表格，这里的每一行都代表一个集合。

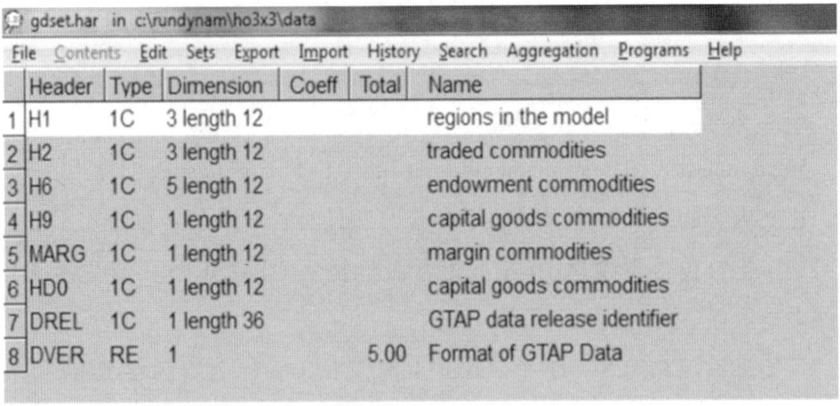

gdset.har in c:\rundynam\ho3x3\data

File Contents Edit Sets Export Import History Search Aggregation Programs Help

	Header	Type	Dimension	Coeff	Total	Name
1	H1	1C	3 length 12			regions in the model
2	H2	1C	3 length 12			traded commodities
3	H6	1C	5 length 12			endowment commodities
4	H9	1C	1 length 12			capital goods commodities
5	MARG	1C	1 length 12			margin commodities
6	HD0	1C	1 length 12			capital goods commodities
7	DREL	1C	1 length 36			GTAP data release identifier
8	DVER	RE	1		5.00	Format of GTAP Data

在目录中，第一列是集合的标题；第二列是数据的类别；第三列是数据的大小；最后一列是对于集合中包含的信息的特征描述。第三列中的 3 length 12意味着集合总有三个要素，每一个最多可能包含 12 个特征值。我们在 TABLO 文件中看到，区域的集合 REG 是在 H1 中的，H1 最后一列的描述和我们之前看到的井号之间的描述是一样的。

· 你可以双击这一行的任意位置来查看其包含的数据；

· 点击窗口上方的 Contents 返回目录；

· 现在我们来查看贸易商品（TRAD_ COMM）。

例 2：查看核心数据。

在查看数据之前，我们先再看一次 TABLO 文件，tab1. tab，即 GTAP-Dyn. tab 的副本。

· 在主菜单中选择 View——Main TABLO file，你可以在逻辑名称为 GTAPDATA 的文件中找到核心数据。

· 在 TABmate 中点击 Search——Find，查找 GTAPDATA，你可以看到如下的说明：

File

GTAPDATA #file containing all base data#;

这一项说明定义了一个逻辑名称为 GTAPDATA 的文件，现在我们来查看一个包含一些数据的公式。

· 在 TABmate 中，选择 Search——Find 查找 TOTINCEQY，你会找到一个标签为 TOTINCEQY 的公式：

Eqution TOTINCEQY

this equation determines the change in total income fore equity#

(all, r, REG)

yqh（r） = [YQHFIRM（r）/YQHHLD（r）] × yqhf（r） + [YQHTRUST（r）/YQHHLD（r）] ×yqht（r）

第一行是公式的名称；第二行是一项说明，告诉你这个公式的定义和作用；第三行说明这个公式是针对 REG 中的每个区域 r 的。

标准 GTAP 模型的惯例是使用大写字母代表绝对值变化，小写字母代表百分比变化。我们可以通过在 TABLO 文件中查找这些文件，来发现它们代表什么意义，以及它们是怎么计算出来的。因为所有的变量和参数都必须是在之前使用过的，所以我们一般都使用往前搜索功能。

· 在 TABmate 的主程序中选择 Search——Find，并查找 YQHHLD，记得将查找选项设置为向前查找：

```
Coefficient(all,r,REG)
YQHHLD(r)#regional household equity income#;
Formula(all,r,REG)
YQHHLD(r) = YQHFIRM(r) + YQHTRUST(r);
```

这告诉我们 YQHHLD（r）被定义为一个系数，而且表示区域家庭均衡情况下的收入。它等于另外两个系数的和，分别是 YQHFIRM（r）和 YQHTRUST（r）。这个系数常常被定义为一个衍生变量，因为它并不是从数据库直接读取的。

· 现在你可以使用 Search——Find 来查找 YQHFIRM（r）和 YQHTRUST（r），你将在 TABLO 文件中看到如下内容：

```
Coefficient(ge 0)(all,r,REG)
YQHFIRM(r)#income of region r from local firms #;
Update(all,r,REG)
YQHFIRM(r) = yqhf(r);
```

```
Read
YQHFIRM from file GTAPDATA header"YQHF";
Coefficient(ge 0)(all,r,REG)
YQHTRUST(r)#regional income from global trust #;
Update (all,r,REG)
YQHTRUST(r) = yqht(r);
Read
YQHTRUST from file GTAPDATA header"YQHT";
```

以上信息说明 YQHFIRM（r）和 YQHTRUST（r）是两个系数，分别定义为区域 r 从当地企业获取的收入和从 global trust 获取的收入。与 YQHHLD（r）不同，这些系数是直接从逻辑名称为 GTAPDATA 的数据中标题为 YQHF 和 YQHT 的数据集中读取出来的。

· 如果你在这里上下拉动滚动条，会发现很多其他的系数也是从 GTAPDATA 里读取的。

回到 RunDynam 软件中，你现在应该仍然处于标签为 Model/Data 的页面之中。在包含数据文件的白色框体之中，你可以看见一些与 GTAPDATA 中相同的文件。

2.5.4 运行模拟

这一部分的目标是让读者获得一些运行 RunDynam 的实际操作经验。我们用一个在世界其他国家（ROW）中提高总要素生产率的例子来说明 RunDynam 的运行。为了实现这个过程，我们需要先浏览一下 RunDynam 的页面。接下来的两页，Sim Overview、Clousre/Shock 是运行模拟必不可少的组成部分，而第三页，Results，给出在模拟之中被更新的数据结果。

我们首先给出一个运行模拟必需的要素清单。注意，这里我们的政策变量是一项对于生产效率的冲击。运行模拟需要两个要素：模型和数据，分别对应着 GTAP-Dyn. tab 和之前介绍过的数据库。然而，这里两页中的要点是 Sim Overview 和 Closre/Shock。

模拟概况

· 点击 Sim Overview 页面。

这个页面包含许多模拟的关键部分，包括起始年份、模拟时间段长度和模拟方式等，如下图。

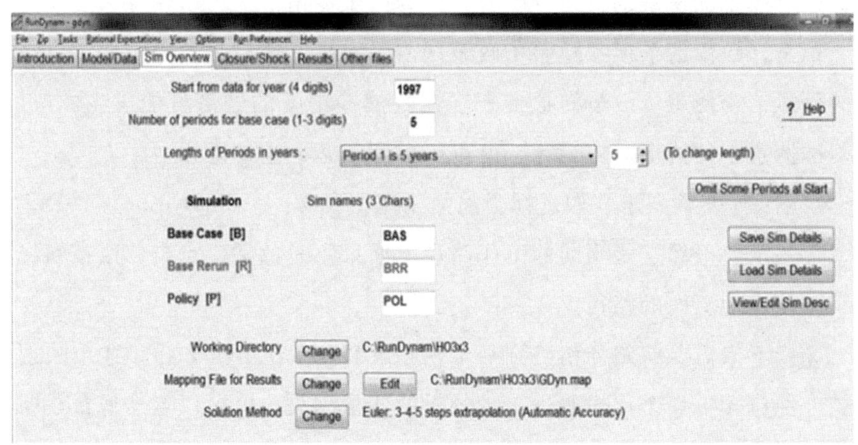

这个页面上，从上至下依次是如下内容。

· Start form data for year（4 个字符）是用来选择模拟的起始年份的。在这个例子中我们从 1997 年开始。

· Number of Periods for base case（1 个或 2 个字符）是用来确定需要检验多少个时间段的。在这个例子中我们需要关注 5 个时间段。

· 接下来的下拉菜单规定每个时间段的长度。在 GTAP-Dyn 模型之中，一个时间段也许并不是一年。在这个例子中，除了最后一个时间段，其他的时间段都是 5 年。

· 接下来是 Simulation 和 Sim names（三个空格），在 GTAP-Dyn 模型中将会进行三个模拟，基准情景、基准情景的再运行和政策情景。在这一部分需要对三次模拟起名字。在这个例子中我们将三次模拟起名为 BAS、BRR 和 POL，分别对应基准情景、基准情景的再运行和政策情景。

下面介绍一下三项模拟。

第一，基准情景的模拟展示了如果没有政策冲击，我们的经济将会怎样发展。模拟中包含一些宏观经济变量比如 GDP、人口等。

第二，基准情景的再运行利用了政策情景的闭合和基准情景的冲击，是一个校准模拟。如果有任何一个变量在基准情景的闭合中是内生的，但在政策情景的闭合中是外生的，那么程序会自动从基准情景中提取这些变量的取值，然后在基准情景的再运行中将其作为内生冲击。

第三，政策情景模拟检验了政策冲击的效果，当然需要与另一个基准情景的模拟结合使用。政策模拟带来了在政策冲击下的经济可能发生的改变，与基准情景中的情形对比计算，就可以得到政策冲击的效果。

· 下一个步骤要求我们选择当前的工作路径 C：\ RunDynam \ HO3X3 \ 。一定要确保这是当前的工作路径，如果不是的话，点击修改按钮，修改成为上面的路径。

· 接下来需要将路径精确到一个映射文件 GTAP-Dyn. map。这个映射文件包含了一个你想要进一步分析的变量列表。你可以点击底部的 Edit 按钮来查看这个映射文件。

· 最后，需要选择一种模拟方法。在这个例子中，我们使用 Gragg：2 - 4 - 6 steps extrapolation，选择完成之后还需要进行一下确认，选择的模拟方法将会出现在文本框中。如果确认，单击 OK。

闭合/冲击页面

· 点击 Closure/Shock 按钮移动到下一个页面，如下图所示：

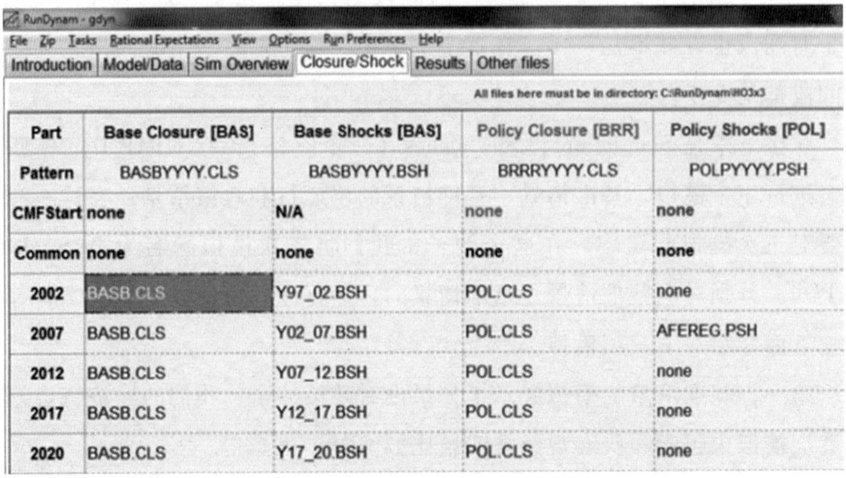

RunDynam - gdyn

File Zip Tasks Rational Expectations View Options Run Preferences Help

Introduction | Model/Data | Sim Overview | Closure/Shock | Results | Other files

All files here must be in directory: C:\RunDynam\HO3x3

Part	Base Closure [BAS]	Base Shocks [BAS]	Policy Closure [BRR]	Policy Shocks [POL]
Pattern	BASBYYYY.CLS	BASBYYYY.BSH	BRRRYYYY.CLS	POLPYYYY.PSH
CMFStart	none	N/A	none	none
Common	none	none	none	none
2002	BASB.CLS	Y97_02.BSH	POL.CLS	none
2007	BASB.CLS	Y02_07.BSH	POL.CLS	AFEREG.PSH
2012	BASB.CLS	Y07_12.BSH	POL.CLS	none
2017	BASB.CLS	Y12_17.BSH	POL.CLS	none
2020	BASB.CLS	Y17_20.BSH	POL.CLS	none

这个表格列出了每个时间段的冲击和闭合文件。我们会发现表格第一栏的标签会显示我们在 Sim Overview 中给出的信息，2002 年、2007 年、2012 年、2017 年是各个时间段的最后一年。

对于每一个时间段中的基准情景、政策冲击以及闭合，都必须详细地设置。闭合和冲击都包含在文件之中（＊. CLS 是闭合文件、＊. BSH 是基准冲击文件、＊. PSH 是政策冲击文件）。

如果设置正确，所有这些文件名称会是黑体的，这可以帮助我们进行检验。

· 查看基准冲击文件的方法是把鼠标移动到想要打开的文件上，右键点击，选择 Edit。

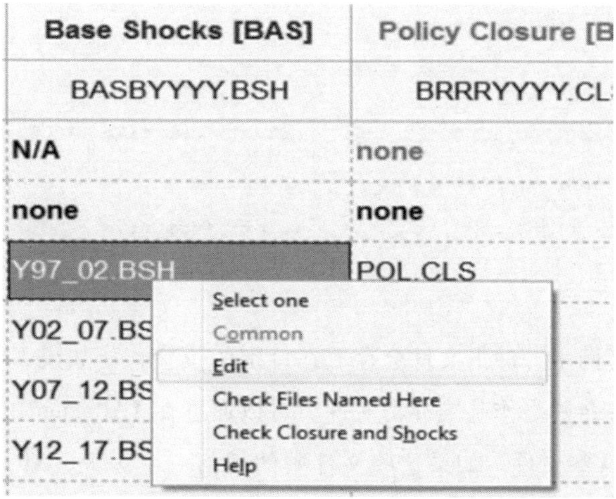

Base Shocks [BAS]	Policy Closure [B
BASBYYYY.BSH	BRRRYYYY.CL
N/A	none
none	none
Y97_02.BSH	POL.CLS
Y02_07.BS	
Y07_12.BS	
Y12_17.BS	

Select one
Common
Edit
Check Files Named Here
Check Closure and Shocks
Help

冲击文件包含一系列的变量和与变量关联的冲击。我们之前已提到过，基准情景描述了经济可能发生的情况。在这个例子中，我们有对于实际 GDP 增长率的预测值（qgdp），对于人口增长的预测值（pop）和对于技术与非技术劳动力的预测值（qfactsup），对于进口关税的冲击（tms）和对于出口补贴的冲击（txs）①，最后，模拟的时期被定为 5 年时间段，因

① 如果有任何变量不确定，可到 TABLO 文件中进行查找。

此第一个模拟就是 1997 ~ 2002 年，所有的冲击依次按每 5 年一个的顺序进行。

```
! Baseline simulation: 1997-2002
!
! Endowment shocks
!
Shock qfactsup("unsklab",REG) = select from file ENDW002.shk ;

Shock qfactsup("SkLab",REG)= select from file ENDW002.shk ;

Shock pop = select from file pop002.shk ;

shock qgdp = select from file gdp002.shk ;

Shock time = 5 ;

!
! Policy shocks
!
shock tms(TRAD_COMM,REG,REG) = select from file TMS002.SHK ;

! eliminate MFA/ATC quotas

shock txs(TRAD_COMM,REG,REG) = select from file TXS002.SHK ;
```

在一些特例中，冲击文件会存放在特别的位置，比如说 ENDW002. shk，这个文件后来会被当作基准冲击文件。可以通过在 TABmate 中选择 File——Open 来查看这些文件。如果这些文件中的任何一个丢失，Y97_ 02. BSH 将会以绿色形式出现在 Clousure/Shock 页面中。

政策冲击文件在 Clousure/Shock 页面中的最后一栏给出。

政策冲击文件和集中冲击文件有两个主要区别。

第一，政策冲击文件仅包括政策冲击。在这个例子中是对于生产效率（afereg）的冲击。

第二，政策情景中 shock 在某个地方被实行，同时也会有一个叫 ashock 的文件在基准情景的同样位置被实行。ashock 的含义是额外冲击。这样 afereg 在基准情景中就被施加了一个额外冲击。

闭合文件（POL. CLS）可以通过右键点击并选择 Edit 来查看。

闭合文件是用来确定在模型之中哪些变量定为内生、哪些变量定为外生的。为了使模型闭合，内生变量的数量必须等于公式的数量，否则的话模型无解。闭合文件中，在 Rest Endogenous 之前，有一个外生变量的列表，表示未列出的变量均为内生。POL. CLS 文件给出了标准 GTAP-Dyn 模型的闭合。

运行模拟

· 选择 Tasks——Run Base，Base Rerun and Policy 来运行基准情景、再运行政策情景。

· 屏幕上会弹出一个对话框，提示你模拟开始。单击 OK。

· 如果成功的话，如下信息会显示：

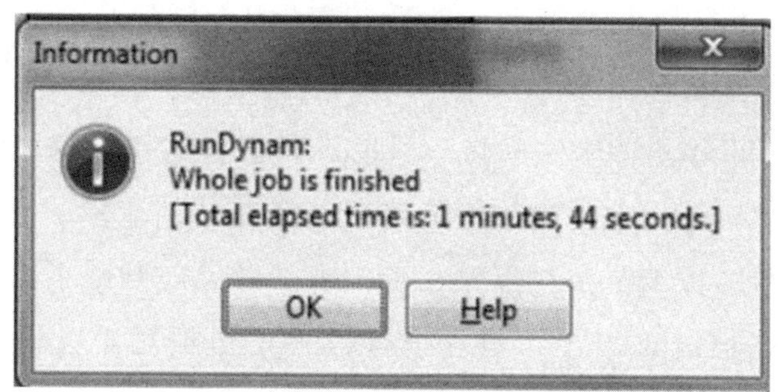

· 点击 OK。注意你将会跳转到 Results 界面。

修改模拟

随着我们对这个程序的运行越来越熟悉，可能会需要设定自己的模拟。我们建议一开始对当前已有的应用程序做小的修改，比如改变闭合、修改冲击或者时间段。然后可以渐渐地修改自己的区域和部门加总。如果想要构造自己的闭合或者冲击，只需要简单地修改检查过的文件就行了。如果想要修改模拟的时间段，只需要在 Sim Overview 页面中进行修改。任何对于时间的修改都会自动调整到 Closure/Shock 中。然后就可以修改自己的闭合和冲击了。但是注意，如果修改了时间段的长度，我们将需要在冲击文件中修改对于时间的冲击，因为这一点程序不会自己调整，这也是常常被人们遗忘的一个步骤。

当开始构建自己的模拟时，需要遵循以下的步骤。

第一，在 Sim Overview 页面中对于基准情景、基准情景的再运行和政策情景进行重命名。这样防止新的模拟抹掉之前的模拟结果。

第二，同时也需要记得修改对于模拟的描述，在 Sim Overview 页面中点击 Edit sim description，这可以帮助你记住每个模拟的特征。

第三，保存模拟的资料。

·一种方法是通过选择 File——Save simulation details as 来保存模拟的详细信息，然后给模拟添加一个新的名称。以后的任何时候，如果需要这些模拟信息，只需要点击 File——Load simulation details 并且选择相关的文件。这种方法的缺点在于只保存了模拟的细节信息①，而没有保存模拟的资料②本身。这样如果更改某项资料的话，模拟本身又被修改了。

·另一种可选的方法是压缩模拟的资料。可以通选择 File——Save ingredient as Zip archive 来达到这一目的。我们在这里建议将模拟资料保存为 Example1f. zip。这种方法的缺点在于没有保存结果，但是因为所有的模拟资料和模拟细节信息都保存了，所以以后需要结果的时候只需要再运行一遍模拟就可以了。当然也可以直接压缩结果文件，单独进行保存。

2.5.5 查看结果

这些结果是为模拟基本情况、模拟基本重现和模拟策略的每一个阶段而获取的，可以通过多种方式浏览。Results 这一变量被分成两部分，第一部分允许我们立刻浏览一下所有阶段的结果，而第二部分则要分阶段地进行展示。

(1) 查看所有阶段的结果

第一部分如下图所示：

---

① 模拟细节信息指的是保存在 Sim Overview 和 Closure/Shock 页面的信息。

② 模拟资料指的是闭合和冲击文件。

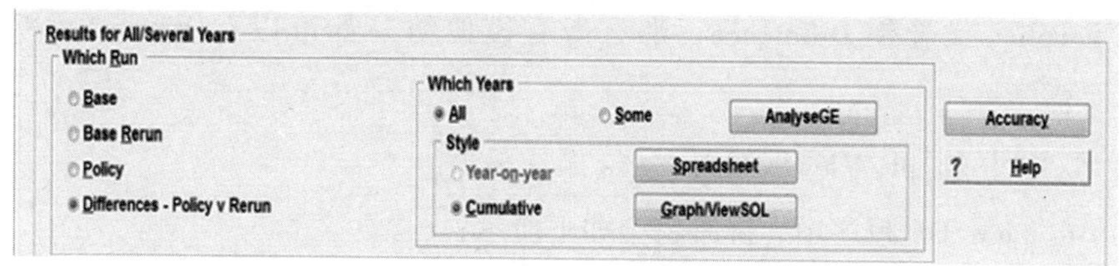

这一部分由三个方面组成。

第一，点击第一纵列的选项之一就可以查看模拟基本情况、模拟基本重现和模拟政策的结果，以及基本重现和政策之间的差异。这两者之间的差异显示了政策冲击的影响，相当于一个比较动态模型的输出。

第二，无论是某个时期的结果还是所有时期的结果都可以显示在AnalyseGE程序、电子表格或者是在ViewSOL程序中。点击AnalyseGE框就可启动AnalyseGE程序，同样的，点击Spreadsheet框或者Graph/ViewSOL框可以看到模拟内容。

第三，这一方面是关于方式的，既可以显示年度同比结果（或者是在GTAP-Dyn模型中显示时期结果）又可以显示累计结果。年度同比结果显示了在某个特定时期变量发生的百分比变化，而累计结果则显示了初始期和特定期之间变量发生的总的百分比变化。

（2）使用ViewSOL查看结果

使用ViewSOL程序检查数据的方法类似于之前用过的ViewHAR程序，比起Spreadsheet，ViewSOL观察结果更加方便。要使用ViewSOL查看结果，首先要确定希望查看的模拟对象。

· 点击Differences-Policy v Rerun选项，在选定对象附近的白色区域会出现一个小黑点；

· 接下来确定方式：年度同比结果或者是累计结果，通过点击Style框中的Year-on-year来选择年度同比结果。

在这一阶段选择哪一种方式并不重要，因为这两种通过ViewSOL都是可行的。然而，模拟对象的选择是很重要的。

如果选择了Base Case，那么只会有Base Case的结果，但是，如果选择了 Policy 或者是 Difference，那么所有模拟结果都可以在 ViewSOL 中即时查看。

· 点击 Graph/ViewSOL 框。

在 ViewSOL 程序中，屏幕将会如下所示：

ViewSOL - c:\rundynam\ho3x3\basb-brrr-2007.SL4 from c:\rundynam\ho3x3\basb-brrr-polp-dev.seq

File... Contents Format... Export... Time Series... Description Search Programs Help...

Everything | 1 basb-brrr-2007 | SEQ4 Diff Cum D

Variable	Size	No.	Name
Macros	1	25	Scalar variables (just one e
af	TRAD COMM*PROD COMM*REG	1	composite intermed. input i
afe	ENDW COMM*PROD COMM*REG	1	primary factor i augmenting
afereg	REG	1	Economywide afe shock
afesec	PROD COMM*REG	1	endowment generic tech cl
ams	TRAD COMM*REG*REG	1	import i from region r augm

在 ViewSOL 中我们将会看到一个菜单栏和一个结果表格，表格分成四个纵列，第一列显示了不同的名称，第二列是变量的维度，第三列显示了列表中变量的编号，第四列则是变量的简单介绍。我们会注意到无论在 RunDynam 中选择哪一项，累计差分结果都会显示，在 ViewSOL 中我们需要再做一次选择。要查看模拟政策需要选择 Timeseries... | Show..Pert | Perturbed Solution。

要查看模拟策略的年度同比结果，需要选择 Timeseries... | Show..YonY | Year-on-year。

除非是顶部右上角的 SEQ4 Diff Cum d 这句话变成了 SEQ4 Pert YonY p，否则很少会出现变化。

现在可以双击变量名称，查看其中一个变量。向下移动并找到 qgdp，这是实际 GDP 中变量的百分比变化。

接着可以点击主菜单中的 Contents，返回到变量表格。

也可以检查预期中对 afereg 的冲击值。找到并点击 afereg，请记住，这种冲击将取决于施加在基本情景和政策情景中的冲击。

选择 Time series ... | Show..YonY | Cumulative 同样也可以查看累计结果。再次检查位于右上角的 SEQ4 Pert Cum P 语句。

现在可以从 ViewSOL 中退出了。

（3）查看某些年份的结果

例 3：使用 AnalyseGE 查看某些年份结果。

在某些实例中，我们可能不需要所有年份的累计差额。

· 在 RunDynam 结果界面中，如果选择 some 选项，并点击 AnalyseGE，RunDynam 将会要求一个 RSL 文件，为了获取 RSL 文件，我们需要取消并返回 RunDynam 界面。

· 接下来选择 Tasks | Run SS Jobs for Selected Years。

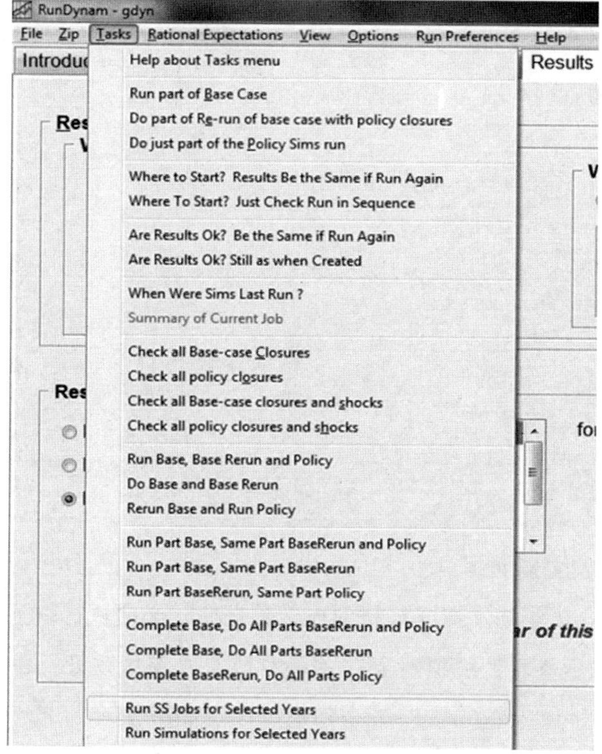

· 接下来 RunDynam 将会要求我们选择起始年份、结束年份和模拟对象。

· 选择 2002 作为起始年份，2012 作为结束年份，并点击 OK 键。检查先决条件，并点击 OK 键。

· 接着 RunDynam 将会运行 SS job，当选择 AnalyseGE 时，会出现一个 2002～2012 年的 RSL 文件，此时就可以下载了。

（4） 查看个别时期的结果

这个部分可以查看每一个时期的基本情况和政策的模拟结果，以及每个时期结束后的更新数据和日志文件，同样还可以检查个别时期的 GTAP-DYNView、GTAP-DYNVol 和 Welfare 结果。Results 页面的第二部分如下所示：

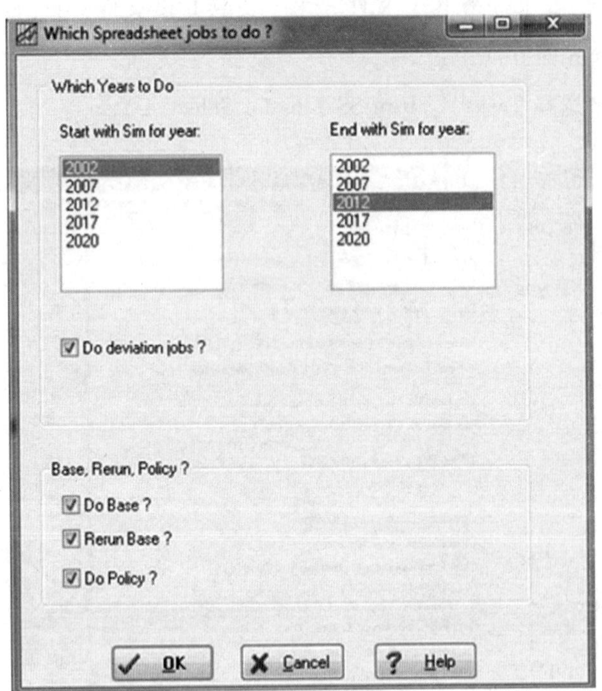

例 4：查看更新数据。

要查看 2012 年基本情况模拟的更新数据库，必须执行以下操作。

· 选择希望查看的模拟对象——基本情况或者是政策，在这种情况下，选择 Base。

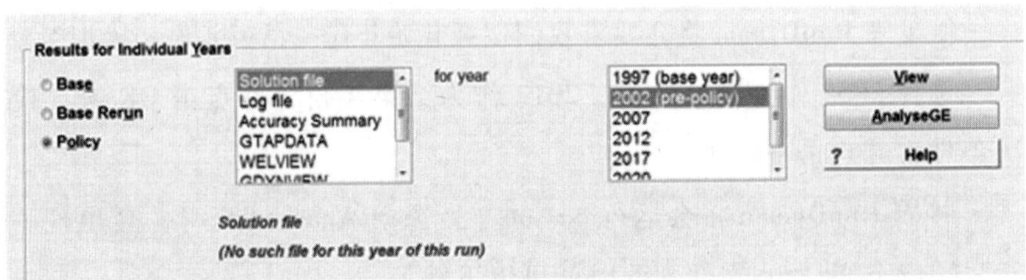

· 选择要查看的输出类型，可以从包含结果为变量的 Solution file 中选择；Log file 包含模拟的日志文件，包括了可能发生的任何错误、模拟的 Accuracy Summary 或者是包含了更新数据库的 GTAPDATA。在这种情况下，通过点击 GTAPDATA 来选择更新数据库。

· 选择感兴趣的相应的时间标签，在这种情况下应该是 2002 年。

· 单击 View 键来查看这些结果，用于查看文件的 ViewHAR 程序是自动打开的。这看起来应该很熟悉，因为在查看核心数据库时已经使用过相同的工具了。

· 选择 File | Exit 从 ViewHAR 中退出。

打开 9 of GEMPACK 也能够进行后模拟处理，因此，除了 Solution file 和 GTAPDATA，用户通过 WELVIEW、GTAP-DYNView、TAXRATES 和 GTAP-DYNVol 都能够获得更加详细的更新数据文件。

如果仔细看，会发现实际上 GTAP-DYNView、GTAP-DYNVol 和 TAXRATES 都放置在 TABLO 文件的末尾，插在以下两个语句之间：

PostSim(Begin)
PostSim(End)

因此，后模拟处理使计算出变量和系数的值变得可能，并取决于单个 TABLO 文件之前的模拟结果。GTAP-DYNView 收集了全球数据的特定部分，以及有关特定宏观变量的与有关贸易、运输和保护的重要信息。

按照同样的步骤来检查特定时期的 GTAP-DYNView 文件和 GTAP-DYNVol 文件。这些文件和 RunGTAP（Pearson and Nin Pratt，1999）中的文件都是相似的，有一些小的修改，包括 GTAP-Dyn 模型中的有用数据，例如收益和外汇收入的比率。GTAP-DYNView、GTAP-DYNVol 和 WELVIEW 的公式都包含在标准 GTAP-Dyn tab 文件中，以做 post-sim 处理。

例 5：查看福利分解。

福利分解（WELVIEW）的结果被认为跟 GTAPView 和 GTAPVol 的结果是一样的。但是请注意，如果时间受到了影响，那么模拟的结果将是零。在 WELVIEW 中，只有时间为零（即当你为建立一个有效的福利分解而进行比较静态模拟时），才会出现有效的结果。要求为动态模拟而承接福利分解的用户应该重新运行这一模拟（CH7HO3 × 3 GTAP-Dyn v35 97. zip），但是自动设置准确度为90%。

以下是承接福利分解模拟所需步骤的简要总结。

· 重新运行动态模拟（CH7HO3 × 3 GTAP-Dyn v35 97. zip），并将准确率自动设置为90%，在 ViewSOL 中打开结果，并留作后用。

· Model/Data 页面：从基础重新运行的最后一年修改更新数据文件中的基本数据（例如 dat-basb-brrr-2020. har）。

· Sim Overview 页面：更改标签避免覆盖文件。

· 年份和时间段（只需要一年，从2019年开始，长度为一年）。

· 修改文件名（WDB，WDR，WDP）。虽然我们不会需要所有的这三个，却很容易因为按错键而将模拟中的某一个覆盖掉。

· Closure/Shock 页面：更改 closure 文件（记得用不同的名称保存新的 closure 并将其下载到基线中）。

这给出了正确的 EV 和福利分解。为了验证这一点，我们可以将结果的数据库相互对比，把可比性的静态福利模拟得到的结果，与动态模拟的结果进行对比。两者之间会有差异，但是差异不会很大，应该是小于单个模拟值的0.01%。如果差异很大，那么请尝试提升动态模型或者可比性静态模型的准确性。

参考文献

Ahuja, V., Filmer, D., Educational Attainmentin Developing Countries: New Estimates and Projections Disaggregated by Gender, World Bank Policy Research Working Paper 1489, Washington, D. C.: World Bank, 1995, July.

Anderson, K., Dimaranan, B., Hertel, T., Martin, W., "Asia-Paciflc Food Marketsin 2005: A Global, Economy-Wide Perspective," *Australian Journal of Agricultural and Resource Economics*1997a, 41 (1): 19 – 44.

Anderson, K., Dimaranan, B., Hertel, T., Martin, W., "Economic Growth and Policy Reform in the Asia-Pacific: Trade and Welfare Implications by 2005," *Asia-Pacific Economic Review*, 1997b, 3: 1-18.

Ando, A., Modigliani, F., "The 'Life Cycle' Hypothesis of Saving: Aggregate Implication and Tests," *American Economic Review*, 1963, 53 (1): 55-84.

Bach, C. F., Dimaranan, B., Hertel, T. W., Martin, W., "Market Growth, Structural Change and the Gains from the Uruguay Round," *Review of International Economics*, 2000, 8 (2).

Bach, C. F., Pearson, K. R., Implementing Quotas in GTAP Using GEMPACK or How to Linearize an Inequality, GTAP Technical Paper 4, Center for Global Trade Analysis, Purdue University, 1996.

Benjamin, N., "Investments, Expectations, and Dutch Disease: A Comparative Study (Bolivia, Cameroon, Indonesia)," in J. Mercenier, T. N. Srinivasan, eds., *Applied General Equilibrium and Economic Development* (Arbor: University of Michigan Press, 1994): 235-251.

Bernard, A. B., Jones, C. I., "Comparing Apples to Oranges: Productivity Convergence and Measurement across Industries and Countries," *American Economic Review*, 1996a, 86 (5): 1216-1238.

Bernard, A. B., Jones, C. I., "Productivity across Industries and Countries: Time Series Theory and Evidence," *Review of Economics and Statistics*, 1996b, 78 (1): 135-146.

Burniaux, J., Nicoletti, G., Olivera-Marins, J., Green: A Global Model for Quantifying the Costs of Policies to Curb CO_2 Emissions, OECD Economic Studies 19, Paris: OECD, 1992.

Calderon, C., Loayza, N., Serv'en, L., Do Capital Flows Respond to Risk and Return? Policy Research Working Paper Series 3059, Washington, D. C.: World Bank, 2003.

CPB, World Scan: The Core Version, The Hague: CPB Netherlands Bureau for Economic Policy Analysis, December, 1999.

Dimaranan, B. V., ed., Global Trade, Assistance, and Production: The GTAP 6 Database, West Lafayette, IN: Center for Global Trade Analysis, Purdue University, 2006.

Dimaranan, B. V., McDougall, R. A., Global Trade, Assistance, and Production: The GTAP 5 Database, West Lafayette, IN: Center for Global Trade Analysis, Purdue University, 2002.

Dimaranan, B. V., Walmsley, T. L., "Chapter 18 A: Macroeconomic Data," in B. V. Dimaranan, R. A. McDougall, eds., Global Trade, Assistance, and Production: The

GTAP 5 Database, West Lafayette, IN: Center for Global Trade Analysis, Purdue University, 2002.

Engel, R. F., "Autoregressive Conditional Heteroskedasticity with Estimates of the Variance of United Kingdom Inflation," *Econometrica*, 1982, 50: 987 – 1007.

Feldstein, M., Horioka, C., "Domestic Saving and International Capital Flows," *Economic Journal*, 1980, 90 (138): 314 – 329.

Francois, J., Strutt, A., "Post Uruguay Round Tariff Vectors for GTAP v. 4," Unpublished Memorandum, June, 1999.

Harrison, J., Pearson, K., Getting Started with GEMPACK: Hands-on Examples, GEMPACK Document No. 8, Melbourne: Centre of Policy Studies and Impact Project, MonashUniversity, 1998.

Hertel, T. W., ed., *Global Trade Analysis Modeling and Applications* (Cambridge: Cambridge University Press, 1997).

Hertel, T. W., Tsigas, M. E., "*Structure of GTAP*," in T. W. Hertel, ed., *Global Trade Analysis Modeling and Applications* (Cambridge: Cambridge University Press, 1997): 13 – 73.

Horridge, J. M., Inequality Constraints, Paper Presented at GEMPACK Users Day, June, 1993.

Howe, H., "Development of the Extended Linear Expenditure System from Simple Saving Assumptions," *European Economic Review*, 1975, 6: 305 – 310.

Huff, K., Hertel, T. W., Decomposing Welfare Changes in GTAP, GTAP Tech-nical Paper 5, Center for Global Trade Analysis, Purdue University, 1996.

Ianchovichina, E. I., International Capital Linkages: Theory and Application in a Dynamic Computable General Equilibrium Model, PhD Thesis, Department of Agri-cultural Economics, Purdue University, 1998.

Ianchovichina, E., McDougall, R., Structure of Dynamic GTAP, GTAP Technical Paper 17, West Lafayette, IN: Center for Global Trade Analysis, Purdue University, 2001.

Kapur, J. N., Kesavan, H. K., *Entropy Optimization Principles with Applications* (New York: Academic Press, 1992).

Kmenta, J., *Elements of Econometrics* (New York: Macmillan, 1986).

Kouparitsas, M., "How Worrisome is the U. S. Net Foreign Debt Position?" *Chicago Federal Letter*, No. 2002, 2004.

Kraay, A., Ventura, J., "Current Accounts in Debtor and Creditor Countries," *Quarterly Journal of Economics*, 2000, 95: 1137 – 1166.

Kraay, A., Loayza, N., Serven, L., Ventura, J., *Country Portfolios*, Working Paper Series No. 7795, Washington, D. C.: National Bureau of Economic Research, July,

2000: 1 - 61.

Larson, D. F. , Butzer, R. , Mundlack, Y. , Crego, A. , "A Cross-Country Database for Sector Investment and Capital," *World Bank Economic Review*, 2000, 14: 371 - 391.

Levin, A. , Lin. , C. F. , Unit Root Tests in Panel Data: Asymptotic and Finite-Sample Properties. Discussion Paper, San Diego: Department of Economics, University of California, San Diego, 1992: 92 - 123.

Lewis, K. K. , "Trying to Explain Home Bias in Equities and Consumption," *Journal of Economic Literature*, 1999, 37: 571 - 608.

Martin, W. , Dimaranan, B. , Hertel, T. , Ianchovichina, E. , Trade Policy, Structural Change and China's Trade Growth, Working Paper No. 64, Stanford, CA: Institutefor Economic Policy Research, 2000.

McDougall, R. A. , Elbehri, A. , Truong, T. P. , Global Trade Assistance and Protection: The GTAP 4 Database, West Lafayette, IN: Center for Global Trade Analysis, Purdue University, 1998.

McDougall, R. A. , ed. , Global Trade, Assistance, and Protection: The GTAP 3 Database, Center for Global Trade Analysis, Purdue University, 1997: 50.

McDougall, R. , A New Regional Household Demand System for GTAP, GTAP Technical Paper No. 20, WestLafayette, IN: Center for Global Trade Analysis, Purdue University, 2002.

McDougall, R. , Tsigas, M. E. , Wigle, R. , "Overview of the GTAP Database," in T. W. Hertel, ed. , *Global Trade Analysis Modeling and Applications* (Cambridge: Cambridge University Press, 1997): 74 - 124.

McKibbin, W. J. , Wilcoxen, P. J. , "The Theoretical and Empirical Structure of G-Cubed," Mimeo, Brookings Institution, 1995.

Modigliani, F. , Brumberg, R. , "Utility Analysis and the Consumption Function: An Interpretation of Cross-Section Data," in K. K. Kurihara, ed. , *Post-Keynesian Economics* (New Brunswick, NJ: Rutgers University Press, 1954): 388 - 436.

Nehru, V. , Dhareshwar, A. , "A New Database on Physical Capital Stock: Sources, Methodology and Results," *Revista de Analisis Economico*, 1993, 8 (1): 37 - 59.

Nin, A. , Hertel. , T. W. , Foster, K. , Rae, A. , "Productivity Growth, Catching-up and Uncertainty in China's Meat Trade," *Agricultural Economics*, 2004, 31: 1 - 16.

OECD, Methods Used by OECD Countries toMeasure Stocks of Fixed Capital, Paris: OECD, 1993.

Pearson, K. , NinPratt, A. , Hands-on Computing with Run GTAP and WinGEM to Introduce GTAP and Gempack, West Lafayette, IN: Center for Global Trade Analysis, Purdue University, 1999.

Pearson, K., Hertel, T., Horridge, M., Analyse GE: Software Assisting Modellersin the Analysis of their Results, Melbourne: Centre of Policy Studies and Impact Project, Monash University, 2002.

Source OECD, Annual National Accounts Volume II-Detailed Tables-Main Aggregates, Volume 2004, Release 01.

Statistics Directorate OECD, Flows and Stocks of Fixed Capital, Paris: OECD, 1983, 1987, 1991, 1994, 1996, 1997.

Tyers, R., Aging and Slower Population Growth: Effects on Global Economic Performance. Paper presented to the Experts'Meeting on Long Term Scenarios for Asia's Growth and Trade, Manila, November 10 – 11, 2005.

Walton, R., "International Comparison of Profitability," *Economics Trends*, January, 2000a, 554.

Walton, R. "International Comparison of Company Profitability," *Economic Trends*, December, 2000b, 565.

第3章　实际应用*

3.1　2050年全球八大经济体BAU下的二氧化碳排放

——基于全球动态能源和环境GTAP-Dyn-E模型**

摘　要：本节采用全球动态能源和环境GTAP-Dyn-E模型预测了2010～2050年全球八大经济体（美国、欧盟、日本、澳大利亚和基础四国）的二氧化碳排放情况。与现有研究不同，本节不但预测了排放总量，还预测了排放来源、能源产品和行业来源等方面的变化趋势。研究表明，在基准情景下，八大经济体中的日本的二氧化碳排放会在2040年前后达到峰值，其他七个经济体的二氧化碳排放在2050年前都未能达到峰值，而且发展中国家的排放增速明显快于发达国家。煤炭使用量的减少是各个国家共同的趋势，使用石油和天然气的比例将逐渐提高，尤其是对一些发达经济体（美国、欧盟和澳大利亚）来说。未

* 鉴于本章各小节内容均为作者早期研究，研究年份较早而无法观测刻画当前经济环境下的重要影响因素，所以研究结论与当前经济环境发展趋势存在一定偏差，下文将对主要偏差小节做详细解释。

** 本小节研究内容完成于2013年，因研究年份较早而无法对当前政策发展下的新形势加以考虑，在情景构建部分尚未考虑我国大力推动减排而带来的技术进步能效提升、能源使用结构向可再生能源偏移、电气化进程不断加快等内容，因此研究结论存在局限性。在目前我国技术水平不断提高，能效、碳价格、可再生能源等环境政策不断推进的背景下，碳达峰和碳中和目标将稳步实现。

来天然气将取代煤炭或者石油成为最主要的能源，而对发展中国家来说，煤炭仍然是主要能源。

关键词：BAU　二氧化碳　GTAP-Dyn-E

3.1.1 研究背景

以牺牲环境为代价，依靠大量消耗资源的传统经济增长方式已经难以为继。向低碳经济转型已经成为世界经济发展的重要目标，发达国家正在积极采取措施加强新兴低碳技术和新型能源研发，以期在竞争中抢占先机。发展中国家也积极推动经济发展方式的转型，走上可持续发展的道路。为此，世界大多数国家都将减排工作当作发展重点来抓，预测各国未来二氧化碳排放的基准情景（BAU）对全球温室气体减排具有重要的作用。第一，全球减排合作的关键在于确定不同国家的减排目标，预测全球和不同国家的未来碳排放的BAU则是制定减排目标的基础之一；第二，各个国家在未来某个时间上承诺的减排量也是与BAU密切相关的，通过承诺的减排量和BAU之间的比较可以分析各个国家减排压力和减排空间的大小；第三，通过建立各国二氧化碳排放的BAU，可以确定各国二氧化碳排放的峰值，以为政策制定提供支撑；第四，通过较为详细的分行业的二氧化碳排放BAU预测，可以使各国未来的经济结构变化和高耗能产业的发展有一个清晰的框架，从而有利于制定二氧化碳减排的具体路径和方向，为国家制定节能减排政策提供依据。

国内外学者和研究机构采用不同方法对二氧化碳排放的BAU进行了预测。岳超等（2010）采用Kaya恒等式模型对2005～2050年我国二氧化碳排放的基线情景进行了预测。联合国开发规划署和中国人民大学（2010）采用PECE（技术优化模型）分别估算了我国在基准情景、控排情景和减排情景下2005～2050年的二氧化碳排放。中国能源和碳排放研究课题组利用IPAC-AIM技术模型，预测了中国2050年排放情景。联合国环境规划署

（2008）在《全球环境展望》中采用 IMAGE 模型（全球环境综合模型）测算了市场优先情景、政策优先情景、安全优先情景和可持续发展情景四个情景下的拉丁美洲和加勒比地区、北美、欧洲、亚太地区和非洲 2050 年的碳排放。国际能源署（IEA）（2010）在《世界能源展望》中对全球八大经济体的 450 个减排情景和新政策情景进行了测算。其他研究也都采用了很多模型对二氧化碳排放的基线情景进行了预测，如 Adage 模型、Gains 模型、Witch 模型和 Linkages 模型等。

虽然现有研究利用各种方法对各国二氧化碳的排放基线进行了预测，但现有研究主要是对各国二氧化碳排放总量进行预测，并没有详细预测排放结构（包括排放的能源结构、产业结构等）。本节利用全球动态能源和环境 GTAP-Dyn-E 模型对八个主要经济体到 2050 年排放的 BAU 进行了预测，将私人排放和企业排放分开，将排放分产业进行了预测，并详细预测了不同能源产品导致二氧化碳排放的变化。

本章将主要集中回答以下问题：全球主要经济体在基准情景下的排放趋势如何？是否有峰值以及何时达到排放峰值？不同行业的排放趋势是否相同以及不同排放源将发生怎样的变化？

本节共分为四部分，第一部分为研究背景；第二部分为研究方法和模拟方案；第三部分为模型结果和分析；第四部分为主要结论。

3.1.2　研究方法和模拟方案

全球动态能源和环境 GTAP-Dyn-E 模型是一个世界经济的动态递归可应用一般均衡模型（AGE）。它扩展了标准 GTAP-E 模型（Hertel，1997），包括跨国家资本流动、资本积累，以及投资的适应性预期理论。动态 GTAP 扩展的一个突出技术特征是关于时间的处理。许多动态模型将时间作为一个指数（Index），使得模型中每一个变量都有一个时间指数。在动态 GTAP 模型中，时间本身是一个变量，受外生变化与通常的政策、技术和人口变量的影响。

动态 GTAP-E 模型与标准 GTAP-E 模型的区别可以概括为以下几点。第一，与静态模型相比，动态 GTAP-E 模型提供一个更好的长期分析。因为在动态模型中需要构建基准情景，并且要考虑各种要素的累积效应。第二，在标准 GTAP-E 模型中，资本只允许在同一个区域内不同产业间进行流动。但在动态模型中，资本可以在不同区域之间流动，这使得不同地区间的投资和资本存量对各地区的不同的资本回报率做出反应。第三，国家间回报率调整需要时间。静态模型假定各个国家不同的资本回报率调整是瞬间完成、没有时滞的。动态模型认为这种调整需要一定的时间，应该说更符合现实。第四，引入投资的适应性预期。投资行为的变动不取决于实际回报率，而取决于预期回报率的变化。这就允许投资在短期内可以出错，但是应长期保持与实际回报率变动一致。第五，引入金融资产的资本和收益实现不同年份的动态链接。

我们采用美国普渡大学第七版动态 GTAP（Global Trade Analysis Project）数据库，该数据库包括以 2004 年为基年的全世界多区域的投入产出表，涉及 113 个国家和地区、57 个部门（42 个产品部门和 15 个服务部门）。

根据研究的需要，我们对区域和产品进行了加总和归并[①]。从区域来看，我们将原始的 113 个国家和地区加总成 9 个国家和地区，分别为“基础四国”（中国、印度、巴西和南非）、三大经济体（美国、日本和欧盟[②]）、澳大利亚和其他国家。就部门而言，将 57 个部门加总成 17 个部门。

3.1.3 模拟结果和分析

本章运用动态 GTAP-Dyn-E 模型预测了全球八大经济体的二氧化碳排放量[③]。为了便于分析全球八大经济体的排放特征（见表 3－1），我们主要从三个角度进行分析（排放峰值、绝对量和增速）。第一，排放峰值。在 BAU

---

① 除了具体的研究需要之外，对于区域和产品进行加总还可以提高模型的运行速度和减少模拟需要的时间。

② 尽管英国“脱欧”，但鉴于其与欧盟紧密的贸易联系和分析的方便，我们将英国也计入欧盟区域。从目前来看，欧盟包括 27 个国家，但是 GTAPV7 数据库中并没有包括所有 27 个国家，只包括了 24 个国家，但从产值上来看，覆盖的国家超过欧盟产值的 95%，所以，并不影响区域的代表程度。

③ 本研究的排放特指二氧化碳排放（CO_2），不是二氧化碳等价（CO_2-e），因此，不包括甲烷、氧化亚氮和其他氟化物等温室气体。同时，排放方式也只是指化石能源燃烧产生的排放，不包括过程排放、畜牧业排放和森林碳汇等，也没有考虑新能源和 CCS 技术等变化带来的影响。

下，就二氧化碳排放而言，日本是唯一能在 2050 年之前达到峰值的经济体，其余经济体都不可能达到峰值，而日本大致在 2045 年前后达到峰值。第二，排放绝对量。世界二氧化碳排放的增速和潜力还很大，如表 3－1 所示，全球的二氧化碳排放量从 2010 年的 329.5 亿吨增加到 2050 年的 737.2 亿吨，增长 123%[①]。因此，在基准情景下，完成 2100 年将温度上升维持在 2 摄氏度以内[②]的目标很难实现。从国家来看，2050 年二氧化碳排放量排在前三位的分别是中国（144.9 亿吨）、美国（98.2 亿吨）和印度（84 亿吨），分别是 2010 年的 2 倍、1.52 倍和 4.54 倍。第三，排放增速。与发达国家相比，发展中国家的二氧化碳排放增速要更快。平均来看，发达国家 2050 年的二氧化碳排放是 2010 年的 1.62 倍，而发展中国家则为 2.55 倍。其中，增加幅度最大的是印度，2050 年的二氧化碳排放是 2010 年的 4.54 倍。另外，无论是发达国家还是发展中国家的排放增速都呈现逐渐下降的态势。

表 3－1　BAU 下 2010～2050 年主要国家和地区的 CO_2 排放量

单位：亿吨

国家和地区	2010 年	2015 年	2020 年	2025 年	2030 年	2035 年	2040 年	2045 年	2050 年
中国	72.5	85.5	98.4	113.7	126.6	135.1	140.3	143.6	144.9
欧盟	34.8	36.1	37.7	39.4	41.3	43.9	47	49.4	51.2
美国	64.8	69	73.4	77.9	82.7	87.6	92	95.9	98.2
日本	12.7	13	13.4	13.7	14	14.3	14.5	14.6	14.3
澳大利亚	4.6	5.4	6.3	7.2	8.1	8.9	9.7	10.3	10.8
印度	18.5	22.8	28.3	34.3	41.6	50	59.7	71.9	84
巴西	3.9	4.3	4.6	5	5.5	5.9	6.4	6.8	7
南非	5.2	5.8	6.5	7.3	8.1	8.8	9.3	9.6	9.7
其他国家和地区	112.6	132.9	154	174.2	196	223.6	255.7	286.6	317.1
加总	329.5	374.9	422.7	472.6	523.9	578	634.6	688.8	737.2

资料来源：动态 GTAP-Dyn-E 模拟结果。

① 这与 IEA 的研究比较接近，国际能源署（IEA）完成的《能源技术展望 2008》报告发出警告，如果排除政策变化和主要的供给约束，则到 2050 年，全球石油需求将增长 70%，二氧化碳排放量将增长 130%。

② 这是避免气候变化出现危险的界限。

3.1.3.1 各经济体排放总量的比较

由于关于主要经济体BAU下的二氧化碳排放测算已有很多研究成果。所以，为了更好地理解主要经济体2050年BAU下的二氧化碳排放，我们将已有的研究进行了系统的梳理，分别从已有研究成果、各经济体2020年承诺的减排量两个角度进行比较。

(1) 与已有研究成果比较

通过与已有权威研究成果对比可以验证本研究的合理性和准确性。为此我们以IEA和EIA以及相应国家内部机构的测算为主，此外，也考虑了一些知名研究机构的基准情景预测。

①主要发达经济体（美国、日本、欧盟和澳大利亚）排放预测

主要从下面三个方面进行对比，第一，短期预测比较。本研究对2020年美国、欧盟、日本和澳大利亚的排放预测分别为73.4亿吨、37.7亿吨、13.4亿吨和6.3亿吨。GTEM模型对2020年美国、欧盟、日本和澳大利亚的排放预测分别为77亿吨、53亿吨、12亿吨和7.7亿吨，其中美国、日本和澳大利亚的结果与本研究比较接近。欧盟的结果与本研究有很大的差异，这是由对欧盟包含国家的统计口径不同造成的。IEA对2020年美国、欧盟和日本的排放预测分别为57亿吨、39亿吨和11.5亿吨。

第二，峰值预测比较。本研究结果认为，BAU下，四个发达经济体中，只有日本的排放在2050年前（约为2045年）能够达到峰值，其他发达经济体在2050年前都很难达到峰值。已有其他研究模型（如Witch、Linkages和GTEM模型）关于美国和澳大利亚的研究与本研究基本一致，关于欧盟的研究略有差异。IEA的研究认为欧盟的排放在2030年前后会达到峰值，而且其研究结果主要考虑了欧盟现有的气候变化政策，所以其峰值过早的到来更多的是政策作用的结果。日本的研究模型（WEM-CO_2、Gains和GTEM模型）结果显示2050年前日本的排放会达到峰值，但到达峰值的时间与本研究有些差异，大部分认为日本的排放会在2030年前后达到峰值。

第三，长期预测比较。模型显示，2050年美国、欧盟、日本和澳大

利亚的排放将分别达到98.2亿吨、51.2亿吨、14.3亿吨和10.8亿吨。其他研究模型（Adage、Witch、Linkages和GTEM）结果显示：2050年美国二氧化碳总排放的预测为81亿~110亿吨，平均值为97.7亿吨，与本研究结果98.2亿吨非常接近。2050年欧盟二氧化碳总排放的预测为47亿~71亿吨，平均值为56.2亿吨，与本研究的51.2亿吨也比较接近。2050年日本二氧化碳总排放的预测为11亿~12亿吨，平均值为11.5亿吨，与本研究的14.3亿吨略有差距。2050年澳大利亚二氧化碳总排放的预测为9.6亿~10.4亿吨，平均值为10亿吨，与本研究的10.8亿吨比较接近。

②基础四国（印度、巴西、南非和中国）排放预测

由于本研究和其他研究的结果都认为基础四国的二氧化碳排放在2050年前都不可能达到峰值，因此这里不再做排放峰值的比较，主要侧重短期预测和长期预测两方面的比较。

从短期预测来看，模型显示，2020年，印度、巴西、南非和中国的排放分别为28.3亿吨、4.6亿吨、6.5亿吨和98.4亿吨。EIA对2020年印度、巴西、南非和中国的排放预测分别为25.4亿吨、5.34亿吨、6.7亿吨和91亿吨。从长期预测来看，2050年印度、巴西、南非和中国的排放将达到84亿吨、7亿吨、9.7亿吨和144.9亿吨。EIA预测2050年印度、南非和中国的排放分别为71亿吨、11.2亿吨和134亿吨。EIA的研究结论与本研究的主要差异在于对各个国家基准情景下的经济增速假设不同。

（2）与各经济体2020年承诺的排放量比较

哥本哈根气候大会前后，各个国家都有条件或无条件地提出了本国在2020年的承诺减排目标。从表3-2可以看出，各经济体承诺的减排目标和基年的设定有很大的不同。按照减排方式可以分为相对减排（涉及中国和印度）和绝对减排（涉及其余六个经济体）两种。此外，基准年份的设定也有很大的差异，大多数国家都将1990年作为基准年，还有一些国家（中国、印度和美国）设定在2005年，澳大利亚则将2000年定为基准年。因此，不同的减排方式和基年选择将对各国减排目标的实现造成很大

影响。

通过比较各国的BAU下的二氧化碳排放和减排承诺可以衡量各国减排承诺实现的难度。表3－3计算了各经济体在2020年承诺的绝对排放量。从绝对减排量看，美国为完成承诺的目标需要减排的量最大，达到25.4亿吨，其余经济体需要减排的量较小，基本上都为2亿～8亿吨，其中，中国需要减排7.9亿吨。需要减排最少的国家是巴西，只需要减少2亿吨。从减排幅度看，南非为完成承诺需要减排的幅度最大，达到了74%，接着是澳大利亚，为60%，这两个国家的减排幅度均超过了50%。其余经济体大多数为30%～50%。另外，两个采用相对减排方式的国家的减排幅度较小，其中，中国和印度只需要分别减排8%和18%即可完成2020年的承诺目标。

表3－2　2020年八大经济体承诺减排目标一览

经济体	基准年份	基准年份的 CO_2（亿吨）	2020年绝对减排目标	2020年相对减排目标
中　国	2005	50.6	—	40%～45%
美　国	2005	58.0	17.00%	—
日　本	1990	10.7	25.00%	—
印　度	2005	11.5	—	20%～25%
澳大利亚	2000	3.4	15%或25%	—
南　非	1990	2.5	34.00%	—
巴　西	1990	2.0	36.1%或38.9%	—
欧　盟	1990	4.1	20%或30%	—

资料来源：根据2009年《联合国气候变化框架公约》缔约方第15次会议——哥本哈根大会上各国做出的承诺整理，http：//unfccc.int/meetings/copenhagen_ dec_ 2009/items/5264.php。

表3－3　2020年八大经济体承诺的绝对减排量与本研究预测基线排放对比

单位：亿吨，%

经济体	2020年承诺的绝对减排量	2020年基线排放	减排量	减排幅度
中　国	90.5	98.4	7.9	8
美　国	48	73.4	25.4	35
日　本	8	13.4	5.4	40

续表

经济体	2020 年承诺的绝对减排量	2020 年基线排放	减排量	减排幅度
印　度	23.3	28.3	5.0	18
澳大利亚	2.5	6.3	3.8	60
南　非	1.7	6.5	4.8	74
巴　西	2.6	4.6	2.0	44
欧　盟	32.5	37.7	5.2	14

注：设 2020 年承诺的绝对减排量为 A，2020 年基线排放为 B，则减排量为（$A-B$），减排幅度为（$A-B$）$/B\times100\%$。

资料来源：笔者整理计算。

3.1.3.2　按使用的能源产品类型来划分各经济体的排放

能源产品的使用结构是影响一个国家二氧化碳排放总量和强度的重要因素，不同国家对不同能源的依赖程度存在明显的差异。根据模型 2004 年基础排放数据库，我们可将八个经济体分为两种类型。第一类，以使用煤炭为主，这类经济体包括中国（75.6%[①]）、澳大利亚（59.0%）、印度（65.5%）和南非（80.4%）。第二类，以使用石油及其制品为主，这类经济体包括美国（40.5%）、欧盟（46%）、日本（60.2%）和巴西（78.3%）。总的来说，2004 年煤炭和石油及其制品的排放比重占据着 86.4% 的绝对优势，而天然气只有 13.6%。到 2050 年，除美国和欧盟外，其余经济体的能源依赖类型没有发生变化。其中，美国和欧盟都将从以使用石油及其制品为主变成以使用天然气为主。

模型显示，2050 年八个经济体的煤炭和石油及其制品的平均排放比重将逐渐下降到 73%，而天然气的排放比重将增加到 27%。这表明八个经济体的企业更倾向于使用天然气，而不是煤炭和石油及其制品。原因主要有两方面。第一，天然气的巨大供应。这不只是指传统的天然气供应量较大，更主要的是指非传统天然气（页岩气和煤层气）的开采量也将大幅增加。第二，发电技术的变化。随着电力需求的不断增加，富裕国家将用天然气发电取代老化的

① 该数据表示总排放中来自该种能源产品排放的比重。

煤炭发电站。因此，这两方面的原因共同导致了未来对天然气需求的大幅增加。

虽然，八个经济体的煤炭和石油及其制品的平均排放比重在下降，但不同国家的表现不尽相同。其中，美国、欧盟、日本、澳大利亚、印度和巴西的煤炭和石油及其制品的排放比重均下降，与八个经济体总体平均趋势一致。但是，中国和南非不同，虽然这两国的煤炭排放比重下降，但是石油及其制品的排放比重在不断上升。这是因为这两个国家并没有大量的天然气供应，而在煤炭供应下降的情况下，只能大量使用石油及其制品。2010～2050年八大经济体的二氧化碳排放来源结构如图3－1所示。

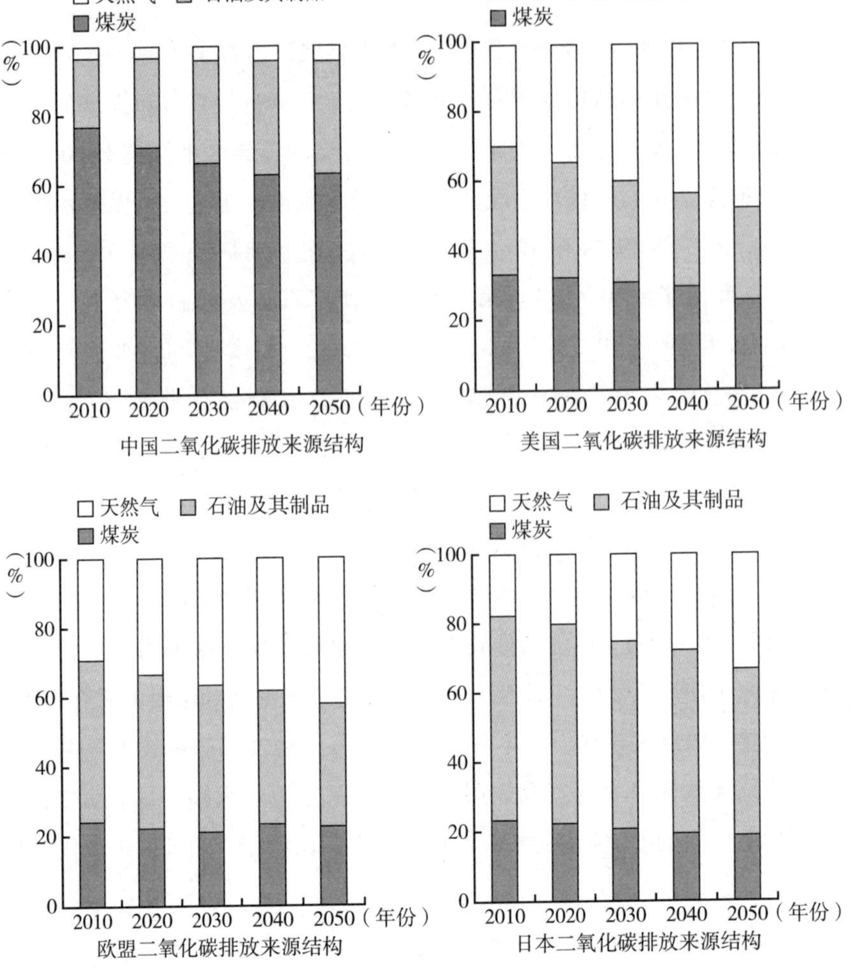

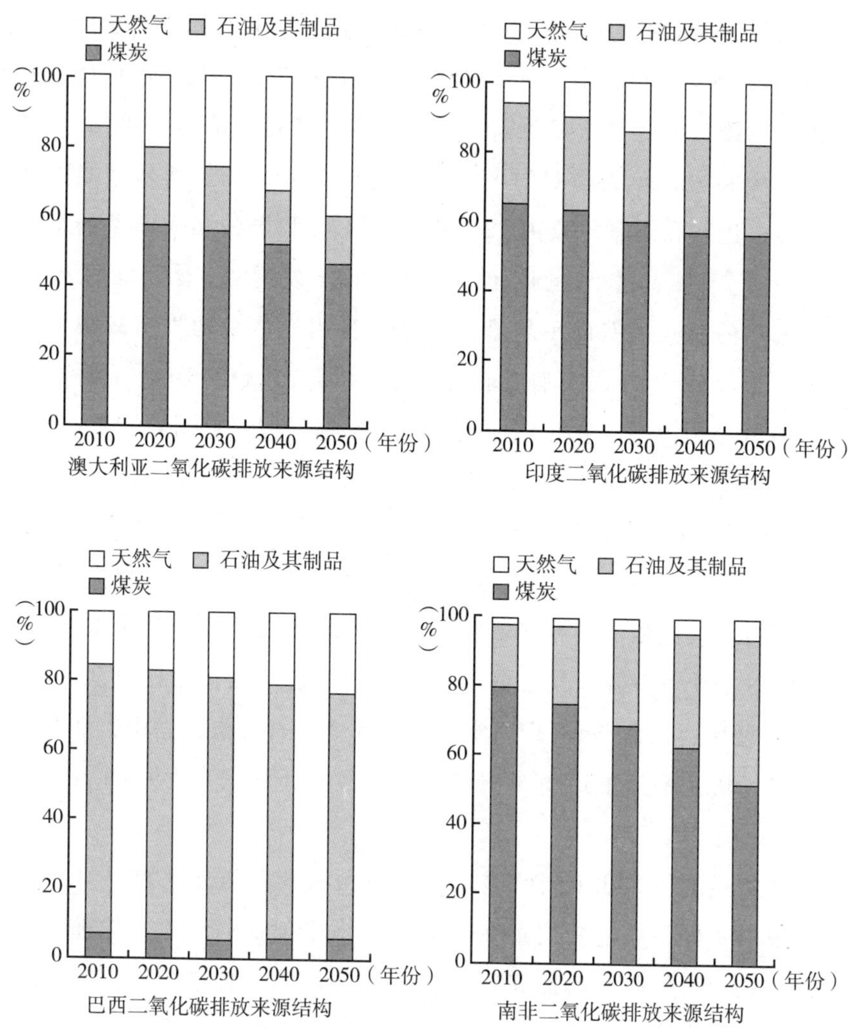

图 3－1　2010～2050 年八大经济体的二氧化碳排放来源结构

3.1.3.3　按私人和企业来源来划分各经济体的排放

从能源使用者（主要是指生产者和消费者）的角度来看，不同国家生产者和消费者对能源消费的差异也导致其二氧化碳的排放不相同。第一，从排放的结构（数据来自 2004 年基础排放数据库）看，仍然是企业的排放占据绝对的主导地位，无论是发达经济体还是发展中经济体均是如此，八个经济体企业的平均排放比重大致达到85%，而来自私人消费的平均排放比重只占15%。我们还发现，与发展中经济体相比，发达经济体的私人消费的平均排放占的比重要更高。其中，四个发达经济体（美国、日本、欧盟和澳大利亚）私人消费的平均排放占比为17.3%，而基础四国（中国、印度、巴西和南非）只占12.8%。2004年我国的私人消费的平均排放占比只有7.8%，这个比例不但大大低于四个发达经济体，也低于印度、巴西和南非的私人消费的平均排放。这与我国经济结构失衡有很大的关系，尤其是经济中的私人消费比重过低。第二，趋势变化（数据来自2010~2050年预测排放数据）。在基准情境下，发达经济体的私人消费的平均排放比重呈现逐渐下降的趋势。四个发达经济体的平均排放比重从2010年的16.6%下降到2050年的15.7%，其中，欧盟的降幅最大，下降2个百分点。从另一个角度看，这也就意味着发达经济体企业排放的比重将有所上升。与此相反，发展中经济体私人消费的平均排放比重在增加，而企业排放的比重下降。基础四国的私人消费的平均排放比重从2010年的12.6%增加到2050年的17.8%，上涨5.2个百分点。其中，涨幅最大的是中国，从7%上涨到20%，增长了13个百分点，大致相当于欧盟2004年的水平。

这两类经济体如此不同的表现主要是由人均收入水平和产业结构决定的。发展中经济体消费比重和人均收入水平偏低，因此，伴随着经济快速的增长、人均收入的提高和结构调整，在未来必然会提高消费的比重，从而增加由此带来的排放。而发达经济体的消费比重和收入水平已经很高了，而且经济增速保持低速增长，所以，在基准情景下，私人消费排放的增长空间已经很有限了，因此，未来私人消费排放的比重只能下降。

3.1.3.4 按能源产品的来源划分各经济体的排放

国家能源的来源不仅反映了该国的能源自给率，还反映了该国二氧化碳排放的最终来源。总的来说，大部分国家使用进口能源产品的比重不断增加。模型显示，八大经济体的平均能源进口比重从2004年的16.6%增加到

2050年的23.9%，增加7.3个百分点。由于本研究中并没有包括OPEC国家和能源富裕的生产大国[①]，因此，这八个经济体的平均能源自给率相对较低。然而，伴随着经济的不断增长，自身的能源供给很难满足经济需求，所以，进口能源产品的使用量不断增加。

虽然整体上进口比重增加，但各经济体的表现不尽相同。按照排放来源的变化趋势可以分为两类。第一类是进口能源比重逐渐上升，主要包括中国、欧盟、日本、印度和巴西五个经济体。平均来说，这五个经济体的进口比重从2004年的24.1%增加到2050年的36.8%，增加了12.7个百分点。其中，欧盟和印度的进口比重增加较大，分别增加了22.3个和16.8个百分点。欧盟是由能源产品自给率太低造成的，而对印度来说，还有一个重要原因是未来仍将保持相对高的经济增速。中国进口能源比重从2004年的3.5%上升到2050年的12.6%，增加了9.1个百分点，略低于五个经济体的平均进口增速。第二类是进口能源的比例基本稳定且有小幅的下降，主要包括美国、澳大利亚和南非三个国家。平均来说，这三个国家的进口比重从2004年的4%下降到2050年的2.6%。总体上来说，进口和国产的能源结构基本稳定。这是因为这三个国家的经济增速基本较低而且能源产品的自给率相对较高。其中，澳大利亚和南非的煤炭以及美国的天然气都有很高的自给率水平。

3.1.3.5 按行业来划分各经济体的排放

模型预测了2010~2050年八大经济体分行业的二氧化碳排放（见表3-4）。从长期看，除了巴西[②]外，其他经济体的电力行业仍然是排放最多的行业。但是电力行业的排放增速会逐渐放慢。从各经济体的行业变化来看，可以分为两类，一类是行业排放结构变化较大的经济体（主要是发展中经济体）。以中国为例，在未来40年内，电力行业的排放增速最慢，2050年电力行业的排放仅是2010年的1.47倍。农业的排放增速最快，2050年农业的排放是2010年的3.93倍。这是由中国的农业现代化带来的能源需求快速

① 由于在本研究中，我们没有直接关注这些国家，因此，在GTAP数据库中这些国家直接被加总到其他国家中。

② 由于以水电为主，因此电力行业排放较少。

增加造成的。工业、交通和服务业的排放也将有较大的增加。与中国相似，印度和南非的工业和交通的排放都会增加，排放比重都会有较大的提高。另一类是行业排放结构变化不大的经济体（主要是发达国家）。以美国为例，由于其产业结构已经趋于稳定，因此其各个行业的排放变化幅度差别不大，2050年是2010年的1.5~2.5倍。

表3-4　2010~2050年八大经济体分行业的二氧化碳排放

单位：百万吨

行业	中国			美国			欧盟			日本		
	2010年	2030年	2050年	2010年	2030年	2050年	2010年	2030年	2050年	2010年	2030年	2050年
农业	163	396	641	59	82	87	71	91	88	32	32	26
工业	2044	3696	4914	1017	1538	2212	577	705	883	246	251	256
电力	3962	5598	5835	2738	3468	3997	1076	1386	1968	466	551	608
交通	390	813	651	1238	1324	1410	806	856	971	241	274	277
服务业	188	414	392	317	515	724	173	210	254	114	121	113

行业	印度			澳大利亚			巴西			南非		
	2010年	2030年	2050年	2010年	2030年	2050年	2010年	2030年	2050年	2010年	2030年	2050年
农业	1	2	3	6	7	6	22	29	24	6	15	13
工业	340	871	2050	63	130	294	110	145	188	93	149	165
电力	1093	2378	4710	270	516	557	34	55	90	330	461	497
交通	144	276	448	68	84	100	132	170	201	36	72	114
服务业	20	32	53	6	13	34	7	10	15	12	19	28

资料来源：动态GTAP-Dyn-E模拟结果。

3.1.4　主要结论

本部分利用全球动态能源和环境GTAP-Dyn-E模型预测了2010~2050年全球八大经济体基准情景下的二氧化碳排放。主要研究结论如下。

第一，在基准情景下，八大经济体中日本的二氧化碳排放会在2045年前后达到峰值，其他七个经济体的二氧化碳排放在2050年前都未能达到峰值。在未来的40年间，八大经济体的二氧化碳排放增速都会逐渐减慢，发展中经济体的增速明显高于发达经济体，因此，发展中经济体将是未来全球二氧化碳排放增加的主要贡献者。第二，通过将各国 BAU 下的二氧化碳排放与其承诺的排放对比，可以发现，各个经济体的承诺幅度差异较大。研究结果表明，南非和澳大利亚承诺的减排力度最大，而印度和中国承诺的减排力度相对较小。第三，从能源产品看，煤炭使用量的减少是各个经济体共同的趋势。使用石油和天然气的比例将逐渐提高，尤其是一些发达经济体（美国、欧盟和澳大利亚），未来天然气将取代煤炭或者石油成为最主要的能源。长期看，发展中经济体的主要能源仍然是煤炭。第四，从私人消费的平均排放和企业排放来看，对发达经济体来说，基本上两者的比例保持稳定；对发展中经济体来说，未来私人消费的平均排放的比例会逐渐提高。第五，从能源的来源看，大部分国家进口能源的比重将逐年增加。第六，从行业排放看，发展中经济体产业结构的变化会导致行业排放结构有较大变化，而发达经济体的产业结构较为稳定，所以其行业排放结构不会发生太大变化。

3.2　2025年、2030年和2040年中国二氧化碳排放达峰的经济影响

——基于动态 GTAP-E 模型*

摘　要：伴随着全球气候变暖的加剧和国际社会谈判压力的加大，我国二氧化碳排放的峰值及其对经济的影响引起了社会的广泛关注。本节利用最新的动态 GTAP-E 模型分别分析了我国在 2025 年、2030 年和 2040 年二氧化碳排放达到峰值的宏观经济和产

* 本小节研究内容完成于2014年，研究年份较早尚无法考虑到当前环境政策的变化，因而在情景构建部分没有考虑到我国大力推动减排而带来的减排技术不断提升、减排成本可控、减排速度不断加快等内容，研究结论存在局限性。在目前我国能效、碳价格、可再生能源等环境政策不断推进的背景下，碳达峰和碳中和目标将在经济代价基本可控的基础上稳步实现。

业部门的影响。结果显示，达峰的时间提前将需要以较大的经济成本为代价，对我国经济增速产生一定的负面影响。模型结果还显示，碳减排会在一定程度上有利于我国内需结构的优化。从对行业的冲击结果来看，对煤炭、石油、天然气、成品油、电力、建筑、钢铁和水泥等高耗能行业和能源密集型行业的冲击较大，而对农业、食品、贸易和服务业等低排放行业的影响则较小。最后，本节提出了政策建议。

关键词：二氧化碳　峰值　经济影响　GTAP-E

3.2.1　研究背景

随着全球气候变暖等现象越来越受到关注，以牺牲环境为代价，依靠大量消耗资源的传统经济增长方式已经难以为继。减少温室气体（尤其是二氧化碳）排放量不但已经成为经济发展的重要目标，而且也是国际气候谈判的重要议题，因此，作为世界上最主要的二氧化碳排放大国，中国的碳排放达到峰值，减排情景及其经济影响引起了世界的广泛关注。

目前，有很多文献对中国碳排放何时达到峰值进行了预测，但由于研究方法和考虑情景的不同，各方结论差异很大，峰值达到的年份各异。2009年，由2050中国能源和碳排放研究课题组编著的《2050中国能源和碳排放报告》指出，在基准情景下中国将在2040年达到碳排放峰值，在强化低碳情景下中国将在2030年达到碳排放峰值。2010年联合国开发计划署和中国人民大学共同撰写的《中国人类发展报告2009/10——迈向低碳经济和社会的可持续未来》认为，在基准情景下，中国的碳排放在2050年之前不能达到峰值，在减排情景下，中国能在2030年出现峰值，但会对经济增速产生一定的负面影响。2011年中国社会科学院发布的《中国低碳城市发展绿皮书》认为，随着中国单位GDP能源消耗降低和能源消费结构逐步低碳化，中国二氧化碳排放将在2035~2045年达到峰值。

Garnaut、Howes 和 Jotzo 等（2008）基于 GDP 增长、GDP 能源弹性以及能源构成和不同能源碳排放因子，对中国 2030 年前的碳排放进行了预测。Ohara、Akimoto 和 Kurokawa 等（2007）利用 MERGE 模型预测了 2020 年前中国的碳排放。Zhou Nan、Fridley 和 Khanna 等（2013）将中国的碳排放趋势分为持续改善情景（CIS）和加速改善情景（AIS），通过模型测算得出中国在 CIS 下的碳排放将在 2033 年达峰，在 AIS 下的碳排放将在 2027 年达峰。此外还有一些文献讨论了能源效率变化对二氧化碳排放的影响。

姜克隽等（2009）利用 IPAC 模型进行模拟表明，在基准情景下，中国的碳排放将于 2040 年达到峰值，在强化低碳情景下，中国将于 2030 年达到峰值。朱永彬等（2009）利用内生经济增长模型 Moon-Sonn 模型进行模拟，得出的结果显示，在当前技术进步速率下，我国将分别在 2043 年和 2040 年达到能源消费高峰和碳排放高峰。岳超等（2010）采用 Kaya 恒等式的简单形式对我国 2050 年的碳排放进行了预测，并认为中国最可能的碳排放峰值年为 2035 年。渠慎宁和郭朝先（2010）利用 STIRPAT 模型对未来中国碳排放峰值进行了相关预测，他认为按照目前发展趋势，若在经济社会发展的同时保持碳排放强度合理下降，中国的峰值到达时间应为2020～2045 年。周伟和米红（2010）基于“能源—经济—环境”的 MARKAL-MACRO 模型和数理人口学中的 Keyfitz 模型，设定了能源消费的三种情景。结果表明，在基准情景下，中国的二氧化碳排放在 2042 年达到峰值，为 118.47 亿吨；在能源结构优化情景下，二氧化碳排放在 2036 年达到峰值，为 107.53 亿吨；在气候变化约束情景下，二氧化碳排放在 2031 年达到峰值，为 94.72 亿吨。

要想使中国碳排放较早达到峰值，就必须采取减排措施。因此，现有很多文献都对我国二氧化碳减排的经济影响进行了分析研究。总的来说，目前比较主流和权威的方法是采用 CGE 模型，这类方法不但可以捕获到直接影响，还能识别出相应的间接影响，所以，CGE 经常被用来测算减排的经济影响。这方面的研究如陈文颖等（2004）利用混合模型 MARKAL-MACRO 测算了不同二氧化碳减排情景对中国经济的影响。韩一杰和刘秀丽（2010）

在不同的减排目标和不同的 GDP 增长率的情景假设下，测算了我国实现二氧化碳减排目标所需的增量成本和经济影响。王灿等（2005）也利用 TEDCGE 模型分析了不同减排率对经济的影响。此外，还有一些文献研究了中国不同区域实施相同和差异化减排政策产生的不同经济影响（何建武、李善同，2010；李娜、石敏俊、袁永娜，2010；Liu J.，Feng，Yang，2011；Liang Q. M.，Wei，2012）。

总的来说，现有研究大部分存在三点局限。第一，大部分文献主要研究排放峰值年份或者减排的经济影响，很少有研究将二者结合起来，从而研究分析碳排放峰值在不同年份到来的经济影响。第二，大部分减排的经济影响的研究基于国家或分省份 CGE 模型。这一类模型如果从全球角度来看，其实都属于局部均衡模型。由于这些模型通常假设国家的贸易（进口和出口）是外生给定的，因此不能反映出我国减排政策的冲击对国外经济体产生的溢出和反馈效应。也就是说，这类局部均衡模型并没有考虑经济体之间贸易和投资的关联效应。第三，动态机制过于简化。上述模型主要的动态链接是通过投资和资本的动态累积来实现的。实际上，还需要考虑在本国的外资以及在国外的本币投资，以及均衡回报率的实现路径和实现时间等机制。

为克服上述局限，我们采用全球动态贸易和能源模型（GTAP-E）来分析减排政策对我国的经济影响。GTAP-E 有两方面的优势：一是该模型是全球模型，可以从全球的视角来评估减排政策对我国的经济影响；二是该模型的动态机制除了考虑投资和资本的累积之外，还考虑了国内投资中资本的所属权和均衡路径等动态机制。

本节主要回答的问题是：我国的二氧化碳排放在 2025 年、2030 年和 2040 年达到峰值对我国经济影响有多大？是否达峰时间不同对我国的经济影响也有很大的差异以及对我国各个行业的影响程度怎样？是否高耗能、高排放的行业受到的冲击要比其他行业大？

本节分为四部分：第一部分为研究背景；第二部分为模型介绍和情景设定；第三部分为模型结果分析；第四部分为结论和政策建议。

3.2.2　模型介绍和情景设定

动态 GTAP-E 模型的具体介绍见 3.1.2 研究方法和模拟方案。根据中国社会科学院工业经济研究所“973”课题组（2012）的研究，在考虑了我国未来人口、工业化、城市化、高耗能产业的发展和人均 GDP 几方面的情况下，根据能源消费量变化趋势、能源结构优化、能源效率改进和技术进步四方面因素，将我国未来二氧化碳排放设定为四个情景，分别为基准情景（参考情景）、超强节能情景、强化节能情景和节能情景四个情景，其中后三个情景为政策情景，分别假定我国在 2025 年、2030 年和 2040 年二氧化碳排放达到峰值。四个情景的设置如下。

基准情景（S_{00}），即能源战略以满足经济增长需要为目标，以保障供应和能源安全为主要着力点，适度考虑节能和减排目标，具体数据见表 3－5 和表 3－6。在基准情景下，中国二氧化碳排放将继续增加，但增速呈逐渐放缓趋势，2050 年达到 144.9 亿吨，相当于在 2010 年（72.5 亿吨）排放的基础上翻一番。同时，在基准情景下我国的二氧化碳排放也不会出现峰值（见表 3－7）。

节能情景（S_{40}），即继续保持现有节能政策取向，根据经济发展阶段、经济承受能力和技术水平选择适当的节能战略，其主要政策背景是中央政府仍保持较大的节能减排政策力度，同时积极利用市场机制推动企业自主节能，具体数据见表 3－5 和表 3－6。在节能的情景下，中国二氧化碳排放将在 2040 年达到峰值（是绝对量的峰值，不是增速的峰值），之后排放呈回落的态势。在 2040 年达峰时排放达到 118.9 亿吨，2050 年回落到 111.4 亿吨，大致相当于该情景在 2028 年的排放水平。

强化节能情景（S_{30}），即在节能情景的基础上，进一步强化节能力度，通过财政、税收、技术支持等措施积极推进严格和约束性节能战略，同时大力推进能源市场改革，充分利用市场机制和能源价格杠杆进一步强化节能力度、控制温室气体和助燃物排放，具体数据见表 3－5 和表 3－6。在强化节能情景下，中国二氧化碳排放将在 2030 年达到峰值，之后排放呈回落的态势。在 2030 年达峰时排放达到 106.3 亿吨，2050 年回落到 92.9 亿吨，大致相当于该情景在2020年的排放水平。

超强节能情景（S_{25}）：在强化节能情景基础上，制定更为严格的节能目标，并以此作为经济社会发展的约束条件，同时采用税收优惠等方式鼓励新能源和可再生能源开发利用，利用征收碳税的方式限制化石能源利用，通过技术补贴推进节能减排的技术创新与推广，具体数据见表3－5和表3－6。在超强节能情景下，中国二氧化碳排放将在2025年达到峰值，之后排放呈回落的态势。在2025年达峰时排放达到96.9亿吨，2050年回落到77.8亿吨，大致相当于该情景在2013年的排放水平。

表3－5　四个情景下的能源强度变化

单位：吨标煤/元

情景	2010年	2015年	2020年	2025年	2030年	2035年	2040年	2045年	2050年
基准情景	1.03	0.87	0.76	0.66	0.58	0.52	0.46	0.41	0.37
节能情景	1.03	0.86	0.74	0.63	0.54	0.47	0.41	0.35	0.31
强化节能情景	1.03	0.85	0.72	0.6	0.51	0.44	0.38	0.32	0.28
超强节能情景	1.03	0.83	0.69	0.56	0.46	0.38	0.33	0.28	0.24

资料来源：由中国社会科学院工业经济研究所“973”课题组提供。

表3－6　四个情景下的能源结构变化

单位：%

情景	指标	2010年	2015年	2020年	2025年	2030年	2035年	2040年	2045年	2050年
基准情景	煤炭比重	69.05	63.21	58.91	57.30	55.97	54.64	53.44	51.42	49.58
	石油比重	18.05	17.66	17.41	15.96	14.89	14.24	13.68	13.47	13.28
	天然气比重	3.98	5.57	6.60	7.26	7.74	7.60	7.47	7.51	7.55
	非化石比重	8.92	13.56	17.08	19.48	21.40	23.52	25.41	27.60	29.59
节能情景	煤炭比重	69.05	63.49	58.49	55.52	52.07	50.61	48.27	45.01	41.14
	石油比重	18.05	17.79	17.86	16.88	16.47	15.76	15.46	15.51	15.76
	天然气比重	3.98	5.61	6.77	7.68	8.57	8.41	8.44	8.65	8.97
	非化石比重	8.92	13.11	16.88	19.92	22.89	25.22	27.83	30.83	34.13
强化节能情景	煤炭比重	69.05	63.79	57.46	53.83	50.87	47.37	43.36	39.38	34.61
	石油比重	18.05	17.60	18.24	17.45	16.81	16.71	16.82	16.98	17.39
	天然气比重	3.98	5.55	6.91	7.94	8.74	8.91	9.18	9.47	9.89
	非化石比重	8.92	13.06	17.39	20.78	23.58	27.01	30.64	34.17	38.11

续表

情景	指标	2010 年	2015 年	2020 年	2025 年	2030 年	2035 年	2040 年	2045 年	2050 年
超强节能情景	煤炭比重	69.05	62.94	56.67	53.29	47.69	43.39	39.10	33.96	28.93
	石油比重	18.05	17.79	18.35	17.45	17.70	17.78	17.90	18.31	18.71
	天然气比重	3.98	5.61	6.96	7.94	9.20	9.48	9.77	10.21	10.64
	非化石比重	8.92	13.66	18.02	21.32	25.41	29.35	33.23	37.52	41.72

资料来源：由中国社会科学院工业经济研究所“973”课题组提供。

政策冲击的设定：我们假定我国的二氧化碳排放分别于 2025 年、2030 年和 2040 年达到峰值，然后通过调整相应年份政府征收的碳税来实现达峰的时间和排放总量。原则上来说，这属于利用一种约束性的减排方式来进行模拟冲击。

3.2.3　模型结果分析

3.2.3.1　宏观经济影响

（1）中国经济增速将会受到一定的负面影响

与基准情景相比，在 S_{25}、S_{30} 和 S_{40} 三种政策情景下，2050 年中国实际 GDP 增速分别累积下降 20.9%、14.8% 和 8.7%，因此，中国征收碳税减少二氧化碳排放将对经济造成负面影响。可以看出，碳排放的不同达峰时间对经济的影响存在差异。这主要有两方面的原因。第一，二氧化碳排放总量不同。这是因为在情景假定时，排放达峰时间越早，2010～2050 年我国总排放的二氧化碳就越少，所以，对整个经济的冲击较大。如表 3－7 所示，在 S_{25} 下，我国 9 个时点的累计排放为 783.2 亿吨，而在 S_{40} 下，累计排放为 941.9 亿吨。第二，经济结构的差异。由于达峰时间越早也就意味着我国将较早出现二氧化碳排放的绝对量下降，而当前碳排放主要是来自此时占我国经济比重较高的第二产业，因此越早减排达峰对整个经济的冲击就越大。从模型来看，中国经济的下降是由国内资本存量下降所致。征收碳税导致国内企业的资本回报率下降，直接减少了国内的总投资，所以导致资本存量下降，从而使中国 GDP 出现收缩。另外，经济活动放缓导致间接税收入下降，也对整体经济增长下降产生一定的负面影响。

表3－7 中国2010～2050年排放达峰的情景设定

单位：亿吨

情景	2010年	2015年	2020年	2025年	2030年	2035年	2040年	2045年	2050年
S_{00}	72.5	85.8	98.3	113.8	126.7	135.0	140.3	143.6	144.9
S_{25}	72.5	81.0	89.4	96.9	95.8	94.2	90.3	85.3	77.8
S_{30}	72.5	83.4	92.3	100.9	106.3	106.2	104.8	100.1	92.9
S_{40}	72.5	85.0	96.1	107.8	115.6	118.7	118.9	115.9	111.4

资料来源：由中国社会科学院工业经济研究所“973”课题组提供。

（2）中国的消费需求将下降而外贸出现一定的盈余

从需求侧来看，中国整体经济的增速下滑，带动国内消费需求收缩。表3－8显示，在三种政策情景下，中国私人消费和政府消费均出现下降，而且政府消费下降的幅度小于私人消费。这是由于模型中认为政府消费不产生排放，因此政府消费受到的冲击较小。外贸出现同时下降的局面，其中进口下降的原因是本国经济收缩导致对进口产品的需求下降，尤其是投资需求；出口下降的原因是实际汇率升值导致出口产品价格上涨。但是总的来说，进口下降的幅度超过了出口，所以，外贸将取得一定的盈余。同时，本国的实际汇率上升导致贸易条件也得到改善。模型结果显示，碳税的征收将优化我国的内需结构，因为投资下降的幅度超过了消费，所以投资与消费比例的变化将在一定程度上优化我国的内需结构，征收碳税对促进我国的发展方式转变和结构调整有一定促进作用。

表3－8 中国2025年、2030年和2040年排放达峰的宏观经济影响（以2050年累积影响为标准）

单位：%

年份	GDP	投资	私人消费	政府消费	出口	进口	物价
2025	－20.86	－40.56	－15.77	－5.55	－10.10	－14.04	13.47
2030	－14.79	－31.55	－10.95	－3.98	－5.62	－10.48	8.24
2040	－8.68	－19.33	－6.22	－2.33	－3.00	－6.20	4.33

资料来源：动态GTAP-E模拟结果。

3.2.3.2 产业影响

总体来看，减少碳排放对我国所有行业都会有不同程度的负面影响，并且达峰时间的不同对行业的影响存在差异。平均来看，2025 年、2030 年和 2040 年达峰对 17 个行业的产出平均下降幅度分别为 31.9%、24.5% 和 15.8%。而且从受到行业冲击大小的趋势看基本相同，其中下降较大的有石油、天然气、煤炭、建筑业、电力和成品油等行业，受到冲击较小的行业有农产品、食品、贸易和服务业等（如表 3－9 所示）。

表 3－9　中国在不同年份排放达峰的行业产量变化（以 2050 年累积影响为标准）

单位：%

行业	2025 年	2030 年	2040 年
农产品	-10.2	-6.7	-3.6
食品	-12.4	-8.3	-4.6
煤炭	-49.5	-37.5	-23.4
石油	-91.2	-79.5	-56.6
天然气	-59.4	-51.1	-38.9
成品油	-31.4	-22.9	-13.7
电力	-39.7	-29.9	-18.7
建筑业	-39.4	-30.6	-18.7
贸易	-18.4	-13.0	-7.6
钢铁	-31.5	-23.1	-14.1
制造业	-22.6	-16.0	-9.5
其他运输业	-20.0	-14.4	-8.6
海运	-22.4	-16.2	-9.7
航空	-20.4	-14.4	-8.5
化工	-27.1	-19.3	-11.6
矿产品	-30.3	-22.7	-13.8
服务业	-16.0	-11.4	-6.6

资料来源：动态 GTAP-E 模拟结果。

从这些行业的影响因素来看，可以将行业变化分为两大类。第一类是能源行业（煤炭、石油、天然气、成品油和电力）的变化，第二类是非能源行业（其余 12 种产品）的变化。总体上来说，对能源行业的冲击较大，而对非能源行业的冲击相对较小。

（1）对能源行业的产出的影响

其中，第一类能源行业主要是由于需求的减少和成本冲击出现产出下降和价格上涨。首先是碳税的征收提高了能源产品的使用价格，从而直接导致对这些产品需求的减少，这会使能源行业的产出和价格出现同时下降。但是，我们发现能源行业的价格不但没有下降反而出现了大幅上涨，这是因为这些能源行业的投入结构中能源产品本身有很大的比重，所以，直接对其征收碳税导致它们的投入成本大幅上升，从而使其出现价格上升和产出下降的态势。其中，煤炭、石油、天然气、成品油的产出变化属于这一类。

一个需要解释问题的是：为什么原油行业的产出降幅远远大于其他能源产品？从原油使用结构来看，约90%原油用来提炼成品油，所以，成品油的产出变化直接影响原油的产出。但是成品油产出只下降了31.4%，只有原油产出下降的1/3。这有两方面的原因。第一，与进口原油相比，国产原油价格变得更高。征收碳税导致本国成品油价格大幅上涨，而进口原油价格变化很小，从而直接导致成品油行业大量使用进口原油以替代国产原油。第二，国内总使用的进口原油份额远远高于国产原油份额。模型数据库显示，国内成品油行业使用的原油中超过80%来自进口原油，而国产原油只有20%。所以，巨大的原油进口份额也强化了价格替代效应产生的作用，从而使国产原油价格进一步下降。

另外一个需要解释的问题是，通常认为电力行业二氧化碳排放比较大，但是为什么在能源行业中下降的幅度不大？这是因为在排放数据库中，各个行业对电力产品的直接需求不产生排放，也就是说，对于电力行业，我们以生产侧的排放计算，不使用终端或者消费侧的计算方式。只有电力行业生产时才排放二氧化碳，因此，与其他能源行业不同，电力行业只受到供给侧的冲击，没有直接受到需求侧的冲击。所以，对电力行业的冲击相对较小。此外，电力行业使用的能源产品是允许被替代的，而其他能源行业的则不被允许。这是因为其他行业使用能源产品更多的是转化而不是燃烧消耗，所以不能产生替代。总的来说，电力行业受到的冲击要相对较小。

在所有能源产品中，成品油的产出下降最小。这主要是因为成品油行业受到的成本冲击相对较小。GTAP-E 第七版的二氧化碳排放数据库显示，成品油行业的排放只来自天然气投入的燃烧，对于煤炭和原油的使用不产生排放而主要是转化。而且天然气占成品油行业的成本份额只有不足0.0001，因此，与其他几种能源行业相比，直接征收碳税对成品油行业的成本冲击影响很小。

（2）对非能源行业的产出的影响

第二类非能源行业的产出和价格变化主要受到排放成本的冲击和影响。由于征收碳税直接推高了非能源行业使用能源投入产品的价格，因此，成本上升导致这些行业的产出下降和价格上涨。由于没有受到直接需求的冲击，因此，整体对非能源行业的产出影响较小。但是，在非能源行业中，一些行业的产出也受到很大的冲击，如建筑业、钢铁和矿产品。这是由上下游行业的关联效应拉动所致。其中建筑业中超过 90% 被用作投资，所以，整体投资下降导致其产出下降。而钢铁和矿产品主要用作建筑业和制造业，因此，下游行业的产出下降导致上游行业收缩。

3.2.4　结论和政策建议

我们采用动态 GTAP-E 模型对我国在 2025 年、2030 年和 2040 年三个情景下二氧化碳达峰进行了模拟分析。主要的结论和政策建议如下。第一，我国二氧化碳排放达峰时间面临艰难抉择。一方面，测算表明，我国碳排放达峰时间提前将对经济增速产生一定的负面影响；另一方面，伴随着经济的快速增长和人均 GDP 的提高，我国很快就由发展中国家迈入中等发达国家的行列，如何在气候变化领域做一个负责任的大国，也是一个需要我们直面的问题。第二，征收碳税减少排放对我国内需结构调整有促进作用。测算结果表明，在政策情景下，与消费支出相比，投资下降的幅度更大，所以，提高我国 GDP 中的消费比重，降低投资份额，可以达到改善、调整我国内需结构的效果。一个显而易见的政策含义是，征收碳税将对我国的发展方式转变起到一定的促进作用。第三，征收碳税对高耗能行业和能源密集型行业的冲击较大。由于这类行业使用的化石能源份额较大，属于高排放的行业，因此征收碳税对这些行业的冲击较大。另外，上下游行业的关联效应导致一些行业受到很大的负面冲击。投资的下降导致对建筑业的需求下降，从而诱发了一系列行业扩散效应，进一步导致钢铁和水泥等行业产生很大的负面影响。这也就意味着征收碳税、减少排放会在一定程度上对我国的产业结构调整和优化有促进作用。尤其是，当前我国高耗能产业面临产能严重过剩的局面，因此产业调整的政策含义就显得尤为重要。

3.3 新一轮多哈贸易自由化对我国农业的影响

摘　要：对于多哈贸易自由化对中国农业的影响，学界一直存在很大争论。与以往的研究不同，本节应用一般均衡模型GTAP和局部均衡模型CAPSIM对接的方法测算新一轮多哈贸易自由化对我国农业的影响，研究显示：第一，贸易自由化总体上对我国经济有正面的影响，只不过影响幅度很小，但农业部门会在多哈贸易自由化中享受相对较大的贸易优势；第二，从分产品的贸易和生产来看，贸易自由化对粮食作物、果蔬和鱼类等产品有正面的影响，而对畜产品和食糖会有负面的影响；第三，虽然贸易自由化对我国农民平均收入只有很小的正面影响，但这种影响在不同收入组之间差别很大，其中高收入组农民的收入要比低收入组农民增加更多，而且这种影响在不同区域之间差别也很大，因此，贸易自由化在一定程度上会使农民的贫富差距拉大。最后，本节提出政策建议。

关键词：多哈回合　贸易自由化　农业

3.3.1 研究背景

虽然多哈谈判的议题很多，但其核心和焦点议题仍然是农业问题（朱宇，2007）。自2001年中国加入世贸组织，中国农业对外的开放程度不断提高，同时也使我国不断融入国际市场。在一定程度上，贸易自由化给中国农业和农村经济发展提供了一系列机遇。

但是关于贸易自由化对中国农业未来的影响一直存在争论。一些学者认为贸易自由化对农业的冲击将是巨大的，它将对数亿中国农民产生巨大的负面影响（Carter，Estrin，2001；Li et al.，1999）。相反，另一些学者则认为，尽管贸易自由化会给中国农业带来一些负面影响，甚至在一些地区是比较严重的，但总体上贸易自由化对中国农业的影响会是比较中性的（Anderson，Peng，1998；Anderson et al.，2004；Huang et al.，2004）。此外，也有学者认为贸易自由化政策能促进农业生产（程国强、刘合光，2006）。

当然造成这种结果的原因有很多，但我们认为采用的分析工具不同是一个非常主要的原因。从现有的定量研究贸易自由化对中国农业影响的文献来看，主要的模型分析工具有两类：一类是采用一般均衡模型（杨军，2005；李众敏、吴凌燕，2007）；另一类是采用局部均衡模型（黄季焜等，2005；Hoekman et al.，2002）。鲜有学者利用两种模型对接的方法分析贸易自由化对我国农业的影响。

因此，本节尝试应用一般均衡模型GTAP和局部均衡模型CAPSIM对接的方法测算新一轮多哈贸易自由化对我国农业的影响。本节将主要对以下几个问题进行分析：这轮多哈谈判对我国农业的总体影响到底怎样？对我国农业的生产、贸易会有怎样的影响？同时对于不同地区不同收入组的农民的影响是否一样呢？

为了更好地分析上述问题，本节组织结构如下：第一部分为研究背景；第二部分为研究方法和模拟方案；第三部分为模拟结果及分析；第四部分为政策含义。

3.3.2 研究方法和模拟方案

3.3.2.1 GTAP和CAPSIM对接的方法

本节采用的是全球贸易分析模型（GTAP）与中国农业政策分析和预测模型（CAPSIM）连接的方法，该方法以Huang等（2004）的研究为基础，按分析贸易自由化对中国农业影响的目的进行了改进。在具体对接前，有必要对比一下GTAP与CAPSIM两个模型的使用范围与特点。GTAP是国家间可计算一般均衡模型，模型设计尽量涵盖经济领域所有行业，包括农业和非农业的部门以及要素市场（Hertel，1997）。它对于分析各部门变化及对其他行业的影响非常有效，可以较好地衡量由某些冲击所带来的各行各业的投入产出和价格变化；但是，对于单个国家的农业局部均衡分析则显得力不从心，原因是缺少详细的农业行业和部门分类。CAPSIM是中国农业部门均衡模型，在农业部门内部有非常详细的数据，因此对于分析中国农业部门内部各行业的发展、变化十分有效（黄季焜、李宁辉，2003）；但是对于工业和农业部门间相互影响的分析则十分有限。CAPSIM是一个局部均衡模型，由于国际市场价格一般是外生给定的，它不能分析国内外两个市场间的均衡变化关系。根据以上分析，通过两个模型的对接，利用二者各自的优势就能够更准确地模拟国际贸易变化对中国农业部门内部的影响。

在模型具体连接的过程中，采用的是没有反馈的传导贸易量的变化百分比传导方法。这种方法是把一般均衡模型的贸易量变化百分比传导到局部均衡模型中。在与GTAP连接中，我们是通过与之对应的CAPSIM的贸易模块来实现的。具体方程如下：

$$q_x^i = \sigma_{ex}^i (p_x^i - p_d^i)$$
$$q_{im}^i = q_d^i + \sigma_{im}^i (p^i - p_{im}^i)$$

其中，q_x 和 q_{im} 为CAPSIM中的出口量和进口量的百分比变化。q_x^i 和 q_{im}^i 分别代表第 i 种产品的出口量和进口量变化的百分比；σ_{ex}^i 和 σ_{im}^i 分别是第 i 种产品的出口和进口的固定转换弹性；p_x^i、p_d^i、p_{im}^i 和 p^i 分别是第 i 种产品的出口价格、国内价格、进口价格和组合产品价格的百分比变化。

其实，传导价格变化百分比的方法也同样可行，而且结果与贸易量传导基本相同（刘宇，2008），所以，本节采用贸易量变化的传导方式。也就是说，利用GTAP模拟出国际贸易量的变化，将其传导到CAPSIM模拟，得到CAPSIM对中国农业受到贸易冲击的影响，再通过CAPSIM的农户分解，得到对各地区、不同收入组农民的影响。另外，GTAP与CAPSIM产品分类不完全相同，因为中国与国际市场的农产品种类不尽相同。因此，需要将GTAP的农产品逐一映射到CAPSIM中来，详细的搭配见林海在2007年发表的博士论文。

3.3.2.2 基准方案

本节采用递归动态的方法模拟了2001~2015年的基准方案。为了充分反映在此期间各国人口、熟练劳动力、非熟练劳动力和自然禀赋的变化，将整个模拟分成2001~2008年和2009~2015年两个阶段，具体做法可见相关研究（Walmsley et al.，2000；Van Meijl，Van Tongeren，2002；Van Tongeren，Huang，2004）。

其中本节对国民生产总值（GDP）的处理与以往的研究有些不同。通常的模拟是在第一阶段把各国的GDP设定为外生变量，技术进步是内生的，通过历史数据标定出各国的技术进步率。而在第二阶段，把各国的技术进步率设定为外生变量，把GDP设定为内生变量进行动态递归。本节没有这样处理，相反我们在第一阶段和第二阶段中都把各国的GDP设定为外生变量，而技术进步率一直是内生变量。换句话来说，我们并没有用历史数据估计的技术进步率来升级数据库。之所以这样做，是因为我们更相信我们可得的未来GDP预测值。其实，在第一阶段的技术进步也是用GDP标定出来的，所以，我们认为这样处理会得到更好的结果。其实我们也比较了两种方法的有效性，结果显示在整个研究期间把GDP作为外生变量的模拟结果更接近现实。

除中国外，所有国家的宏观外生数据（GDP、人口、土地、资本、熟练劳动力和非熟练劳动力）均来自Walmsley等（2000）的估计，由于我们主要关注中国的情况，因此，我们对中国的GDP和人口数据进行了修正和更新。其中一部分数据是采用Huang等（2003）和Toth等（2003）的估计，另外一部分数据来自2007年世界银行的世界发展指标。中国GDP和人口数据2009~2015年预测值来自美国经济研究中心（ERS）。其中各阶段所采用的外生宏观数据见表3-10。

另外，由于我们没有自然资源增长的数据，因此假定自然资源总量不变。然而这样的假设存在一个问题，即对自然资源的需求增加会导致自然资源的价格上涨过快，但实际上是不会这样的，因此为了反映经济的真实情况，我们对各个国家的资源总量和技术进步进行调整：2001～2008年，自然资源的总量增加1.8%，技术进步增加3.0%；2009～2015年自然资源的总量增加3.0%，技术进步增加5.0%（Van Tongeren，Huang，2004）。

在模型动态递归的过程中，我们也考虑到一些政策变化：基准方案除了假设所有国家现行政策将持续执行外，还考虑中国在2001～2010年按照加入WTO的协议继续调整其关税政策、在2005年1月取消多种纤维协定（MFA）等政策因素。

表3-10　对2001～2015年外生变量的假设

单位：%

国家	2001～2008年						2009～2015年					
	要素禀赋				实际GDP	人口	要素禀赋				实际GDP	人口
	土地	非熟练劳动力	熟练劳动力	资本			土地	非熟练劳动力	熟练劳动力	资本		
中国	0	1.3	3.9	9.1	10.1	0.6	0	0.7	4.1	8.6	8.7	0.7
其他国家	0	1.2	3.1	3.5	4.1	1.1	0	1.0	2.3	4.0	4.2	1.1

3.3.2.3　多哈贸易自由化（美国、G20和欧盟）三个对比方案

本节假设2015年分别在美国、G20和欧盟三个减让方案下多哈贸易自由化成功实施①。多哈的三个提案中对于非农产品、农产品和国内支持的减让方式和幅度不尽相同，所以，首先对它们进行详细的介绍。第一，对非农产品关税的减让。其中，所有国家（包括发展中国家和发达国家）非农产品的关税都采用瑞士减让公式进行削减，这样削减表现为关税越高的

① 这部分模拟多哈贸易自由化没有考虑特殊产品和敏感产品的问题。

国家减让的幅度越大，有利于国家间的关税平衡。第二，对农产品关税的减让。从表3-11中可以看出，对发达国家农产品关税减让有三个不同的提案，它们分别是美国提案、G20提案和欧盟提案。它们采用的都是分层削减而且高关税的削减幅度也比较大，但是从削减幅度来看，美国提案自由化的程度最高，削减幅度最大。而欧盟提案最保守，削减的最小。G20提案介于这两种提案之间。此外，还有Falconer（2007）基于G20提案的一个提议，由于这只是一个提议而不是正式的提案，因此，在模拟时没有考虑这个提议。另外，对最高关税的限定也不太一样，如欧盟提案和G20提案的最高关税为100%，而美国提案为75%，Falconer提议没有设定最高关税。值得一提的是，与发达国家不同，发展中国家农产品的削减幅度要小得多，这主要是考虑到农业在发展中国家是一个弱势产业，在一定时期内需要适度的保护。第三，对国内支持的减让。美国、G20和欧盟对国内支持的削减基本上没有分歧，都认为应该消除而且削减幅度也大致相同（见表3-12）。

在模拟美国提案、G20提案和欧盟提案的过程中，有两个问题需要详细说明。第一，用来计算关税减让的关税是哪种关税：封顶关税（Bound Tariffs）还是实际关税（Applied Tariffs）？因为对于许多国家来说，尤其是发展中国家，封顶关税和实际关税的差别非常大（Laborde，2007）。所以，选择封顶关税和实际关税对我们模拟贸易自由化就会产生很大的影响。由于在GTAP数据库中只有实际关税，因此，在我们的研究中采用的是削减实际关税。也就是说，在我们的研究中模拟贸易自由化的影响是个上限。与削减实际关税相比，减让封顶关税的影响要小得多。第二，对国内支持的削减具体包括哪些政策？从表3-12中可以看出，美国、G20和欧盟对黄箱减让都有很明确的规定。然而，对于微量允许减让和蓝箱上限的削减，美国提案和欧盟提案只给出了一个区间，这很难在模型中进行削减计算，因此，为了简化分析，我们假定所有国家只削减黄箱，而微量允许减免和蓝箱上限都保持不变。在GTAP中我们是通过削减生产补贴和中间投入品补贴来实现黄箱减让的。

表3-11 欧盟、G20和美国提出的工业化国家和发展中国家的农产品关税减让公式

单位：%

	欧盟提案		工业化国家G20提案		美国提案		发展中国家G20提案	
	分层	削减	分层	削减	分层	削减	分层	削减
1	0~30	35	0~20	45	0~20	65	0~30	25
2	30~60	45	20~50	55	20~40	75	30~80	30
3	60~90	50	50~70	65	40~60	85	80~130	35
4	≥90	60	≥70	75	≥60	90	≥130	40
最高关税	100		100		75		150	

表3-12 美国、G20和欧盟提案的国内支持削减方案

指标	最高层	第二层	第三层
美国提案	欧盟、日本	美国	其他发达国家
黄箱减让	80%	60%	37%
微量允许减让	限定为TVP的2.5%	限定为TVP的2.5%	限定为TVP的2.5%
蓝箱上限	限定为TVP的2.5%	限定为TVP的2.5%	限定为TVP的2.5%
G20提案	欧盟、日本	美国	其他发达国家
黄箱减让	80%	70%	60%
欧盟提案	欧盟、日本	美国	其他发达国家
黄箱减让	70%	60%	50%
微量允许减让	限定为TVP的1%	限定为TVP的1%	限定为TVP的1%
蓝箱上限	限定为TVP的5%	限定为TVP的5%	限定为TVP的5%

资料来源：美国国会研究报告（2005），Congressional Research Service（CRS）Report to Congress（2005）。

3.3.3 模拟结果及分析

3.3.3.1 对宏观经济的影响

为了评价在不同方案下多哈谈判的影响，我们有必要先讨论三种不同提案下宏观经济的影响。

从表3-13中可以看出三种方案对中国经济的整体影响。一个有积极意义的结论是，在多哈的任意一种提案下，中国都会增加福利并且促进经济增长，只是这种影响不大。我们的分析表明，不论哪种方案成功实现，中国的福利都将增加大约 34 亿美元。与基准方案相比，实际 GDP 将增长 0.05%。同时，国际贸易（包括进口和出口）规模也有所扩张。由于中国的出口价格比进口价格增长得更快，因此中国的贸易条件会得到改善。由于 2015 年基期中国的出口量要远远高于进口量，因此没有对贸易平衡带来负面影响。

要素禀赋（土地、资本和劳动力等）的回报率在三个多哈方案下都会增加。一方面，由于贸易自由化提高了总产量和要素需求量，因此要素价格也相应上涨；另一方面，要素价格的上涨也增加了生产成本，因此，GDP 价格指数上涨了 1% 左右。在多哈的三个提案下，结果都显示非熟练劳动力工资增长要比熟练劳动力增长得更快。这就意味着农村劳动力和穷人应该能从工资增长中受益更多（如果他们是由于贸易自由化带来的经济扩张而就业）。

虽然整体的影响很小，但中国农业部门在多哈三个方案中都是受益者。农业收入增长幅度约是全国平均收入增长的两倍。同样，农产品的进出口增长也比全国平均水平快（包括所有的进口、出口和非农产品贸易）。而且农产品出口的增长比进口的增长快得多。这样高的出口增长意味着，从整体上来看，中国农业部门在多哈贸易自由化中享受很大的贸易优势。

表 3-13　2015 年欧盟提案、G20 提案和美国提案对中国经济的影响

指标	欧盟提案	G20 提案	美国提案
等价变化(百万美元)	3479	3361	3413
实际 GDP 增长率(%)	0.05	0.05	0.05
GDP 价格指数(%)	0.99	0.98	0.97
总收入(%)	1.08	1.07	1.06
贸易条件(%)	0.46	0.43	0.44
总出口(%)	3.89	3.92	4.01
总进口(%)	5.56	5.60	5.70

续表

指标	欧盟提案	G20 提案	美国提案
贸易平衡(百万美元)	2293	2286	2492
非熟练劳动力工资(%)	1.47	1.46	1.45
熟练劳动力工资(%)	1.30	1.29	1.26
资本价格(%)	1.26	1.25	1.22
土地价格(%)	3.30	3.38	3.95
农业收入(%)	2.04	2.05	2.24
农业出口(%)	10.31	10.99	19.89
农业进口(%)	6.83	7.41	9.08

资料来源：GTAP 模拟结果。

不同提案对中国宏观经济影响很小，主要有两个原因。第一，所有提案都关注农业部门，而对非农部门只有很小的政策变化。然而，农业部门在整个经济中是一个相对较小的部门，所以对中国的整体影响很小。这样不同提案之间的差别就很小。第二，由于在多哈谈判之前（中国入世之后），中国的农业部门在很大程度上已经实现了自由化，进一步削减的空间其实很小。

从结果中可以看出，与其他方案相比，中国的农业部门在美国提案下收益最多，这主要是因为美国提案需要实施更大的市场准入。尽管中国降低进口关税，中国的生产者会受到损失，但是中国的出口商将享受更自由化的国际市场空间，而且在多哈减让之前中国的进口关税已经降得很低了。由于所有 WTO 成员都需要削减进口关税，而且其他大多数成员征收的关税都比中国高，因此，中国的生产者可以出口更多有比较优势的产品。

从模拟结果中我们也确实得到了这样的结论：与 2015 年基期相比，中国的农产品出口从在欧盟提案下的 10.31% 增加到美国提案下的 19.89%（见表 3 – 13）；与基准方案相比，在欧盟提案和 G20 提案下，中国的农产品进口增长 7% 左右，而在美国提案下增长 9.08%。我们的结果显示，中国农业整体上在自由化程度越高的提案下收益越多。中国农业收入在欧盟提案和美国提案下分别增加 2.04% 和 2.24% （见表 3 - 14）。

3.3.3.2　对中国农产品贸易的影响

与整体经济影响相比，多哈自由化对中国农产品的国际价格和国际贸易有很大的影响，而且不同农产品间的差异很大。一个部门是可以享受到自由化的全球市场还是面临来自其他国家的竞争，主要取决于多哈自由化之前各个部门的政策安排、贸易状况、国内支持政策和资源分配等情况。我们的分析结果表明，多哈的多边贸易自由化与入世的单边贸易自由化对中国的影响存在显著不同。

与基准方案相比，中国粮食和大豆的进口量会减少，然而，它们的出口量会增加，所以这些作物在多哈自由化中会获得一定的净出口收益（见表3 - 14、表 3 - 15、表 3 - 16）。这些影响的程度主要取决于中国农产品贸易对国际价格变化的反应灵敏度。与基准方案相比，三个对比提案都表明，入世后，我国在谷物上的进口关税大幅下降，目前小麦、大米和玉米进口关税仅为 1%，对于这些产品，我国的保护程度很低。然而，这些产品的主要出口国在多哈回合中将减少出口补贴，同时，日本、韩国、欧盟等主要进口经济体将降低关税，从而使国际价格上升，使我国这些农产品的贸易条件得到改善，所以，大米、小麦和玉米的进口量在多哈回合下反而有所下降。其中，小麦和玉米进口下降幅度最大，为 25% ~27% （见表 3 - 14）。另外，所有粮食和大豆的出口价格会上升。中国的粮食和大豆在进口的负面影响和出口的正面影响下，净出口还有增加，其中，大米和小麦分别增加了50 万 ~ 80 万吨和约 40 万吨，大豆增加了 50 万 ~ 70 万吨（见表 3 - 16）。总的来说，多哈谈判的成功对中国的粮食安全有促进作用。与大豆的情况相同，贸易自由化对油料作物的进口有负面影响，对其出口有正面影响，所以会降低净进口的幅度，这主要是因为我国对油料作物的保护要远远低于其他国家对中国征收的关税。

表 3-14　2015 年欧盟提案、G20 提案和美国提案对中国主要进口农产品的影响

单位：万吨，%

农产品	基准方案	不同方案下的影响		
		欧盟提案增长率	G20 提案增长率	美国提案增长率
大米	99.5	-0.1	-0.9	-1.2
小麦	109.6	-25.0	-26.8	-27.4
玉米	181.3	-26.7	-26.8	-26.4
其他粗粮	309.9	-8.5	-8.5	-7.8
大豆	4127.1	-0.7	-1.0	-0.6
棉花	749.0	17.6	17.4	17.2
油料作物	674.4	-0.9	-1.3	-0.8
糖料作物	328.6	15.6	17.2	20.6
蔬菜	40.6	31.5	34.3	42.0
水果	287.8	20.4	22.9	30.0
猪肉	83.9	3.2	4.3	6.7
牛肉	37.8	65.3	68.0	72.6
羊肉	19.9	55.7	58.2	63.1
禽肉	50.5	0.6	1.6	3.9
蛋	0	0.0	0.0	0.0
奶制品	584.7	-1.7	-0.8	0.3
鱼类	328.9	7.4	8.6	11.4

资料来源：CAPSIM 模拟结果。

表 3-15　2015 年欧盟提案、G20 提案和美国提案对中国主要出口农产品的影响

单位：万吨，%

农产品	基准方案	不同方案下的影响		
		欧盟提案增长率	G20 提案增长率	美国提案增长率
大米	187.3	47.7	57.5	72.6
小麦	59.4	8.2	6.7	5.5
玉米	8.1	34.9	55.8	88.4
其他粗粮	4.8	21.4	42.9	71.4
大豆	104.2	36.0	27.4	38.6
棉花	1.1	-23.1	-23.1	-15.4

续表

农产品	基准方案	不同方案下的影响		
		欧盟提案增长率	G20 提案增长率	美国提案增长率
油料作物	2.1	42.9	35.7	50.0
糖料作物	16.3	21.1	22.7	27.3
蔬菜	895.7	22.3	28.1	50.2
水果	532.4	27.2	32.2	51.2
猪肉	97.7	0.6	-0.9	-2.3
牛肉	2.9	11.5	11.5	11.5
羊肉	0.4	33.3	33.3	33.3
禽肉	114.6	0.8	1.1	2.8
蛋	5.9	0.0	-1.6	-3.3
奶制品	15.7	9.4	11.6	13.8
鱼类	460.1	10.7	11.8	13.7

资料来源：CAPSIM 模拟结果。

表 3-16　2015 年欧盟提案、G20 提案和美国提案对中国农产品净出口的影响

单位：万吨

农产品	欧盟提案	G20 提案	美国提案
大米	51.8	63.3	80.0
小麦	42.3	44.2	44.5
玉米	67.3	68.5	68.9
其他粗粮	29.1	29.6	28.1
大豆	57.9	64.0	55.1
棉花	-112.6	-111.4	-109.9
油料作物	7.0	9.0	6.0
食糖	-39.8	-43.9	-52.7
蔬菜	124.0	157.9	287.5
水果	50.6	62.5	113.9
猪肉	-1.9	-4.3	-7.6
牛肉	-14.0	-14.6	-15.6
羊肉	-6.7	-7.0	-7.6
禽肉	0.6	0.4	1.2
蛋	0	-0.1	-0.2
奶制品	11.4	6.0	0.3
鱼类	21.5	22.3	21.8

资料来源：CAPSIM 模拟结果。

在给定当前的生产、贸易和未来政策改革的情况下，未来粮食和大豆的价格变化也不难理解。发达国家的粮食生产得到强有力的保护和支持。从表3-17中可以看出，大米、小麦和其他粗粮的世界加权平均关税率分别为8.7%、4.3%和8.2%，是所有产品中较高的（除食糖外）。虽然其他国家对大豆的保护力度低于粮食作物，但模拟结果显示，其关税率也很高。然而，自入世后，中国大豆和粮食的进口关税率已经削减得很低了。而且，中国从来没有对进口的粮食征收配额外的高关税。至于大豆，2000年以后，中国开始执行单一税率（3%）。并且中国出口的大米和玉米仍然被其他国家征收很高的关税，因此，多哈多边贸易自由化意味着粮食和大豆的国际和国内价格将提高，同时这也会增加中国的出口量和减少中国的进口量。

表3-17　2006年中国进口关税率和外部关税率的比较

单位：%

产品	中国的进口关税率	世界加权平均关税率	对中国产品征收的关税率
大米	1	8.7	131.09
小麦	1	4.3	3.89
其他粗粮	2.94	8.2	190.85
果蔬产品	6.54	3.0	22.55
油料作物	2.88	3.4	50.28
食糖	12.74	9.3	36.21
棉花	1(5)	0.8	6.44
其他作物	3.34	2.3	8.31
牛羊肉	9.65	3.6	4.25
猪肉和禽肉	7.72	3.7	9.35
奶制品	8.66	3.3	3.23
鱼类	7.48	1.0	6.11
加工食品	8.77	3.1	10.03

续表

产品	中国的进口关税率	世界加权平均关税率	对中国产品征收的关税率
能源	0.27	0.7	1.98
纺织品和服装	8.96	3.4	11.23
资源型工业	5.88	1.6	3.33
金属和机器行业	5.41	1.5	2.82
运输机械	8.09	1.6	3.63
电子产品	2.31	0.8	1.14
加工业	14.46	1.8	2.68

资料来源：根据中国入世的承诺、GTAP税收数据库及中国和东盟实现自由化和东盟扩张相关数据等得出。

食糖的情况与其他农产品有些不同。中国农业在很大程度上已经实现了自由化，但是食糖仍然受到很重的港口政策保护。在2006年，食糖的平均进口关税率为12.74%，比世界加权平均关税率（9.3%）还高。尽管贸易自由化会在一定程度上提高世界食糖的价格，但因为中国食糖征收的关税的上涨幅度要高于食糖国际价格的上涨幅度，所以，我国食糖的进口价格会下降，从而增加了我国对食糖的进口量。结果，与2015年基准方案相比，中国的食糖进口量在三种自由化方案下将增加15%～20%。尽管中国的食糖出口量也增加了，但是出口量增加的幅度要小于进口量增加的幅度，所以，中国的食糖净进口量将增加40万～50万吨，这主要是由基准方案下巨大的食糖进口量造成的。

值得一提的是，多哈贸易自由化对棉花部门的影响与其他产品不同。因为对棉花的影响主要不是来自国际棉花价格的变化，而是来自上游的棉纺织业和服装制造业对棉花的大量需求，这提高了国内进口棉花的相对价格。我们模拟发现，到2015年，棉花进口将达到749万吨，大大超过了2009年的配额数量，并且在多哈提案下会进一步增加130万吨（或者约17%）。当然这是假设中国未来不使用配额外的高关税限制棉花进口。应该说这个假设不是特别合理，因为尽管中国对棉花实施关税配额管理，但从来没有征收40%的配额外高关税，相反只是实行了5%的滑准税率。在本节的方案中，我们假定当前的滑准税率在多哈谈判中没有发生变化。

同时，中国蔬菜和水果的进出口量都会增加，但果蔬产品出口量增加的影响要超过进口量增加的影响，所以这将进一步增加中国果蔬部门的贸易顺差。因为果蔬生产业属于劳动密集型产业，所以中国有很强的比较优势。而且因为其他国家对中国果蔬产品征收了很高的进口关税，所以中国还有很大的潜力扩大出口。

在2006～2015年的基准方案下，中国的畜产品出口量会有小幅增加，虽然多哈贸易自由化对整个畜产品的净出口量影响很小，但方向是负的。除了鲜奶之外，作为一个有比较优势的部门，许多畜产品的出口量在多哈提案下会增加。然而，中国也对畜产品进口，特别是牛肉、羊肉、鲜奶和猪肉制品征收了相对较高的进口关税，在多哈的三个对比提案下，畜产品的进口量增长超过了出口量的增长。

值得强调的是，多哈贸易自由化对奶制品产生影响。中国奶制品的生产基本上没有比较优势，在2015年的基准方案下净进口将达到570万吨，并且中国也征收了比其他国家都高的进口关税。然而，我们的结果显示，与2015年基准方案相比，在多哈对比提案下，中国奶制品的进口量将减少。一方面，主要是发达经济体（日本、韩国、欧盟和北美自由贸易区等）取消配额管理体制和出口补贴导致了奶制品的国际价格上涨，这样也导致了中国进口奶制品的价格提高；另一方面，由于国际价格的上涨，中国奶制品的出口量会有小幅度的增加。总的来说，与2015年基期相比，中国奶制品的净进口量会轻微下降。

对鱼类来说，中国在2015年的基准方案下仍然是净出口国，并且在对比提案下净出口量会进一步增加。我们的结果显示，与2015年基准方案相比，在三个对比提案下中国鱼类的出口量增加10%～14%，然而进口量会增加7%～11%。由于在多哈贸易自由化下，鱼类的出口量大于进口量，因此鱼类的净进口量增加了21.5万～22.3万吨。

3.3.3.3 对中国农业生产的影响

多哈贸易自由化对中国农产品产量的影响与对农产品贸易的影响完全一致。大多数粮食作物（如大米、小麦、玉米、土豆和其他粗粮）产量增加（除了甜土豆之外，见表3－18）。甜土豆主要用作饲料，畜牧产品产量的少量下降，导致对甜土豆的需求量下降。小麦、大米、土豆和其他粗粮的生产量会随着自由化程度的提高而增加。以大米为例，它的产量在欧盟提案、G20提案和美国提案下，分别增加了0.07%、0.12%和0.20%。

然而，玉米产量的增长率与其他粮食作物不同。随着多哈提案越来越自由化，玉米产量的增长率反而越来越低。在欧盟提案、G20提案和美国提案下增长率分别为0.05%、0.02%和－0.03%。这是因为通常玉米主要被用作饲料，而在自由化程度高的提案中，畜产品的产量有小幅度下降，导致对玉米需求量下降，因此玉米产量在美国提案下有轻微的下降（与其他农产品和2015年基准方案相比）。

表3－18　2015年欧盟提案、G20提案和美国提案对中国农业生产的影响

单位：万吨，%

农产品	基准方案	不同方案下的影响					
		欧盟提案		G20提案		美国提案	
		产量	增长率	产量	增长率	产量	增长率
大米	12.3130	8.2	0.07	14.9	0.12	24.8	0.20
小麦	9.8643	7.9	0.08	8.8	0.09	8.4	0.09
玉米	18.1251	8.8	0.05	3.2	0.02	-5.4	-0.03
甜土豆	2.2596	-4.8	-0.21	-5.3	-0.23	-5.8	-0.26
土豆	1.9084	4.4	0.23	4.6	0.24	5.3	0.28
其他粗粮	1.5735	24.8	1.58	24.8	1.58	22.8	1.45
大豆	2.0396	38.2	1.87	40.8	2.00	36.6	1.79
棉花	0.9144	15.3	1.67	15.6	1.71	15.5	1.70
油料作物	0.9658	2.6	0.27	3.6	0.37	2.0	0.21
食糖	1.1909	-28.9	-2.43	-31.8	-2.67	-37.0	-3.11
蔬菜	46.4688	12.8	0.03	38.4	0.08	149.0	0.32

续表

农产品	基准方案	不同方案下的影响					
		欧盟提案		G20 提案		美国提案	
		产量	增长率	产量	增长率	产量	增长率
水果	15.3826	8.6	0.06	17.2	0.11	56.9	0.37
猪肉	5.8465	-20.4	-0.35	-22.0	-0.38	-24.0	-0.41
牛肉	0.5905	-8.2	-1.39	-8.5	-1.44	-9.0	-1.52
羊肉	0.3481	-4.0	-1.15	-4.1	-1.18	-4.5	-1.29
禽肉	1.9292	-3.0	-0.16	-4.2	-0.22	-5.5	-0.29
蛋	2.3707	-8.8	-0.37	-9.0	-0.38	-9.3	-0.39
奶制品	4.5709	5.1	0.11	2.5	0.05	0.5	0.01
鱼类	3.3815	6.5	0.19	6.9	0.20	6.6	0.20

资料来源：CAPSIM 模拟结果。

奇怪的是，其他一些土地密集型产品（如大豆、油料作物和棉花）的产量也增加。其中大豆和棉花产量的增长率在所有作物中是较高的。大豆的产量在欧盟提案、G20 提案和美国提案下，分别增加了 1.87%、2.00% 和 1.79%。同样棉花的产量也分别增加了 1.67%、1.71% 和 1.70%。产量的大幅度增加意味着种植这些作物的农民在多哈贸易自由化的方案下会受益。

与大豆和棉花不同，食糖的产量在一定程度上有所下降。从结果中可以看出，在欧盟提案、G20 提案和美国提案下，产量分别下降 2.43%、2.67% 和 3.11%。正因为如此，如果多哈谈判成功的话，那么中国的糖料作物种植者将遭受很大的损失。

然而，果蔬产品生产者会受益。模拟结果显示，劳动密集型产品中的蔬菜和水果的产量会增加。在最自由的美国提案下情况也的确如此。蔬菜的产量在欧盟提案、G20 提案和美国提案下，分别增加 0.03%、0.08% 和 0.32%。同样，水果的产量也分别增加了 0.06%、0.11% 和 0.37%。因为在美国提案下蔬菜和水果的关税下降较多，所以如果该提案成功实施的话，中国就可以进一步发挥劳动密集型农产品（水果和蔬菜）的比较优势。

更重要的是，我们的结果表明中国许多畜产品（牛肉、羊肉、猪肉、禽肉和蛋）的产量在多哈提案下会下降。虽然在自由化的提案下，畜产品的产量会下降，但是在多哈三个提案下的差别并不大。牛肉和羊肉的产量将分别下降1.39%、1.44%和1.52%，1.15%、1.18%和1.29%。牛肉和羊肉产量的下降比猪肉、禽肉和蛋下降的幅度大。中国的猪肉、禽肉和蛋的产量分别下降0.35%、0.38%和0.41%，0.16%、0.22%和0.29%，0.37%、0.38%和0.39%。从数量上来讲，猪肉是畜产品中最重要的组成部分，因此从绝对量上来看，猪肉产量的减少在所有畜产品中是最大的。

与在贸易分析中看到的相同，其实奶制品在贸易自由化中受到的影响很小。我们的结果显示奶制品部门会受益，只不过受益较小。从百分比变化来看，最高的增长率是0.11%，在美国提案下，产量的增长率几乎下降到0。

在多哈贸易自由化的方案下，中国鱼类的产量会增加。从表3-18可以看出，在美国提案下，鱼类的产量上涨了0.20%。虽然在自由化程度越高的方案中，鱼类的产量增长越快，但不同提案下的差别不大。

总的来说，多哈贸易自由化对农产品产量的影响具有以下几个特征。第一，粮食作物产量上升。这意味着贸易自由化会使我国粮食的自给率有实质性增加。第二，大豆、油料作物和棉花的产量也增加。实际上，尽管这些产品是土地密集型产品，但是在所有种植业中，它们的增长率较高。第三，与基准方案相比，食糖的产量会下降，对我国糖农带来挑战，分析结果显示在三种自由化提案下其产量都下降，在越自由化的方案下食糖的产量下降的幅度越大。第四，正如预期的一样，贸易自由化会促进中国蔬菜和水果的生产。这个结果在美国提案下是较明显的。第五，中国牛肉、羊肉、猪肉、禽肉和蛋的产量会下降。这种情况对牛肉和羊肉的影响是较明显的。它们在相对数量上大幅度下降。第六，鱼类的产量会增加。

3.3.3.4 对中国农民收入的影响

我们的结果显示多哈贸易自由化将提高中国农民的收入。但是平均来说，对收入增长的贡献率很有限。从表3－19中可以看出，在欧盟提案、G20提案和美国提案下农民人均纯收入增长率分别为1.07%（22.06元）、1.12%（23.05元）和1.17%（24.02元）。同时模拟结果也表明随着多哈提案自由化程度的提高，农民的收入也逐渐增加。

也许本节最重要的发现是虽然多哈贸易自由化的影响是正的，但平均来说，影响很小，而且这种影响在不同收入组之间差别很大。尽管所有收入组中的农民人均纯收入都增加，但高收入组农民收入要比低收入组农民增加得多。从表3－19中可以看出，那些在贫困线以下的农民的人均纯收入在欧盟提案、G20提案和美国提案下，分别增加1.00%（8.29元）、1.06%（8.72元）和1.11%（9.21元）。然而，在最高收入组中农民收入的增长率分别为1.64%（69.55元）、1.68%（71.38元）和1.68%（71.62元）。与贫困线以下农民相比，增长率要高得多。从这个角度来讲，贸易自由化在一定程度上会使农民的贫富差距拉大。

表3－19　2015年欧盟提案、G20提案和美国提案对不同收入组农户的人均农业纯收入的影响

单位：元，%

指标	绝对变化			相对变化		
	欧盟提案	G20提案	美国提案	欧盟提案	G20提案	美国提案
全国平均	22.06	23.05	24.02	1.07	1.12	1.17
贫困线以下	8.29	8.72	9.21	1.00	1.06	1.11
第1组	15.41	16.06	17.19	1.11	1.16	1.24
第2组	23.45	24.19	25.47	1.28	1.32	1.39
第3组	38.45	39.76	41.30	1.62	1.68	1.74
第4组	54.15	55.73	56.51	1.77	1.82	1.85
第5组	69.55	71.38	71.62	1.64	1.68	1.68

注：贫困线以下的农户是指在2001年人均纯收入低于872元的农户，其中这部分农户人口数占农村总人口数的10%。第1、2、3、4组和第5组农户分别是指人均纯收入在872～1300元、1300～1700元、1700～2300元、2300～3300元和3300元以上的农户。第1、2、3、4组和第5组农户人口数在2001年分别占农村总人口数的15%、15%、20%、20%和20%。

资料来源：CAPSIM模拟结果。

当然，导致不同组农民收益不同的原因有很多。但其中最重要的是不同组别的农民有不同的种植结构。为了能清晰地展示不同组别间农户的不同种植结构，根据我们对生产和贸易的分析，我们把所有农产品分成两类。第一类，包括那些可以给农民带来收益的农产品。这类产品包括大米、小麦、大豆、棉花、油料作物、蔬菜、水果和鱼类。我们称这类产品为“受益产品”。第二类，包括那些在多哈提案下使农民受到损失的农产品。这类农产品包括甜土豆、食糖、牛肉、羊肉、猪肉和禽肉。我们称这些产品为“非受益产品”。我们通过比较农民的种植结构来分析不同组别的农民受到影响的不同原因。

不同组别农民的种植结构帮助我们解释了他们是受益还是受损。从表3－20可以看出，在多哈提案下不同组别中受益最多的农民也是生产受益产品最多的。具体来说，在贫困线以下的农民只有53%的农产品来自受益产品。相比较而言，最高收入组的农民有67%的农产品来自受益产品。虽然总产出中非受益产品的份额基本一样（在中性产品中略有不同），但是高收入组的农民生产相对多的受益产品更加表明受益产品对不同收入组农民的影响不同。

表3－20 在2015年基准方案下不同收入组农户的受益产品、非受益产品和中间产品的产出份额

单位：%

指标	受益产品的产出份额	非受益产品的产出份额	中间产品的产出份额
全国平均	62	11	27
贫困线以下	53	10	37
第1组	58	12	30
第2组	60	13	27
第3组	61	12	27
第4组	63	11	26
第5组	67	11	22

注：中间产品包括玉米、奶制品、土豆和其他一些粮食作物（如粗粮）。

3.3.3.5 对中国不同省份农民收入的影响

尽管本节结果显示，在全国层面上所有收入组的农民都能从贸易自由化中受益，但是对每个省份来说，这个结论不成立（见表3-21）。从全国层面来讲，贸易自由化对农民人均纯收入的影响很小。这主要是因为一些省份还有一些抵消的影响，贸易自由化对不同省份的农民影响差异非常大，甚至相同收入组的农民差异也很大。

因为贸易影响主要是针对具体农产品的，同时也因为在不同省份不同收入组的农户有不一样的种植结构，所以我们可以看到其实有很强的地理和收入特征的影响。这也意味着，贸易自由化可能会影响公平。

值得注意的是，从生产的角度来讲，不是所有的穷人都会由于贸易自由化而受益或者受损。我们的分析表明，在贫穷省份（在西部和北部的省份）的穷人会从贸易自由化中受益更多，而东部省份和南部省份的穷人（相对富裕的穷人）受益很小或者受损。因此，我们的结果也表明在多哈贸易改革下中国部分地区的贫困状况会得到改善，同时，也有可能导致一些地区贫困状况恶化和收入不平等加剧。

表3-21 2015年欧盟提案、G20提案和美国提案对不同省份不同收入组农户的农业人均纯收入的影响

单位：元

省份	所有农户平均			2001年贫困农户			2001年最富20%农户		
	欧盟提案	G20提案	美国提案	欧盟提案	G20提案	美国提案	欧盟提案	G20提案	美国提案
北京	17.9	19.7	25.9	0.0	0.0	0.0	30.8	30.6	29.4
天津	22.4	22.9	25.4	3.4	3.3	2.8	74.4	70.9	60.0
河北	30.7	31.9	33.8	8.5	8.7	8.6	81.2	78.5	67.9
山西	15.4	16.2	18.1	7.7	7.8	7.9	37.5	35.9	31.0
内蒙古	27.8	27.9	19.5	11.6	11.4	9.3	172.5	166.2	152.7
辽宁	36.6	37.4	38.3	12.4	12.4	12.1	198.3	193.0	169.6
吉林	80.4	80.7	77.2	15.6	15.5	14.6	374.2	365.0	326.1
黑龙江	65.5	67.3	60.9	13.1	12.8	11.4	144.1	136.6	126.6
上海	19.1	20.9	24.0	5.3	5.7	5.7	14.0	14.5	17.5
江苏	32.0	34.2	35.9	10.0	10.5	11.2	35.7	34.9	33.0

续表

省份	所有农户平均			2001 年贫困农户			2001 年最富 20% 农户		
	欧盟提案	G20 提案	美国提案	欧盟提案	G20 提案	美国提案	欧盟提案	G20 提案	美国提案
浙　江	23.4	25.9	33.7	0.5	0.5	0.7	26.3	29.1	40.0
安　徽	28.9	30.9	30.7	14.1	14.8	14.6	41.0	39.7	37.1
福　建	22.3	24.3	31.0	2.3	2.5	3.2	46.1	50.1	65.3
江　西	23.8	25.6	27.8	10.0	10.7	12.0	45.8	48.7	57.9
山　东	37.1	38.7	41.0	25.7	26.1	25.7	86.1	84.2	75.8
河　南	39.4	41.1	40.7	16.9	17.5	17.8	80.8	77.6	67.3
湖　北	44.6	48.0	50.4	13.3	14.0	14.5	82.3	85.6	93.5
湖　南	21.9	23.6	27.0	8.5	9.3	11.3	18.0	18.1	21.1
广　东	21.4	22.5	25.4	4.8	5.0	5.1	43.8	46.9	58.3
广　西	-13.6	-16.6	-24.5	-24.5	-26.7	-33.0	44.2	47.5	55.3
海　南	22.8	24.6	28.9	9.3	9.9	11.4	45.2	49.3	68.0
重　庆	20.0	21.5	26.1	9.3	10.0	12.3	48.6	47.9	45.8
四　川	17.4	18.6	22.1	8.9	9.4	11.1	45.3	45.0	44.4
贵　州	12.0	12.5	13.6	6.5	6.5	6.9	76.1	74.4	67.5
云　南	-3.1	-4.7	-8.4	-16.7	-17.7	-20.0	24.7	28.0	34.9
西　藏	38.5	38.5	33.9	32.9	32.9	29.5	34.7	30.0	18.6
陕　西	15.1	15.9	17.8	8.6	9.0	10.1	49.2	48.3	48.3
甘　肃	36.0	36.8	36.4	11.4	11.7	11.4	199.1	200.2	188.5
青　海	9.4	9.5	6.4	12.1	13.2	13.2	-8.7	-10.9	-15.8
宁　夏	16.1	15.6	15.0	4.5	4.5	4.1	85.9	81.2	66.7
新　疆	74.9	75.8	70.6	48.3	49.4	47.5	224.1	234.9	254.2

资料来源：CAPSIM 模拟结果。

本节的另一个重要发现是所有省份（除了青海和西藏之外）[①] 的穷人都比富人受益少。尽管可能是由于贫困地区的种植结构和土壤质量的原因，但是穷人仍然比富人生产的农产品少。事实上我们也不清楚是不是由土壤质量或者不能使用足够的投入（或者两者都有）导致低效生产。但我们很清楚

① 这主要是因为不同收入组农户的收入结构不同。以青海为例，最高收入组的农民生产受益产品的份额是 43%，生产非受益产品的份额是 20%；相反，贫困线下的农户生产受益产品的份额是 60%，生产非受益产品的份额只有 7%，因此，青海贫困线以下的农民会受益，而高收入组的农民会受损。

的是政府在提高穷人生产力方面发挥了积极作用（如利用研发、推广、投资和信贷手段）。

值得注意的是，一些地区的农民在自由化的方案下有可能遭受损失。从国家层面来看，方案越自由农民的人均纯收入就会增加越多。可是如果我们分省份来看的话，农民的收入有很大的不同。我们的结果显示，广西和云南的人均纯收入在欧盟提案下，分别下降 13.6 元和 3.1 元；在 G20 提案下，分别下降 16.6 元和 4.7 元；在美国提案下分别下降 24.5 元和 8.4 元（见表 3-21）。因此，我们的研究结论的一个政策含义是国家应该设计出一套方案对在贸易自由化中受损的农户进行合理有效的补偿。

3.3.4 政策含义

根据本节研究结果，我们提出如下几点政策建议。

第一，我国政府应当更加积极地参与和推进多哈贸易谈判。通过分析多哈谈判对中国农业的影响，我们发现虽然整体影响很小，但总的来说还是正面的影响。其对全国农民平均收入的影响是正面的，这就意味着中国在多哈谈判中应该采取积极的态度推动自由化进程，努力降低其他国家对中国征收的高关税。当前我国农产品贸易中面临的最大问题是农产品出口在国外面临重重关税和非关税壁垒，造成出口增长率下降。对于动植物检疫等方面和非关税壁垒问题，虽然多哈回合不曾涉及此类，但是这些问题必须在多哈回合谈判之后提到议事日程上来，因此更需积极促进多哈回合谈判的成功，以为早日启动下一轮谈判做好准备。

第二，政府要鼓励贫困地区的农户调整种植结构，生产那些在多哈贸易自由化中具有竞争力的农产品。多哈贸易自由化对不同省份、不同收入组的农民影响不同主要是由于他们拥有不同的种植结构，因此，一个措施是调整农产品的种植结构，多种植或生产有优势的农产品，少种植或生产在自由化中受损的农产品。

第三，政府也需要采取其他一些措施提高贫困地区农民的生活水平。在许多地区，农民在任何一种农业生产中都没有优势，因此在这样的地区应该大力发展农村教育、通信设施，通过其他政策来加速农民转移到非农部门中，进而提高他们的生活水平。

第四，对于在贸易自由化过程中严重受损的农民，政府应该设计出一套方案以进行适当的补贴，从而使他们有足够的缓冲时间，进行相应的结构调整。

3.4 欧盟 -韩国自贸区对我国经济和贸易的影响

——基于动态 GTAP 模型

摘　要：欧韩自贸区于 2011 年 7 月正式生效启动，而欧盟和韩国分别是中国的第一和第三大贸易伙伴，所以，自贸区的启动将对我国经济和贸易产生重要的影响。本节利用最新的动态 GTAP 模型分析了 2015 年欧韩自贸区对中国宏观经济和各产业部门的影响。结果显示，对我国总体经济呈负面影响，但幅度很小，只有 -0.007%。与出口贸易相比，进口贸易下降幅度更大，所以，我国贸易平衡项有所改善。从产出看，我国的农产品、农产品加工业和服务业会受到负面影响；相反，对我国工业品有一定的促进作用。从区域产品贸易看，自贸区启动对我国进出口贸易转移效应明显，我国将更倾向于把产品出口到欧盟市场而不是韩国市场。与此相反，对于我国农产品及其加工品的进口需求有从欧盟转移到韩国的趋势，在一定程度上形成了韩国产品对欧盟产品的出口替代。而且在欧盟市场上，并没有出现大规模的韩国产品对我国出口产品的替代。最后，本节提出相关政策建议。

关键词：欧盟　韩国　自贸区　动态 GTAP

3.4.1 研究背景

伴随着双边贸易自由化的快速发展，我国主要贸易伙伴也积极推进自贸区建设。经过多轮谈判，2009年7月13日韩国－欧盟自由贸易区谈判终于达成最终协议，并于2011年7月正式生效启动。因此，作为我国第一大贸易伙伴的欧盟和第三大贸易伙伴的韩国实施自贸协定将对我国经济与贸易产生怎样的影响是一个值得政府关注的问题。

现有很多文献对自贸区建设的经济影响进行了分析。从研究角度来说可以分成两类。第一类，研究中国直接参与自贸区的经济影响。这一类文献比较多，一部分文献集中于利用GTAP模型分析全球和区域贸易自由化的影响。黄季焜和杨军（2005）采用GTAP模型分析了全球贸易自由化对中国和世界经济的影响。黄鹏和金柳燕（2010）也对多哈回合非农产品关税减让可能带来的效应进行了分析。李众敏和唐忠（2006）分析了东亚区域合作对中国农产品贸易的影响。曹亮等（2010）利用GTAP模型分析CAFTA对成员和世界经济的影响。另一部分文献侧重分析中国双边贸易自由化的影响。李丽等（2008a）运用GTAP模型分别对中国与印度建立自由贸易区以及中国和新西兰的自由贸易区进行了模拟分析。王飞（2008）分析了建立上海合作组织自贸区的经济影响。魏巍和魏超（2009）和谈茜（2010）也对中韩FTA建立对双方宏观经济的影响进行了分析。

第二类，分析贸易伙伴签订自贸协定对我国的经济影响。这一类文献相对较少，李丽等（2008b）、杨欣和武拉平（2010）分别运用GTAP模型模拟美韩自由贸易协定生效后对我国的经济影响。张海森和杨军（2006）利用GTAP模型分析美国取消棉花补贴对世界及中国棉花和纺织服装的影响。高静（2006）从东亚同美洲的经贸关系入手，借助GTAP模型，分析了美洲自由贸易区对东亚经济可能产生的影响。

总的来说，现有大部分研究存在两点局限。第一，大部分研究基于静态GTAP模型。该模型只能进行比较静态分析，不能根据时间动态更新数据库和构建模拟的基准情景，因此，在分析未来某一年达成自贸协定的问题时明显不合适。虽然国内学者在利用GTAP模型时也尝试性地进行过动态性的研究，但是非常有局限性，同动态GTAP模型相比差距很大。杨军等（2005）、周曙东等（2006）和李丽等（2008c）的研究利用静态GTAP模型采取递推的方法仅仅把各国的人口、GDP、非熟练劳动力、熟练劳动力、自然禀赋等的变化提升到将来所要比较的年份，并在此基础上进行政策模拟的比较分析。

第二，大部分研究基于GTAP模型第六版数据库（V6）。由于贸易自由化的推进，贸易总量和结构在不断变化，因此继续使用基于2001年经济和贸易关系构建的第六版数据库明显不能反映现实情况。本节采用最新的GTAP动态模型和动态V7数据库（2004年）来分析欧韩自贸区对我国经济贸易和产业的影响。

本节将主要集中回答以下问题：自贸区协议的签署对我国宏观经济和社会福利会造成怎样的影响？与贸易伙伴的进出口贸易是否会受到负面冲击？其对国内不同行业的影响是否相同？在欧盟市场上，是否会出现大规模的韩国产品对我国出口产品的替代？

本节分为四部分，第一部分为研究背景；第二部分为研究方法和模拟方案；第三部分为模型结果和分析；第四部分为结论和政策建议。

3.4.2　研究方法和模拟方案

动态GTAP-E模型的具体介绍见3.1.2研究方法和模拟方案。本节采用最新的动态GTAP模型和V7数据库，该数据库是基于2004年各国的社会核算矩阵建立起来的，共包含113个国家和地区和57种商品。根据研究需要，我们将国家和地区加总为4个国家和地区（中国、欧盟、韩国和其他国家）和43个产品部门。

根据本节的研究目的，我们设计了两个方案：基准方案和模拟方案（欧盟-韩国自贸区方案）。

基准方案：本节采用动态方法模拟了2004～2015年的基准情况。基准方案除了假设所有国家现行政策将持续执行外，还考虑中国在2001～2010年按照加入WTO协议继续调整其关税政策，在2005年1月取消多种纤维协定（MFA），以及欧盟东扩等。

模拟方案（欧盟－韩国自贸区方案）：根据欧盟－韩国自贸协议约定，3年内欧盟取消96%、韩国取消99%的商品关税，5年内取消全部工业品关税①。欧盟同意韩国保留出口退税制度②。同时，假定在2011～2015年欧盟和韩国与其他国家之间以及其他国家之间的关税保持不变。

3.4.3 模拟结果和分析

3.4.3.1 对宏观经济和社会福利的影响

（1）对我国GDP和福利造成一定的负面冲击，但总体影响不大

与基准情景相比，2015年我国实际GDP将减少0.007%，社会福利下降9.65亿美元，总体来说影响不大。这主要是因为我国资本存量受到的冲击较小（－0.014%③）。造成我国资本存量下降幅度较小主要有两方面原因。一方面，欧盟、韩国之间的贸易保护主要集中在农产品上，而对工业品的保护较少，所以，关税削减对资本密集程度高的工业品影响较小；另一方面，我国与欧盟和韩国之间农产品贸易的比例很低，所以，对我国的经济整体影响相对较小。

（2）与消费支出相比，我国的出口和投资需求降幅较大

我国出口和投资需求分别下降0.04%和0.05%，而私人和政府消费只

① 通常将关税逐渐削减为0有两种方式。第一种，每年采用相等的关税削减变化率。第二种，每年采用相等的关税削减幅度。从最终结果来看，两种方式的差异很小。我们在这里采用的是第二种削减方式。

② 在关税削减过程中，本节没有考虑敏感产品（特殊产品），认为所有产品（包括农产品、工业品和服务业）的关税被完全削减。

③ 在动态GTAP模型中，从长期来看，假定一个国家（区域）的劳动力和土地的总量都是固定的，而资本存量是可以变化的，所以，长期经济增长变动完全是由资本存量的变化所致。

下降了 0.01% 和 0.02%。出口下降是由于自贸区的启动提高了我国出口到该区域商品的相对价格，从而对我国出口产品需求下降。而对于投资而言，由于我国主要出口的是劳动密集型产品，资本密集型产品出口较少，因此，受到冲击后资本品的价格下降程度相对较小，从而导致资本回报率下降，进而抑制了投资需求。由于经济增长下降带动私人和政府消费支出下降，贸易条件恶化导致购买力进一步下降，因此，私人和政府消费的降幅大于经济增速的下降幅度。模型贡献分解显示，GDP 下降大部分是由于出口和投资需求的收缩。

（3）实际汇率贬值带来我国贸易平衡项改善和贸易条件恶化

与世界平均要素价格相比，我国要素价格下降幅度更大，所以，我国出口价格下降，进口价格上升，导致贸易条件下降 0.04%。另外，投资需求的下降导致我国实际汇率贬值从而改善了贸易平衡项。模型结果显示，虽然进出口量同时下滑，但进口量下降幅度更大，所以，自贸协议的实施在一定程度上改善了我国的贸易平衡项。模型贡献分解也表明，贸易平衡项对 GDP 产生正的贡献。

（4）欧盟 - 韩国自贸区将对韩国的社会福利和经济增长更为有利

与基准情景相比，2015 年欧盟和韩国的 GDP 分别增长 0.006% 和 0.183%，可以看出，韩国的经济增速远远高于欧盟。该区域的社会福利同样也大幅改善。2015 年欧盟和韩国福利分别增加 8.3 亿美元和 24 亿美元，韩国福利的改善差不多是欧盟的 3 倍，所以，欧韩自贸区的启动对韩国的经济和福利产生更大的正面影响。

（5）我国和韩国的土地要素价格大幅下降

在 GTAP 模型中，土地是一种“反应不敏感”的生产要素，而且假设只有农业和采掘业部门使用土地。土地在不同部门之间进行再分配是非完全流动的，因此不同行业间存在一定的地租差异。模拟结果表明，由于我国和韩国农业部门受到负面影响较大，因此，两国土地的租金下降幅度较大（见表 3 - 22）。

表3－22　相对于基准方案，2015年政策模拟的主要宏观变量影响

单位：百万美元，%

指标	中国	欧盟	韩国
福利	－964.5	827.1	2395.7
实际GDP	－0.007	0.006	0.183
投资	－0.05	0.07	1.50
私人消费	－0.01	0.01	0.30
政府消费	－0.02	－0.01	－0.08
出口	－0.04	0.07	0.91
进口	－0.11	0.11	2.08
净出口	174.0	－1407.0	－1799.2
生产要素价格			
土地	－0.167	0.330	－2.755
非熟练劳动力	－0.039	0.043	1.033
熟练劳动力	－0.046	0.046	1.046
资本	－0.027	0.039	0.812
其他主要变量	—	—	—
资本回报率	－0.004	0.032	0.359
资本存量	－0.014	0.010	0.231
消费物价指数	－0.044	0.016	0.133

注：本节中的福利变化指的是等价（EV）变化，即在消费者面对基准情景下的价格水平时，需要支付多少货币才可以让消费者至少达到政策情景下的效用水平；在模型中，等价变化的单位是以2004年不变价的百万美元标定的，这与动态GTAP V7数据库的单位是一致的。

资料来源：动态GTAP模型模拟结果。

3.4.3.2　欧韩自贸区对我国不同行业产出的影响

总的来说，欧韩自贸区协议的签订对我国不同行业的影响不大，但不同行业有显著的差异。

（1）欧韩自贸区对我国农产品、农产品加工业和服务业有负面影响

2015年模拟结果显示（见表3－23），我国农产品和农产品加工业基本上都受到负面冲击。农产品产出下降主要是由农产品加工业的需求下降造成的。在农产品中，对其他谷物和其他作物的影响较大，产出分别下降0.11%和0.16%。其他谷物下降一方面是由于出口需求大幅下降（－1.43%）；另一方面是由于其他谷物主要是作为其他食品业的中间投入，

因此其他食品业的产出下降（ -0.27% ）导致其他谷物产出下降。其他作物是由于出口份额相对较高（34%），因此受到的负面冲击较大。对其他农产品来说，受到的负面影响较小，产出下降幅度为 0.01% 到 0.05% 。值得注意的是，羊毛产出增长 0.04% ，这主要是因为我国从欧盟进口的羊毛价格上涨，进口羊毛总体价格上涨，刺激了国内对羊毛产出的需求。而油料作物和林业的产出保持不变。

在农产品加工业中，植物油和其他食品业产出降幅较大，分别下降 0.17% 和 0.27% ，由于其他食品业出口份额相对较高和出口下降幅度较大，因此，产出下降较大。而植物油是其他食品业（60%）的最主要中间投入，所以，植物油的行业产出也受到负面冲击。奶制品和木制品的产出扩张都是由于进口的奶制品价格相对较高刺激了国内产出。

（2）欧韩自贸区在一定程度上促进我国工业品产业的发展

大部分工业品的产出都是扩张的，涨幅一般为 0.01% 到 0.06% ，总的来说，正面影响相对较小。这主要是由下游行业的产出下降较小和国内产品价格下降所致。与其他工业品不同的是，服装和机动车的产出分别下降 0.06% 和 0.05% ，服装主要是因为出口份额较高（60%），而机动车是由出口份额（11%）相对较高和出口下降（ -0.33% ）共同作用的结果。

对于欧盟和韩国而言，欧韩自贸区协议的签订对韩国的农产品和农产品加工业有很大的负面影响，而对欧盟却有正面的影响。至于工业品和服务业，情况正好相反，韩国将受益，而欧盟将遭受一定的损失。

3.4.3.3　欧韩自贸区对我国行业进出口贸易的影响

欧韩自贸区对我国进出口贸易均有负面影响。2015 年模拟结果显示，我国总进口贸易量和出口贸易量分别下降 0.11% 和 0.04% 。但是不同行业的表现有很大的差异。

从出口来看，农产品和农产品加工业的出口受到影响较大，而工业品受到的影响较小。稻谷（下降 2.845%）、小麦（下降 1.325%）、其他谷物（下降 1.434%）和其他食品业（下降 1.877%）出口受到的冲击较大，其他农产品和农产品加工业的出口波动相对较小（大部分为 -0.8% 到

0.8%）。工业品的出口波动更小，一般在－0.25%至0.25%波动（见表3－24）。从贡献率来看，虽然工业品的波动较小，但由于工业品的出口份额较大，因此，工业品对总出口的贡献比农产品及其加工业要大。

与出口不同，大部分行业的进口受到的负面影响较小。其中，下降幅度最大的是天然气行业（下降0.410%），其他行业进口的下降幅度基本为0到0.3%。天然气下降主要有两方面原因。第一，国内和进口天然气的品质和质量差异性较小，所以，在模型中，该产品的替代弹性达到17.2（其他产品的平均替代弹性只有3.1）。第二，该产品的进口份额很小，所以进口价格下降产生的替代影响较大。与其他进口产品不同，其他矿产品的进口增加了0.012%，主要是因为钢铁和金属制品的产出增加，从而拉动了对矿产品的进口需求，其他矿产品对这两个行业的中间投入比例分别为40%和18%，所以，钢铁和金属制品的产出增加带动了其他矿产品的产出。其中，对进口下降贡献较大的分别是机械设备、化工产品和电子设备。

分区域看，自贸区启动对我国出口的贸易转移效应明显。我国更倾向于把产品出口到欧盟市场而不是韩国市场，出口形成了从韩国到欧盟的贸易转移。模拟结果显示，中国对欧盟出口的大部分产品呈增加的态势，增幅为0到1.1%。这一方面是因为欧盟的要素价格上涨推高了国内产品价格，我国的出口产品在欧盟市场上更有竞争力；另一方面是因为欧盟削减了从韩国进口产品的关税降低了总进口产品价格，从而刺激了欧盟的总进口需求。与工业品和服务业相比，农产品及其加工业的出口增长更快。这是由土地要素租金价格的相对变化所致，模拟结果表明，欧盟的土地租金上涨（0.33%）而同时我国的土地租金大幅下降（－0.167%），所以，农产品及其加工业的相对价格出现大幅下降，从而刺激了欧盟对我国农产品的进口需求。但是大米、纺织品、服装、电子设备和机动车的出口分别下降0.030%、0.851%、0.094%、0.339%和1.111%，这一方面是因为欧盟对韩国征收的进口关税较高，其中，大米、纺织品和服装的关税率分别达到46%、7.9%和10.6%，所以，关税的削减大幅降低了韩国产品的出口价格，从而替代了对我国产品的出口需求。

一个问题是为什么欧韩自贸区实施后韩国产品没有大幅替代中国产品对欧盟的出口？这是因为韩国产品占欧盟进口产品的份额很小，尤其是农产品及其加工业产品。2015 年动态 GTAP 模型数据库显示，在欧盟的总进口产品中韩国只占了 1.3% 的份额，而中国的份额达到 10%，其中，韩国农产品及其加工业产品几乎没有出口到欧盟市场，所以，即使欧盟削减韩国的进口关税也不会对我国对欧盟的出口造成冲击。

自贸区协议签订对我国农产品及其加工业的进口结构产生重要影响。模拟结果表明，我国将更倾向于从韩国而不是欧盟进口产品，在一定程度上形成了韩国产品对欧盟产品的出口替代。

总体上欧盟对我国的出口呈下降的态势，比较而言，农产品的下降幅度大于工业品。欧盟对我国出口下降主要有两方面原因。第一，我国经济增速下降导致对进口产品的需求下降。第二，欧盟要素价格上涨导致出口产品成本上升，冲击了欧盟对我国的出口。同样由于欧盟的土地租金价格推高了农产品价格，因此对我国的农产品出口降幅较大。但是，机动车和电子设备的出口出现正增长，这是由于欧盟的机动车需求下降①导致价格下降 0.019%，而韩国机动车的出口价格上升 0.28%，因此，在我国市场上形成了欧盟机动车对韩国机动车的替代。对于电子设备而言，虽然欧盟电子设备行业价格上涨 0.012%，但是远远低于韩国出口价格的上涨幅度 0.20%。而且，韩国机动车和电子设备在我国市场份额（分别为 12% 和 17%）较高，所以带来的替代幅度相对较大。

与欧盟不同，韩国对我国农产品出口迅速增长，其中，猪牛羊制品、其他肉制品和奶对我国的出口增长超过 10%。总的来说，韩国对我国农产品出口增长主要是因为韩国土地要素价格大幅下降（-2.76%）降低了产品出口价格，从而提高了韩国产品在我国市场上的竞争力。但林业、糖类制品、纺织品和木制品对我国的出口下降，这是因为这些行业不使用土地（糖类制品、纺织品和木制品）或者使用的土地份额很小（林业使用土地的

---

① 欧盟机动车行业的中间投入 30% 是机动车本身，所以，机动车产出下降导致对自身需求下降，从而降低了机动车的出口价格。

份额为19%，而农产品使用土地的平均份额为57%），从而造成价格上涨。与农产品不同，韩国工业品对我国的出口大幅下降。这主要是由于韩国的劳动力要素成本大幅上升推高了工业品和服务业的价格，从而削弱了工业品对我国的出口。但是石油行业的出口增加0.915%，这主要是由韩国石油的出口价格下降并且在我国市场的份额很小造成的。

3.4.4 结论和政策建议

（1）积极参与和推进双边以及多边贸易自由化谈判

虽然模型显示负面影响不大，但从动态看，伴随着贸易伙伴自贸区建立加快，我国必将受到冲击，尤其是当前我国还面对美国通过自贸区建设的方式重返亚洲的压力。因此，首先，我国应该加快东亚自由贸易区的发展，推动中韩、中日韩和东盟“10+3”的谈判进程。其次，在扩大传统市场的同时，也应该大力开拓发展中国家和新兴市场，降低出口集中的风险。

（2）根据对不同部门的影响采取有针对性的应对措施

从模拟结果看，欧韩自贸区对我国农产品、农产品加工业和服务业有负面影响，但在一定程度上促进我国工业品产业的发展。因此，对于农业，我国应建立农业生产的补偿机制，促进农业产业结构内部的调整并大力发展农产品的深加工业，依靠科学技术实现产业结构升级，增加出口农产品的附加值，提高中国农产品的市场竞争力。对于工业，我国应该抓住这个机遇，加大对工业部门的投资，激励工业部门核心技术创新，并通过贸易机会改革以低端制造业为主的经济发展方式，逐渐占领产品设计、批发零售等能够创造高端价值的市场。

（3）欧韩自贸区有利于我国发展方式的转变

由于自贸区启动对我国投资的负面影响比消费要大，从经济的构成上看，其扩大了消费份额，降低了过高的投资比重，因此，在抓住机遇大力刺激消费转变发展方式的同时，我国也应该积极为贸易伙伴的自贸区谈判创造有利条件。

（4）为我国“城乡二元经济结构”的消除敲响警钟

自贸区建设将使我国农业部门受到负面影响。这主要是由于我国农村典型的小农经济特点决定了我国农业在国际贸易竞争中的劣势地位，因此，这可能会进一步加剧城乡收入分配差距和地区间的不平衡发展。我国应该加大农业基础设施建设和农村人口转移的力度，消除“城乡二元经济结构”对经济的阻碍作用。

（5）协调好与欧盟和韩国的贸易伙伴关系

近年来，由于我国对欧盟出现持续的贸易顺差，欧盟不断对我国产品实施“双反”（反倾销和反补贴）的贸易救济措施。鉴于自贸区建立将扩大对欧盟的出口，因此，政府和企业应该加强对重点产品的反倾销案例和法规的研究，防止贸易争端进一步加剧。同样，对于韩国产品的进口也要做好监测和预警工作，防止韩国农产品冲击国内市场。

表 3-23　2015 年欧韩自贸区对我国产品产出和价格的影响

单位：%

产品名称	产出			价格		
	中国	欧盟	韩国	中国	欧盟	韩国
农产品						
稻谷	-0.03	-0.20	0.20	-0.08	0.03	-0.65
小麦	-0.01	0.02	-0.43	-0.06	0.04	-0.63
其他谷物	-0.11	0.12	-1.55	-0.12	0.06	-1.79
蔬菜水果	-0.05	0.04	-0.14	-0.09	0.05	-0.97
油料作物	0.00	0.02	-0.07	-0.07	0.05	-0.71
糖料作物	-0.01	0.17	-1.45	-0.08	0.07	-0.76
植物纤维	-0.01	-0.01	0.53	-0.06	0.05	-0.35
其他作物	-0.16	0.11	-0.10	-0.14	0.07	-0.91
牛羊肉	-0.03	0.16	-4.24	-0.10	0.07	-1.97
其他畜产品	-0.01	0.34	-4.14	-0.08	0.09	-2.12
奶	-0.03	0.15	-2.80	-0.10	0.07	-1.57
羊毛	0.04	-0.41	0.60	-0.05	0.02	-0.28
林业	0.00	-0.04	-0.68	-0.06	0.05	0.19
渔业	-0.05	0.02	-0.85	-0.11	0.10	-1.31
农产品加工业						
猪牛羊制品	-0.02	0.01	2.31	-0.05	0.04	-1.62
其他肉制品	-0.05	1.04	-10.06	-0.07	0.05	-1.47
植物油	-0.17	0.06	-1.34	-0.05	0.03	-0.24

续表

产品名称	产出			价格		
	中国	欧盟	韩国	中国	欧盟	韩国
奶制品	0.02	0.21	-3.92	-0.06	0.04	-1.18
大米	-0.03	-0.19	0.12	-0.06	0.03	-0.56
糖料制品	-0.03	0.06	-1.76	-0.05	0.03	0.10
其他食品业	-0.27	0.29	-4.39	-0.06	0.04	-0.83
饮料烟酒	-0.01	0.08	-0.32	-0.04	0.03	-0.44
纺织品	-0.03	-0.26	3.89	-0.03	0.00	0.29
皮革	-0.05	0.03	3.25	-0.04	0.02	-0.28
木制品	0.01	-0.03	-1.08	-0.03	0.03	0.31
工业品						
服装	-0.06	0.01	1.89	-0.03	0.01	0.23
煤炭	0.01	-0.10	0.28	-0.08	0.05	-0.07
石油	0.06	-0.20	0.42	-0.04	0.01	-0.12
天然气	0.02	-0.26	0.28	-0.05	-0.01	-0.02
其他矿产品	0.03	-0.03	-0.54	-0.04	0.05	0.15
造纸	0.02	-0.01	-0.85	-0.03	0.03	0.53
石油煤制品	0.01	0.02	-0.09	-0.03	-0.01	0.06
化工产品	0.02	0.03	-0.18	-0.02	0.02	0.19
矿产品	0.00	0.04	-0.64	-0.03	0.03	0.49
钢铁	0.06	-0.04	-0.85	-0.03	0.03	0.43
非金属制品	0.03	0.03	-1.20	-0.03	0.02	0.17
金属制品	0.03	-0.02	-0.49	-0.02	0.03	0.55
机动车	-0.05	-0.48	7.01	-0.02	-0.02	0.29
其他运输业	0.04	-0.06	-1.43	-0.02	0.02	0.42
电子设备	0.00	-0.19	-0.09	-0.01	0.01	0.21
机械设备	0.04	0.15	-1.22	-0.02	0.02	0.39
其他制造业	0.03	0.00	0.73	-0.03	0.03	0.39
服务业	-0.01	0.00	0.14	-0.03	0.03	0.64

资料来源：动态 GTAP 模拟结果。

表 3-24　2015 年欧韩自贸区对我国产品贸易的影响

单位：%

产品名称	总出口	总进口	中国出口		中国进口	
			欧盟	韩国	欧盟	韩国
农产品						
稻谷	-2.845	-0.192	0.745	-3.192	-0.946	6.206
小麦	-1.325	-0.132	0.813	-4.218	-0.765	5.444
其他谷物	-1.434	-0.176	0.541	-4.250	-0.399	4.563
蔬菜水果	-0.094	-0.129	0.430	-3.570	-0.535	2.893
油料作物	0.055	-0.082	0.383	-0.673	-0.399	2.856
糖料作物	0.461	-0.141	0.728	-0.387	-0.721	3.807
植物纤维	0.464	-0.104	0.312	3.390	-0.449	1.517
其他作物	-0.666	-0.269	0.988	-7.722	-0.846	5.269
牛羊肉	0.241	-0.165	0.762	-4.045	-0.526	7.980
其他畜产品	0.263	-0.098	0.750	0.798	-0.381	5.291
奶	0.630	-0.292	1.034	-2.587	-0.933	11.769
羊毛	0.385	-0.134	0.417	1.767	-0.697	3.071
林业	0.160	-0.082	0.323	-0.859	-0.412	-1.022
渔业	-0.665	-0.100	0.505	-2.409	-0.433	2.954
农产品加工业						
猪牛羊制品	0.194	-0.075	0.534	-3.540	-0.499	13.123
其他肉制品	-0.593	-0.208	0.912	-55.951	-0.789	12.965
植物油	-0.528	-0.199	0.304	-7.172	-0.565	1.064
奶制品	-0.039	-0.128	0.678	-48.049	-0.466	8.316
大米	0.004	-0.028	-0.030	-1.130	-0.444	2.663
糖料制品	0.066	-0.093	0.321	-4.663	-0.301	-0.584
其他食品业	-1.877	-0.151	0.330	-28.775	-0.424	2.813
饮料烟酒	-0.184	-0.053	0.155	-10.368	-0.140	0.868
纺织品	-0.109	-0.225	-0.851	-0.473	-0.037	-2.031
皮革	-0.060	-0.003	0.082	-6.776	-0.614	1.712
木制品	0.006	-0.098	0.228	-3.300	-0.294	-1.961
工业品						
服装	-0.092	-0.046	-0.094	-4.037	-0.234	-1.733
煤炭	0.264	-0.187	0.406	0.247	-0.607	-0.078
石油	0.086	-0.020	0.213	0.027	-0.384	0.915

续表

产品名称	总出口	总进口	中国出口		中国进口	
			欧盟	韩国	欧盟	韩国
天然气	0.929	-0.410	1.032	1.134	-0.954	-0.695
其他矿产品	-0.046	0.012	0.079	-0.952	-0.086	-0.220
造纸	0.119	-0.113	0.279	-0.086	-0.198	-2.695
石油煤制品	0.028	-0.048	0.067	-0.289	-0.027	-0.288
化工产品	-0.057	-0.102	0.096	-3.441	-0.121	-1.090
矿产品	-0.040	-0.188	0.194	-2.282	-0.156	-2.395
钢铁	0.193	-0.228	0.190	0.392	-0.006	-2.173
非金属制品	-0.187	-0.098	0.186	-1.672	-0.211	-1.413
金属制品	0.061	-0.265	0.174	-2.634	-0.087	-3.618
机动车	-0.327	-0.141	-1.111	-2.905	0.087	-1.591
其他运输业	0.152	-0.054	0.056	-0.641	-0.217	-3.471
电子设备	-0.036	-0.067	-0.339	0.297	0.043	-1.617
机械设备	-0.012	-0.194	0.100	-3.442	-0.054	-2.864
其他制造业	0.041	-0.147	0.148	-3.677	-0.243	-2.736
服务业	0.166	-0.066	0.205	1.343	-0.195	-2.481

资料来源：动态 GTAP 模拟结果。

3.5 全球经济再平衡之美国储蓄率上升对我国经济的影响

——基于动态 GTAP-Dyn 模型

摘　要： 金融危机之后，美国推出了一系列促进全球经济再平衡的政策举措。但对于这些政策的影响很少有学者进行定量的研究和评估，因此，本节采用动态 GTAP-Dyn 模型测算了美国储蓄率上升对我国的宏观经济影响。模型结果显示，与基准情景相比，2015 年中国经济和福利受到小幅正面影响，而美国则受到一定的负面冲击。同时，我国生产要素成本增加导致我国货币实际升值。另外，该措施提升了我国内需比重，降低了对外需的依赖，对我国的经济发展方式转变有促进作用。从行业产出看，其对我国行业有小幅负面冲击，而对美国产业基本上呈较大幅度的正面影响。从中美双边贸易看，由于需求效应的影响，中国对美国农产品及其加工品的出口减少。与此相反，替代效应导致美国对中国工业品的出口大幅增加。

关键词： 再平衡　美国　储蓄率　动态 GTAP-Dyn 模型

3.5.1 研究背景

奥巴马政府在2009年9月召开的G20匹兹堡金融峰会上提出“可持续和均衡增长框架”的建议，力促“启用一个规定了政策和方法的行动框架，以创建一个强有力、可持续和平衡的全球经济模式”。为此，“全球经济再平衡”成为后危机时代世界经济的重中之重。在很大程度上，全球经济不平衡主要体现为全球第一大经济体美国和第二大经济体中国之间的经济不平衡。具体体现为“中国忙于储蓄，美国忙于消费；中国忙于生产，美国忙于享受；中国忙于出口，美国忙于进口”。因此，中美经济再平衡对全球经济再平衡具有举足轻重的作用。中美经济再平衡将打破中美经济“传统”的分工格局，中美经济也必然会在“再平衡”原则基础上实现重塑，这将对两国经济甚至世界经济带来重大影响。对此，中国必须直面“中美经济再平衡”这一重大课题，趋利避害，将其转化为中国经济战略调整的强大动力，适时推进中国经济战略的优化升级。

3.5.2 文献综述

2005年，国际货币基金组织总裁罗德里戈·拉托首次正式提出“全球经济失衡”的概念，即中日等东亚国家持续的高储蓄率、经常账户盈余和巨额的外汇储备，以及与之相对应的美欧等发达国家持续的高负债率和庞大的财政及经常账户“双赤字”。尽管全球经济失衡由来已久，但对于该问题的讨论和研究也只在近些年才展开，按其研究问题和角度的不同，可以将现有文献分为四类。

第一类，关于全球经济失衡概念和内涵的讨论。Bordo（2005）等一般把全球经济失衡看成美国的经常账户赤字以及美国对外负债增加。McKinnon和Schnabl（2009）提出了全球经济失衡的两种含义：一是全球性的储蓄（贸易）失衡，主要反映在美国的高额贸易（储蓄）逆差及中国、日本、德国、石油出口国和许多小国家的贸易（储蓄）顺差；二是由中国对美国庞大的经常账户盈余导致的金融中介机构的大规模失衡。陈锡进（2009）认为全球经济失衡的实质是各国之间的力量对比失衡以及由此决定的各国在全球经济活动中的权力和利益失衡，是各国在国际分工体系中地位的外在表现。

第二类，对于中美之间经济不平衡的研究。“中美经济不平衡”反映的是作为全球金融中心的美国与作为全球制造业中心的中国，在国际分工中的失衡以及债权国与债务国之间在利益分配上的失衡。余永定（2009）认为美国经济不平衡问题，实际上可以说是美国的持续经常项目逆差问题。美国要想进行调整，唯一的出路就是增加出口，减少进口。中国则必须进行结构调整，减少对外需的依赖。夏先良（2010）认为人民币汇率不是中美经济贸易不平衡的根源，中美经济贸易失衡本质上是两国经济发展不平衡的产物。全球经济再平衡可能通过经济结构调整而不可能通过汇率调整实现。周小川（2006）指出全球经济再平衡的调整情景为美国家庭储蓄和总储蓄率上升，中国居民消费水平也在上升，全球不平衡将得到矫正。

第三类，对于全球经济失衡的原因和相关政策措施的研究。阮建平（2011）提到中美经济再平衡要求中国加快人民币升值，从而限制我国对美国的出口。孙治宇（2010）认为贸易保护和美元贬值将是美国未来减少贸易赤字和刺激经济复苏的重要政策取向，在所谓世界经济再平衡过程中美国将实现双向套利。第一层套利是美国债务的减少，第二层套利是美国对国外债权的增加。宋玉华（2010）认为美国次贷危机演变而来的全球金融经济危机是世界经济失衡尤其是美国金融经济失衡积累到一定程度的必然结果，并指出世界各国尤其是中美等主要经济体的国内均衡将是实现世界经济再平衡的前提和基础。潘宏胜、林艳红（2009）认为加强国际汇率政策协调，保持国际货币尤其是主要货币的汇率相对稳定，能促进对全球经济失衡的有序调整。

第四类，评估全球经济再平衡的宏观经济影响。雷达（2010）提出在全球经济再平衡过程中，商品的出口结构可能会向中端产品进行调整，这与全球技术变革和技术演进相一致。王英凯（2010）认为在全球经济再平衡的背景下，在未来相当长一段时期内，随着中国商品结构的升级和对外贸易的进一步扩大，国际对华贸易保护将保持上升趋势，涉及的领域将进一步扩大，而且贸易保护主义的形式将趋于多样化。宋国友（2010）认为美国政府倡导的全球经济平衡和中国政府提出的科学发展观是高度契合的，但全球经济再平衡会中断中美既有的经济相互依赖模式。

国外学者也进行了定量的测算和研究。Ronald 和 Gunther（2009）使用全球动态一般均衡模型，评估了全球金融危机对亚洲经济的短期和中期影响以及后危机时期东亚新兴经济体的经济再平衡调整对世界经济的影响。Masahiro 和 Fan（2009）使用一个全球性的一般均衡贸易模型评估了全球再平衡对于亚洲经济的长期影响，并分析了中、日、美三国进行整合的有利之处。

总的来说，现有研究存在两点局限。第一，已有文献主要集中于对中美经济不平衡的内涵、原因和影响等问题的定性研究，很少通过量化的手段评价促进和改善中美经济不平衡的政策影响。第二，有少量的文献采用全球一般均衡模型分析了全球经济再平衡的影响，大部分文献基于静态 GTAP 模型。该模型只能进行比较静态分析，不能根据时间动态更新数据库和构建模拟的基准情景，因此，其在分析未来某一段时间内美国的储蓄率上升问题时明显不合适。

本节将主要集中回答以下问题：美国储蓄率的上升对我国的宏观经济和

社会福利会造成怎样的影响？对中美两国国内不同行业的影响如何？对中美之间的双边贸易会产生怎样的影响？

本节分为五部分，第一部分为研究背景；第二部分为文献综述；第三部分为研究方法和模拟方案；第四部分为模型结果和分析；第五部分为结论和政策含义。

3.5.3 研究方法和模拟方案

动态 GTAP-E 模型的具体介绍见 3.1.2 研究方法和模拟方案。动态 GTAP-Dyn 模型对于中国的经济政策分析是适用的。这主要基于两方面的原因。一方面，GTAP 模型是以新古典经济学原理为基础的，通过市场机制配置资源和要素，利用价格杠杆调整产品和要素市场的供给和需求以达到市场均衡。可以说，GTAP-Dyn 模型的核心经济理论完全是基于市场经济的，所以，对于实行社会主义市场经济的我国是适用的。另一方面，现有很多国内外学者已经使用静态 GTAP 模型对中国的经济和贸易问题进行了分析，而且事实证明这些分析结论都是十分有效的。与静态 GTAP 模型相比，动态 GTAP 模型只不过是考虑了整个经济达到均衡状态的一个完整时间路径，而不是单纯地给出最终均衡结果。从这个角度说，动态 GTAP-Dyn 模型更符合现实经济状态的运行和调整。

本节采用最新的动态 GTAP-Dyn 模型和 V7 数据库，该数据库是基于 2004 年各国的社会核算矩阵建立起来的，共包含 113 个国家和地区和 57 种商品。根据研究需要，我们将数据库加总为 43 个产品部门和 3 个国家和地区（中国、美国和其他国家）。

根据本节的研究目的，我们设计了两个模拟方案：基准方案和政策方案（美国储蓄率上升方案）。

基准方案：本节采用动态的方法模拟了 2004 ~ 2015 年的基准方案。基准方案除了假设所有国家现行政策将持续执行外，还考虑中国在 2001 ~ 2010 年按照加入 WTO 协议继续调整其关税政策，在 2005 年 1 月取消多种纤维协定（MFA），以及欧盟东扩等。

政策方案（美国储蓄率上升方案）：根据美国推出的一系列再平衡政策（汇率贬值、五年内出口倍增计划、制造业回归和重建家庭储蓄等举措），我们模拟，2010～2015年美国储蓄率逐渐增加，2015年储蓄率攀升至7.1%，即大致相当于美国20世纪90年代初期私人储蓄率水平。同时，假定在2011～2015年中国和美国与其他国家之间的贸易和关税等保持不变。

3.5.4 模拟结果和分析

3.5.4.1 对宏观经济和社会福利的影响

（1）对中国GDP和福利有正面影响，而美国将受到一定的负面冲击

与基准情景相比，2015年中国实际GDP增长0.14%，社会福利增加33.94亿美元，因此，中国将受益于美国的储蓄率上升。与中国不同，2015年美国实际GDP下降0.03%，社会福利减少21.71亿美元，可见，美国重建储蓄短期内将使经济受到负面冲击。中美两国经济的表现不同，从供给侧看，主要取决于两方面的因素。一方面，间接税收入的变化。由于中国的消费和进口同时上升，因此，间接税收入上升，从而刺激经济增长，而美国的情况正好相反。另一方面，国内资本存量的变化。中国和美国国内资本存量分别增加0.35%和0.15%①，因此，资本存量对两国经济都有正面影响。对于中国而言，两方面因素都产生正面影响，因此，我国经济出现大幅增长。而美国经济间接税下降的负面影响超过资本存量的正面影响，所以，美国经济出现小幅收缩。

（2）对中、美两国的经济发展方式转变和结构调整均有促进作用

从需求侧看，中国的外部需求下降，而内需扩张。中国整体经济保持增长，从而带动国内消费增加。模型显示，2015年中国私人和政府消费分别

① 在动态GTAP模型中，从长期来看，假定一个国家（区域）的劳动力和土地的总量都是固定的，而资本存量是可以变化的，所以，长期经济增长变动完全由资本存量的变化所致。

增加0.01%和0.03%。同样，投资需求也由于资本存量的增加上升1.5%。因此，国内总体需求增加。而外部需求下降，出口下降0.93%，而进口增加0.46%，贸易平衡项占国民收入的比例下降0.0056%。可以看出，这对我国长期以来过度依赖外需的增长模式有一定的调整作用。而美国情况正好相反，国内需求下降，储蓄率上升导致消费比重下降。2015年美国私人和政府消费分别下降2.62%和2.48%，而投资增加1.64%。一方面，整体经济收缩进一步导致消费需求下降，所以，消费需求的降幅较大；另一方面，外部需求有所改善，出口增加9.99%，进口下降3.07%，贸易平衡项占国民收入的比例上升0.0198%，因此，储蓄率上升有效抑制了美国的过度消费和贸易逆差的持续增加。

（3）实际汇率上升导致我国贸易平衡项恶化和贸易条件改善

与世界平均要素价格相比，我国要素价格上涨幅度更大，所以，我国实际汇率上升0.43%[①]。汇率的变化直接导致我国出口产品总体价格上升（0.032%），进口价格下降（-0.085%），从而使贸易条件上升0.118%。这将有助于改善长期以来我国贸易条件持续恶化的状况。而美国正好相反，实际汇率下降1.66%，因此，出口价格下降（-1.66%），进口价格上升（0.044%），贸易条件下降1.70%。在模型中，实际汇率与贸易平衡项反映出同步变动的关系。当贸易平衡项恶化时，实际汇率上升（中国），而贸易平衡项改善时，实际汇率下降（美国）。

（4）中国的生产要素成本上涨，而美国的生产要素成本下降

模拟结果显示，2015年中国生产要素价格上涨0.12%，而美国下降1.98%。其中，中美两国的土地价格均呈现上涨。两国的土地价格分别上涨0.52%和1.86%。这主要是因为中美两国的农业部门产出均呈现扩张趋势。在GTAP-Dyn模型中，土地是一种“反应不敏感”的生产要素，土地在不同部门之间进行再分配是非完全流动的，而且假设只有农业和采掘业部门使用

① 在GTAP模型中，实际汇率是指本国的要素价格与世界平均要素价格的比率。当该数值大于1时，即为实际汇率上升；当该数值小于1时，即为实际汇率下降。

土地。而劳动力和资本价格的变化则反映了整体上劳动密集型和资本密集型产品产出的收缩和扩张（见表3－25）。

表3－25 相对于基准方案，2015年政策模拟的主要宏观变量影响

单位：百万美元，%

指标	中国	美国
宏观变量		
福利	3393.5	-2170.5
实际GDP	0.14	-0.03
投资	1.50	1.64
私人消费	0.01	-2.62
政府消费	0.03	-2.48
出口	-0.93	9.99
进口	0.46	-3.07
净出口	-22530.7	242085.4
生产要素价格		
总体要素价格	0.12	-1.98
土地	0.52	1.86
非熟练劳动力	0.20	-1.91
熟练劳动力	0.30	-2.03
资本	-0.08	-2.13
其他主要变量		
资本回报率	-0.13	-0.54
资本存量	0.35	0.15
消费物价指数	0.10	-1.70

注：本节中的福利变化指的是等价（EV）变化，即在消费者面对基准情景下的价格水平时，需要支付多少货币才可以让消费者至少达到政策情景下的效用水平；在模型中，等价变化的单位是以2004年不变价的百万美元标定的，这与动态GTAP V7数据库的单位是一致的。

资料来源：动态GTAP-Dyn模拟结果。

3.5.4.2 美国储蓄率提高对中美两国不同行业的影响

总的来说，美国储蓄率的提高对我国行业只有微弱的负面冲击，但对美国行业有较大的正面影响。

（1）美国储蓄率提高对我国大多数产业呈现负面冲击，但影响幅度较小

总的来说，对我国不同产业影响不大，呈小幅的负面冲击。在模拟的43种产品中，其中，14种产品呈现正面影响，产业的平均影响为0.17%，29种产品呈负面影响，产业的平均影响为-0.31%。鉴于篇幅的原因，我们只列出了受到正面和负面影响的前十种产品（见表3-26）。

其中，我国受到正面影响的前四个行业分别为机动车（0.61%）、服务业（0.46%）、煤炭（0.21%）和饮料烟酒（0.21%）。可以说，这些行业的扩张幅度较小，正面影响最大的也没有超过1%。从影响因素看，这些行业的小幅扩张主要受到中间使用增加和投资拉动两方面的影响。其中，机动车、服务业和林业主要是由于大部分用作投资品①，因此，我国投资需求增加拉动这些行业产出增加。另外，其他的7个行业：煤炭、饮料烟酒、糖料作物、矿产品、渔业、钢铁和石油产品是由于中间使用的增加而出现小幅扩张，如煤炭、饮料烟酒、渔业、矿产品、钢铁、石油产品主要用作对服务业进行投入，数据库显示，煤炭、饮料烟酒、渔业、矿产品、钢铁和石油产品分别有61%、83%、50%、58%、24%和37%被用作对服务业（电力和燃气、批发和零售业、建筑业和交通运输等行业）进行中间投入，因此，下游行业的扩张带动了上游行业的产出增加。

其中，受到负面影响较大的前四个行业分别为皮革（-1.07%）、植物纤维（-0.72%）、其他制造业（-0.67%）和木制品（-0.61%）。总的来说，对这些行业的影响幅度较小。从影响因素看，这些行业的收缩主要受到用作中间使用和出口需求的变化两方面的影响。其中，一方面，皮革（54%）②、其他制造业（43%）、木制品（27%）、纺织品（30%）、其他运输业（30%）和化工产品（15%）由于大部分被用作出口，因此，我国实际汇率上升导致这些产品的出口下降；另一方面，植物纤维、羊毛、奶制品

① 在模型数据库中，机动车、服务业和林业总使用中用作投资的比例分别为27%、39%和14%。

② 括号内数字表示数据库中总产出中的出口份额。

和非金属制品受到负面影响是由中间需求下降所致，其中，植物纤维（如棉花）和羊毛超过90%被用来生产纺织品，所以，纺织品的产出下降导致这两个行业受到冲击。

表3-26 2010~2015年美国储蓄率提高对中国行业的累积影响

单位：%

受益前十个行业产品名称	产出	价格	受损前十个行业产品名称	产出	价格
机动车	0.61	0.05	皮革	-1.07	0.06
服务业	0.46	0.07	植物纤维	-0.72	-0.11
煤炭	0.21	0.42	其他制造业	-0.67	0.03
饮料烟酒	0.21	0.07	木制品	-0.61	0.06
糖料作物	0.18	0.32	羊毛	-0.57	0.02
林业	0.15	0.22	纺织品	-0.56	0.03
矿产品	0.15	0.08	奶制品	-0.53	0.10
渔业	0.09	0.30	其他运输业	-0.47	0.00
钢铁	0.09	0.06	化工产品	-0.46	0.03
石油产品	0.07	0.01	非金属制品	-0.35	0.05

资料来源：动态GTAP-Dyn模拟结果。

（2）美国储蓄率提高对美国的大多数产业呈现正面冲击，且影响幅度相对较大

与中国不同，总的来说，其对美国产业有较大的正面影响。在模拟的43种产品中，其中，28种产品呈现正面影响，平均的产业影响为3.38%，15种产品呈现负面影响，平均的产业影响为-0.83%。同样，我们也只列出了受到影响较大的前十种产品（见表3-27）。

其中，受到正面影响较大的前四个行业，分别为电子设备（9.08%）、非金属制品（8.99%）、机械设备（7.72%）和其他运输业（7.17%）。与中国受益的行业相比，美国产业受到的正面影响更大①。总的来说，这些行业的扩张主要受到中间使用增加和出口需求拉动两方面

① 中国受益最大的行业产出扩张也没有超过1%。

的影响。其中，机械设备、其他运输业、皮革、羊毛和其他制造业是由于出口份额较大，因此美国汇率下降拉动这些产品产出大幅增加。而对于非金属制品和钢铁行业则是由于下游行业的产出增加带动上游行业产出扩张。其中，电子设备、纺织品、化工产品同时受到了上述两种因素的影响。

其中，受到负面影响较大的前四个行业分别为饮料烟酒（-1.53%）、奶（-1.35%）、奶制品（-1.21%）和糖料制品（-1.17%）。与中国相同，受到负面冲击行业的影响幅度较小。从影响因素看，这些行业的收缩主要是受到中间使用和私人消费需求减少的影响。其中，饮料烟酒、奶制品、糖料制品、服务业、猪牛羊制品、其他食品业和石油产品主要被用作私人消费，由于美国储蓄率提高挤占了消费，因此，总消费需求的下降减少了对这些产品的最终需求。而对于糖料作物、奶和牛羊肉主要是由下游行业中间使用的减少所致。

表3-27 2010~2015年美国储蓄率提高对美国行业的累积影响

单位：%

受益前十个行业产品名称	产出	价格	受损前十个行业产品名称	产出	价格
电子设备	9.08	-1.47	饮料烟酒	-1.53	-1.72
非金属制品	8.99	-1.57	奶	-1.35	-1.56
机械设备	7.72	-1.75	奶制品	-1.21	-1.71
其他运输业	7.17	-1.65	糖料制品	-1.17	-1.67
钢铁	6.65	-1.67	糖料作物	-1.14	-1.57
皮革	6.50	-1.53	服务业	-0.94	-1.87
羊毛	5.63	-0.81	猪牛羊制品	-0.89	-1.63
化工产品	4.65	-1.63	其他食品业	-0.86	-1.69
其他制造业	4.56	-1.68	牛羊肉	-0.69	-1.45
纺织品	4.52	-1.58	石油产品	-0.64	-0.44

资料来源：动态GTAP-Dyn模拟结果。

（3）美国储蓄率提高对中美两国之间双边贸易的影响

鉴于篇幅的原因，我们只列出了双边贸易受影响较大的前20个行业（见表3－28）。在动态GTAP-Dyn模型中，我们可以将影响双边贸易量的因素分为两大类。第一，替代效应，即出口国的出口产品在进口国市场上价格升高导致其他竞争性的贸易伙伴的产品更具竞争力，对于该产品而言，产生了贸易伙伴国替代该产品出口国的效应。第二，需求效应，即进口国的经济增长和最终需求发生变化，导致对总进口产品需求的变化。我们通常称这类影响因素为需求拉动效应。

①中国对美国农产品及其加工品出口将大幅下降

从平均影响看，前20个受到负面冲击的行业出口平均下降5.7%。总的来看，前20位受到负面影响的行业中有13个属于农产品行业，而且，排在前5位的都是农产品：其他肉制品（－10.04%）、奶（－7.80%）、奶制品（－7.78%）、稻谷（－7.60%）和猪牛羊制品（－7.18%）。所以，美国的经济再平衡对我国农产品和农产品加工业的出口影响较大。模型因素分解显示，主要是需求效应因素导致我国对美国出口量下降，而替代效应总的影响较小。也就是说，我国生产要素价格和实际汇率上升导致的出口价格上升并没有形成其他贸易伙伴对我国的产品出口替代。

模型显示，主要是美国的中间使用和私人消费两方面的需求收缩导致对我国出口需求下降。一些美国进口的产品主要用于私人消费，所以，消费需求的下降导致对这些产品的进口减少。这一类产品涉及其他肉制品、猪牛羊制品、服装、其他制造业、其他食品业、植物纤维和皮革。如美国进口的其他肉制品有87%都用作私人消费，所以，私人消费的下降导致其进口收缩。美国进口的服装几乎完全用作私人消费（97%），同样，私人消费需求的下降导致进口减少。另一类产品主要用于一些行业的中间投入，所以，经济增长的下降导致进口的中间投入减少。这类产品包括奶、稻谷、糖料作物、糖料制品、小麦、纸、牛羊肉和金属制品。如美国进口的奶几乎全部用于加工奶制品，所以，奶制品行业产出下降导致进口奶的数量减少。进口的稻谷同样有超过90%的比例被投入其他食品业，所以，下游行业的产出下降导致对上游产品的需求减少。

而奶制品、木制品和服务业同时受到上述两方面的影响。

值得说明的一个问题是，为什么美国天然气的进口量只下降了0.3%，但是我国对美该产品的出口量下降了-5.28%？与上述产品的影响因素不同，因为影响该产品主要是替代效应而不是需求效应。在美国对天然气进口需求基本没有下降的情况下，我国对美出口天然气的大幅下降受到三方面的影响。第一，我国天然气出口价格上涨的同时其他贸易伙伴对美出口的价格下降。第二，在美国进口的天然气中我国的出口份额很小，只有不到1%，其他国家占有了巨大的市场份额。第三，在动态GTAP第七版数据库中，天然气的替代弹性特别大，达到17.2，而其他行业的平均替代弹性只有3.1。这是因为各国出口的天然气差异性很小，所以，替代弹性较大。上述三种因素共同导致在美国天然气进口市场上，我国的出口受到其他贸易伙伴的大幅替代。

表3-28　2010~2015年中美之间行业贸易量和价格的变化

单位：%

中国对美国出口			美国对中国出口		
产品名称	出口量	出口价格	产品名称	出口量	出口价格
其他肉制品	-10.04	0.17	机械设备	15.37	-1.75
奶	-7.80	0.16	其他肉制品	13.78	-1.66
奶制品	-7.78	0.10	金属制品	13.56	-1.73
稻谷	-7.60	0.24	电子设备	13.09	-1.47
猪牛羊制品	-7.18	0.04	其他制造业	13.03	-1.68
服装	-6.06	0.04	非金属制品	12.93	-1.57
其他制造业	-5.73	0.03	奶	12.56	-1.56
糖料制品	-5.57	0.14	稻谷	12.28	-1.01
煤炭	-5.49	0.42	服装	12.14	-1.56
糖料作物	-5.48	0.32	奶制品	11.88	-1.71
其他食品业	-5.32	0.13	皮革	11.40	-1.53
天然气	-5.28	0.08	纺织品	11.33	-1.58
木制品	-4.62	0.06	天然气	10.92	-0.31
小麦	-4.61	0.12	其他运输业	10.64	-1.65

续表

中国对美国出口			美国对中国出口		
产品名称	出口量	出口价格	产品名称	出口量	出口价格
纸	-4.56	0.04	机动车	10.54	-1.53
植物纤维	-4.31	-0.11	矿产品	10.20	-1.75
服务业	-4.29	0.07	钢铁	10.19	-1.67
皮革	-4.23	0.06	猪牛羊制品	9.91	-1.63
牛羊肉	-4.11	0.14	羊毛	9.85	-0.81
金属制品	-4.01	0.05	糖料作物	9.81	-1.57

注：为表述简明，仅选取前20个行业。
资料来源：动态 GTAP-Dyn 模拟结果。

②美国对中国出口的工业制造业产品大幅增加

从平均影响看，前20位受益行业的出口平均上升11.77%。总的来看，前20个行业中有12个是工业制造业，而且，排在前5位的有4个是工业制造业：机械设备（15.37%）、金属制品（13.56%）、电子设备（13.09%）和其他制造业（13.03%）。所以，美国的经济再平衡对本国工业制造业产品出口有很大的刺激作用。

模型因素分解显示，与中国对美国出口不同，美国对中国出口增加主要是受到替代效应的影响，而需求效应的影响较小。也就是说，美国对我国的出口扩张主要是由美国出口产品的价格更具竞争力所致。这是因为美国生产要素价格下降和实际汇率下降导致产品价格下降，从而在我国市场上形成了对其他贸易伙伴国的出口替代。

总的来说，在中国市场上，之所以美国对其他贸易伙伴形成替代，主要有两方面的原因。第一，与其他国家相比，美国产品的出口价格下降幅度更大。第二，在中国市场上美国产品所占的份额非常小，数据库显示平均只有8.9%，远远低于欧盟、日本和东盟一些国家的市场份额。美国对中国的出口价格下降而出口量增加。一个明显的趋势是随着价格下降幅度越来越大，美国的出口量就越来越多。但是有些产品显示出明显的不同，这主要是由于每种产品的替代弹性和市场份额不同形成了扰动。如天然气价格只下降了0.31%，但是出口量增加了10.92%，这一方面是因为上面提到的天然气替代弹性较大；另一方面，美国对中国出口的天然气份额几乎为零，其他国家的天然气占据绝对的市场份额。这就造成美国出口价格只要有微弱的下降就会大幅替代其他国家的出口产品。

3.5.5 结论和政策含义

本节采用动态GTAP-Dyn模型和V7数据库测算了2010~2015年美国储蓄率上升对我国的宏观经济影响。主要结论和政策建议如下：①美国的经济再平衡措施对我国有正面的溢出效应，而美国在短期内由于经济结构的调整将受到一定的负面冲击。②美国储蓄率上升会促进我国实际汇率上升，同时压低美国汇率，因此，也许美国不需要费力采用各种外在措施要求我国汇率大幅上升，直接进行自身再平衡措施就可以达到拉低本国汇率进行贸易平衡的目的。③该措施将增加我国内需比重，降低对外需的依赖，因此，对我国的经济发展方式转变有促进作用。所以，我国应该积极参与和推进全球经济再平衡进程。④从中美双边贸易看，由于需求效应的影响，中国对美国的农产品及其加工品出口减少。这势必将影响到农村农民的收入，因此，有可能在一定程度上加剧我国居民收入不平衡的现状。同时，替代效应导致美国对中国的工业制造业产品出口大幅增加，也对工业带来一定的负面影响。为此我国应该提前做好产业结构调整和技术升级，以降低美国制造业复苏对我国的冲击。

3.6 中国台湾加入TPP对于美国的影响

摘　要：本节分析了中国台湾加入跨太平洋伙伴关系协定（TPP）对美国经济的影响。虽然TPP由12个签署国协商决定，但原则上它将对其他地区经济体开放，与APEC探索亚太自由贸易区协定的方式一致（预示着APEC经济体在深化贸易关系方面将比其他国家进行得更快)，中国台湾已经显现出对加入这个协定的兴趣。

本节的研究方法包括了对中国台湾和美国的商业关系的描述分析，以及运用可计算一般均衡模型模拟中国台湾加入协定产生的影响，考虑关税自由化、偏好不完全利用和效用成本的调整、原产地规则的调整、削减货物和跨区域服务的非关税壁垒（NTBs)、服务业对外直接投资自由化，以及通过外国分支机构进行服务贸易产生的影响（WTO 中的服务贸易术语“商业存在”或者“模式三”)。自由化的假定是基于对 TPP 和中国台湾的加入实际会发生的情况的最佳预测。这些假定由 TPP 成员已经达成的贸易协定和其他 TPP 进程的可获得信息中的模式形成。

本节的结论是中国台湾的加入将为 12 个签署国带来超过 200 亿美元的经济福利，同时中国台湾将享有 GDP 2.8% 的增长和 290 亿美元的经济福利，所以，中国台湾不加入的机会成本很高。在由目前分析形成的最佳预测假定下，中国台湾的加入对双方来说是双赢的，但对一些小的 TPP 成员将产生少的收益和一些负面影响，因此，中国台湾应该提出解决办法以防止这些成员的抢先阻止。

对于美国，中国台湾的加入将使美国获得 92 亿美元的 GDP（按照冲击后价格测算）和 56 亿美元的居民收入。这些收益与在 TPP12 的情境下获得的收益相比有所改善。这反映了中国台湾的加入对于美国收益增加的重要性以及美国与中国台湾之间的密切贸易联系。然而，这也反映出 FDI 自由化带来的资本效率改善的事实：新投资的资本的自由化以及这些资本往往不成比例地流向美国。美国与中国台湾的双边贸易额增长了 130 亿美元，其中美国的双边出口额增长了接近 80 亿美元，中国台湾的出口额增长了超过 50 亿美元。双边关系不是由敏感行业驱使的，且整体的进口市场份额对于中国台湾和美国两者的影响是趋缓的。行业影响程度显示，中国台湾和美国在有限的结构调整成本下均从贸易中获得净收益。

关键词： 跨太平洋伙伴关系协定　贸易自由化　可计算一般均衡模型 CGE

3.6.1 引言

跨太平洋伙伴关系协定（TPP）的目的是建立一个未来亚太地区贸易和经济关系的框架基础，作为未来亚太自由贸易区形成的模板。随着进程的发展，TPP由12个签署国达成：澳大利亚、文莱达鲁萨兰国、加拿大、智利、日本、马来西亚、墨西哥、新西兰、秘鲁、新加坡、美国、越南（以下简称“TPP12”）。然而，原则上，协定将向其他区域经济体开放，TPP与APEC在亚太自由贸易区上的探索方法相一致。这预示着APEC经济体在深化贸易关系方面的进程加速。中国台湾对加入这个协定产生了兴趣。

根据经济理论，由12个参与国达成的TPP将对经济福利和经济活动产生相当大的积极影响，因此，取得了大范围的共识。这反映了大多数TPP成员的双边贸易关系已经通过其他自由贸易协定大幅放开。然而，保持开放的主要地区对于参与者保持高度敏感，通过政治手段约束减少真实产出同时谨慎管理市场开放。

大幅增加TPP成员会提高协定带来的收益（Petri，Plummer，Zhai，2013）。中国台湾的加入会使很多非自由化二分体转向在TPP下自由化；这保证了TPP12达成的协定中整体的收益增加。然而，对于每一个协定中的原始成员，新成员的加入也会增加额外收益份额，因为这意味着某种程度的偏好入侵。

本节估算了中国台湾加入TPP对美国的影响，使用描述性分析和动态可计算一般均衡模型（CGE）来模拟评价两种情况。

（1）TPP12 的最佳预测：这基于关于 TPP 的可能的产出的最佳可获得信息［注：日本 - 澳大利亚经济合作协定（JAEPA）是 TPP 基准的一部分］。

（2）中国台湾加入：在 TPP 的背景下，基于最佳预测假定，在这个情形下评估中国台湾加入的影响。

为了呈现多种可量化的 TPP 中的元素的相对贡献程度，最佳预测情景模拟具有连续的基础，具体如下。

①关税自由化。

②偏好效用不足和效用成本的调整。

③原产地规则的调整。

④货物非关税壁垒（NTBs）的削减。

⑤跨境服务贸易的非关税壁垒的削减。

⑥对外直接投资（FDI）在服务产品和 Mode 3 服务贸易中的自由化。

本节的结构如下：第一部分为引言；第二部分为 TPP 经济体和中国台湾的背景介绍；第三部分为量化分析框架，从非技术角度对量化模型方法进行回顾同时讨论了中国台湾加入 TPP 的模型构建方法；第四部分为结果；第五部分为结果讨论与分析，提供了基于政策含义的前沿讨论。

3.6.2 TPP 经济体和中国台湾的背景介绍

TPP12 共有大约 8.05 亿人口，共有 28.4 万亿美元的 GDP、5.1 万亿美元的货物进口额以及大约 1 万亿美元的商业服务出口额。

TPP 成员的经济水平跨度很大。其中有 7 个成员是富有的先进的经济体，2013 年人均 GDP 大约或超出 4 万美元。有 4 个成员（马来西亚和三个拉丁美洲国家——智利、墨西哥和秘鲁）是中等收入国家，其人均 GDP 为 6800 ~ 16000 美元。越南是发展中国家，人均 GDP 低于 2000 美元。按购买力平价计算，情形大致相同。除了越南之外，所有经济体是高度城镇化的（见表 3 - 29）。

表3-29　TPP12加上中国台湾的GDP、人均GDP和人口数量（2013年估计值）

国家/地区	GDP		人均GDP		人口数量	
	名义值（亿美元）	实行值（经购买力平价调整）（亿美元）	名义值（美元）	实行值（经购买力平价调整）（美元）	总数（百万人）	城市人口占比（%）
澳大利亚	14880	9980	64157	43042	23.2	89
文莱	170	220	40804	54809	0.4	76
加拿大	18250	15180	51872	43146	35.2	81
智利	2820	3350	16043	19105	17.6	89
日本	50070	47290	39321	37135	127.3	92
马来西亚	3120	5250	10429	17526	30.0	73
墨西哥	13270	18450	11224	15608	118.2	78
新西兰	1810	1360	40465	30396	4.5	86
秘鲁	2100	3450	6797	11149	30.9	78
新加坡	2870	3390	52918	62428	5.4	100
美国	167240	167240	52839	52839	316.5	83
越南	1700	3590	1896	4001	89.7	32
中国台湾	4890	9290	20930	39767	23.7	78

资料来源：国际货币基金组织世界经济展望数据库，2014年4月。

中国台湾的加入使TPP的GDP提高1.7%，以目前的汇率计算，根据购买力平价计算将提高大约2.9%。然而，由于目前TPP12的双边关系主体已经在一个协定或其他协定下达成自由化，中国台湾的加入增加了29%的非自由化二元体，其从25个增加到35个（见图3-2）；只有中国台湾-新西兰和中国台湾-新加坡双方已经实现自由化（在2013年1月1日实行的ANZTEC和2014年4月19日实行的ASTEP下）。

TPP大部分由成熟、增长缓慢的经济体构成。根据增长的动态机制，其反映了2008~2009年的经济危机，整个TPP地区排除物价影响，2001~2013年年均经济增速为1.7%；排除日本和美国，增速提高到2.9%。中国台湾在这一期间每年增长4%，因此中国台湾的加入提高了TPP地区的动态变化程度。

图3-3反映出中国台湾比TPP12的平均增长速度更快，它在货物进口

	Brunei	Chile	New Zealand	Singapore	Australia	Vietnam	Malaysia	Peru	USA	Japan	Mexico	Canada
Chile	P4											
New Zealand	AANZFTA & P4	P4										
Singapore	ASEANFTA & P4	P4	AANZFTA & P4									
Australia	AANZFTA	CAFTA	CER & AANZFTA	AANZFTA & SAFTA								
Vietnam	ASEANFTA	CVNFTA	AANZFTA	ASEANFTA	AANZFTA							
Malaysia	ASEANFTA		ASEANFTA	ASEANFTA	AANZFTA (& MAFTA)	ASEANFTA						
Peru		PCFTA		PSFTA								
USA		CUSFTA		USSFTA	AUSFTA			USPTPA				
Japan	JASEANFTA & JBEPA	JCFTA		JASEANFTA & JSEPA	JAFTA	JASEANFTA & JVNEPA	JASEANFTA & JMEPA	PJEPA				
Mexico		CMFTA						PMFTA	NAFTA	JMEPA		
Canada		CCFTA						CPFTA	NAFTA		NAFTA	
Taiwan			ANZTEC	ASTEP								

图 3－2　TPP12 和中国台湾自由化和非自由化的双边贸易关系体

注：有字母标识的浅色区域代表自由化；无字母深色区域代表非自由化。

上的增速也超过了 TPP12，2001～2013 年以每年 8% 的增速增长而 TPP12 则以每年 7.2% 的增速增长。然而，中国台湾的商业服务进口滞后，2002～2012 年每年增速仅为 5.9%，而 TPP12 的增速每年为 7.9%。就服务贸易出口方面相比较而言，中国台湾这一期间的增速为 8.5%，而 TPP12 的增速为 8.7%。这显示出 TPP12 扩张服务贸易的机会很大，中国台湾加入一个自由化服务贸易协定对于其扩张服务贸易进口是很有利的。

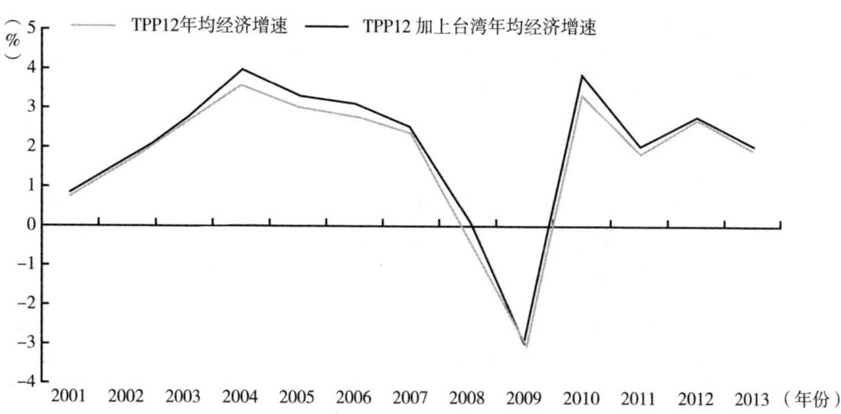

图 3－3　2001～2013 年 TPP12 和 TPP12 加上中国台湾的年均经济增速情况

注：以本币计价的实际增长率由地区 GDP 占 PPP 份额为权重计算。

资料来源：国际货币基金组织世界经济展望数据库，2014 年 4 月。

TPP12 占有大约三分之一的全球 FDI 规模，投资的流入和流出情况如表 3－30 所示。2013 年，TPP 占有 FDI 流出额的 43.82%。中国台湾的加入将增加 FDI 流出弹性，因为中国台湾的 FDI 流出几乎是 FDI 流入水平的近 4 倍。中国台湾的 FDI 流入规模仅占 GDP 的 13%，这与 TPP 地区整体相比是较少的，这意味着作为中国台湾投资体制新的投资流入，TPP 承诺下的自由化很容易使中国台湾实现 FDI 扩张。

表 3－30　投资的流入和流出情况

单位：每百万美元，%

国家和地区	存量（2013 年）		流量（2013 年）	
	增加	减少	流入	流出
澳大利亚	591568	471804	49826	6364
文莱	14212	183	895	135
加拿大	699977	732417	62325	42636
智利	215452	101933	20258	10923
日本	170929	992901	2304	135749
马来西亚	144705	133996	12306	13600
墨西哥	389083	143907	38286	12938
新西兰	84026	10466	987	691
秘鲁	73620	4122	10172	136
新加坡	837652	497880	63772	26967
美国	4935167	6349512	187528	338302
越南	81702	0	8900	1956
中国台湾	63448	245882	3688	14344
TPP12	8238093	9447120	457559	590127
TPP13	8301541	9693002	461247	604471
世界	25464173	26312635	1451965	1346671
TPP12 占比	32.35	35.90	31.51	43.82
TPP13 占比	32.60	36.84	31.77	44.89

资料来源：2014 年联合国贸易和发展会议（UNCTAD）世界投资报告。

最后，对于一个高等收入水平的经济体，新台币相比于购买力平价（PPP）下降：市场价值稍微高于 PPP 价值的一半。新台币真实有效汇率走势见图 3－4。同时，中国台湾已持续把巨额经常账户盈余作为 GDP 的一部分，在过去的 10 年，平均比例是 10.4%，同时中国台湾积累了相当大规模的外汇储备（2014 年 8 月占有 4230 万美元或者占有 2014 年估计 GDP 的 84%）。从这些事实中可以推测新台币的汇率是严重被低估的。出于同样的原因，中国台湾的市场潜力比名义数据更大。从参与 TPP 中得到维持经济稳定的保证将在原则上使中国台湾市场的信心增加。另外，TPP 对于货币政策的外部规定还在讨论中，还没有被确定包含在最终的协定中，但趋向于使新台币的市场价值和 PPP 价值收敛。根据国际购买力计算，这个因素将使中国台湾的市场规模扩大，超出真实 GDP 增长带来的收入扩张。

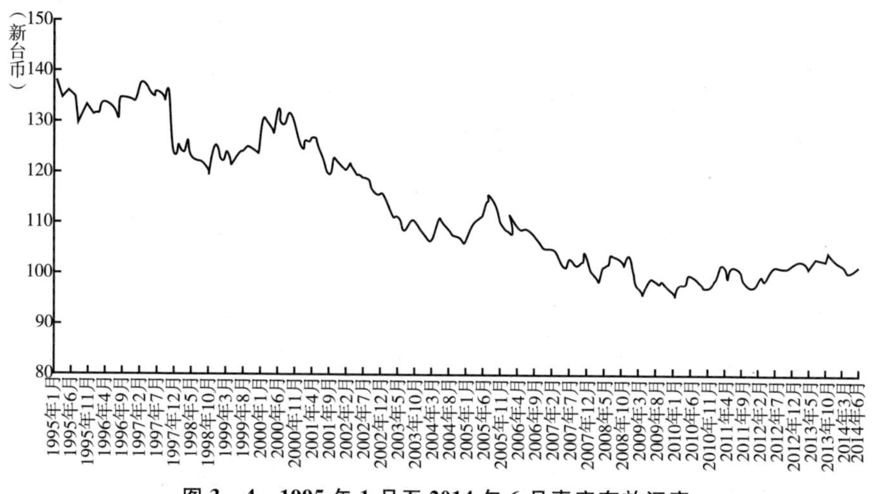

图 3－4　1995 年 1 月至 2014 年 6 月真实有效汇率

资料来源：Bruegel 研究所。

根据贸易的构成，中国台湾主要出口工业品、进口农产品和原材料。这反映了中国台湾有限的耕地数量（三分之二的土地是山地）以及自然资源的短缺。据此，中国台湾的经济结构与美国是互补的，双方不是直接的竞争对手。

这种互补可以通过美国和中国台湾的贸易专业化指示器（*TSI*）的相关系数来描绘。有如下表达：

$$TSI_i = (X_i - M_i)/(X_i + M_i)$$

TSI 揭示了产品或产品组合的净贸易模式：如果一个经济体只进口一种

商品则值为 -1，如果只出口商品则值为 +1，0 表示均衡贸易量。我们计算每一个统一制度（HS）二分位中国台湾与世界的贸易分类的 *TSI* 值。这组成了一个 97 ×1 的 *TSI* 得分矩阵。我们为美国建立一个类似的矩阵。接下来我们计算了两者的相关系数。

在统一制度二分位水平下估计，美国和中国台湾的 *TSI* 相关指数大约是 -0.14，使得中国台湾是 TPP 中与美国不同的经济体之一。由于贸易活动大体上在经济体间更激烈，在互补的贸易结构下，中国台湾加入 TPP 将驱使美国与中国台湾之间的双边贸易在其双边比较优势区域发展，而不是在相同的贸易分工部门间竞争。图 3 -5 显示了 TPP 经济体与中国台湾贸易专业化指数关系。

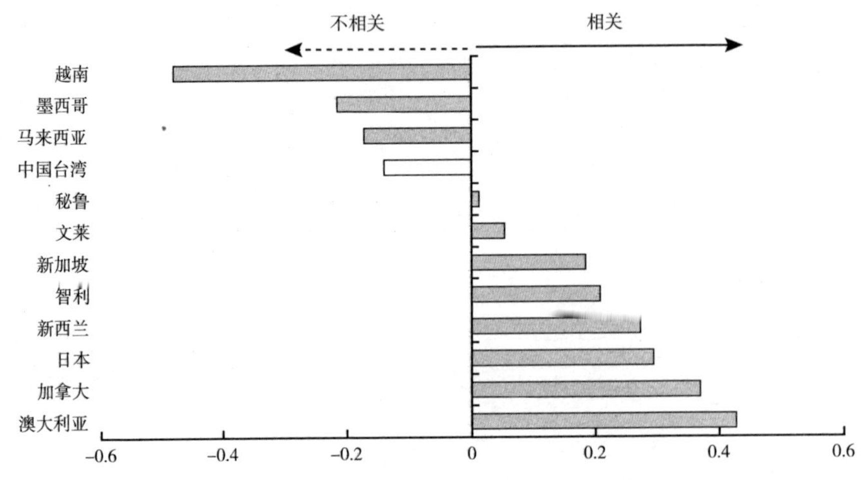

图 3 -5　TPP 经济体与中国台湾贸易专业化指数关系

资料来源：笔者根据国际贸易中心贸易地图计算得到。

总之，虽然与 TPP12 相比，中国台湾是一个相当小的经济体，但它在一个自由化的 TPP 大环境下带来了不成比例的大份额自由化潜力：积极的红利增长以及商业扩张，尤其是服务贸易和投资扩张的前景。削减 TPP 进入的市场不确定性将可能促使中国台湾加入，通过促使新台币与真实购买力平价水平收敛。对于美国来说，中国台湾的加入将使 TPP 包括一个具有强大贸易潜力的与其互补的经济体。

3.6.3　量化分析框架

分析主要贸易协定影响的工具是可计算一般均衡模型（CGE）。我们使用一个动态的全球贸易分析体系模型（GTAP），使其包括直接代表每个服务部门的国外企业从而形成 Mode 3 服务贸易模型。从这些模拟中得到的贸易影响捕捉了复杂的国家的跨行业之间的联系以及各种非关税措施的影响。

3.6.3.1　基本 GTAP 模型的回顾

GTAP 模型包括了大量的账户从而对一个经济体进行完整描述。

（1）标准的国家收入和支出账户。

（2）行业的闭合，反映行业输入和输出的关系。

（3）总值，GTAP 具有最多 57 个行业，其中 43 个是货物商品行业。

（4）每个部门的生产函数由大量的资本、技术性和非技术性劳动力、中间投入来决定，要求在该部门生产单位产出。

（5）贸易账户建立了经济体与每个部门的国际联系。

模型形成了国民经济核算总量、企业产出和价格、要素投入（数量和价格）、贸易和 FDI 流入的影响结果。GTAP 模型的专业描述参见 Hertel 1997 年的著作；对于 CGE 估计的可信度讨论见 Hertel 等 2003 年的报告。

在生产方面，每个部门有一个代表性的企业用土地、劳动力、资本以及中间产品和服务来生产商品。模型中采用一个嵌套机构来强调生产要素的可替代性。土地、劳动力和资本之间的替代发生在价值增值的第一个嵌套中，复合的中间投入替代价值增值发生在下一个嵌套中。劳动力和资本假设充分利用，国内各要素流动不固定，但国际是固定的。

在需求方面，每个地区有一个代表性的家庭，它的消费由效用函数决定。这个效用函数用柯布 - 道格拉斯形式分配私人消费、政府消费以及储蓄。私人家庭需求由固定弹性函数表示，这个函数可以获取私人需求属性（比如，需求结构随着收入增长而变化，反映了特殊商品形式的消费，如奢侈品随着收入的增长会增加得更快）。值得注意的是，削减保护措施不仅导致生产中间产品的价格下降，而且在消费品的价格下降同时会引发需求的变动。

经济福利是在“等价变化”的基础上，冲击前价格水平下的整笔支付，这将与居民将资产保留在冲击后的经济体中是等价的。

3.6.3.2 GTAP-FDI 模型

在目前的研究中，我们将 GTAP 模型进行修改，在其中的服务部门中引入外商直接投资来捕捉 Mode 3 服务贸易，使其包含一个动态的投资框架，在此中 FDI 流和资本回报率的变动驱使新的生产投资产生。

在 GTAP-FDI 模型中，对于每个部门和每个地区来说有两个生产者，即一个国内的代表企业和一个国外的代表企业。相比之下，基本的 GTAP 模型和 V8 数据库中每个地区只有一个生产者。除了 GTAP V8 数据库外，我们的数据来源包括：①一个国外分支销售矩阵（FAS）；②一个外商直接投资（FDI）规模矩阵；③FDI 限制矩阵。前两个矩阵可以在 GTAP 模型研究论文中得到（Lakatos，Walmsley，2010；Fukui，Lakatos，2012）。用来构建最后一个矩阵的数据可以从 UNCTAD 和 OECD 网站上得到。

动态框架是围绕莫纳什投资函数建立的。在这个函数中，资本的增长率（投资水平）是由投资者对于每个国家每个部门的投资增长供给意愿决定的，反过来它依赖资本预期回报率的变动。假定投资者是敏感的，一个给定地区和部门的回报率的任何改变都会逐渐消失。

GTAP-FDI 模型和莫纳什投资框架的具体技术分析请参见第四章附录。

3.6.3.3 动态框架：基线预测

GTAP 数据库的最新版本（V8），基年是 2007 年。我们首先运用 GTAP 动态数据工具来模拟到 2035 年的完整数据库，其覆盖了可获得的宏观数据。实际 GDP 和 TPP 成员出口额的基线预测如表 3 – 31 所示。

根据对全球经济的宏观预测（Fouré et al.，2012），全球经济在 2016 ~ 2035年会以平均每年大约 1.9% 的速度增长，2035 年之后将从 2.2% 缓慢下降到只有 1.6% 。TPP 地区在整个期间将以大约 1.3% 的速度增长，在前半时期将以1.5%的速度增长，后半时期将降到只有1.1%的速度。美国经济在整个期间排除物价因素外将以1.0%的速度增长。日本也以一个相对较低的速度增长。同时，发展中经济体增长迅速（越南增速为3.5%，马来西亚增速为3.3%）。增速为3.0%的中国台湾预测也会以一个相对较高的速度增长。中国台湾的增速将大大快于TPP12的平均水平，因此给TPP12带来增长福利。

表3-31 实际GDP和TPP成员出口的基线预测

单位：百万美元，%

项目	实际GDP			
	2016年	2020年	2025年	2035年
澳大利亚	1082027	1240400	1402889	1688880
加拿大	1639022	1772235	1909220	2157657
智利	223218	257869	293218	362936
日本	4941563	5344671	5759227	6078618
马来西亚	253953	304276	358354	468637
墨西哥	1317863	1467973	1624488	1940373
新西兰	162737	179956	197404	234262
秘鲁	161063	195650	233192	307723
新加坡	229058	266667	300597	345510
美国	16084205	16867450	17659532	19512532
越南	90261	109387	130542	174157
TPP	26184969	28006533	29868774	33272285
世界	68740738	76115290	83663628	98093505
TPP12占比	38	37	36	34
中国台湾	545406	642877	747317	961021
TPP13占比	39	38	37	35
项目	TPP成员出口额			
	2016年	2020年	2025年	2035年
澳大利亚	64907	67791	70386	73197
加拿大	382681	409313	434720	486440
智利	28093	30369	32520	36544
日本	237017	238176	241971	265271
马来西亚	92253	105024	118789	145820
墨西哥	246164	267075	295801	356395
新西兰	16781	18226	19768	22795
秘鲁	14024	15815	17888	22369
新加坡	81252	92482	102880	116855

续表

项目	TPP 成员出口额			
	2016 年	2020 年	2025 年	2035 年
美国	568998	584888	588684	569458
越南	36017	44920	55039	76444
TPP	1741733	1798976	1835833	1890953
世界	5057808	5609667	6187117	7305116
TPP12 占比	34	32	30	26
中国台湾	100457	110030	120521	143309
TPP13 占比	36	34	32	28

资料来源：笔者计算得到。

TPP 于 2016 年 2 月 4 日实行。模型采用动态形式，考虑到投资引起的资本回报率的改变以及工资率的改变引起的劳动力参与的增长。报告的结论以 2016 年、2020 年、2025 年、2030 年和 2035 年为基准变化。2035 年的收益也许被用来解释一个经济体的产出水平的永久增长，一旦充分均衡在政策冲击下形成，就包括与自由化经济下变化的机会相一致的资本和跨部门的劳动的重新分配。

我们假设中国台湾谈判加入 TPP，且在 2016 年 2 月 4 日之后很快正式批准通过该协定。这个假定做了一个 TPP12 和 TPP12 加上中国台湾的比较。这也避免了对中国台湾加入 TPP 的不确切猜测。

3.6.3.4 模型建立

在 CGE 模型中，可以内生化计算得到的变量是有限的；其他变量被设定为外生变量。在模拟演示中，建模人员决定模型中哪些变量是外生的（如由模型构建者制定的固定值）以及哪些变量是内生的（如由模型解出的）。这些决定定义了模型的闭合。CGE 模型可以模拟多个选择性闭合，选择影响结果。

在 GTAP 模型缺乏微观经济闭合的情况下，要素禀赋（如总劳动力供给、技术性和非技术性劳动力，还有资本和土地的供给）是固定的；要素价格（如工资率、资本和土地的回报率）根据冲击后均衡中生产要素恢复充分就业的情况进行调整。在可选择的微观经济闭合下，这有时会被用到，资本或劳动力的回报是固定的，且资本或劳动力的供给会随着恢复均衡的状态进行调整。每一个闭合规则都对劳动力或资本的供给做出假定：完全弹性或不完全弹性。现实可能介于两者之间。在GTAP-FDI模型中，投资随着回报率的改变进行调整；类似地，我们允许劳动力供给随着工资的改变而改变。结果是，TPP形成了禀赋效应：一个经济体中劳动力和资本总量的改变依赖劳动力和资本回报的改变。

至于GTAP模型的宏观闭合，有两种情况。首先，当前的账户是固定的。这假定了外在均衡由本国投资-储蓄动态机制决定。当贸易政策冲击导致进出口不均衡时，原始的贸易均衡将由于受到隐含汇率调整的影响而恢复。或者，当前账户可以允许随着贸易冲击而调整。当前账户的改变必须被资本流动的等价变化所抵消。实际上，不平衡的贸易影响可能产生两方面影响：引致的汇率调整，以及引致的资本流动抵消。

宏观经济闭合的选择对于模型结果有很大意义。我们很有必要采用当前账户可调整的闭合方法，这反映了我们的模型中FDI的重要地位。

3.6.3.5 TPP12和中国台湾加入：模拟中的假设

本节列出了确切的假设，来支撑对于TPP12最佳预测的情形，作为评估中国台湾加入的影响和模拟中国台湾加入的背景。

支撑TPP12最佳预测情形的假设是基于最佳的可获得的关于可能的在各种事情上的谈判“着陆区”的信息。对于中国台湾的加入，我们假设中国台湾扩大了对于TPP12的可比自由化承诺同时中国台湾做出了与在FTA中和新西兰一样的等同自由化承诺，FTA是一个我们作为指示的区域协定，协定中中国台湾具有敏感性，因此对于同步启用承诺和保留的保护（如大米）有需求。

对于货物关税，各种政策冲击的设定在表3-32中列示。

表 3－32　假设面板 1

TPP 成员	进口关税来源	第一年	第七年	第十年或以后
澳大利亚	加拿大 日本 墨西哥 秘鲁 中国台湾	削减 100%，除了 GTAP 中以下几种削减 95% ·30(木材) ·40(电子设备) ·41(机械)	所有削减 100%	—
文莱	加拿大 墨西哥 秘鲁 美国 中国台湾	削减 100%，除了以下几种削减 90% ·25(其他商品) ·32(石油产品) ·38(汽车及零部件) ·41(机械)	以下削减 95% ·25(其他商品)	削减 100%(除了烟酒)，两者被排除在文莱过去的记录中(道德创伤)
加拿大	澳大利亚 秘鲁 日本 马来西亚 新西兰 新加坡 越南 中国台湾	削减 100% 除了： ·10(动物产品) ·20(肉制品) ·11＋22(奶制品) 对于澳大利亚和新西兰，关税配额 10 年基于时间表逐渐采用 ·27＋28(纺织行业) ·38(汽车及零部件)	以下削减 25% ·27＋28(纺织服装业) ·38(汽车及零部件)	削减 100% 除了： ·家禽类(不包括 GTAP10 和 GTAP20 保留保护) ·奶制品排除 100% 在 GTAP11 和 GTAP22 中的保护保留
智利	中国台湾	对于 TPP12 无货物贸易冲击(智利与所有 TPP12 有适当的自由贸易协定)对中国台湾立即削减 100%	—	—
日本	澳大利亚 加拿大 新西兰 美国 中国台湾	削减 100% 除了： ·11＋22(奶制品)：对于澳大利亚有 27500 万美元的关税配额扩张，对新西兰有 35600 万美元，对美国有 25500 万美元 ·6＋24(糖类)只对澳大利亚关税削减，循序关税代码切换到国际标准糖类出口标准，我们假定一倍 ·1＋23(大米)无变化 ·2＋3(小麦，大麦)：对于饲料谷物进口削减 5% ·19：日本削减主要供给者(澳大利亚、加拿大、美国和新西兰)关税(从 38.5% 到 22%)与澳大利亚－日本 EPA 在过去 15 年保持一致。GTAP 保护削减反映了对于不同保护水平的可比较的削减 ·20：日本的有效利率对于新西兰和澳大利亚削减，或者等于 4.3%	—	敏感行业除了牛肉外是完整的 我们假定牛肉和鱼类关税被立即削减

续表

TPP 成员	进口关税来源	第一年	第七年	第十年或以后
马来西亚	加拿大 墨西哥 秘鲁 美国 中国台湾	削减 100%［除了 GTAP1 + 23(大米)］,它的贸易非自由化	—	马来西亚在烟酒上与秘鲁一样有相似的敏感性但也是啤酒的主要进口国。据此,我们放开这个市场
墨西哥	澳大利亚 秘鲁 马来西亚 新西兰 新加坡 越南	削减 100%,糖类除外	—	—
新西兰	加拿大 日本 墨西哥 秘鲁 美国 中国台湾	削减 100%	—	—
秘鲁	澳大利亚 文莱 日本 马来西亚 新西兰 越南 中国台湾	削减 100%	—	—
新加坡	加拿大 墨西哥	削减 100%	—	—
美国	文莱 马来西亚 新西兰 越南 中国台湾	削减 100%,除了 ·6 + 24(糖类)无变化 ·11 + 22(奶制品):对新西兰 1 倍的配额(价值 37600 万美元)且对于澳大利亚基于等价数量 ·27 + 28(纺织品和服装业):在第一年零削减 ·38(汽车及零部件)第一年零削减	25% ·27 + 28(纺织和服装业) ·38(汽车及零部件)	削减 100%,除了 ·6 + 24(糖类)免除 ·11 + 22(奶制品)免除

续表

TPP 成员	关税进口来源	第一年	第七年	第十年或以后
越南	加拿大 墨西哥 秘鲁 美国 中国台湾	·100% 削减,除了 ·6 +24(糖类)无变化 ·19(牛肉)在 5 年、10 年和 15 年削减 1/3 ·20(猪肉)在 5 年、10 年、15 年削减 1/3 ·25(包括鱼类)在 5 年、7 年和 10 年削减 1/3 ·21(油菜籽)50% 削减且保持 5 年 ·26(饮料类)在 5 年、7 年和 10 年削减 1/3 ·4(蔬菜)50% 削减且保持 5 年 ·30(木材产品)90% 和 10% 削减且保持 5 年 ·31(造纸业)100% 削减且保持 5 年	—	—
中国台湾	澳大利亚 文莱 加拿大 智利 日本 马来西亚 墨西哥 秘鲁 越南 美国	削减 100%,除了: ·1 +23(大米),7(植物纤维)免税 ·2(小麦)50% 削减且削减 3 年 ·3(谷物)、8(农作物)、10(动物产品)削减 90% 且 3 年保持 10% ·4(蔬菜水果)、5(油菜籽)削减 70% 同时 3 年保持 15%,7 年保持 15% ·11(原料乳)3 年削减 30%,10 年削减 70% ·14(渔业)削减 60% 且同时 3 年削减 35%,7 年削减 5% ·19(牛肉)削减 60%,3 年削减 40% ·20(肉制品)削减 70%,3 年削减 30% ·21(蔬菜油)削减 95%,3 年削减 5% ·22(奶制品)削减 60%,3 年削减 20%,7 年削减 10%,10 年削减 10% ·24(糖类)、25(食品产品)削减 60%,3 年削减 20%,7 年削减 10% ·26(烟酒)削减 50%,3 年削减 40%,7 年削减 10%	—	—

根据 Petri、Plummer 和 Zhai（2013）的报告可知，我们假定不完全利用。我们根据如下方式修改了他们的方法。首先，对于基础产品，我们假定完全利用，基于几乎没有初级产品进口或加工产品进口。此外，农产品贸易企业是规模较大、组织健全的企业，具有贸易偏好优势。由于初级行业贸易趋向于批发，原产地规则的固定成本在从价基础上忽略不计。对于二级行业产品（如制造品），我们采用 Petri、Plummer 和 Zhai 的假定，即对于关税偏好有 63% 的利用率。这让一些关税保护到位的原则中完全自由化的关税额度遗留（如 5% 的关税，保留的关税等价于 0. 37 倍的 5% 或 1. 85%）。我们假定关税的利用率低于 2%。对于利用偏好的二级行业贸易，我们假定一个 2% 的偏好效用从价成本。这个假定给定了一个 1. 26% 的负面生产力冲击的影响（等价于 0. 63 倍的 2%）。这反映了增长的贸易成本与使用的直接路径有关。

为了量化 TPP 下原产地规则的区域化影响，我们将大多数受原产地规则限制的产品（纺织品、服装和汽车）的替代弹性提高了 1%，同时将其他产品输入行业的替代弹性提高了 0. 5%。增长的规模由 Fox、Powers 和 Winston（2007）一文中的结果来校准，该文是关于美国的由原产地规则决定的纺织和服装业进口份额的研究。提高可替代性程度扩大了区域采购范围同时在一个更自由的原产地规则下扩大了贸易影响的漏出范围。

对于货物非关税壁垒，我们参照 Petri、Plummer 和 Zhai（2013）的报告建立了货物非关税壁垒削减的模型，将其作为一个正向的生产力冲击——实际上其对效用偏好成本有相反的影响。为了捕捉非关税壁垒削减的非对称影响，我们考虑用新加坡与非关税壁垒相关的贸易成本水平来代表是最佳、最可行的。对于这个水平之上的经济体，我们减少其双边贸易成本 10%，考虑到报告的非关税壁垒的平均值和新加坡的报告水平之间的差异。同时，透明度指数、主要受益可能的取值，被削减一半。

相关研究发现，一个国家的“商业气候”对于个人企业来说是多变的。同时我们观察发现，关键的出口行业从权威机构那里获得了支持待遇，因此，我们不用非关税壁垒来冲击一个国家的顶层出口行业。

透明度削减对所有双边 TPP 成员均有益处，然而，其他非关税壁垒削减不会对北美自由贸易协定（NAFTA）内部、更紧密经贸关系（CER）内部，以及美国双边贸易伙伴无影响。农业和工业的自由化程度削减如表 3-33 所示。

表 3-33 假设面板 2

	世界银行整体贸易限制指数		透明度指数		总指数		削减程度	
	农业	工业	农业	工业	农业	工业	农业	工业
澳大利亚	0.159	0.039	—	—	0.159	0.039	0.0159	0.0039
文莱	0.103	0.024	0.448	0.104	0.551	0.128	0.2343	0.0544
加拿大	0.080	0.013	—	—	0.080	0.013	0.0080	0.0013
智利	0.093	0.032	—	—	0.093	0.032	0.0093	0.0032
日本	0.247	0.031	—	—	0.247	0.031	0.0247	0.0031
马来西亚	0.349	0.149	0.106	0.045	0.455	0.194	0.0879	0.0374
墨西哥	0.229	0.109	0.147	0.070	0.376	0.179	0.0964	0.0459
新西兰	0.206	0.069	—	—	0.206	0.069	0.0206	0.0069
秘鲁	0.127	0.480	0.291	0.110	0.418	0.590	0.1582	0.1030
新加坡	0.049	0.002	—	—	0.049	0.002	0.0049	0.0002
美国	0.110	0.037	—	—	0.110	0.037	0.0110	0.0037
越南	0.283	0.183	0.500	0.324	0.783	0.507	0.2783	0.1803
中国台湾	0.247	0.031	—	—	0.247	0.031	0.0247	0.0031

资料来源：笔者根据 Petri、Plummer 和 Zhai（2013）报告中表 2-1 计算得到。

对于服务业非关税壁垒，我们对 TPP 经济体的服务贸易非关税壁垒进行模拟，基于 Petri、Plummer 和 Zhai（2013）的报告，与他们的方法一致，模拟削减 56% 的服务业关税，除了公共服务产品外，我们对公共服务进行了 1/3 的削减，即等同于 18%。且这些削减应用在其他经济体和新加坡国家的非关税壁垒水平之间。对于低于新加坡的非关税壁垒的经济体或行业，不进行削减（具体见表3－34）。这导致了一个低水平的非关税壁垒标准的收敛。这些对所有二分体有益处，除了对于北美自由贸易协定内部、更紧密经贸关系（CER）内部，以及现有的美国双边贸易协定，因为这些已经达到了标准。

表3－34 假设面板3

	效用	建筑业	贸易、交通运输	私人服务	公共服务
初始水平					
澳大利亚	0.145	0.123	0.123	0.124	0.159
文莱	0.268	0.245	0.244	0.245	0.284
加拿大	0.139	0.117	0.117	0.118	0.153
智利	0.223	0.2	0.199	0.2	0.238
日本	0.151	0.129	0.129	0.13	0.165
马来西亚	0.268	0.245	0.244	0.245	0.284
墨西哥	0.42	0.394	0.393	0.394	0.438
新西兰	0.028	0.016	0.022	0.009	0.04
秘鲁	0.337	0.312	0.311	0.313	0.353
新加坡	0.03	0.03	0.03	0.03	0.03
美国	0.045	0.031	0.036	0.026	0.058
越南	0.574	0.544	0.544	0.545	0.593
中国台湾	0.191	0.168	0.168	0.169	0.205
假定削减程度					
澳大利亚	6.44%	5.21%	5.21%	5.26%	2.32%
文莱	13.33%	12.04%	11.98%	12.04%	4.57%
加拿大	6.10%	4.87%	4.87%	4.93%	2.21%
智利	10.81%	9.52%	9.46%	9.52%	3.74%
日本	6.78%	5.54%	5.54%	5.60%	2.43%
马来西亚	13.33%	12.04%	11.98%	12.04%	4.57%
墨西哥	21.84%	20.38%	20.33%	20.38%	7.34%
新西兰	0.00%	0.00%	0.00%	0.00%	0.18%
秘鲁	17.19%	15.79%	15.74%	15.85%	5.81%
新加坡	0.00%	0.00%	0.00%	0.00%	0.00%

续表

	效用	建筑业	贸易、交通运输	私人服务	公共服务
假定削减程度					
美国	0.84%	0.06%	0.34%	0.00%	0.50%
越南	30.46%	28.78%	28.78%	28.84%	10.13%
中国台湾	10.70%	9.41%	9.41%	9.47%	3.69%

资料来源：笔者根据 Petri、Plummer 和 Zhai（2013）一文中表2－1计算得到。

对于服务部门的 FDI，我们使用非关税壁垒的估计水平来衡量投资，如本研究中基于 OECD 开发的 FDI 限制指数得到的“影子税”。这个建模框架的描述和幻影税的得来过程列示在第四章附录中。对于 TPP 中预期的投资自由化水平，我们再次参考 Petri、Plummer 和 Zhai（2013）的报告：他们假定投资限制程度削减 59%。还有，我们排除了北美自由贸易协定的成员、更紧密经贸关系的成员。我们也没有将所有与美国签署自由贸易协定的地区（除了澳大利亚、美国之外）包括进来，对于这两个地区，我们减少 1/3 的幻影税来反映投资者冲突处置机制的含义。

我们没有对知识产权（IP）建立相应模型，由于其与贸易自由化有差异。贸易自由化增强了竞争，降低了价格，增加的知识产权保护则起到相反作用。对于一些额外产品品种（如新药物或新企业）的扩充来说，从知识产权保护中获得的好处是提高了研究和发展活动的水平以及增强了创新能力。从经济活动角度看，对于一部分占有全球绝大多数研发资源和媒体的经济体（如欧盟、美国、日本和新西兰）来说，增加的全球知识产权保护的直接好处是很大的。TPP 框架下增加的知识产权保护的影响是一个经验性问题，对此我们的模型不能实现，原因在于模型结构没有将研发和创新机制更多考虑进来。

3.6.4 结果

TPP12 对于 TPP12 经济的实际增长有促进作用。对于这个整体来说，2035 年实际 GDP 上涨 0.24%（高于基线水平），带来 825 亿美元的经济福利（见表3-35）。直接的影响更小。这反映了两个基本要素。第一，自由化的很大一部分包括敏感部门，所以自由化进展是渐进的。第二，在我们的情形下，投资对于2016年初的政策变化的反应也需要时间，这反映了企业投资计划的引导以及市场对于新机会的反应的引导。

对美国来讲，收益是相对稳健的：2035年实际GDP增加0.02%，按居民收入来测算，经济福利增加55亿美元或者用GDP的份额来表达，即大约为0.02%。这种自由化的全部影响建立在被经济体吸收的基础上。美国冲击前价格水平下的GDP，反映了贸易条件的下降，尽管实际GDP是增加的，但冲击前价格水平的GDP在2035年低于基准水平。这也许揭示了“最优关税”效应。大的经济体可以通过保持适度的关税来取得贸易所得，同理可以看到自由化对于贸易条件的侵蚀。

中国台湾是受TPP负面影响最大的经济体之一，一方面来自TPP内部贸易偏好带来的贸易转移，另一方面来自TPP对中国台湾主要贸易伙伴的竞争效应。如果将中国台湾排除在TPP之外，则2035年中国台湾的GDP下降0.09%，经济福利下降0.11%，也可以说是大约13亿美元。

从TPP12中获益最大的是发展中国家。这反映在对于这些经济体的不成比例的大幅关税削减以及相应的“扭曲”的减少，及TPP引起的非关税壁垒的削减效应上。越南从中获得了最大的收益，它的实际GDP较2035年的基线上涨了10.73%；经济福利上涨了9.65%。马来西亚实际GDP和经济福利分别上涨了3.09%和2.95%。

由新西兰（0.86%）和新加坡（0.69%）组成的第二组也在实际GDP份额上获得了较大增长。日本（0.36%）、秘鲁（0.33%）、澳大利亚（0.31%）、墨西哥（0.30%）以及智利（0.19%）也获得了一定程度的增长。加拿大的收益较平稳：实际GDP上涨了0.10%，经济福利上涨0.13%也即27亿美元，这些建立在自由化的全部效应都被经济体所吸收。

对于没有列入TPP12的经济体来说，中国大陆受到的影响比中国台湾小，中国大陆GDP的减少程度仅仅比欧盟28国和其他非区域经济体高一点。对中国大陆的相对小的影响基本反映了两方面的效应。第一，原产地规则自由化增强了该地区输入的可贸易性。越南通过改善纺织和服装业的市场准入条件获得收益，但中国大陆从该地区的漏出中获益。第二，投资自由化使资本在该地区的分配更高效，使额外投资更自由。中国作为主要的 FDI 流入国，吸引了相当大份额的额外 FDI。因此，与中国台湾相比，中国大陆对于加入 TPP 的压力更小。

表 3 – 36 中给出了 TPP12、中国台湾和其他地区以及全球经济的收益来源的削减。这些来源的代码如下：A 指关税削减；B 指原产地规则的实施；C 指区域内原产地规则自由化（同时对自由化进程和已经自由化的二分体产生影响）；D 指货物非关税壁垒的削减；E 指服务产品非关税壁垒的削减；F 指放松 FDI 管制。

对于美国，货物贸易自由化包括对于原产地规则的改变和非关税壁垒的削减，导致了 GDP 减少。这反映了隐含的一点是该区域的其他成员在与美国进行贸易时从商品部门的贸易自由化中获得了竞争性收益，抵销了美国在 TPP 成员市场上的市场准入收益。美国原产地规则自由化的负面影响与 Fox 等（2007）中 USITC 研究员的结论相一致。美国从服务贸易和 FDI 中获益，反映出它是一个主要的 FDI 目的国，以及 TPP 地区资本优化分配的受益者。

对于其他经济体，影响是波动变化的。例如，新加坡受到了 TPP 关税自由化的负面冲击，但是把所有影响考虑进来之后，它成为受益者。日本则相反，它从商品部门自由化中获益。加拿大在商品部门中获益较平稳，它的收益大部分来自服务产品自由化。

最后，表 3 – 37 提供了 TPP12 情景下的贸易影响：日本获得了最大的出口收益，反映出它作为主要出口国的开放地位，以及它面对很多非自由化市场的事实。美国获得了相对平稳的贸易收益，跟加拿大和墨西哥一样，反映出这些成员的贸易主要集中在北美自由贸易区。

对于中国台湾来讲，其受到的出口影响不大，稍微高于 2035 年的基准水平。中国台湾最大的负面影响来源于 TPP12 成员间货物非关税壁垒的削减，这损害了中国台湾在该区域的竞争性地位。

表 3－35　TPP12 的 GDP 和经济福利影响

项目	基准（百万美元）	基准水平之上的模拟变化（百万美元）					基准水平之上模拟变化（%）				
	2016 年	2016 年	2020 年	2025 年	2030 年	2035 年	2016 年	2020 年	2025 年	2030 年	2035 年
GDP											
澳大利亚	1082027	1117	800	1151	1464	1589	0.13	0.27	0.3	0.31	0.31
加拿大	1639022	1015	1307	1296	1504	1626	0.02	0.08	0.1	0.1	0.10
智利	223218	630	810	994	1180	1414	0.07	0.12	0.15	0.18	0.19
日本	4941563	20112	23189	30116	33913	37355	0.17	0.23	0.29	0.33	0.36
马来西亚	253953	3422	5361	7901	10132	12396	1.24	2.1	2.62	2.91	3.09
墨西哥	1317863	3957	3373	3358	4491	5563	0.11	0.19	0.24	0.28	0.30
新西兰	162737	1848	2111	2467	2740	3034	0.17	0.5	0.7	0.8	0.86
秘鲁	161062	－59	－60	－25	－12	24	0.21	0.27	0.31	0.32	0.33
新加坡	229058	1592	2024	2782	3501	4135	0.11	0.25	0.42	0.56	0.69
美国	16084205	18110	18331	6684	1698	－5056	0.01	0.02	0.03	0.02	0.02
越南	90261	4833	5452	11436	13955	16559	4.76	5.97	8.31	9.84	10.73
中国大陆	6772789	－10885	－11995	－15777	－19061	－21929	－0.02	－0.03	－0.05	－0.06	－0.07
印度	1992526	－3908	－4084	－5702	－7444	－9250	－0.02	－0.03	－0.05	－0.06	－0.07
朝鲜	1449063	－3220	－3521	－3839	－4219	－4670	－0.03	－0.06	－0.08	－0.1	－0.11
中国台湾	545406	－853	－1052	－1121	－1179	－1247	－0.02	－0.06	－0.08	－0.09	－0.09
APEC 其余成员	3320185	－5699	－5956	－6650	－7304	－7692	－0.02	－0.05	－0.07	－0.08	－0.09
欧盟 28 国	17293354	－21078	－20664	－21032	－21392	－21316	－0.01	－0.02	－0.04	－0.05	－0.05
其他国家	11182444	－10332	－11490	－11882	－12307	－11834	－0.01	－0.02	－0.03	－0.04	－0.04
TPP12	26184969	56576	62698	68158	74565	78638	0.09	0.14	0.18	0.21	0.24

续表

项目	基准（百万美元）	基准水平之上的模拟变化（百万美元）					基准水平之上模拟变化（%）				
	2016 年	2016 年	2020 年	2025 年	2030 年	2035 年	2016 年	2020 年	2025 年	2030 年	2035 年
经济福利影响											
澳大利亚	938235	1595	3061	3572	3865	4109	0.17	0.3	0.33	0.33	0.33
加拿大	1540000	308	1543	2114	2394	2725	0.02	0.1	0.12	0.13	0.13
智利	213750	171	396	633	858	1100	0.08	0.14	0.18	0.21	0.23
日本	4168800	10422	13896	18588	22510	25545	0.25	0.3	0.35	0.38	0.41
马来西亚	227229	3772	6104	8535	10864	13273	1.66	2.29	2.66	2.85	2.95
墨西哥	1176923	1530	2921	4078	5197	6391	0.13	0.21	0.25	0.29	0.32
新西兰	141915	667	1306	1879	2369	2859	0.47	0.75	0.92	1	1.05
秘鲁	148181	326	393	436	446	455	0.22	0.27	0.3	0.3	0.3
新加坡	201316	765	1334	2105	2841	3481	0.38	0.53	0.7	0.85	0.96
美国	15150000	4545	6907	6716	6626	5490	0.03	0.04	0.03	0.03	0.02
越南	78151	4564	5975	10830	14024	17050	5.84	6.16	9.26	9.59	9.65
中国大陆	6368000	-3184	-6221	-11111	-15613	-19753	-0.05	-0.06	-0.08	-0.08	-0.09
印度	1922000	-961	-1874	-3485	-5393	-7522	-0.05	-0.06	-0.07	-0.08	-0.09
朝鲜	1286250	-1029	-1758	-2627	-3365	-4097	-0.08	-0.1	-0.12	-0.12	-0.13
中国台湾	486250	-389	-669	-971	-1160	-1341	-0.08	-0.1	-0.12	-0.12	-0.11
APEC 其余成员	3207500	-1283	-2964	-4770	-6194	-7316	-0.04	-0.07	-0.08	-0.09	-0.08
欧盟 28 国	12783333	-3835	-6078	-9310	-11576	-13523	-0.03	-0.03	-0.04	-0.05	-0.06
其他国家	10300000	-1030	-3541	-5860	-7611	-8772	-0.01	-0.02	-0.03	-0.03	-0.03
TPP12	22049230	28664	43836	59487	71994	82478	0.13	0.17	0.21	0.23	0.25

资料来源：笔者计算得到。

表 3-36 政策工具冲击对全球经济体的影响

项目	A	B	C	D	E	F	A	B	C	D	E	F
GDP	收益(2007 年价格水平下每百万美元)						变化(%)					
澳大利亚	-1423	-212	-61	3891	1453	-2060	0.22	-0.05	0	0.09	0.06	0
加拿大	297	-469	421	-270	1707	-61	0.06	-0.03	0.01	0	0.05	0.01
智利	-225	25	105	1246	191	72	-0.04	0	0.01	0.14	0.06	0.01
日本	19233	-3259	-764	18799	3170	176	0.14	-0.02	0	0.14	0.1	0
马来西亚	3720	-585	149	7864	1094	154	0.79	-0.13	0.01	1.96	0.41	0.05
墨西哥	-1102	-173	1265	3749	1383	442	-0.04	-0.01	0.03	0.23	0.07	0.03
新西兰	1997	-211	24	852	384	-12	0.65	-0.13	0	0.22	0.09	0.03
秘鲁	-412	49	114	81	158	34	0.04	0	0.01	0.2	0.08	0.01
新加坡	-35	1	59	2813	1259	38	-0.03	0	0.01	0.45	0.23	0.02
美国	-8288	1318	-10500	-814	11656	1572	0	0	-0.01	0.01	0.02	0
越南	8903	-1251	128	7907	880	-8	4.13	-0.56	0.03	6.23	0.91	0
中国大陆	-11160	1701	4910	-14798	-3449	867	-0.04	0.01	0.01	-0.04	-0.01	0.01
印度	-4453	670	1425	-5209	-2070	388	-0.03	0.01	0.01	-0.04	-0.02	0.01
朝鲜	-1181	130	282	-3092	-915	106	-0.04	0	0	-0.06	-0.02	0.01
中国台湾	123	-4	133	-1254	-274	29	-0.02	0	0	-0.07	-0.01	0.01
APEC 其余成员	-4762	525	1081	-3084	-2149	697	-0.06	0.01	0.01	-0.03	-0.02	0.01
欧盟 28 国	-8478	1182	1402	-7850	-9494	1922	-0.03	0	0	-0.02	-0.02	0.01
其他国家	-6869	967	2351	-5085	-5819	2621	-0.03	0	0	-0.02	-0.01	0.01
TPP12	22666	-4766	-9059	46117	23334	346	0.08	-0.01	0	0.12	0.05	0.01

续表

项目	A	B	C	D	E	F	A	B	C	D	E	F
福利水平	收益(2007 年价格水平下每百万美元)						变化(%)					
澳大利亚	1238	-544	22	2529	1242	-378	0.17	-0.04	0	0.12	0.06	0.02
加拿大	1133	-542	336	-94	1320	572	0.06	-0.03	0.02	0	0.05	0.03
智利	-215	19	78	922	226	69	-0.04	0	0.02	0.17	0.06	0.02
日本	11134	-1658	-368	11592	4671	173	0.17	-0.02	-0.01	0.17	0.09	0
马来西亚	3536	-565	115	8421	1402	363	0.73	-0.12	0.02	1.86	0.36	0.08
墨西哥	-825	-283	818	4537	1564	581	-0.04	-0.02	0.04	0.23	0.08	0.03
新西兰	1969	-275	15	768	302	81	0.74	-0.12	0.01	0.27	0.1	0.05
秘鲁	-207	29	70	324	203	36	0.02	0	0.02	0.18	0.07	0.01
新加坡	-80	9	47	2341	1124	39	-0.02	0	0.01	0.65	0.3	0.01
美国	804	-223	-3969	1348	6708	822	0	0	-0.02	0.01	0.03	0
越南	7987	-1183	95	9023	1107	21	4.31	-0.59	0.05	5.12	0.74	0.01
中国大陆	-10497	1593	2913	-11823	-2604	665	-0.05	0.01	0.01	-0.05	-0.01	0
印度	-3330	541	768	-4110	-1681	290	-0.04	0.01	0.01	-0.05	-0.02	0
朝鲜	-1419	142	108	-2308	-705	85	-0.05	0	0	-0.07	-0.02	0
中国台湾	-153	25	74	-1090	-221	23	-0.02	0	0.01	-0.09	-0.02	0
APEC 其余成员	-4657	555	631	-2709	-1865	729	-0.06	0.01	0.01	-0.03	-0.02	0.01
欧盟 28 国	-6468	830	120	-4244	-4943	1182	-0.03	0	0	-0.02	-0.02	0.01
其他国家	-5564	764	996	-3286	-3773	2091	-0.02	0	0	-0.01	-0.01	0.01
TPP12	26474	-5217	-2740	41712	19868	2380	0.08	-0.02	-0.01	0.12	0.06	0.01

资料来源：笔者计算得到。

表 3－37 政策冲击下的贸易影响

项目	冲击前基准水平（百万美元）	2007 年价格水平模拟超出基准每百万美元的变化（百万美元）					超出基准的真实情况下百分比模拟变化（%）				
	2016 年	2016 年	2020 年	2025 年	2030 年	2035 年	2016 年	2020 年	2025 年	2030 年	2035 年
出口到 TPP											
澳大利亚	64907	2563	3306	4112	4682	5079	3.82	4.82	5.74	6.34	6.74
加拿大	382681	1232	1690	2129	2303	2448	0.3	0.4	0.51	0.52	0.52
智利	28093	728	857	1011	1166	1333	2.47	2.72	3	3.24	3.47
日本	237017	13470	14839	18060	20189	22236	5.42	5.99	7.22	7.75	8.08
马来西亚	92253	3721	5331	7810	9918	12172	3.86	5.2	6.73	7.66	8.42
墨西哥	246164	252	398	587	798	984	0.05	0.13	0.22	0.27	0.3
新西兰	16781	1345	1576	1877	2098	2323	6.98	7.85	8.71	9.05	9.27
秘鲁	14024	192	264	320	369	422	1.43	1.81	1.94	1.97	1.99
新加坡	81252	3728	4739	6162	7489	8699	4.33	5.02	5.85	6.54	7.14
美国	568998	10520	11173	11615	12072	12149	1.77	1.85	1.94	2.06	2.14
越南	36017	1757	2935	10321	15216	19836	4.65	6.92	18.45	23.44	25.96
中国大陆	935407	－2847	－3068	－3759	－3773	－3829	－0.22	－0.19	－0.2	－0.16	－0.14
印度	99109	－359	－474	－875	－1098	－1306	－0.24	－0.31	－0.53	－0.56	－0.55
朝鲜	139910	－1185	－1253	－1046	－884	－782	－0.76	－0.75	－0.58	－0.46	－0.38
中国台湾	100457	－857	－868	－527	－231	5	－0.8	－0.75	－0.42	－0.17	0
APEC 其余成员	354118	－3345	－3620	－4194	－4623	－5017	－0.84	－0.82	－0.84	－0.83	－0.81
欧盟 28 国	794160	－3142	－3768	－4596	－5117	－5648	－0.31	－0.38	－0.46	－0.51	－0.54
其他国家	866462	－1562	－1492	－2543	－2906	－3215	－0.16	－0.14	－0.26	－0.3	－0.33
TPP12	—	39509	47107	64003	76301	87682	2.12	2.46	3.17	3.63	3.98
出口到世界											
澳大利亚	219948	1662	2530	3155	3524	3805	0.65	0.95	1.02	0.99	0.93
加拿大	510718	623	1191	1689	1877	2072	0.09	0.21	0.3	0.31	0.32
智利	101512	253	307	413	514	626	0.17	0.17	0.21	0.24	0.25
日本	897597	5361	6629	8752	10329	11646	0.38	0.51	0.65	0.74	0.77
马来西亚	261315	1783	4622	7649	10272	12855	0.51	1.54	2.18	2.54	2.75
墨西哥	304236	－11	153	451	703	929	－0.06	0.02	0.14	0.19	0.22
新西兰	41581	330	573	809	972	1116	－0.17	0.42	0.81	1	1.1
秘鲁	40851	192	301	402	480	563	0.55	0.75	0.83	0.84	0.83
新加坡	299572	1379	2095	3126	4223	5321	0.21	0.4	0.58	0.75	0.91
美国	1488495	5015	5817	8361	9921	11158	0.26	0.31	0.52	0.64	0.76
越南	79184	1016	3045	8731	14702	20386	0.98	3.17	6.35	9.39	10.98

续表

项目	冲击前基准水平（百万美元）	2007年价格水平模拟超出基准每百万美元的变化（百万美元）					超出基准的真实情况下百分比模拟变化（%）				
	2016年	2016年	2020年	2025年	2030年	2035年	2016年	2020年	2025年	2030年	2035年
中国大陆	2219806	-1975	-2990	-4015	-5097	-6089	-0.01	-0.04	-0.06	-0.07	-0.08
印度	404483	33	-278	-404	-612	-818	0.12	0.03	0.01	-0.01	-0.03
朝鲜	577038	-380	-600	-646	-739	-823	0.01	-0.02	-0.04	-0.05	-0.07
中国台湾	391561	-455	-671	-765	-813	-842	-0.06	-0.1	-0.12	-0.12	-0.12
APEC其余成员	1406587	-1802	-2338	-2973	-3600	-4047	-0.04	-0.07	-0.11	-0.13	-0.14
欧盟28国	5864690	-2452	-3863	-4697	-5556	-6076	0.04	0.01	-0.01	-0.03	-0.05
其他国家	4086531	-2117	-2940	-3676	-4277	-4554	-0.01	-0.02	-0.05	-0.07	-0.09
TPP12	—	17603	27263	43539	57518	70476	0.29	0.51	0.79	1.02	1.19

资料来源：从GTAP-FDI模型中模拟得到。

3.6.4.1 中国台湾加入TPP：区域影响

中国台湾加入TPP会收益，除了已经从TPP12中获得的额外经济福利（见表3-38）外，初始TPP12会从2035年的825亿美元增长到大约1020亿美元，大约增长25%。

中国台湾会有更大的收益：假定中国台湾会由于被排除在TPP12情景之外而遭受边际损失，加入TPP的净收益大约为305亿美元。初始的情况是中国台湾没有被列入TPP，初始基准为中国台湾的净收益为278亿美元。

相较于TPP12情景（无中国台湾），13个经济体的联合使GDP大约增长29%，即从1014亿美元到1305亿美元。中国台湾加入TPP带来的大范围收益反映在与TPP12内部关系相比时，中国台湾和TPP12之间的非自由化关系数量的变化上。

表3-38 中国台湾加入TPP的经济福利变化

单位：百万美元

指标	2016年	2020年	2025年	2030年	2035年
TPP12	28664	43836	59487	71994	82478
中国台湾的加入给TPP12带来的收益	5220	9361	13371	16928	20263

续表

指标	2016 年	2020 年	2025 年	2030 年	2035 年
总的 TPP12 收益	33884	53197	72858	88922	102741
TPP12 给中国台湾带来的损失	-389	-669	-971	-1160	-1341
中国台湾加入 TPP 的收益	6373	11360	17145	23044	29143
净收益	5984	10691	16174	21884	27802
总的 TPP13 收益	39868	63888	89032	110806	130543

注：第三行为前两行的加总，第七行为第三行和第六行的加总。
资料来源：根据 GTAP - FDI 模型模拟结果以及笔者的计算得到。

TPP 成员的收益由于中国台湾的加入而受损，这些收益分配不均（见表3 - 39）。

表 3 - 39　初始 TPP12 中中国台湾加入后获益的福利分配

单位：百万美元

项目	2016 年	2020 年	2025 年	2030 年	2035 年
TPP12	5220	9361	13371	16928	20263
日本	2095	3754	5674	7317	8673
美国	1135	2453	3753	4684	5614
越南	1413	2003	2217	2574	2893
马来西亚	484	920	1443	1976	2556
墨西哥	246	335	466	629	828
澳大利亚	74	197	286	371	458
加拿大	-29	-15	-21	-27	-25
智利	7	29	22	2	-28
秘鲁	18	3	-33	-77	-128
新西兰	-37	-78	-120	-160	-200
新加坡	-186	-240	-316	-361	-378

资料来源：根据 GTAP - FDI 模型模拟结果以及笔者的计算得到。

美国从中获得了很大的收益，仅次于日本。越南和马来西亚的收益较平稳。墨西哥和澳大利亚获得相对较少的收益，然而对于加拿大和智利的影响是负面的，在模型假定的情况下，这些影响程度大小接近于零。对于新西兰和新加坡的负面影响反映在对偏好的侵蚀上，因为这些经济体隐瞒了一些从与中国台湾达成自由贸易协定中作为先行者获得的贸易分化收益。从本节来看，这些负面影响不是绝对的损失，而是从之前的自由贸易协定中减少的收益。

考虑到对于 GDP 的影响，TPP13 的 GDP 与 TPP12 的 GDP 相比增长了 0.06%；这个数字反映了中国台湾加入使实际 GDP 增长了 2.79%。除了中国台湾之外，越南再次获得了大幅收益，GDP 增长了 3.89%。在百分比评价下马来西亚获得了明显收益，它的实际 GDP 到 2035 年提高了 0.69%（见表 3-40）。

虽然美国和日本均获得了相当大幅度的 GDP 增加，百分比的影响（分别是 0.02% 和 0.08%）在给定这些经济体规模的情况下是平稳的。注意，美国和日本在冲击前价格水平下均实现了更大的 GDP 收益，与它们在经济福利上获得的收益相比，美国 GDP 增长 92 亿美元，日本增长 165 亿美元。这反映了贸易收益造成的更高的价格水平。

注意，对于本研究，我们假定 TPP 成员之间的自由贸易协定在 TPP 背景下已经谈判和决定，但还没有实施，但对 TPP 有贡献，因此，澳大利亚-日本的自由贸易协定被列入这个分类中，包括在 TPP12 的自由化框架下。这个假定提高了 TPP12 影响的边际规模但是不会影响中国台湾加入的边际影响。

考虑到收益的来源，中国台湾被列入 TPP 的货物贸易领域：中国台湾收益的主要来源是货物关税的削减和货物非关税壁垒的减少（见表 3-41）。相对地，中国台湾在服务贸易和投资自由化方面的收益较少。

相比较而言，美国基本从 FDI 自由化和服务贸易非关税壁垒的削减中获得收益。从 FDI 自由化中获得的收益不仅反映了自身自由化程度还反映了地区的增长投资效率，使新投资的资本自由流动。美国作为区域中的主要资本目的国，从资本重新分配中获益。基于中国台湾和美国两个经济体之间的互补关系，美国在区域中实现了收益最大化。

区域内部的贸易扩大了 TPP13 之间的出口规模，增加了 1.09%（如表 3-42 所示）。

表 3-40 中国台湾加入 TPP 后 GDP 和经济福利的变化

项目	基准(百万美元)	基准水平之上的模拟变化(百万美元)					基准水平之上模拟变化(%)				
	2016 年	2016 年	2020 年	2025 年	2030 年	2035 年	2016 年	2020 年	2025 年	2030 年	2035 年
GDP											
澳大利亚	1083143	-11	294	380	467	560	0.01	0.01	0.01	0.01	0.02
加拿大	1640039	-146	-144	-215	-236	-252	0	0	0	0	0
智利	223848	-16	44	20	-3	-34	0.01	0.01	0.02	0.02	0.02
日本	4961675	9536	11699	13482	15080	16461	0.02	0.04	0.06	0.07	0.08
马来西亚	257375	338	731	1247	1786	2368	0.2	0.37	0.52	0.62	0.69
墨西哥	1321819	252	212	253	376	523	0.02	0.02	0.03	0.03	0.04
新西兰	164585	-135	-189	-217	-240	-265	-0.01	-0.02	-0.03	-0.04	-0.05
秘鲁	161003	-76	-87	-123	-159	-198	0.02	0.02	0.02	0.02	0.02
新加坡	230650	-363	-379	-446	-480	-489	-0.02	-0.05	-0.07	-0.08	-0.08
美国	16102315	4553	6292	7930	8622	9230	0	0.01	0.01	0.01	0.02
越南	95094	1770	2142	2133	2647	3210	1.93	2.77	3.2	3.58	3.89
中国大陆	6761905	-10475	-13979	-19130	-24749	-30626	-0.03	-0.05	-0.06	-0.07	-0.08
印度	1988618	-2586	-3392	-5065	-7268	-9963	-0.02	-0.03	-0.05	-0.07	-0.08
朝鲜	1445843	-2464	-2927	-3863	-4848	-5912	-0.03	-0.05	-0.07	-0.09	-0.11
中国台湾	544553	9979	14025	19714	25286	30920	0.78	1.56	2.15	2.54	2.79
APEC 其余成员	3314487	-2197	-2923	-3671	-4387	-5122	-0.01	-0.03	-0.05	-0.06	-0.06
欧盟 28 国	17272276	-10972	-12596	-14560	-16176	-17572	-0.01	-0.02	-0.02	-0.03	-0.04
其他国家	11172114	-2068	-4372	-4686	-4559	-4259	0	-0.01	-0.02	-0.02	-0.02
TPP13	26786100	25681	34640	44156	53146	62034	0.02	0.03	0.04	0.05	0.06

续表

项目	基准（百万美元）	基准水平之上的模拟变化（百万美元）					基准水平之上模拟变化（%）				
	2016 年	2016 年	2020 年	2025 年	2030 年	2035 年	2016 年	2020 年	2025 年	2030 年	2035 年
经济福利											
澳大利亚	740000	74	197	286	371	458	0.01	0.02	0.02	0.02	0.03
加拿大	0	-29	-15	-21	-27	-25	0	0	0	0	0
智利	0	7	29	22	2	-28	0	0.01	0.01	0	-0.01
日本	4190000	2095	3754	5674	7317	8673	0.05	0.07	0.09	0.1	0.11
马来西亚	230476	484	920	1443	1976	2556	0.21	0.34	0.46	0.53	0.59
墨西哥	1230000	246	335	466	629	828	0.02	0.03	0.03	0.04	0.05
新西兰	123333	-37	-78	-120	-160	-200	-0.03	-0.04	-0.05	-0.06	-0.06
秘鲁	180000	18	3	-33	-77	-128	0.01	0.01	0.01	0	-0.01
新加坡	206667	-186	-240	-316	-361	-378	-0.09	-0.09	-0.1	-0.1	-0.09
美国	11350000	1135	2453	3753	4684	5614	0.01	0.01	0.02	0.02	0.02
越南	82632	1413	2003	2217	2574	2893	1.71	1.91	1.59	1.56	1.51
中国大陆	6084286	-4259	-7983	-13085	-18547	-24219	-0.07	-0.08	-0.1	-0.1	-0.11
印度	1982500	-793	-1660	-3199	-5191	-7671	-0.04	-0.06	-0.07	-0.09	-0.11
朝鲜	1201429	-841	-1439	-2330	-3296	-4343	-0.07	-0.08	-0.1	-0.12	-0.14
中国台湾	497891	6373	11360	17145	23044	29143	1.28	1.85	2.29	2.58	2.76
APEC 其余成员	4380000	-438	-1392	-2338	-3211	-4079	-0.01	-0.03	-0.04	-0.05	-0.05
欧盟 28 国	13005000	-2601	-3798	-5870	-7793	-9576	-0.02	-0.02	-0.03	-0.04	-0.04
其他国家	8600000	860	-336	-855	-1072	-1025	0.01	0	0	0	0.01
TPP13	57970000	11594	20721	30515	39971	49406	0.02	0.04	0.04	0.05	0.05

资料来源：笔者计算得到。

表 3-41 中国台湾加入 TPP 后政策工具的冲击影响

项目	A	B	C	D	E	F	A	B	C	D	E	F
GDP	收益(2007年价格水平下每百万美元)						变化(%)					
澳大利亚	434	36	1	115	210	-235	0.01	-0.01	0	0.01	0.01	0
加拿大	-431	173	1	-310	309	7	-0.01	0	0	0	0.01	0
智利	-25	49	4	-59	25	-28	0.01	0	0	0	0.01	0
日本	15788	-4654	-318	5383	715	-452	0.07	-0.02	0	0.03	0.01	0
马来西亚	1803	-100	20	661	3	-19	0.5	-0.04	0	0.21	0.01	0.01
墨西哥	-896	-439	8	1119	398	333	-0.03	-0.03	0	0.07	0.02	0.01
新西兰	-301	5	1	28	24	-22	-0.06	-0.01	0	0.02	0.01	0
秘鲁	-263	61	3	-92	29	64	-0.01	0	0	0.01	0.01	0.01
新加坡	-251	-235	1	82	-15	-71	-0.05	-0.04	0	0.02	0	-0.01
美国	1536	-1654	-86	904	2556	5974	0.01	0	0	0.01	0	0
越南	3194	-793	67	3707	37	-3001	2.9	-0.48	0.02	2.58	0.02	-1.16
中国大陆	-25737	5323	252	-10562	-1036	1134	-0.07	0.01	0	-0.03	0	0.01
印度	-8421	1430	84	-3209	-606	759	-0.07	0.01	0	-0.03	0	0.01
朝鲜	-4490	1276	-17	-2030	-260	-391	-0.09	0.02	0	-0.04	0	0
中国台湾	21875	-6593	24	14281	2242	-908	2	-0.68	0	1.18	0.32	-0.03
APEC 其余成员	-4230	1183	77	-1651	-617	116	-0.06	0.01	0	-0.02	-0.01	0.01
欧盟 28 国	-12380	3044	-114	-5118	-2212	-792	-0.03	0.01	0	-0.01	0	0
其他国家	-2989	1269	45	-786	-1243	-555	-0.02	0	0	-0.01	0	0
TPP13	42463	-14146	-274	25818	6532	1641	0.04	-0.01	0	0.03	0.01	0

续表

项目	A	B	C	D	E	F	A	B	C	D	E	F
福利水平	收益（2007年价格水平下每百万美元）						变化（%）					
澳大利亚	287	-39	1	131	167	-90	0.01	-0.01	0	0.01	0.01	0
加拿大	-180	72	1	-150	236	-4	0	0	0	0	0.01	0
智利	-28	33	3	-51	29	-14	-0.01	0.01	0	-0.01	0.01	0
日本	7829	-2403	-105	2777	566	10	0.1	-0.03	0	0.04	0.01	0
马来西亚	1851	-128	17	788	18	10	0.42	-0.03	0	0.19	0.01	0.01
墨西哥	-731	-552	6	1400	449	257	-0.03	-0.03	0	0.07	0.02	0.01
新西兰	-244	-6	1	38	19	-8	-0.08	0	0	0.02	0.01	0
秘鲁	-186	41	2	-51	30	37	-0.03	0	0	0	0.01	0.01
新加坡	-202	-201	0	78	-9	-44	-0.05	-0.06	0	0.03	0	-0.01
美国	2698	-1378	-38	1118	1411	1803	0.01	-0.01	0	0.01	0.01	0.01
越南	2328	-781	55	4015	43	-2767	1.03	-0.37	0.03	2.05	0.02	-1.25
中国大陆	-20823	4241	147	-8621	-739	1576	-0.1	0.02	0	-0.04	0	0.01
印度	-6461	1105	41	-2471	-478	593	-0.09	0.01	0	-0.03	-0.01	0.01
朝鲜	-3408	949	-14	-1541	-172	-158	-0.11	0.03	0	-0.05	0	0
中国台湾	20196	-6595	16	13534	2622	-630	1.93	-0.62	0	1.21	0.28	-0.05
APEC 其余成员	-3518	957	46	-1383	-482	301	-0.05	0.01	0	-0.02	-0.01	0.01
欧盟 28 国	-7233	1566	-74	-2933	-1070	168	-0.03	0.01	0	-0.01	0	0
其他国家	-832	574	9	19	-735	-60	0	0	0	0	0	0
TPP13	33619	-11937	-43	23625	5581	-1438	0.04	-0.01	0	0.03	0.01	0

资料来源：笔者计算得到。

表 3－42　台湾加入 TPP 后对于 TPP 内部和全球贸易影响

出口到 TPP 成员	冲击前基准水平（百万美元）	2007 年价格水平的超出基准的模拟变化（百万美元）					实际水平的超出基准的百分比模拟变化（%）				
	2016 年	2016 年	2020 年	2025 年	2030 年	2035 年	2016 年	2020 年	2025 年	2030 年	2035 年
澳大利亚	74668	380	631	815	990	1161	0.49	0.76	0.93	1.09	1.24
加拿大	386495	229	296	382	457	527	0.05	0.07	0.09	0.1	0.1
智利	31399	134	196	242	287	332	0.43	0.58	0.67	0.75	0.82
日本	302923	6353	7433	8606	9868	11096	1.97	2.27	2.57	2.79	2.95
马来西亚	102607	219	605	1039	1478	1950	0.23	0.59	0.87	1.07	1.24
墨西哥	247303	58	51	59	78	103	0.01	0.02	0.02	0.02	0.02
新西兰	18882	－21	－49	－53	－52	－50	－0.06	－0.17	－0.17	－0.15	－0.13
秘鲁	14799	60	93	122	155	191	0.43	0.6	0.7	0.78	0.86
新加坡	91905	－786	－866	－934	－980	－1022	－0.81	－0.81	－0.78	－0.76	－0.75
美国	613416	4705	5413	5883	6218	6412	0.74	0.83	0.9	0.95	1.01
越南	39737	967	1806	2659	3809	5071	2.97	4.56	5.16	5.71	6.15
中国大陆	988305	－4584	－5505	－7089	－8643	－10219	－0.4	－0.39	－0.4	－0.4	－0.4
印度	102629	－159	－216	－281	－343	－430	－0.08	－0.11	－0.12	－0.12	－0.13
朝鲜	158531	－1581	－1631	－1824	－2003	－2204	－0.94	－0.9	－0.91	－0.92	－0.93
中国台湾	99600	19399	23744	29566	35704	42313	18.69	21.5	24.44	26.82	28.71
APEC 其余成员	375913	－1450	－1543	－1734	－1905	－2092	－0.36	－0.33	－0.33	－0.32	－0.31
欧盟 28 国	819289	－1550	－1493	－1466	－1438	－1415	－0.15	－0.13	－0.12	－0.11	－0.1
其他国家	923272	146	787	1590	2408	3243	－0.03	0.05	0.09	0.13	0.16
TPP13	12299	15607	18821	22307	25771	0.62	0.77	0.88	0.99	1.09	—

续表

出口到世界	冲击前基准水平（百万美元）	2007年价格水平的超出基准的模拟变化（百万美元）					实际水平的超出基准的百分比模拟变化（%）				
	2016年	2016年	2020年	2025年	2030年	2035年	2016年	2020年	2025年	2030年	2035年
澳大利亚	221610	182	246	2 -92	337	379	0.07	0.07	0.07	0.07	0.07
加拿大	511341	118	114	147	179	212	0.02	0.02	0.02	0.03	0.03
智利	101764	27	43	52	61	68	0.03	0.04	0.06	0.07	0.08
日本	902959	2367	2665	3365	4057	4705	0.13	0.15	0.2	0.24	0.27
马来西亚	263098	535	1186	1983	2793	3653	0.22	0.45	0.63	0.75	0.84
墨西哥	304225	34	-1	-10	-2	17	0	0	-0.01	-0.01	-0.01
新西兰	41911	-10	-25	-36	-43	-49	0.03	0.02	0	-0.02	-0.02
秘鲁	41043	40	57	70	82	94	0.13	0.16	0.18	0.2	0.21
新加坡	300951	-331	-551	-695	-792	-852	-0.07	-0.13	-0.16	-0.17	-0.18
美国	1493510	2888	3041	3242	3563	3837	0.17	0.17	0.18	0.2	0.22
越南	80200	1996	3881	6125	8759	11674	2.94	4.63	5.74	6.42	6.91
中国大陆	2217832	-3201	-4585	-6548	-8545	-10609	-0.08	-0.1	-0.12	-0.13	-0.14
印度	404516	174	-36	-198	-332	-517	0.1	0.06	0.03	0.02	0.01
朝鲜	576659	-263	-475	-661	-813	-963	0.01	-0.02	-0.04	-0.05	-0.06
中国台湾	391107	10738	15839	21285	26593	31903	2.15	3.09	3.67	4.01	4.2
APEC其余成员	1404785	-402	-809	-1243	-1573	-1850	-0.02	-0.03	-0.06	-0.07	-0.08
欧盟28国	5862238	-647	-1709	-2430	-2923	-3304	0.03	0.01	0	-0.01	-0.01
其他国家	4084414	-359	-735	-940	-956	-863	-0.03	-0.02	-0.04	-0.06	-0.07
TPP13		7846	10656	14536	18994	23740	0.16	0.22	0.3	0.37	0.44

资料来源：GTAP-FDI模型模拟结果。

中国台湾从区域内部贸易中获得的收益仅次于美国和日本。美国对 TPP 成员的出口额增长了 64 亿美元，等价于增长了 1%。但对于全球的收益增长则较少（38 亿美元，增长 0.22%），这反映了一定程度的贸易转移。在百分比变化上，越南的收益仅次于中国台湾。新加坡和新西兰相对于基准情况来说经历了偏好侵蚀驱使贸易的减少。

3.6.4.2　中国台湾加入 TPP：对于中国台湾的影响

对于中国台湾，加入 TPP 会引起 2035 年 GDP 增长 2.79%（见表 3－43），其中被排除 TPP 之外导致的损失被包括在内。经济福利增长 2.76%，相当于 291.43 亿美元。投资的增长超过消费，非技术劳动力和技术劳动力之间实现了平衡扩张。贸易的早期赤字长期以来转变为盈余。

对中国台湾的宏观影响见图 3－6 至图 3－10。

表 3－43　中国台湾加入 TPP 的宏观影响

单位：百万美元，%

指标	2016 年	2020 年	2025 年	2030 年	2035 年
经济福利	1.28	1.85	2.29	2.58	2.76
居民收入	6373	11360	17145	23044	29143
GDP	0.78	1.56	2.15	2.54	2.79
消费	1.07	1.68	2.12	2.41	2.59
政府支出	0.63	1.11	1.47	1.7	1.85
投资	4.12	4.12	4.09	4.07	4.05
出口额	2.15	3.09	3.67	4.01	4.2
进口额	4.02	4.51	4.7	4.77	4.78
贸易均衡	－2259	－1254	－97	850	1706
资本规模	0	1.31	2.34	2.97	3.35
非技术劳动力	0.93	1.27	1.47	1.6	1.69
技术劳动力	0.76	1.11	1.31	1.45	1.53
贸易	0.55	0.32	0.16	0.06	－0.01
CPI	0.87	0.54	0.46	0.39	0.35

资料来源：笔者计算得到。

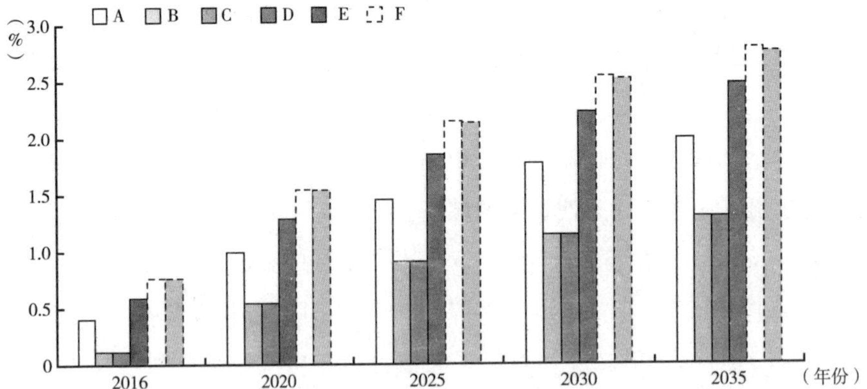

图 3-6　TPP 政策工具对中国台湾 GDP 变动的贡献：基于最佳假设情景

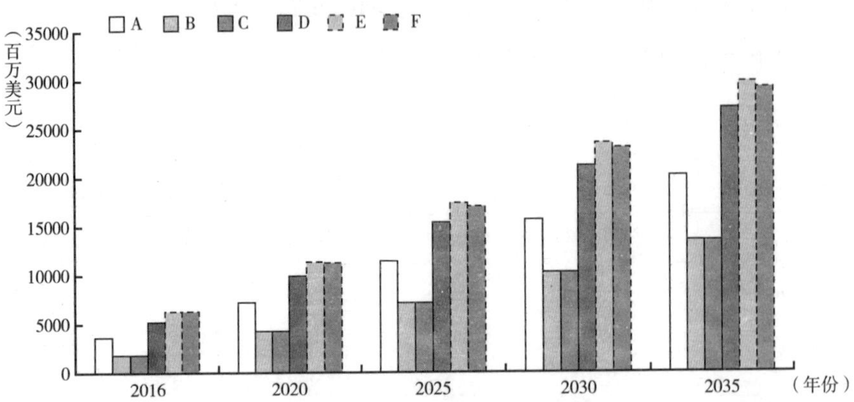

图 3-7　TPP 政策工具对中国台湾家庭收入的贡献：基于最佳假设情景

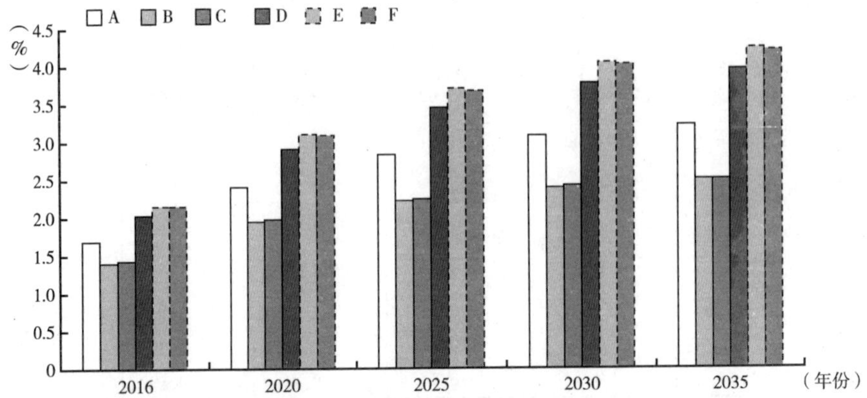

图 3-8　TPP 政策工具对中国台湾出口百分比变动的贡献：基于最佳假设情景

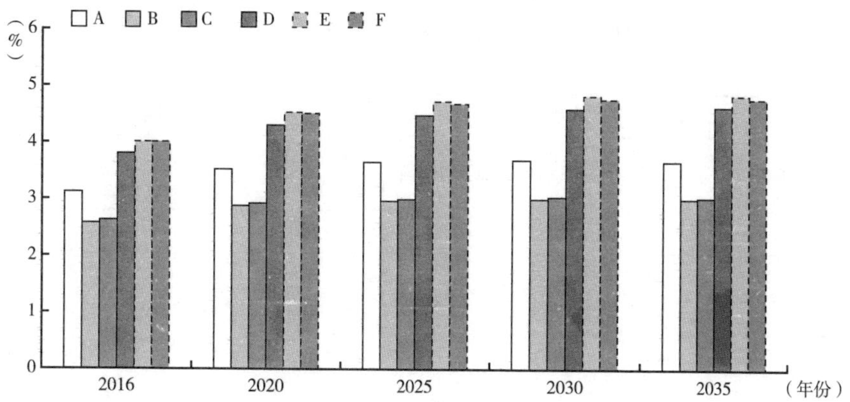

图 3－9　TPP 政策工具对中国台湾进口百分比变动的贡献：基于最佳假设情景

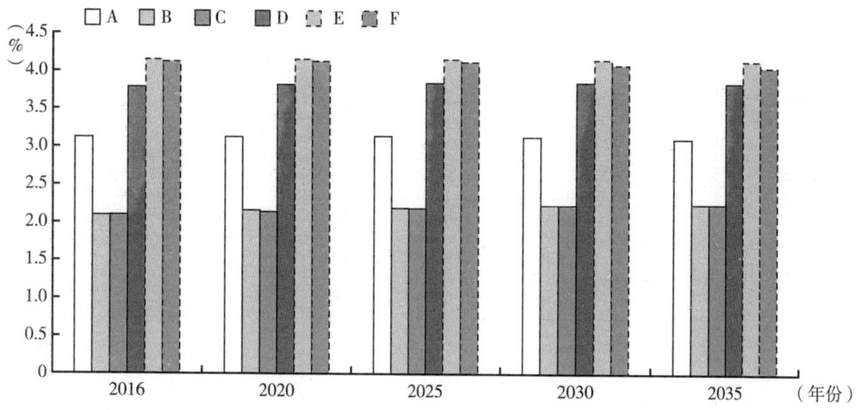

图 3－10　TPP 政策工具对中国台湾投资百分比变动的贡献：基于最佳假设情景

3.6.4.3　中国台湾加入 TPP：对中国台湾的行业影响

对于行业的影响，中国台湾主要的出口获利行业是纺织品行业，接着是化工、橡胶、塑料制品和黑色金属行业。其他大多数在 TPP 内部进行贸易获利的中国台湾行业属于工业部门。在支撑模拟的假定中，中国台湾的农业产品出货量没有大幅紧缩（见表 3－44）。向 TPP 成员的出口增加了 423.13 亿美元，向世界的出口增加了 319.03 亿美元。同时考虑出口额和地区出货量，中国台湾总的出货量增加了 772.87 亿美元。加入 TPP 对于中国台湾进口市场份额的影响见表 3－45。

表3-44　加入TPP对于中国台湾各行业产出的影响

单位：百万美元

加入TPP之前的水平				TPP的影响			
行业	地区出货量	总出口额	总出货量	出口到TPP成员	出口到非TPP成员	总的出口到世界	总出货量
稻谷	1582	0	1582	0	0	0	23
小麦	2	0	2	0	0	0	0
谷物	342	5	347	1	0	1	-1
蔬菜水果坚果	5153	121	5274	26	-1	25	-106
油菜籽	1	3	3	1	0	1	1
甘蔗、甜菜	276	0	276	0	0	0	-5
植物纤维	54	45	99	31	0	31	41
其他农作物	431	285	715	40	-10	30	25
牛、羊、马	132	0	132	0	0	0	-1
其他动物产品	10182	304	10485	27	0	26	-71
生牛奶	566	0	566	0	0	0	-19
羊毛、丝绸	0	1	1	0	0	0	0
林业	240	54	294	10	-6	4	19
渔业	4027	230	4257	17	-2	16	170
煤炭	47	0	47	0	0	0	1
石油	201	7	208	-1	0	-1	3
天然气	125	0	125	0	0	0	6
矿物质	7540	573	8113	8	-9	-1	592
牛肉制品	4271	42	4313	1	-1	0	-205
其他肉制品	6811	86	6897	12	-1	11	-103
蔬菜油和油脂	2093	74	2167	33	7	40	46
乳制品	1666	17	1684	1	0	1	-43
加工的稻米	1951	12	1963	1	0	0	27
糖类	652	11	664	0	0	0	-11
其他食品	11285	2178	13463	616	31	647	424
烟酒产品	8680	195	8875	17	0	17	132
纺织品	9626	18681	28307	10593	-882	9710	11957
服装产品	7056	712	7769	445	-15	429	977
皮革制品	1320	2457	3777	2210	132	2341	2566

续表

加入 TPP 之前的水平				TPP 的影响			
行业	地区出货量	总出口额	总出货量	出口到 TPP 成员	出口到非 TPP 成员	总的出口到世界	总出货量
木材制品	2852	4900	7752	513	-56	457	477
纸制品、出版业	31307	2612	33918	243	-69	174	946
煤油、煤炭产品	75398	16599	91997	2501	-21	2480	6047
化工、橡胶、塑料制品	85557	91690	177247	5729	-546	5183	8366
其他矿产品	24092	5140	29232	216	-131	85	328
黑色金属	70320	26175	96494	4690	-590	4100	6906
其他金属	10579	13805	24384	766	-235	531	415
金属制品	28503	13245	41748	1814	-311	1503	1955
机动车辆和零部件	22547	8114	30661	613	48	661	445
其他运输设备	9622	7049	16671	1167	-100	1067	1079
电子设备	86303	284389	370692	2521	-3189	-668	-506
其他机械设备	69330	147777	217106	6354	-3925	2429	1645
其他产成品	3520	1593	5113	304	-45	259	323
电力	34348	1	34349	0	0	0	1335
天然气制造、分配	107	0	107	0	0	0	5
水	2857	14	2871	1	0	1	106
建筑业	124230	1243	125473	25	-20	6	5717
贸易	214003	2538	216541	70	-47	23	7619
其他交通业	40184	4010	44194	62	-26	36	1304
水路运输	876	6308	7183	6	9	15	38
航空运输	8044	5646	13690	153	-9	144	286
通信	22578	1358	23936	43	-18	25	657
金融服务	83395	3490	86885	90	-61	29	2864
保险	25670	1714	27384	43	-28	16	803
商业服务	68869	10123	78992	249	-168	81	1764
娱乐和其他服务业	56203	1493	57696	40	-31	9	1906
公共管理和教育卫生业	171750	3148	174898	12	-84	-73	5662
房地产	64941	0	64941	0	0	0	2350
总计	1524297	690268	2214565	42313	-10410	31903	77287

资料来源：笔者计算得到。

表 3-45　加入 TPP 对于中国台湾进口市场份额的影响（按行业分）

单位：百万美元，%

加入 TPP 之前的水平				TPP 的影响			
行业	地区出货量	总进口额	进口市场份额	从 TPP 成员进口	从非 TPP 成员进口	总的从全球进口额	冲击后进口市场份额
稻谷	1582	56	3.4	21	0	21	4.60
小麦	2	615	99.60	18	-3	15	99.70
谷物	342	1718	83.40	54	-3	50	83.90
蔬菜水果坚果	5153	809	13.60	222	-55	166	16.30
油菜籽	1	1568	100.00	91	-39	52	100.00
甘蔗、甜菜	276	0	0.10	0	0	0	0.10
植物纤维	54	482	89.90	114	80	194	91.30
其他农作物	431	631	59.40	96	-51	45	61.40
牛、羊、马	132	7	4.80	1	0	0	5.20
其他动物产品	10182	1085	9.60	554	145	699	15.00
生牛奶	566	6	1.00	0	0	0	1.10
羊毛、丝绸	0	41	99.30	16	0	16	99.50
林业	240	800	76.90	42	-6	36	76.60
渔业	4027	301	7.00	36	-4	33	7.40
煤炭	47	9833	99.50	162	242	404	99.50
石油	201	62166	99.70	13	4044	4057	99.70
天然气	125	5837	97.90	196	4	199	97.90
矿物质	7540	4725	38.50	148	85	233	37.90
牛肉制品	4271	757	15.10	367	-30	337	21.20
其他肉制品	6811	242	3.40	264	-27	237	6.70
蔬菜油和油脂	2093	667	24.20	41	-33	7	24.30
乳制品	1666	753	31.10	137	-44	93	34.30
加工的稻米	1951	35	1.80	1	0	1	1.80
糖类	652	360	35.60	65	-29	36	38.20
其他食品	11285	4296	27.60	907	-399	508	30.30
烟酒产品	8680	2126	19.70	238	-68	170	20.70
纺织品	9626	3313	25.60	719	612	1332	28.10
服装产品	7056	2602	26.90	823	-364	459	28.70
皮革制品	1320	1664	55.80	363	53	416	57.40

续表

加入 TPP 之前的水平				TPP 的影响			
行业	地区出货量	总进口额	进口市场份额	从 TPP 成员进口	从非 TPP 成员进口	总的从全球进口额	冲击后进口市场份额
木材制品	2852	3743	56.80	302	-65	237	58.10
纸制品、出版业	31307	7451	19.20	144	161	305	19.50
煤油、煤炭产品	75398	15138	16.70	237	456	694	16.70
化工、橡胶、塑料制品	85557	78756	47.90	5455	-1007	4448	48.40
其他矿产品	24092	8673	26.50	1092	-437	656	27.70
黑色金属	70320	25247	26.40	574	1036	1611	26.90
其他金属	10579	34749	76.70	1183	-525	658	77.20
金属制品	28503	5839	17.00	504	-61	442	17.80
机动车辆和零部件	22547	9369	29.40	1939	-855	1084	31.90
其他运输设备	9622	10522	52.20	1316	-515	801	54.00
电子设备	86303	100609	53.80	1868	-936	932	54.00
其他机械设备	69330	112818	61.90	8806	-3006	5800	63.40
其他产成品	3520	5239	59.80	146	90	236	60.40
电力	34348	1	0.00	0	0	0	0.00
天然气制造、分配	107	418	79.60	11	1	12	79.30
水	2857	59	2.00	8	-2	6	2.10
建筑业	124230	2416	1.90	158	30	188	2.00
贸易	214003	8937	4.00	275	187	461	4.10
其他交通业	40184	5434	11.90	246	-4	242	12.00
水路运输	876	1676	65.70	3	9	11	65.20
航空运输	8044	3976	33.10	224	-96	128	33.40
通信	22578	1598	6.60	81	-39	42	6.60
金融服务	83395	4419	5.00	228	-63	165	5.00
保险	25670	2167	7.80	127	-40	88	7.90
商业服务	68869	13840	16.70	727	-32	695	17.10
娱乐和其他服务业	56203	3044	5.10	224	-59	166	5.20
公共管理和教育卫生业	171750	4343	2.50	226	43	269	2.50
房地产	64941	0	0.00	0	0	0	0.00
总计	1524297	577975	27.50	31814	-1617	30197	27.90

资料来源：笔者计算得到。

（1）中国台湾的出口获益

实际上TPP不会对中国台湾具有全球比较优势的主要区域产生影响，如电子设备，它“榨取”了中国台湾全球出口额的41%。这个行业实际上是缩减的，虽然很小，但由于其他行业受到TPP成员关税更大幅度削减的影响。这反映了一个事实：电子商品受到的国外保护程度较低；中国台湾的主要市场（中国大陆）由于与TPP内部各成员的贸易量加大，竞争者获得偏好进入优势，产出的市场份额降低。这个减少是可以忽略不计的。

中国台湾的较大出口获利行业是纺织业、服装产品和皮革制品。这些行业的整体出口增长了57%，总的出货量增长了39%。在百分比水平上，皮革制品获得了最大的收益，总出口增长了95%，总出货量增长了68%。纺织行业占有了收益，在总的出口额125亿美元的获益中占有78%，总的出货量获益155亿美元中占有77%。

中国台湾在TPP市场中获得的出口利润主要来源于对越南的纺织和服装业的出口。中国台湾的出口额从46亿美元增长到173亿美元。中国台湾是越南供应链上的重要因素。越南的纺织和服装业由于更低的产出价格，占有全球市场一定份额。总之，这些行业的出口增加了大约80亿美元，增加了对纺织业输入的需求。越南召开的美国商会对于TPP下越南的出口前景是看好的，2014年越南的纺织业会吸引IPO的进入。同时，中国台湾出口到越南的纺织品挤出了其他亚洲非TPP经济体，如中国大陆等对越南的出口。这个结果是被夸大的，如果中国台湾从大陆采购的原材料使中国台湾面临纺织行业的原产地规则限制，那么在原产地规则下，中国台湾会转变它的原材料来源地，从中国大陆转向TPP成员。

中国台湾的燃油及石油化工行业，以美元计算，是其第二大收益行业。这反映出对TPP成员的出货量扩张幅度和中国台湾出货量扩张幅度大体一致，由于供应量的影响，精炼石油的出口增长剧烈，石油化工业受到中国台湾需求漏出的影响。中国台湾化学产品主要为石油化工产品。主要的化工企业诞生的标志是1957年“石油化工业合成纤维生产”的确立。这促进了中国台湾纺织和服装业的发展。在20世纪80年代，电子企业的出现（在半导体产品的驱动下）增加了塑料产品和其他产品的输入；1984年诞生的石脑油裂解装置支持了这一观点。21世纪，企业的价值链转到新型化学产品的生产（包括纳米和生物化学产品等），同时中国台湾的电子企业也转向了信息技术产品的生产，如薄膜晶体管、LCD显示屏、纯平电视、先进的无线网络技术产品。TPP促进了人造纤维的产量增加，支持了这个行业的传统产品。中国台湾面临TPP成员2% ~9%的有效关税水平。

商品行业的第三受益者是金属和矿产行业（广泛定义下）。中国台湾缺少矿物资源，所以其主要依赖进口。它开发了世界一流的生产黑色金属（钢铁）和有色金属（尤其是铜）的产品和在原料和废料进口基础上进行下游金属产品生产。金属和矿产行业的出口整体增加了62亿美元（10.6%），同时这个行业的总出货量增加了102亿美元（5%）。中国台湾的这些行业的主要出口地是大陆和印度。在GTAP 34 ~ 37中，大约10%流向美国，GTAP数据库中有效税率为3%。

中国台湾在运输设备和汽车行业的出口上也获得了收益，其中包括汽车零部件和车辆装配、摩托车零部件和装配以及自行车。

其中出口的最大部分是汽车零部件，2013年占有了中国台湾汽车出口额的38.5%，接着是摩托车零部件，占22.5%。两者的主要目的地都是美国。

中国台湾的车辆装配行业相对来说规模较小，且很多生产者在装配美国和日本品牌的机动车，以用于本地市场或者出口。中国台湾的汽车出口如今主要面向中东地区（沙特阿拉伯、阿联酋、阿曼、科威特、卡塔尔和巴林占有96%的出货量），之前的大陆和越南市场基本停滞。给定国外企业的合作伙伴关系，这个情况毫无疑问地反映了谈判授权。同样道理，中国台湾的装配汽车对于北美的汽车市场无影响。

中国台湾的摩托车出口规模也较小，TPP中日本是其主要的目的地。北美在中国台湾摩托车出口中占有一定份额，主要指美国。

最后，中国台湾的自行车行业是全球竞争性行业，是出口导向型行业，

2013 年全球销售额为 17 亿美元。美国也是主要目的国。

模拟结果没有反映出这个行业对于美国的主要出口获利情况。中国台湾 1/3 的汽车行业出货量流向美国，GTAP 数据库中给定这些商品面临的平均有效保护税率只有 2%。中国台湾加入 TPP 对此影响很小。中国台湾在这个行业的主要出口获利地是越南（492%，2200 万美元）、马来西亚（123%，16700 万美元）、秘鲁（64%，2200 万美元）以及澳大利亚（56%，24000 万美元）。

TPP 框架下，中国台湾的服务行业表现良好，贸易和金融业处于领先地位。总的服务业对 TPP 成员的出口额从跨境自由化中获得了稳定提高（从无服务自由化情况下的 32000 万美元到服务自由化下 77600 万美元的收益有大约 109600 万美元的波动）。然而，获利的主要来源是本地供应链的影响。

（2）中国台湾的进口获益

由于加入 TPP，中国台湾生产行业唯一缩减的是电子产品行业，它的总出货量受到 -0.14% 的边际冲击，这是由于对大陆出口的缩减（大约为 22 亿美元或者与 1720 亿美元的初始水平相比下降 1.44%，占据中国台湾电子产品出口额的大约 60%）。食品和农业作为一个整体受到的影响较小，边际收益接近于零。其中影响最大的行业是牛肉，产量下降 5%。如果对中国台湾经济的名义增长和影响进行校正的话，那么这些负面影响不会导致大的冲击。

（3）服务行业 FDI 和外国子公司销售

加入 TPP 会对中国台湾的服务业投资产生较大影响。由于经济活动的增强，本地自由资本规模和 FDI 会比 GDP 增长速度快，FDI 规模会扩张 17 亿美元，增长 3.27%（见表 3-46）。然而，FDI 的扩张不仅仅由 FDI 壁垒削减造成，还有加入 TPP 会带来经济增长拉动的效果。

中国台湾服务行业中外国子公司销售额会增长 3.16%，也即 7.39 亿美元，由零售贸易（2.47 亿美元）、金融服务（1.53 亿美元）和商业服务（1.25 亿美元）主导。对于 FDI，这些收益是由于受到整体经济活动的扩张和整体投资的影响。外国子公司销售扩张的主要行业是通信业和电力行业，但影响程度较小。

表 3-46 2035 年中国台湾服务行业的 FDI 流入和外国子公司销售

单位：百万美元，%

服务行业	2035 年水平	从 TPP 影响中的收益	FDI 自由化的收益	总收益的百分比	2035 年水平	从 TPP 影响中的收益	FDI 自由化的收益	总收益的百分比
	FDI 规模				外国子公司销售(FAS)			
电子设备	593	28	33	5.53	601	27	31	5.12
天然气	1	0	0	6.83	4	0	0	5.29
水	58	3	4	6.23	59	3	3	5.67
建筑业	414	24	23	5.55	623	29	28	4.56
零售贸易	15152	628	615	4.06	7021	253	247	3.52
其他运输设备	325	12	12	3.72	216	7	6	2.95
水路运输	157	3	5	3.16	317	4	6	1.80
航空运输	118	4	5	4.67	155	4	5	3.28
通信	1159	41	48	4.17	881	29	33	3.79
金融服务	12473	420	411	3.29	4641	157	153	3.30
保险	4419	145	142	3.20	1772	53	52	2.93
商业服务	14653	340	335	2.28	5603	127	125	2.23
娱乐	489	17	17	3.49	291	10	10	3.30
公共服务	727	27	26	3.56	866	29	28	3.24
房地产	2140	55	54	2.50	314	12	11	3.62
总服务产品	52877	1748	1729	3.27	23364	743	739	3.16

资料来源：笔者计算得到。

（4）中国台湾加入 TPP：对于美国的影响

如表 3-47 所示，对美国来说，中国台湾的加入会使它的实际 GDP 提高 0.02%，居民收入增加 56 亿美元。对大多数宏观经济指标来说，影响较小。出口增长 0.22%，进口增长 0.12%。然而，尽管出口增长的百分比很大，贸易获利较多，但美国贸易均衡很难实现。这表现为美国会有一定的贸易赤字。

政策措施方面，关税自由化和商品、服务和 FDI 的非关税壁垒的削减对最终产出贡献很大，美国从中获益是均衡的。考虑到原产地原则以及这些原则的自由化，通过区域积累减少了美国货物贸易的收益，反映了美国原产地原则结构中贸易保护主义元素的存在。

表3-47　中国台湾加入TPP对于美国宏观经济的影响

指标	2016年	2020年	2025年	2030年	2035年
经济福利(%)	0.01	0.01	0.02	0.02	0.02
居民收入(百万美元)	1135	2453	3753	4684	5614
GDP(%)	0	0.01	0.01	0.01	0.02
小费(%)	0.01	0.02	0.02	0.02	0.02
政府支出(%)	0.01	0.01	0.02	0.02	0.02
投资(%)	0.01	0.02	0.02	0.02	0.02
出口(%)	0.17	0.17	0.18	0.2	0.22
进口(%)	0.12	0.14	0.14	0.13	0.12
贸易均衡(百万美元)	-305	-645	-703	-705	-733
资本规模(%)	0	0	0.01	0.01	0.01
非技术性劳动力(%)	0	0.01	0.01	0.01	0.01
技术性劳动力(%)	0	0.01	0.01	0.01	0.01
贸易条件(%)	0.03	0.04	0.05	0.04	0.04
CPI(%)	0.02	0.03	0.03	0.03	0.03

资料来源：笔者计算得到。

具体政策措施对美国的影响见图3-11至图3-15。

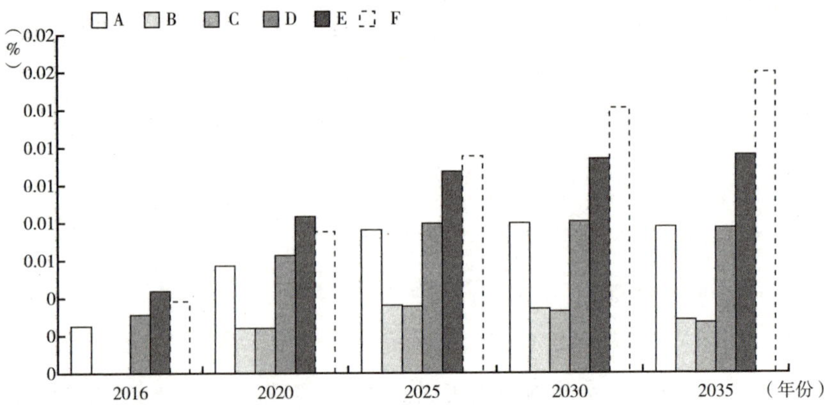

图3-11　TPP政策措施对美国GDP变动的贡献：基于最佳假设情景

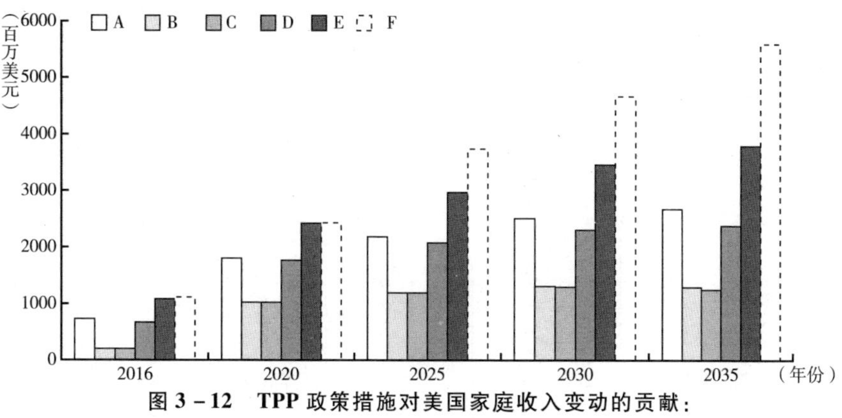

图 3-12　TPP 政策措施对美国家庭收入变动的贡献：基于最佳假设情景

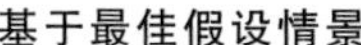

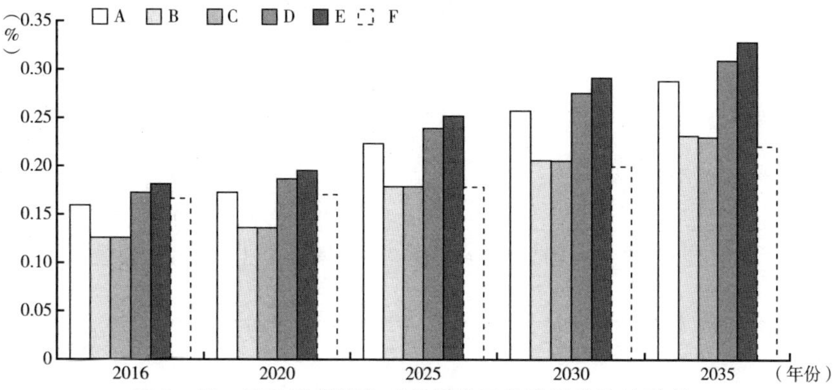

图 3-13　TPP 政策措施对美国出口变动百分比的贡献：基于最佳假设情景

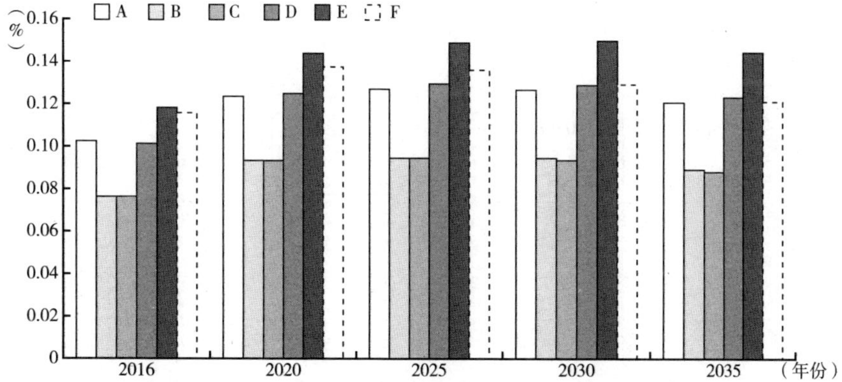

图 3-14　TPP 政策措施对美国进口变动百分比的贡献：基于最佳假设情景

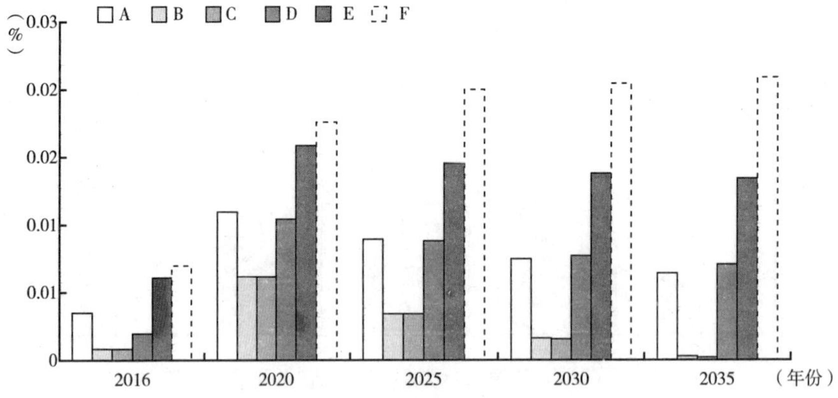

图 3－15　TPP 政策措施对美国投资变动百分比的贡献：基于最佳假设情景

美国企业的总产值增加了大约 140 亿美元。整体进口渗透是稳健的。表 3－48 和表 3－49 中展示了行业详细情况。

表 3－48　中国台湾加入 TPP 对于美国行业出货量的影响

单位：百万美元

行业	加入 TPP 之前的水平			TPP 的影响			
	国内出货量	总出口量	总出货量	出口到 TPP 成员	出口到非 TPP 成员	总的出口到世界	总出货量
稻谷	1789	770	2558	0	18	12	16
小麦	4062	11641	15702	0	16	－34	－31
谷物	41692	15591	57282	4	48	33	95
蔬菜水果坚果	54568	10788	65356	11	86	69	115
油菜籽	16525	21815	38340	－2	74	－13	2
甘蔗、甜菜	2365	0	2366	0	0	0	3
植物纤维	2862	10924	13786	－5	103	－1	－2
其他农作物	15070	4935	20005	2	46	25	19
牛、羊、马	40694	710	41404	0	0	－2	67

续表

行业	加入 TPP 之前的水平				TPP 的影响		
	国内出货量	总出口量	总出货量	出口到 TPP 成员	出口到非 TPP 成员	总的出口到世界	总出货量
其他动物产品	44386	7636	52022	1	287	251	319
生牛奶	37783	18	37801	0	0	0	33
羊毛、丝绸	23	85	107	0	0	-1	-1
林业	24560	3164	27723	2	15	8	2
渔业	6453	1030	7484	1	4	3	10
煤炭	49809	5567	55372	6	0	38	151
石油	151557	383	151940	2	0	2	452
天然气	23167	4363	27529	-14	0	-15	-44
矿物质	43918	17267	61183	-5	7	-29	-63
牛肉制品	118949	3234	122184	-1	107	101	180
其他肉制品	94873	6066	100938	4	122	91	144
蔬菜油和油脂	16392	3900	20291	-3	22	7	18
乳制品	119076	2380	121456	-1	23	14	68
加工的稻米	1682	542	2224	0	0	-1	-1
糖类	21664	227	21891	0	0	0	10
其他食品	392035	22927	414961	-42	229	154	394
烟酒产品	167059	6801	173861	1	22	18	88
纺织品	122991	7877	130864	-94	15	-115	-335
服装产品	81408	1603	83011	-21	8	-24	-127
皮革制品	7907	1845	9752	-84	13	-102	-207
木材制品	436458	6582	443029	-22	4	-30	-228
纸制品、出版业	552742	27127	579823	-26	20	-54	70
煤油、煤炭产品	541172	88421	629250	55	75	218	1125

续表

行业	加入TPP之前的水平			TPP的影响			
	国内出货量	总出口量	总出货量	出口到TPP成员	出口到非TPP成员	总的出口到世界	总出货量
化工、橡胶、塑料制品	788321	170059	957718	-267	1029	446	122
其他矿产品	215686	7803	223478	-8	131	115	103
黑色金属	176576	14629	191204	-129	52	-93	-211
其他金属	95283	16124	111396	-29	23	-56	-203
金属制品	462074	15082	477120	-72	40	-60	-451
机动车辆和零部件	707277	143013	850180	28	121	47	186
其他运输设备	265312	148800	414011	-231	1035	233	53
电子设备	396925	55097	451657	-26	580	478	-206
其他机械设备	1105235	192350	1296910	-527	2212	1272	153
其他产成品	60070	4652	64699	-8	20	-10	-119
电力	462864	1244	464108	-1	0	-2	256
天然气制造、分配	136967	923	137891	-2	6	3	35
水	178828	248	179077	0	2	1	72
建筑业	3823781	7652	3831434	7	86	76	1662
贸易	4203221	12799	4216020	-6	135	103	1870
其他交通业	772321	39135	811455	-5	92	65	559
水路运输	72545	19272	91817	0	1	40	81
航空运输	240964	68836	309799	-17	130	184	415
通信	669339	10952	680290	-6	46	21	294
金融服务	2192016	44654	2236670	-21	123	14	966
保险	730567	19658	750225	-14	69	26	323
商业服务	2808544	71532	2880076	-3	374	239	1233

续表

行业	加入 TPP 之前的水平			TPP 的影响			
	国内出货量	总出口量	总出货量	出口到 TPP 成员	出口到非 TPP 成员	总的出口到世界	总出货量
娱乐和其他服务业	1580215	33733	1613948	-16	140	60	858
公共管理和教育卫生业	5959065	100548	6059613	10	169	13	2998
房地产	1545786	0	1545786	0	0	0	830
总计	32885471	1495010	34378072	-1572	7984	3837	14218

资料来源：笔者计算得到。

表 3-49　中国台湾加入 TPP 对于美国各行业进口市场份额的影响

单位：百万美元，%

行业	加入 TPP 之前的水平			TPP 的影响			
	国内出货量	总进口额	进口市场份额	从 TPP 成员进口	从非 TPP 成员进口	总的从全球进口额	冲击后进口市场份额
稻谷	1789	42	2.30	0	0	0	2.30
小麦	4062	584	12.60	1	0	1	12.60
谷物	41692	862	2.00	1	0	1	2.00
蔬菜水果坚果	54568	15874	22.50	2	2	24	22.50
油菜籽	16525	733	4.20	0	0	2	4.30
甘蔗、甜菜	2365	8	0.40	0	0	0	0.40
植物纤维	2862	139	4.60	0	0	0	4.60
其他农作物	15070	8868	37.00	-12	9	23	37.10
牛、羊、马	40694	2694	6.20	4	0	6	6.20
其他动物产品	44386	2273	4.90	-3	1	3	4.90
生牛奶	37783	58	0.20	0	0	0	0.20
羊毛、丝绸	23	69	75.20	0	0	0	75.30

续表

行业	加入 TPP 之前的水平				TPP 的影响		
	国内出货量	总进口额	进口市场份额	从 TPP 成员进口	从非 TPP 成员进口	总的从全球进口额	冲击后进口市场份额
林业	24560	714	2.80	0	0	0	2.80
渔业	6453	2614	28.80	0	0	4	28.80
煤炭	49809	2348	4.50	0	0	3	4.50
石油	151557	289317	65.60	201	0	552	65.60
天然气	23167	33912	59.40	-48	0	-47	59.40
矿物质	43918	7443	14.50	-4	0	-7	14.50
牛肉制品	118949	6716	5.30	-2	0	6	5.30
其他肉制品	94873	4299	4.30	-3	3	14	4.30
蔬菜油和油脂	16392	5228	24.20	-4	7	10	24.20
乳制品	119076	4031	3.30	3	0	12	3.30
加工的稻米	1682	626	27.10	0	1	1	27.10
糖类	21664	1845	7.80	0	0	2	7.90
其他食品	392035	49883	11.30	-58	82	83	11.30
烟酒产品	167059	23780	12.50	-1	9	15	12.50
纺织品	122991	78638	39.00	-179	-44	-96	39.00
服装产品	81408	105233	56.40	-851	-12	-738	56.20
皮革制品	7907	37566	82.60	773	51	81	82.80
木材制品	436458	148291	25.40	-93	222	251	25.40
纸制品、出版业	552742	55930	9.20	1	-4	69	9.20
煤油、煤炭产品	541172	94528	14.90	49	17	180	14.90
化工、橡胶、塑料制品	788321	289970	26.90	-196	771	556	26.90
其他矿产品	215686	48645	18.40	-27	116	98	18.40
黑色金属	176576	65274	27.00	-10	19	26	27.00
其他金属	95283	79948	45.60	-54	37	7	45.70

续表

行业	加入 TPP 之前的水平			TPP 的影响			
	国内出货量	总进口额	进口市场份额	从 TPP 成员进口	从非 TPP 成员进口	总的从全球进口额	冲击后进口市场份额
金属制品	462074	116804	20.20	-9	586	440	20.30
机动车辆和零部件	707277	439530	38.30	-238	95	225	38.30
其他运输设备	265312	83151	23.90	-98	367	244	23.90
电子设备	396925	464939	53.90	-252	1456	573	54.00
其他机械设备	1105235	694925	38.60	-399	1408	1311	38.70
其他产成品	60070	144073	70.60	16	51	138	70.60
电力	462864	4650	1.00	5	0	7	1.00
天然气制造、分配	136967	2556	1.80	0	0	4	1.80
水	178828	558	0.30	0	0	1	0.30
建筑业	3823781	8491	0.20	1	-10	5	0.20
贸易	4203221	45069	1.10	1	-11	46	1.10
其他交通业	772321	64335	7.70	13	-6	67	7.70
水路运输	72545	3213	4.20	1	2	3	4.20
航空运输	240964	43663	15.30	9	6	63	15.30
通信	669339	16402	2.40	1	-3	15	2.40
金融服务	2192016	60494	2.70	-9	-26	57	2.70
保险	730567	56271	7.20	1	-11	50	7.20
商业服务	2808544	151566	5.10	-11	-62	139	5.10
娱乐和其他服务业	1580215	16834	1.10	2	-10	15	1.10
公共管理和教育卫生业	5959065	47962	0.80	-12	-14	25	0.80
房地产	1545786	0	0	0	0	0	0
总计	32885471	3934470	10.70	-1491	5107	4570	10.70

资料来源：笔者计算得到。

在出口方面，获益最大的行业是机械和设备制造业（22亿美元），接着是运输设备（10亿美元）、化学产品（10亿美元）、电子设备（5.8亿美元）。在进口方面，中国台湾获得市场份额占有的行业与出口相同：电子设备（15亿美元）、机械和设备（14亿美元）、化学产品（7710万美元）、金属产品（5.86亿美元）以及运输设备（3.67亿美元）。据此，我们可以看出美国和中国台湾之间的贸易额大幅增长。

对美国来说，总出货量的净效应涉及第三方以及国内市场，影响较小。类似地，对于美国的全国进口市场份额的影响也较小，部分原因在于大量的贸易转移，包括从TPP12中进行的转移。

从美国的角度看，同时取得出口增长和总出货量收益的行业是商业。它是对中国台湾出口行业中的美国第五大GTAP部门；它只受到了平稳的贸易偏移（由于对第三方国家的出口减少）的影响，同时也从中国台湾加入后产生的额外销售量（增加超过12亿美元的收入）中获利，是贸易部门中增长最明显的行业。

中国台湾的加入对于美国的FDI和FAS的影响如表3－50所示。

表3－50　2035年美国服务行业FDI流入和国外子公司销售情况

服务行业	2035年水平（百万美元）	从TPP影响中的收益（百万美元）	FDI自由化的收益（百万美元）	总收益的百分比（%）	2035年水平（百万美元）	从TPP影响中的收益（百万美元）	FDI自由化的收益（百万美元）	总收益的百分比（%）
	FDI规模				外国子公司销售（FAS）			
电子设备	38645	1.5	8.5	0.02	31404	15.4	18.8	0.06
天然气	13827	0.7	3	0.02	3518	0.4	0.9	0.03
水	7960	0.9	2.9	0.04	5818	1	2.3	0.04
建筑业	31043	6.5	15.5	0.05	52754	9	22.9	0.04
贸易	468434	77.7	196.6	0.04	263809	51.1	117	0.04
其他运输设备	20218	1.7	5.9	0.03	15709	10	10.8	0.07
水路运输	5120	1.8	2.6	0.05	14265	12.3	12.7	0.09
航空运输	8359	2.1	3.4	0.04	21623	30.5	28.8	0.13
通信	52742	9.8	22.2	0.04	29178	5.8	12.7	0.04

续表

服务行业	2035年水平(百万美元)	从TPP影响中的收益(百万美元)	FDI自由化的收益(百万美元)	总收益的百分比(%)	2035年水平(百万美元)	从TPP影响中的收益(百万美元)	FDI自由化的收益(百万美元)	总收益的百分比(%)
	FDI规模				外国子公司销售(FAS)			
金融服务	217820	29.9	78.3	0.04	278706	56.3	119.9	0.04
保险	60282	8.9	22.5	0.04	76188	15.4	32.9	0.04
商业服务	214553	45.1	91.5	0.04	262779	60.9	112.5	0.04
娱乐	20226	3.1	9	0.04	24651	6.5	13.1	0.05
公共服务	98313	15.5	42.7	0.04	83511	16.3	41.3	0.05
房地产	587792	-12.1	98	0.02	15537	3.2	8.3	0.05
总服务产品	1845334	193.3	602.5	0.03	1179450	294	555	0.05

资料来源：笔者计算得到。

中国台湾的加入对于流入FDI的影响是适度的，总计6亿美元，也即增长了大约0.03%。这主要由FDI自由化的影响导致。

美国行业中外国子公司的销售额增长了55500万美元，增长了0.05%。金融服务、贸易和商业服务收益增加超过了10000万美元，但剩余行业的外国子公司销售额无明显增长。总之，给定美国经济规模下的这些效应是很小的。

3.6.5 结果讨论与分析

3.6.5.1 对中国台湾和美国的影响

中国台湾加入TPP对本地经济有促进作用，实际GDP会有长久增长，大约为2.8%。中国台湾居民的额外收入的增量大约为290亿美元，相对于TPP启动后排除中国台湾的情况。新的贸易机会为投资和就业创造了一个有力的激励，伴随资本扩张3.35%，就业增长大约1.6%。进出口增速快于GDP增速，意味着中国台湾的经济更加开放。面对给定开放程度加大和竞争加剧，加入TPP使中国台湾经济更具竞争力。在对中国台湾加入做出最佳预测假设下，不存在对中国台湾作为政策停滞敏感部门的消极影响。

对于美国，中国台湾的加入会形成 92 亿美元的实际 GDP（以冲击后价格测算）以及带来 56 亿美元居民收入的增加。这些收益与那些通过美国和 TPP12 之间形成的收益相比，反映出中国台湾加入的重要性，主要体现在收入获利方面和美国与中国台湾之间的贸易联系强度方面，也反映了一个事实，就是 FDI 自由化中资本效率的改善为新投资腾出资本，这部分资本会不成比例地流向美国。

美国与中国台湾之间的双边贸易额增加了 130 亿美元，美国的双边出口额增加了约 80 亿美元，中国台湾的出口额增加了超过 50 亿美元。双边关系不受敏感行业的驱动，整个进口市场份额同时影响美国和中国台湾，这个效应由于受到贸易转移效应的影响而趋缓。

部门影响是不显著的。基于最佳预测基础上的假定，中国台湾和美国从贸易中获得整洁的收益，同时结构效应也很容易被这两大经济体吸收。

3.6.5.2 对于其他 TPP 成员的影响

现有的 TPP12 从中国台湾的加入中获得了显著的收益，总计 200 亿美元。从之前的讨论来看，这些收益分配不均，有些小的 TPP 经济体的 GDP 有小幅缩减，受到偏好侵蚀的影响。尤其对于新加坡和新西兰来说，这两个国家均与中国台湾签订了贸易协定且已经实行。

有些观测值可以反映这个结果。

第一，可能对中国台湾产生影响的因素之一是新台币的升值：正式通过新 TPP 规则或中国台湾加入对于一般金融市场的影响。新台币升值的宏观经济基础是稳固的，外汇储备的增加可以解释对货币的预期。虽然没有这样的规则出台，但这样规则的建立将是对国际货币基金组织报告中提到的关于货币政策会减少不平衡现象的一般性理解。扩张的外汇储备使经常账户盈余，但不能解释为何与这个一般性的承诺相一致，因此，正式通过 TPP 规则或者非正式地通过来自 TPP 成员的压力，中国台湾可能面临实际货币升值的需要。我们注意到简单加入 TPP 对于中国台湾经济来说是一个积极的信号，金融市场应该引导新台币自动升值。的确，本节就支持国际资本流向中国台湾金融市场（在其他不变的情况下）。

以上的分析超出了本节的研究范畴；然而，我们注意到一个渐进的自动币值调整将拉动中国台湾对于 TPP 成员出口的需求，使中国台湾贸易盈余进一步扩张，对中国台湾的 TPP 伙伴的产出有改善作用。这也有可能使原来那些受到负面影响的小 TPP 经济体转而获得正的收益。中国台湾与美国的协商会促进美国出口增加同时促进双方的贸易转向再均衡状态。应该重点考虑如何进行协商和谈判。

第二，本节的假定认为敏感行业是好奇的，这基于贸易协定中披露的 TPP 成员的行为。面对给定 TPP 谈判过程的双边属性（而不是单一的方案时间表），中国台湾也许可以创造政策空间来支持那些受到负面作用的小型经济体。我们注意到，就这一点而言，加拿大、智利、秘鲁和新西兰是农业出口国。据此，在筹备加入 TPP 时实行结构调整计划将先“得知”负面的社会和居民社会反应，少数东亚经济体在最近的贸易协定中均对此有所提及。再有，中国台湾提高小型经济体产出的措施将对美国产生相同作用。

对上述两观测值的考虑将使中国台湾的加入对所有成员有利。很明显，对这方面更深入的研究和计划将被批准和授权。

3.6.5.3 中国台湾加入的时机

关于中国台湾加入时机的假定是很重要的，其中包括了一些细致的考虑。中国台湾已经表示将力争于 2020 年前加入 TPP。政策事实和技术考虑暗示时间将晚于本节选定的 2016 年。

然而，选择 2020 年为加入时间也会使一些公众关注的问题显现出来。

首先，2020 年可以被视为计划时间。这会使目前的研究发生转变：从概念上的关于中国台湾加入的好处的“思考实验”到不仅仅是对于可能产出的预测。

这将引出大量的更深的复杂问题，包括中国台湾的加入是否预示着大陆同时或在其之前加入（在都加入 WTO 的情况下）。

很明显，2020 年与 2016 年的 TPP 是不同的：菲律宾和泰国加入了谈判，这两个东盟经济体在这方面显得更具预见性。

其次，中国台湾的自由贸易协定模式预示着中国台湾也许只能与大陆同时加入或在大陆加入之后才能加入。从这方面来看，中国台湾与亚太经济体签订的部分自由贸易协定紧随那些成员和大陆之间签订的贸易协定；此外，新西兰与中国台湾、澎湖、金门和马祖的独立关税区在经济合作上的协定（ANZTEC）以及新加坡和中国台湾、澎湖、金门和马祖的独立关税区在经济合作上的协定（ASTEP）均没有被记录在自由贸易协定中，它们在新西兰和新加坡外交部的网站上的自由贸易协定名单中也没有出现，这说明经济活动的协定从国际条约中分离。

最后，如 Drysdale（2014）提到的那样，中国和其他非 TPP 成员，如印度尼西亚均是“亚洲供应链的重要部件且引导东亚和全球的经济整合，这些供应链使东南亚和南亚的新型经济体可以加入全球化进程中”。他提到 TPP 必须保证并记录它们参与的公平和透明，且不受任意政党的反对。

实际的环境很复杂，因此对模拟结果的解释要谨慎。本节描绘的场景是 2016 年中国台湾加入 TPP，对 TPP12 产生影响，因此应避免一些困难。另外，本节研究可以代表一个“纯实验”，用它来评估没有任何涉及对谈判进程实际情况的推定或在偏见状态下的经济潜力。

3.6.5.4 行业影响和敏感性

本节表明，在不触发敏感行业的重大结构调整压力下中国台湾和 TPP12 均会从中获得收益。作为一个“企业政策”，中国台湾的加入会促进中国台湾和美国之间的制造业内部贸易发展。这意味着从结构的小幅调整中会获得专业化和效率提升的好处。

3.6.5.5 总结评论

本节表明中国台湾会在加入 TPP 后获利显著，换句话说，不加入 TPP 的机会成本很高。在最佳预测假定下，形成的当前分析表明，中国台湾的加入对于中国台湾和 TPP12 来说是双赢的，美国作为主要的受益者，反映出它与中国台湾之间商业的紧密联系以及它作为区域投资的主要目的地的事实，因此它会从贸易自由化中获益，资本在 TPP 区域内分配效率提高。本节提出了两种方式使中国台湾的加入对区域内的小型经济在产出上有所收益：①基于对 TPP 对中国台湾经济影响的乐观市场评估，当面对所有在本节模拟结果中显示出有负面影响的那些成员时，允许市场调剂新台币的实际币值会增加中国台湾加入的机会；②有针对性地加大对加拿大、智利、秘鲁和新西兰农业产品的提供，这也间接增加了美国的收益。

参考文献

2050 中国能源和碳排放研究课题组编著《2050 中国能源和碳排放报告》，科学出版社，2009。

曹亮、曾金玲、陈勇兵：《CAFTA 框架下的贸易流量和结构分析——基于 GTAP 模型的实证研究》，《财贸经济》2010 年第 4 期，第 76 ~ 84 页。

陈文颖、高鹏飞、何建坤：《用中国 MARKAL - MACRO 模型研究碳减排对中国能源系统的影响》，《清华大学学报》（自然科学版）2004 年第 3 期，第 342 ~ 346 页。

陈锡进：《“全球经济再平衡”与中国经济战略调整——基于国际分工体系重塑视角的分析》，《世界经济与政治论坛》2009 年第 6 期，第 62 ~ 67 页。

程国强、刘合光：《多哈农业谈判：取消出口补贴的影响分析》，《管理世界》2006 年第 7 期，第 61 ~ 84 页。

丁仲礼、段晓男、葛全胜：《2050 年大气 CO_2 浓度控制：各国排放权计算》，《中国科学：D 辑》2009 年第 8 期，第 1009 ~ 1027 页。

高静：《美洲自由贸易区对东亚经济的影响》，《拉丁美洲研究》2006 年第 1 期，第 32 ~ 37 页。

国际能源署：《世界能源展望》，2010。

韩一杰、刘秀丽：《中国二氧化碳减排的增量成本测算》，《管理评论》2010 年第 6 期，第 100 ~ 105 页。

何建武、李善同：《二氧化碳减排与区域经济发展》，《管理评论》2010 年第 6 期，第 9 ~ 16 页。

黄季焜、李宁辉：《中国农业政策分析预测模型》，《南京农业大学学报》2003 年第 2 期，第 30 ~ 41 页。

黄季焜、徐志刚、李宁辉、Scott Rozelle：《贸易自由化与中国的农业、贫困和公平》，《农业经济问题》2005年第7期，第9~15页。

黄季焜、杨军：《全球贸易自由化对中国和世界经济的影响》，《地理科学进展》2005年第1期，第1~10页。

黄鹏、金柳燕：《基于GTAP模型对多哈回合非农产品关税减让可能效应的一般均衡分析》，《世界贸易组织动态与研究》2010年第1期，第12~18页。

姜克隽：《中国2050年低碳情景和低碳发展之路》，《中外能源》2009年第6期，第21~26页。

姜克隽、胡秀莲、刘强：《2050低碳经济情景预测》，《环境保护》2009年第24期，第28~30页。

雷达：《全球经济再平衡》，《中国物流与采购》2010年第8期，第4~10页。

李丽、陈迅、邵兵家：《韩美自由贸易协定全面实施对中国经济的影响》，《山西财经大学学报》2008a年第8期，第30~36页。

李丽、邵兵家、陈迅：《中国—新西兰自由贸易区的建对双方经济影响的计量研究》，《国际贸易问题》2008c年第3期，第49~54页。

李丽、邵兵家、陈迅：《中印自由贸易区的建立对中国及世界经济影响研究》，《世界经济研究》2008b年第2期，第22~28页。

李娜、石敏俊、袁永娜：《低碳经济政策对区域发展格局演进的影响—基于动态多区域CGE模型的模拟分析》，《地理学报》2010年第12期，第1569~1580页。

李众敏、唐忠：《东亚区域合作对中国农产品贸易的影响研究》，《中国农村观察》2006年第3期，第10~15页。

李众敏、吴凌燕：《多哈回合对中国农业的影响：基于全球贸易分析模型（GTAP）的初步评估》，《世界经济》2007年第2期。

联合国环境规划署编《全球环境展望4：旨在发展的环境》，中国环境科学出版社，2008。

联合国开发计划署、中国人民大学：《中国人类发展报告2009/10——迈向低碳经济和社会的可持续未来》，中国对外翻译出版公司，2010。

林海：《贸易自由化与中国农产品贸易、农业收入和贫困》，中科院农业政策研究中心博士学位论文，2007。

刘宇：《食糖市场干预和多哈贸易自由化对中国不同地区农民收入的影响》，中科院农业政策研究中心博士学位论文，2008。

潘宏胜、林艳红：《加强国际汇率政策协调促进全球经济平衡发展》，《中国货币市场》2009年第6期，第8~17页。

渠慎宁、郭朝先：《基于STIRPAT模型的中国碳排放峰值预测研究》，《中国人口·资源与环境》2010年第12期，第10~15页。

阮建平：《经济与安全再平衡下的美国对华政策调整》，《东北亚论坛》2011年第1期，第60~67页。

宋国友：《全球经济平衡增长与中美关系的未来》，《现代国际关系》2010年第1期，第1~7页。

宋玉华：《后危机时代世界经济再平衡及其挑战》，《经济理论与经济管理》2010年第5期，第73~80页。

孙治宇：《世界经济再平衡和美国套利》，《世界经济研究》2010年第8期，第9~15页。

谈茜：《双边FTA谈判的策略选择模型与实证分析》，《世界经济研究》2010年第12期，第72~78页。

王灿、陈吉宁、邹骥：《基于CGE模型的CO_2减排对中国经济的影响》，《清华大学学报》（自然科学版）2005年第12期，第34~38页。

王飞：《上海合作组织建立自由贸易的GTAP模型分析》，商务部贸研院《上海合作组织自由区可行性研究》，2008。

王英凯：《全球经济再平衡下的贸易保护主义对中国出口的挑战》，《国际经济观察》2010年第9期，第97~99页。

魏巍、魏超：《中韩FTA的预期宏观经济效应——基于动态GTAP模型的分析》，《山东经济》2009年第5期，第127~130页。

吴凌燕、李众敏：《美国参与东亚区域合作对中国的影响研究》，《财贸研究》2007年第6期，第67~72页。

夏先良：《中美贸易不平衡、人民币汇率与全球经济再平衡》，《中国经贸》2010年第7期，第11~20页。

杨军：《转基因水稻生产对国内经济和国际贸易的影响》，中科院农业政策研究中心博士学位论文，2005。

杨军、黄季焜、仇焕广：《建立中国和澳大利亚自由贸易区的经济影响分析及政策建议》，《国际贸易问题》2005年第11期，第65~70页。

杨欣、武拉平：《美韩自由贸易协定对中韩农产品贸易的潜在影响》，《中国农村经济》2010年第7期，第12~18页。

余永定：《美国经济再平衡与贸易保护主义》，《今日财富》（金融版）2009年第11期，第64~68页。

岳超、王少鹏、朱江玲：《2050年中国碳排放量的情景预测－碳排放与社会发展Ⅳ》，《北京大学学报》（自然科学版）2010年第4期，第517~524页。

张海森、杨军：《美国取消棉花补贴对世界及我国棉业经济的影响》，《农业经济问题》2006年第1期，第75~78页。

张海森、杨军：《自由贸易区对我国棉花产业的总体影响——基于GTAP的一般均衡分析》，《农业经济问题》2008年第10期，第73~78页。

周曙东、胡冰川、吴强、崔奇峰：《东盟自由贸易区的建立对区域农产品贸易的动态影响分析》，《管理世界》2006年第10期，第14~21页。

周伟、米红：《中国能源消费排放的 CO_2 测算》，《中国环境科学》2010年第8期，第1142～1148页。

周小川：《全球经济失衡与中国经济发展》，经济管理出版社，2006，第3～5页。

朱永彬等：《基于经济模拟的中国能源消费与碳排放高峰预测》，《地理学报》2009年第8期，第935～944页。

朱宇：《WTO多哈回合谈判的前景：一个博弈的视角》，《世界经济研究》2007年第7期，第47～51页。

Anderson K. , Huang J. , Ianchovichina E. , "Will China's WTO Accession Worsen Farm Household Income? " *China Economic Review*, 2004, 15: 443－456.

Anderson K. , Peng C. Y. , "Feeding and Fueling China in the 21st Century," *World Development*, 1998, 26 (8): 1413－1429.

Bordo D. Michael, Historical Perspective on Global Imbalances, NBER Working Papers 10992, 2005: 54－63.

Carter C. A. , Estrin A. , China's Trade Integration and Imapcts on Factor Markets, Mimeo, University of California, Davis, January, 2001.

Ciuriak Dan , Shenjie Chen, "Preliminary Assessment of the Economic Impacts of a Canada-Korea Free Trade Agreement," in Trade Policy Research 2007, Dan Ciuriak, ed. , Ottawa: Department of Foreign Affairs and International Trade, 2008: 187－234.

Ciuriak D. , Xiao J. , "The Trans-Pacific Partnership: Evaluating the 'Landing Zone' for Negotiations," *Social Science Electronic Publishing*, 2015.

Dixon Peter B. , Maureen T. Rimmer, "Forecasting and Policy Analysis with a Dynamic CGE Model of Australia," Centre of Policy Studies, Monash University, 1998.

Drysdale Peter , "Charting a Course for Asian Integration and Security," *East Asia Forum*, 24 February , 2014.

Elena Ianchovichina, Robert McDougall, Theoretical Structure of Dynamic GTAP, GTAP Working Paper No. 17, 2001: 1－74.

E. Ianchovichina, T. L. Walmsley, *Dynamic Modeling and Applications for Global Economic Analysis* (Cambridge: Cambridge University Press, 2012).

Falconer C. , Revised Draft Modalities for Agriculture's Chairman's Draft, Committee on Agriculture, Special Session, World Trade Organization, August, 2007.

Fouré Jean, Agnès Benassy-Quere , Lionel Fontagné, The Great Shift: Macroeconomic Projections for the World Economy at the 2050 Horizon, CEPII Working Paper , March, 2012.

Fox Alan K. , William Powers , Ashley Winston, "Textile and Apparel Barriers and Rules of Origin in a Post-ATC World," U. S. International Trade Commission, Office of Economics Working Paper , No. 2007－06－A, June, 2007.

Francois Joseph F. , Laura M. Baughman, "U. S. -Canadian Trade and U. S. State-Level

Production and Employment," in Trade Policy Research 2004, John M. Curtis , Dan Ciuriak, eds. , Ottawa: Foreign Affairs and Inter-national Trade Canada, 2005: 159 – 186.

Fukui Tania, Csilla Lakatos, "A Global Database of Foreign Affiliate Sales," GTAP Research Memorandum, 24 August, 2012 .

Garnaut R. , Howes S. , Jotzo F. et al. , " Emissions in the Platinum Age: The Implications of Rapid Development for Climate-change Mitigation ," *Oxford Review of Economic Policy*, 2008, 24 (2): 377 – 401.

Gilbert John P. , "GTAP Model Analysis: Simulating the Effect of a Korea-U. S. FTA Using Computable General Equilibrium Techniques, in Free Trade between Korea and the United States?" in Bom Choi , Jeffrey J. Schott, eds. , Washington D. C. : Institute for International Economics, 2004: Appendix B 89 – 118.

Gingrich S. , Ku škovά P. , Steinberger J. K. , "Long-term Changes in CO_2 Emissions in Austria and Czechoslovakia: Identifying the Drivers of Environmental Pressures," *Energy Policy*, 2011, 39 (2): 535 – 543.

Hertel T. W. , "Global Trade Analysis: Modeling and Applications," *Gtap Books*, 1997.

Hoe*km*an, B. , Ng, F. , Olarreaga, M. , "Eliminating Excess Tariffs on Exports of Least Developed Countries," *World Bank Economic Review*, 16, January, 2002: 1 – 21.

Huang J. , L. Zhang, Q. Li , H. Qiu, National and Regional Economic Development Scenarios for China's Food Economy Projections in the 21st Century, IIASA Working Paper, 2003.

Huang J. , Rozelle S. , Chang M. , "Tracking Distortions in Agriculture: China and Its Accession to the World Trade Organization," *The World Bank Economic Review*, 2004, 18 (1): 59 – 84.

International Energy Agency Energy Statistics, 2011, http: //www. iea. org/Textbase/stats/index. asp .

Laborde D. , The MacmapHS6 Database and the Bound Tariffs Database, Presentation in Workshop on Trade and China's Agriculture, World Bank Office in Beijing, March, 2007.

Lakatos C. , Walmsley T. A. , "Global Multi-sector Multi-region Foreign Direct Investment Database for GTAP," *Gtap Research Memoranda*, 2010.

Li S. , Zhai F. , Wang Z. , The Global and Domestic Imapct of China Joining the World Trade Organization, A Project Report, Development Research Center, the State Council, China, 1999.

Liang Q. M. , Wei Y. M. , "Distributional Impacts of Taxing Carbon in China: Results from the CEEPA Model ," *Applied Energy*, 2012, 92: 545 – 551.

Liu J., Feng T., Yang X., "The Energy Requirements and Carbon Dioxide Emissions of Tourism Industry of Western China: A Case of Chengdu City," *Renewable and Sustainable Energy Reviews*, 2011, 15 (6): 2887 - 2894.

Masahiro Kawai, Fan Zhai, The Peoples Republic of China-Japan-United States Integration amid Global Rebalancing: A Computable General Equilibrium Analysis, ADBI Working Paper 152, Tokyo: Asian Development Bank Institute, 2009: 11 - 18.

McKinnon Ronald, Schnabl Gunther, China's Financial Conundrum and Global Imbalances, BIS Working Papers, No. 277, March, 2009: 23 - 29.

Ohara T., Akimoto H., Kurokawa J. et al., "An Asian Emission Inventory of Anthropogenic Emission Sources for the Period 1980 - 2020," *Atmospheric Chemistry and Physics*, 2007, 7 (16): 4419 - 4444.

Petri Peter A., Michael G. Plummer, Fan Zhai, "The Trans-Pacific Partnership and Asia-Pacific Integration: A Quantitative Assessment," East-West Center Working Paper 119, 24 October, 2011, Updated 2013.

Thomas Hertel, David Hummels, Maros Ivanic et al., "How Confident Can We Be of CGE-based Assessments of Free Trade Agreements?" *Economic Modelling*, 2007, 24 (4): 611 - 635.

Toth F., G. Cao, E. Hizsnyk, Regional Population Projection for China, CHINAGRO Project: Report of WP1. 8, 2003.

USTR, 2014, Vietnam, NTE Report.

Van Meijl H., Van Tongeren V., International Diffusion of Gains from Biotechnology and the European Union's Common Agricultural Policy, Paper Prepared for the 5th Annual Conference on Global Economic Analysis, Taibei, Taiwan, 2002.

Van Tongeren F., Huang J., China's Food Economy in the Early 21st Century, Report 6. 04, Agricultural Economics Research Institute, the Hague, 2004.

Walmsley T. L., Strutt, A., Trade Sectoral Impacts of the Financial Crisis: A Dynamic CGE Analysis, Paper Presented at Thirteenth Annual Conference on Global Economic Analysis, Bangkok, Thailand, 2010.

Walmsley T. L., V. D. Betina, A. M. Robert, A Base Case Scenario for the Dynamic GTAP Model, Center for Global Trade Analysis, Purdue University, West Lafayette, 2000.

Wang Z. H., Zeng H. L., Wei Y. M. et al., "Regional Total Factor Energy Efficiency: An Empirical Analysis of Industrial Sector in China," *Applied Energy*, 2012, 97: 115 - 123.

World Bank, Development Data Group. http: //data. worldbank. org/.

WTO, Trade Policy Review: Vietnam, Report of the Secretariat, WT/TPR/S/287, 13 August, 2013.

Yi H, Hao J, Tang X., "Atmospheric Environmental Protection in China: Current

Status, Developmental Trend and Research Emphasis ," *Energy Policy*, 2007, 35 (2): 907 - 915.

Zhou Nan, Fridley D. , Khanna N. Z. et al. , "China's Energy and Emissions Outlook to 2050: Perspectives from Bottom-up Energy End-use Model," *Energy Policy*, 2013, 53: 51 - 62.

第4章　附录

4.1　系数和变量列表

详述 GDyn 数据库和模型，我们需要大量的符号，这些符号经过我们细心的选择后很简短，但具有描述性。由于 GDyn 模型中很多变量都在标准的 GTAP 模型中用到，这个术语表仅列了这本书中用于 GDyn 模型的其他变量，这些变量在 GEMPACK 形式（GDynv34. tab）中都有对应，GDynv34. tab 列举了集合、子集、基本数据、数据的衍生品和模型用到的变量。我们希望本术语表对 GTAP 框架的初学者和熟悉它的人都有帮助，下面是一些符号的惯例。

a）集合与系数都用大写表示。

b）GDyn 中表示水平值的变量都用大写表示，变量的百分比变化都用小写表示（变量的线性化形式）。例如，$QK(r)$ 是 r 区域资本存量的水平值，$qk(r) = [d\,QK(r)/QK(r)] \times 100\%$ 表示它的线性化形式。

c）GDyn 数据库仅包括（水平值的）值的动态，数据库的值都相应地以大写表示，它们都以 GEMPACK 代码中的系数表示，并在每一步解后根据商品的价格和产量的百分比变化来更新。数据库存储了最少的信息量，没有数据冗余。

d）数据库变量的衍生品也以水平值表示，有两种衍生品：值的动态和份额。在数据库每次更新后衍生品自动更新。

e）GDyn 模型由线性等式组成，这些等式的拥有变量都以百分比变化表示。GEMPACK 解出（内生）价格和产量的百分比变化，从而将模型再次线性化并得到新解。

在开始看术语表之前，读者可能需要回顾表 4－1，因为在引进新的收入和财富数据时，我们通过提供表 4－1 来帮助读者理解一些惯例符号的名称。

表 4－1　GDyn 模型中惯例符号的名称备份

变量	长名称*	定义	举例**
第一个字母:收入或财富			
Y	—	收入	YQTRUST(yqt)——全球信托的股本收入
W	—	财富	WQHHLD(r)(或 wqh(r))——r 区域家庭股本财富
第二个字母:拥有权类型			
Q	—	股本	WQHHLD(r)(或 wqh(r))——全球信托支付的股本收入
第三个字母:收入的拥有者与接收者			
H	HHLD	家庭	YQHHLD(r)(或 yqh(r))——区域家庭 r 的股本收入
T	TRUST	全球信托	YQTFIRM(r)(或 yqtf(r))——区域 r 的公司支付给全球信托的股本收益
_(下划线)		总的拥有者	WQ_TRUST(或 wq_t)——全球信托财富之和——家庭在全球信托的所有权的加总
最后一个字母:收入的投资或支付者			
T	TRUST	全球信托***	YQHTRUST(r)(或 yqht(r))——全球信托支付给家庭 r 的股本收入
F	FIRM	公司	YQHFIRM(r)(或 yqhf(r))——国内公司支付给家庭 r 的股本收入
无字母	—	总的投资	WQTRUST(或 wqt)——全球信托财富之和——全球信托投资的加总

注：* 为区分变量和系数，我们延长系数的最后一个字母，用长名称表示；** 系数以大写表示，百分比变化的变量以小写表示；*** 注意全球信托是区域公司投资的拥有者，它也同时由区域家庭拥有。

4.2 术语表

集合如表4－2所示。

表4－2 集合

集合名称	含义
CGDS_COMM	资本货物（“cgds”）
DEMD_COMM	需求的商品
ENDW_COMM	禀赋商品
ENDWC_COMM	资本禀赋商品（“capital”）
ENDWM_COMM	可移动的禀赋商品
ENDWS_COMM	难移动的禀赋商品
NSAV_COMM	非储蓄的商品
PROD_COMM	生产的商品
TRAD_COMM	交易的商品

子集如表4－3所示。

表4－3 子集

子集名称	所属集合
CGDS_COMM	in NSAV_COMM
CGDS_COMM	in PROD_COMM
DEMD_COMM	in NSAV_COMM
ENDW_COMM	in DEMD_COMM
ENDWC_COMM	in ENDW_COMM
ENDWC_COMM	in NSAV_COMM
ENDWM_COMM	in ENDW_COMM

续表

子集名称	所属集合
ENDWS_COMM	in ENDW_COMM
PROD_COMM	in NSAV_COMM
TRAD_COMM	in DEMD_COMM
TRAD_COMM	in PROD_COMM

以3×3（3区域×3部门）经济为例，具体集合内容见表4-4。

表4-4 例子：3×3（3区域×3部门）经济

集合名称	集合内容
CGDS_COMM	={资本货物}
DEMD_COMM	={土地,劳动,资本,食物,制造业,服务}
ENDW_COMM	={土地,劳动,资本}
ENDWC_COMM	={资本}
ENDWM_COMM	={劳动}
ENDWS_COMM	={土地,资本}
NSAV_COMM	={土地,劳动,资本,食物,制造业,服务,资木货物}
PROD_COMM	={食物,制造业,服务,资本货物}
REG	={美国,欧盟,其他国家}
TRAD_COMM	={食物,制造业,服务}

基本数据如表4-5所示。

表4-5 基本数据

系数名称	描述	维度
YQHFIRM(r)	国内公司支付给家庭r的股本收入	$\forall r \in$ REG
YQHTRUST(r)	全球信托支付给区域家庭r的股本收入	$\forall r \in$ REG
YQTFIRM(r)	区域公司r支付给全球信托的股本收入	$\forall r \in$ REG

基本数据的衍生品如表4-6所示。

表4-6 基本数据的衍生品

系数名称	描述	维度
RORGROSS(r)	总收益率	∀r∈REG
WQ_FHHLDSHR(r)	国内家庭拥有的区域公司r的股本总财富的份额	∀r∈REG
WQ_FIRM(r)	由国内家庭和区域公司投资的股本总财富的份额	∀r∈REG
WQ_FTRUSTSHR(r)	全球信托拥有的区域公司r的股本财富的份额	∀r∈REG
WQ_THHLDSHR(r)	区域家庭r拥有的全球信托的股本财富的份额	∀r∈REG
WQ_TRUST	由所有区域家庭投资的全球信托的股本总财富	∀r∈REG
WQHFIRM(r)	区域家庭r拥有的投资于国内公司的股本财富	∀r∈REG
WQHHLD(r)	区域家庭r拥有的由全球信托及国内公司投资的股本总财富	∀r∈REG
WQHTRUST(r)	家庭r拥有的投资于全球信托的股本财富	∀r∈REG
WQT_FIRMSHR(r)	全球信托拥有的投资于区域公司r的股本财富的份额	∀r∈REG
WQTFIRM(r)	全球信托拥有的投资于区域公司r的股本财富	∀r∈REG
WQTRUST	全球信托拥有的投资于所有区域公司的股本总财富	∀r∈REG
YQ_FIRM(r)	区域公司r支付给全球信托和区域家庭的股本总收入	∀r∈REG
YQ_FHHLDSHR(r)	区域公司r支付给国内家庭的股本总收入份额(国内公司的收入份额)	∀r∈REG
YQ_FTRUSTSHR(r)	区域公司支付给全球信托的股本总收入份额(全球信托的收入份额)	∀r∈REG
YQ_TRUST	全球信托支付的总收入(即支付给所有区域家庭的收入)	∀r∈REG
YQ_THHLDSHR(r)	全球信托支付给区域家庭r的总收入份额(区域家庭的全球信托收入份额)	∀r∈REG
YQHHLD(r)	国内公司及全球信托支付给家庭r的股本总收入	∀r∈REG
YQT_FIRMSHR(r)	区域公司r支付给全球信托的股本总收入份额(即公司r支付给全球信托的收入份额)	∀r∈REG
YQTRUST	所有区域公司支付给全球信托的股本总收入	∀r∈REG

变量如表4-7所示。

表4-7 变量

变量	描述	维度
pqtrust	投资于全球信托的股本价格的百分比变化	∀r∈REG
qk(r)	资本存量的百分比变化	∀r∈REG
wq_f(r)	由区域家庭及全球信托投资到区域公司r的股本总财富的百分比变化	∀r∈REG

续表

变量	描述	维度
wq_t	所有区域家庭投资给全球信托的股本总财富的百分比变化	$\forall r \in$ REG
wqh(r)	区域家庭 r 拥有的投资于全球信托和国内公司的股本总财富的百分比变化	$\forall r \in$ REG
wqhf(r)	区域家庭 r 拥有的投资于国内公司的股本财富的百分比变化	$\forall r \in$ REG
wqht(r)	区域家庭 r 拥有的投资于全球信托的股本财富的百分比变化	$\forall r \in$ REG
wqt(r)	全球信托拥有的股本财富的百分比变化	$\forall r \in$ REG
wqtf(r)	全球信托拥有的区域公司 r 的股本财富的百分比变化	$\forall r \in$ REG
wtrustslack	全球信托的财富的富余的百分比变化	$\forall r \in$ REG
xwq_f(r)	股本总财富的转移变量的百分比变化(股本由国内家庭与在区域公司 r 的全球信托投资)	$\forall r \in$ REG
xwqh(r)	股本总财富的转移变量的百分比变化(股本由区域家庭 r 所有,由国内公司和全球信托投资)	$\forall r \in$ REG
yq_f	区域公司 r 支付给国内家庭和全球信托的股本总收入的百分比变化	$\forall r \in$ REG
yqh(r)	国内公司和全球信托支付给区域家庭 r 的股本总收入的百分比变化	$\forall r \in$ REG
yqhf(r)	国内公司支付给区域家庭 r 的股本总收入的百分比变化	$\forall r \in$ REG
yqht(r)	全球信托支付给区域家庭 r 的股本总收入的百分比变化	$\forall r \in$ REG
yqt	所有区域公司支付给全球信托的股本总收入的百分比变化	$\forall r \in$ REG
yqtf	区域公司 r 支付给全球信托的股本总收入的百分比变化	$\forall r \in$ REG

4.3　GTAP-FDI 模型的技术分析

4.3.1　GTAP-FDI 模型

GTAP-FDI 模型的特点是对于每个地区的每个行业来说均有两个投资者：一个国内投资者和一个国外投资者。相比之下，GTAP 模型和 V8 数据库中每个地区仅包括一个投资者，没有区分行业和投资来源。为了将 GTAP 投资相关的变量拆分开，我们建立了如下基于行业和地区水平的矩阵：

——总营业盈余，GOS（j，r）；

——回报率，ROR（j，r）；

——折旧率，D（j，r）；

——资本增长率，K_ Gk（j，r）。

GTAP V8 数据库中有 2007 年的 GOS 矩阵数据。接下来，我们介绍估计其他三个矩阵的 2007 年数值的步骤。在资本 IQ 基础上，行业—地区的回报率、折旧率以及资本规模增长率来自企业特有的数据。接下来我们按照图 4 – 1 中的程序来描述。图 4 – 1 中的 LHS 方程的由来在后文中介绍。

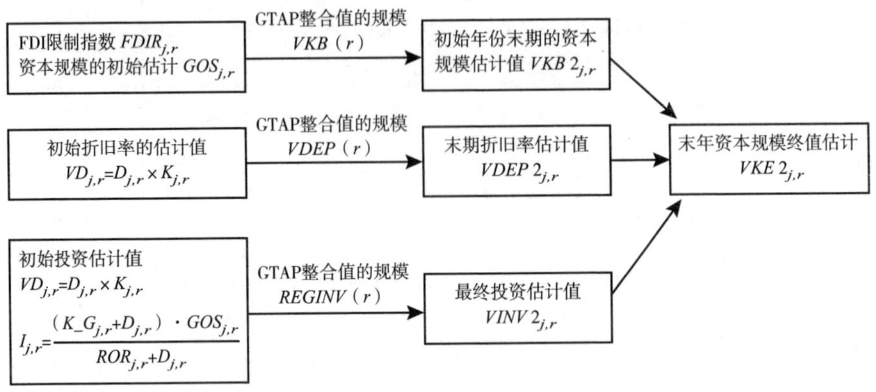

图 4 – 1　创造投资矩阵的程序

LHS 方程的由来如下。

每个行业的投资值可以从资本积累函数中得来：

$$K_1 = K_0(1 - D) + I \tag{4-1}$$

其中 K_0 和 K_1 分别是行业的资本规模初始值和年末终值；D 是行业的折旧率；I 是一年的行业投资值。

从式（4 – 1）中我们可以得到：

$$I = K_0(K\_G + D) \tag{4-2}$$

其中 K 是行业资本规模的增长率、$K\_G = \frac{K_1}{K_0} - 1$。

D 由官方公开数据可得，但没有针对资本规模开放和闭合的情况的数据。据此，我们使用行业总营业盈余（*GOS*）以及行业特定投资中获得的行业资本回报率的数据。

资本的净回报率为：

$$ROR = \frac{GOS}{K_0} - D \tag{4-3}$$

从式（4－3）中可以可到：

$$K_0 = \frac{GOS}{(ROR + D)} \tag{4-4}$$

从式（4－3）、式（4－4）中可以得到：

$$I = \frac{GOS\ (K\_\ G + D)}{(ROR + D)} \tag{4-5}$$

除了GTAP V8数据库外，数据来源还包括：外国子公司销售（FAS）矩阵、外商直接投资（FDI）规模矩阵，以及FDI限制指数矩阵。前两个矩阵可以从GTAP研究文献中找到（Lakatos et al.，2011，Fukui，Lakatos，2012）。建立最后一个矩阵的数据来自UNCTAD和OECD网站。

FAS矩阵（$FAS^s_{j,r}$）有三种：行业矩阵、东道国矩阵和来源国矩阵。我们将来源国矩阵进行加总得到总的外国子公司在东道国 h 行业 j 的销售额。然后，我们除以总的国内产品销售额（$FAS_{j,r}$）来估计每个行业和地区的外国企业（*FAS/TS*）的普及率。

类似地，FDI矩阵（$FDI^s_{j,r}$）也有三种。我们将来源国矩阵加总，然后除以资本规模矩阵（$VKB\ 2_{j,r}$）来估计每个地区和行业的外国投资者所有的资本规模百分比（*FDI/VKB*）。

Fukui和Lakatos（2012）中提到FAS数据中提供的外国子公司的业务信息多于国际资金流动的信息。所以，为了整合FAS数据集，我们应用回归模型来估计*FDI/VKB*的比率：

$$FDI\_VKB = \beta_0 + \beta_1 \cdot FAS\_TS + \beta_2 \cdot countrydummy + \beta_3 \cdot industrydummy \tag{4-6}$$

其中：

*FDI_VKB*是1197×1的矩阵，表示21个地区和57部门的*FDI*到*VKB*

的比率；

FDI_TS 是 1197×1 的矩阵，表示 21 个地区和 57 部门的 FDI 到 TS 的比率；

countrydummy 代表特有国家要素；

industrydummy 代表企业要素；

β_0、β_1、β_2、β_3 是回归系数。

我们将从式（4-6）中得到的调整比率和实际 FDI/VKB 比率（除了异常值）取均值来得到最终的国外投资者所有的资本规模份额。然后，我们采用这些比率来将资本规模矩阵（$VKB\,2_{j,r}$）拆分成初始特有资本规模矩阵（$VKB^{s}_{j,r}$）。

对于投资矩阵（$VINV\,2^{s}_{j,r}$），我们假定国内和国外投资者所有的企业具有相同的折旧率。暂时，我们也假定它们具有相同的资本增长率，虽然这是一个限制性假定，但是我们知道国外投资比总体投资增长更快。根据式（4-2），$I=K_0\ (K\_G+D)$，我们可以计算原始特有的投资矩阵。

接下来，我们应用“影子税”的概念来冲击给定的地区—行业的总营业盈余，使其变为国内和国外所有的资本（$GOS^{S}_{j,r}$）的总盈余。FDI 进入的影子税限制不会导致收入的集聚。直观地，影子税限制 FDI 流入会使国外资本得到更高的回报率。排除影子税之后，国外资本通过增加投资来获得更高回报，因此扩大 FDI 规模。

我们建立 FDI 限制矩阵，然后确定限制系数对于 FDI 的影响。我们决定地区—行业资本规模的 FDI 份额会增加多少，当去除所有壁垒之后，我们用这些结果来估计每个地区—行业的 FDI 影子税。我们假定影子税是国内回报率与国外资本回报率之间的连接，这使我们得到总营业盈余矩阵（$GOS^{s}_{j,r}$）。

为了估计去除所有 FDI 壁垒后 FDI 规模增加多少，我们借助引力计量模型：

$$\begin{aligned} FDI_{j,h,s} = {} & \beta_0 + \beta_1 GDP_{j,h} + \beta_2 GDP_{s} + \beta_3 GDPPC_{h} + \beta_4 GDPPC_{s} + \beta_5 GDP_{row} \\ & + \beta_6 SK2U_{j,h} + \beta_7 FDIR_{j,h} + \beta_8 TOI\,1_{h} + \beta_9 TOI\,2_{j,h} \end{aligned} \tag{4-7}$$

其中：

$FDI_{j,h,s}$是行业j，东道国h，以及来源国s的FDI规模对数值；

$GDP_{j,h}$是东道国h行业j的产出对数值；

GDP_s是东道国s的GDP对数值；

$GDPPC_h$是东道国h人均GDP对数值；

$GDPPC_s$是来源国s人均GDP对数值；

GDP_{row}是其他国家GDP对数值；

$SK2U_{j,h}$是相对于来源国s，东道国h中的技术性劳动力与非技术性劳动力的比值；

$FDIR_{j,h}$是东道国h的行业j的FDI限制系数；

$TOI1_h$是东道国h的贸易开放指数（如，进口加上出口除以GDP）；

$TOI2_{j,h}$是东道国h行业j的贸易开放指数；

$\beta_3 \sim \beta_9$是回归系数。

在这个计量回归中，我们使用OECD网站上的44个地区，以及从GTAP V8数据库中获得的相对的44个地区的数据，所以样本大小为104544。回归结果显示关于FDI限制指数（β_7）的FDI规模弹性等于－2.2，具体结果见表4－8。

表4－8 FDI对于FDI限制指数的回归结果

coefficient	std.	error	t-ratio	p-value
const	—	3.714	－17.92	0***
l_GPIH	1.038	0.005	230.4	0***
l_GDPS	0.867	0.01	84.48	0***
l_GPPH	1.359	0.017	78.49	0***
l_GPPS	2.325	0.018	128.1	0***
l_GPRW	0.377	0.204	1.849	0.0644*
SK2U	0.412	0.054	7.63	0***
FDIR	－2.246	0.063	－35.46	0***

续表

coefficient	std.	error	t-ratio	p-value
TOI2	0	0	9.445	0 ***
TOI1	0.935	0.03	31.51	0 ***

Mean dependent variable	-3.81135	S. D. dependent variable	5.529016
Sum squared residuals	1141196	S. E. of regression	3.582009
R-squared	0.580324	Adjusted R-squared	0.580282
F(988942)	13665.38	P-value(F)	0
Log-likelihood	-239708	Akaike criterion	479436.8
Schwarz criterion	479530.7	Hannan-Quinn	479465.5
Log-likelihood for FDIS =	99319	—	—

注：OLS，观测值 1-110352（$n=88952$）；删掉缺省值或缺失观测值 21400；因变量：l_ FDIS。

例如，如果将澳大利亚的电子行业的所有 FDI 壁垒去除（FDI 限制指数 =0.175），则将导致这个行业 FDI 规模增加 38.5%。

在计算模型时，我们假定初始的影子税率已经给定，为了使国内生产者到国外生产者的单位资本的重新分配的税后回报率均衡，即便没有净收入的积累。给定 R^{row}、R^{dom}、GOS^{row} 和 GOS^{dom}，设定 T^{row} 和 T^{dom}：

$$(R^{row}T^{row})/(R^{dom}T^{dom}) = 1 \tag{4-8}$$

$$GOS^{dom}(1 - T^{dom}) + GOS^{row}(1 - T^{row}) = 0 \tag{4-9}$$

$$R^{row} = GOS^{dom}/VKB^{row} \tag{4-10}$$

$$R^{dom} = GOS^{dom}/VKB^{dom} \tag{4-11}$$

$$S^{row} = GOS^{row}/(GOS^{row} + GOS^{dom}) \tag{4-12}$$

$$S^{dom} = GOS^{dom}/(GOS^{row} + GOS^{dom}) \tag{4-13}$$

其中：

R^{dom} 和 R^{row} 分别是国内和国外资本的总回报率；

T^{dom} 和 T^{row} 分别是 1 与影子税 τ 的差，为 $1-\tau^{dom}$ 和 $1-\tau^{row}$；

GOS^{dom} 和 GOS^{row} 分别是国内和国外资本的总租金支付；

VKB^{dom} 和 VKB^{row} 分别是国内和国外投资者所有的资本规模；

S^{dom} 和 S^{row} 分别是国内和国外 GOS 相对于行业总的 GOS 的比例。

通过求解式（4－8）和式（4－9），我们得到：

$$T^{row} = \left(S^{dom}\frac{R^{row}}{R^{dom}} + S^{row}\right)^{-1} \tag{4-14}$$

我们将式（4－10）和式（4－11）代入式（4－14）得到：

$$S^{row} = \frac{VKB^{row}}{(VKB^{row} + VKB^{dom})T^{row}} \tag{4-15}$$

$$S^{dom} = 1 - S^{row} \tag{4-16}$$

根据以上计算，我们可得到 VKB^{dom} 和 VKB^{row}。如果我们知道影子税 τ^{row} 的值，我们就可以从式（4－15）中得到国外和国内 GOS 的份额。GTAP 数据库中给定了总的行业 GOS，所以原始特有 GOS 矩阵（$GOS^{s}_{j,r}$）可以确定。

接下来，影子税水平（τ^{row}）的变化导致 FDI 变化的计算方法，与计算 FDI 限制指数的变化导致 FDI 的变化的计算方法一致。

例如，在之前的章节中我们确定了完全去除 FDI 限制将导致澳大利亚电子行业的 FDI 增加 38.5%。暂时假定关于税率为 0.3 的资本公积弹性值，这意味着去除 FDI 限制等同于有效税率削减大约 128%（＝38.5%/0.3）。有了这个信息之后，以上方程组就可以为国内和外资部门生成影子税和回报率（回顾：国内和国外资本之间回报率的联系由于 FDI 限制的存在而实现）。

在澳大利亚电子行业，真实的国外资本回报率大约为 19%，国内资本回报率大约为 7.8%。这些估计值是在国外资本的影子税率为 56% 以及国内资本的影子税率为 6.6% 的情况下的估计值。

为了得到这个，即：

$(R^{row}T^{row})/(R^{dom}T^{dom}) = 1$

因此：(0.19 × (1 - 0.562)) / (0.078 × (1 + 0.066)) = 1

影子税的去除意味着 T^{row} 从 0.438（= 1 - 0.562）变为 1.0；增长了 128%。

最后，从以上得到的 *VKB* 中，澳大利亚电子行业中外国资本规模大约为 350000 万美元。给定由以上程序得到的国外资本的总回报率为 19%，我们得到国外资本 *GOS* 大约为 66500 万美元。

4.3.2 投资函数

在 MONASH 投资函数中，资本的增长率是由投资者的供给意愿决定的，使得资本在地区 r 行业 j 中增长任何（$K\_GR_{j,r}$），这依赖于在那个部门和区域的资本预期回报率的变化。假定投资者是谨慎的，那么对于一个给定的部门和地区的资本回报率的任何变动均会逐渐消失。这导致了在模型中投资方式的相似性，即在给定年份中，投资水平均与投资调整成本成正比。然而，MONASH 模型并未将增加调整成本作为限制投资的机制，而是将投资者对风险的态度纳入模型中。因此，根据 MONASH 模型，只要他们期望的回报率高于部门区域的历史正常水平，则第 t 年地区 r 行业 j 的资本增长率是可以相应实现的（Dixon，Rimmer，1998）。

因此，地区 r 行业 j 的资本供给量可以用如下方程进行表示：

$$K_{GR_{j,r}} = \frac{KE_{j,r}}{KB_{j,r}} - 1$$

$$EROR_{j,r} = RORN_{j,r} + \left(\frac{1}{C_{j,r}}\right) \times [\ln(K\_GR_{j,r} - K\_GR\_MIN_{j,r}) - \ln(K\_GR\_MAX_{j,r} - K\_GR_{j,r}) - \ln(TREND_{j,r} - K\_GR\_MIN_{j,r}) + \ln(K\_GR\_MAX_{j,r} - TREND_{j,r})]$$

其中：

$K\_GR_{j,r}$ 表示地区 r 行业 j 的资本规模增长；

$KE_{j,r}$ 和 $KB_{j,r}$ 分别是地区 r 部门 j 的末期和初始资本规模；

$EROR_{j,r}$ 是地区 r 部门 j 的预期回报率；

$RORN_{j,r}$ 是地区 r 部门 j 的历史正常回报率；；

$K\_GR\_MIN_{j,r}$ 是能达到的最小的资本增长率，这等于地区 r 部门 j 的负折旧率；

$K\_GR\_MAX_{j,r}$ 是能达到的最大的资本增长率；

$TREND_{j,r}$ 是地区 r 部门 j 的历史正常资本增长率；

$C_{j,r}$ 是正的参数。

图 4－2 中展现了资本规模（K_G）和预期收益率（$EROR$）之间的图解关系。一旦我们知道预期收益率，资本规模的增长即可得知。

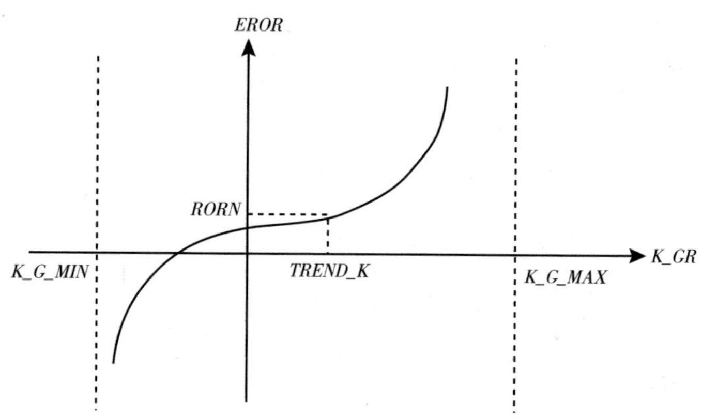

图 4－2　MONASH 中的资本—供给函数

这个方程可以这样理解。地区 r 中的企业 j 为了在年份 t 吸引大规模投资来实现它的正常资本增长率，预期回报率 $EROR_{j,r}$ 必须等于正常回报率 $RORN_{j,r}$。如果预期回报率高于（低于）实际值，那么这个地区的行业投资将通过增加（缩减）一定规模来保持实际资本增长率。

另外我们知道如下的资本和投资之间的动态关系：

$$K_{j,r}^{1} = K_{j,r}^{0}(1 - D_{j,r}) + I_{j,r}$$

其中：

D 是实物资本的折旧率，因此我们可以得到地区 r 行业 j 的投资。

致 谢

本书在数据采集与处理、模型系统开发、资料收集等方面得到了国家重点研发计划“全球变化及应对”重点专项“碳排放和减碳的社会经济代价研究”（项目编号：2016YFA0602500）和国家自然科学基金面上项目“区域碳交易试点的运行机制及其经济影响研究——基于 Term-Co2 模型”（项目编号：71473242）的经费支持。吕郢康、周梅芳等同学为本书的撰写提供了文献整理、插图绘制、参数订正等方面的帮助。肖敬亮博士、Badri Narayanan 博士和邓祥征三位研究员也为本书的撰写提供了多方面的帮助，特致谢意。

刘 宇

2018 年 3 月 19 日

图书在版编目(CIP)数据

全球贸易分析模型：理论与实践 / 刘宇主编．-- 2 版．-- 北京：社会科学文献出版社，2021.10
ISBN 978-7-5201-9063-3

Ⅰ.①全… Ⅱ.①刘… Ⅲ.①国际贸易-研究 Ⅳ.①F74

中国版本图书馆 CIP 数据核字（2021）第 187485 号

全球贸易分析模型：理论与实践（第 2 版）

主　　编 / 刘　宇
副 主 编 / 肖敬亮　邓祥征　巴德里·纳拉亚南（Badri Narayanan）

出 版 人 / 王利民
组稿编辑 / 恽　薇
责任编辑 / 孔庆梅
责任印制 / 王京美

出　　版 / 社会科学文献出版社·经济与管理分社（010）59367226
　　　　　地址：北京市北三环中路甲 29 号院华龙大厦　邮编：100029
　　　　　网址：www.ssap.com.cn
发　　行 / 市场营销中心（010）59367081　59367083
印　　装 / 三河市尚艺印装有限公司

规　　格 / 开　本：787mm × 1092mm　1/16
　　　　　印　张：21.75　字　数：333 千字
版　　次 / 2021 年 10 月第 2 版　2021 年 10 月第 1 次印刷
书　　号 / ISBN 978-7-5201-9063-3
定　　价 / 128.00 元